Svenja Weitzig

Ökonomische Bildung im Kontext Sozialer Arbeit

am Beispiel der Menschen mit geistiger Behinderung im ambulant betreuten Wohnen nach § 53 SGB XII

Verlag Dr. Kovač

Hamburg
2018

VERLAG DR. KOVAČ GMBH
FACHVERLAG FÜR WISSENSCHAFTLICHE LITERATUR

Leverkusenstr. 13 · 22761 Hamburg · Tel. 040 - 39 88 80-0 · Fax 040 - 39 88 80-55

E-Mail info@verlagdrkovac.de · Internet www.verlagdrkovac.de

Bibliografische Information der Deutschen Nationalbibliothek
Die Deutsche Nationalbibliothek verzeichnet diese Publikation
in der Deutschen Nationalbibliografie;
detaillierte bibliografische Daten sind im Internet
über http://dnb.d-nb.de abrufbar.

ISSN: 1615-1151

ISBN: 978-3-339-10104-4

Zugl.: Dissertation, Pädagogische Hochschule Weingarten, 2017

Printed in Germany

Gedruckt auf holz-, chlor- und säurefreiem, alterungsbeständigem Papier.
Archivbeständig nach ANSI 3948 und ISO 9706.

Inhalt

Abkürzungsverzeichnis

B	
BDSG	Bundesdatenschutzgesetz
BGB	Bürgerliches Gesetzbuch
BSHG	Bundessozialhilfegesetz
BTHG	Bundesteilhabegesetz
F	
FamFG	Familienverfahrensgesetz
G	
GG	Grundgesetz
I	
IBRP	Integrierte Behandlungs- und Rehabilitationsplanung
ICD	Internationale statistische Klassifikation der Krankheiten und verwandter Gesundheitsprobleme
ICD 10 GM	Internationale statistische Klassifikation der Krankheiten und verwandter Gesundheitsprobleme 10 Deutsche Fassung
ICF	International Classification of Functioning and Health
ICR	Intercoderreliabilität
IHP	Individuelles Hilfeplanverfahren
IQ	Intelligenzquotient
L	
LVR	Landschaftsverband Rheinland
LWL	Landschaftsverband Westfalen Lippe
M	
MSt	Monitoring-Stelle
N	
NRW	Nordrhein-Westfalen
S	
SGB	Sozialgesetzbuch
U	
UN	United Nations (Vereinte Nationen)
UN-Behindertenrechtskonvention	Konvention der Vereinten Nationen über die Rechte der Menschen mit Behinderung
USA	Vereinigte Staaten von Amerika
W	
WHO	Weltgesundheitsorganisation

Abbildungsverzeichnis

Tabellenverzeichnis

Vorwort

M9 K19 hieß das Modul, welches im Masterstudiengang Sozialmanagement unterrichtet wurde. Als Studierende saß ich an einem Samstagmorgen in dieser Vorlesung und lauschte Piorkowsky. Zu der Zeit arbeitete ich als Sozialpädagogin im ambulant betreuten Wohnen der Gefährdetenhilfe mit ehemals Obdachlosen und mit Menschen mit Behinderungen zusammen. Hierbei handelt es sich um eine sehr intensive und sehr persönliche Zusammenarbeit innerhalb des Alltags der zu betreuenden Personen. In diesem Kontext bestand mein Arbeitsalltag aus Existenzsicherung, Krisenintervention sowie aus ganz regulärer Alltags- und Lebensbegleitung. Als Piorkowsky in der Vorlesung von Programmen zur Armutsprävention und vom Wirtschaften als Form des Alltagshandelns sprach, war die Idee für meine weitere Forschung geboren. Fokussierte meine Masterarbeit noch die Vermittlung von Finanzkompetenz im ambulant betreuten Wohnen, so sollte meine Dissertation ein weitreichenderes Spektrum thematisieren: die ökonomische Bildung im Kontext Sozialer Arbeit.

Meinem spezifischen Verständnis von Inklusion entsprechend, wurde das Thema bewusst in der Wirtschaftsdidaktik und nicht in der Sonderpädagogik, Heilpädagogik oder Rehabilitationswissenschaft platziert. Diese Arbeit nutzt die Interdisziplinarität zwischen den erforderlichen Wissenschaftsbereichen, um die Inklusion der Adressaten und Adressatinnen zu fördern. Möglichst frei von Vorverständnissen über Menschen mit Behinderung wurde so den Co-Forschenden begegnet, um Informationen über deren Bildungsbedarfe zu erhalten. Inklusion wurde innerhalb der vorliegenden Arbeit umgesetzt. Zum einen dadurch, dass die Arbeit in der Wirtschaftsdidaktik platziert wurde und zum anderen durch die Anwendung partizipativer Forschung. Hierzu konnten die Adressaten und Adressatinnen im Sinne partizipativer Forschung soweit gleichberechtigt in die Forschung einbezogen werden, wie dies im Rahmen einer Qualifikationsarbeit möglich ist. Darauf aufbauend wurden Anforderungen an ein adäquates Bildungskonzept entwickelt und exemplarisch im Sinne beider Wissenschaftsbereiche in einem Konzept zur personenzentrierten ökonomische Bildung umgesetzt.

Diese Arbeit wurde von Frau Prof. Dr. Wiepcke ermöglicht. Ihrer gilt mein besonderer Dank für Ihre kontinuierliche Unterstützung und Beratung insbesondere in Bezug auf die interdisziplinären Anforderungen bei der Erstellung dieser Forschungsarbeit. Ich danke Herrn Prof. Dr. Piorkowsky dafür, dass er diese Arbeit von der ersten Idee bis zum Abschluss begleitet hat. Mein Dank gilt meinen Eltern

Elke und Wolfgang Weitzig, die durch Ihre Förderung und Begleitung die Grundlage für die vorliegende Arbeit legten. Ebenfalls danke ich Jan Weitzig für seine Unterstützung und Geduld während der Erstellung dieser Arbeit. Ich danke allen Beteiligten der Promotionskolloquien der Deutschen Gesellschaft für Ökonomische Bildung sowie der Deutschen Gesellschaft für Soziale Arbeit, insbesondere Prof. Dr. Mittelstädt und Prof. Dr. Benz: vielen Dank für die Begleitung und Unterstützung in jeglichen Fragen der Promotion. Frau Prof. Dr. von Unger danke ich für ihre Anregungen zur Partizipativen Forschung. Ebenfalls bedanke ich mich bei den Organisierenden und den Teilnehmenden der AQUAS der Netzwerkstatt der Internationalen Akademie Berlin, des Berliner Methodentreffens und des Graduiertenprogramms der Universität Dortmund und des Mentoring^3 Programms der Universitätsallianz Metropole Ruhr, insbesondere Anne Mock und Dr. Bianca Drerup. Besonders hervorzuheben sind an dieser Stelle Herr Dr. Müller, Frau Dr. Petersen und Frau Vock. Ebenfalls danke ich meinen Vorgesetzten sowie Kollegen und Kolleginnen der FOM - Hochschule für Ökonomie und Management, die mich während der Promotion in vielfältiger Weise unterstützten.

1. Einleitung

Das Thema der vorliegenden Arbeit hat eine besondere Relevanz, weil der gesellschaftliche Wandel für Menschen mit Behinderung neue Chancen zur Teilhabe am gesellschaftlichen Leben vorsieht, die für viele Personen mit Behinderung bisher noch nicht erreichbar sind. Vor nicht einmal 100 Jahren wurde unter damals anerkannten Wissenschaftlern diskutiert, ob das Leben von Mensch mit Behinderung lebenswert sei (Binding, Hoche & Naucke, 2006). Heute sind Inklusion und Teilhabe anerkannte Ziele in Bezug auf Menschen mit Behinderung. Diese Ziele wurden von den Vereinten Nationen innerhalb der Konvention für die Rechte von Menschen mit Behinderung festgelegt, deren Umsetzung in den einzelnen Nationen andauert und kontinuierlich überprüft wird (Bundesministerium für Arbeit und Soziales, 2010).

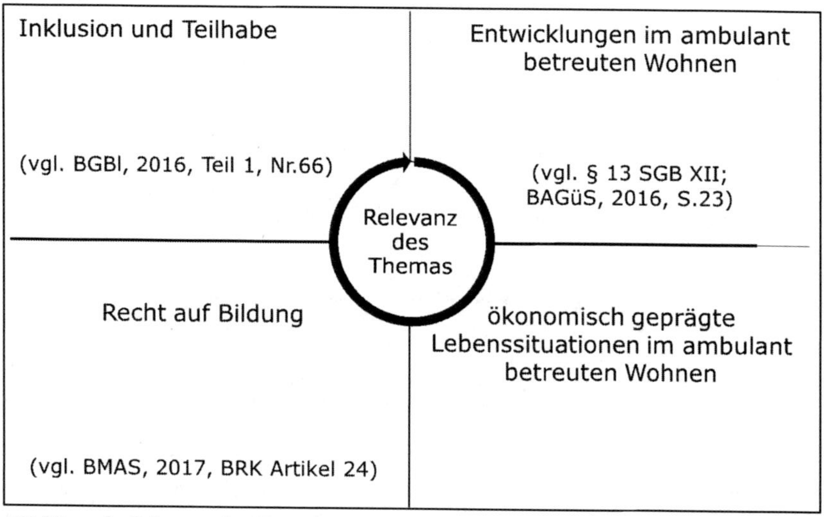

Abbildung 1: Relevanz des Themas

Dieser gesellschaftliche Wandel des Umgangs mit Menschen mit Behinderung hat ergeben, dass diese Personengruppe insbesondere in ambulanten Betreuungskontexten zunehmend mit ökonomisch geprägten Lebenssituationen konfrontiert wird. Für deren Gestaltung sind spezifische Kompetenzen aus dem Bereich der ökonomischen Bildung erforderlich (Deutsche Gesellschaft für Ökonomische Bildung, 2006, 2006, 2009). Insbesondere für das Leben in einer eigenen Wohnung werden zusätzliche Fähigkeiten und Fertigkeiten benötigt, die im Kontext des stationären Wohnens nicht erforderlich sind (Bundesarbeitsgemeinschaft der überörtlichen Träger der Sozialhilfe, 2011, S. 44). Dem entsprechend müssen Menschen mit Behinderung dahingehend gefördert werden eigene Wünsche zu benennen, Entscheidungen zu treffen und Probleme zu lösen (Theunissen, 2013,

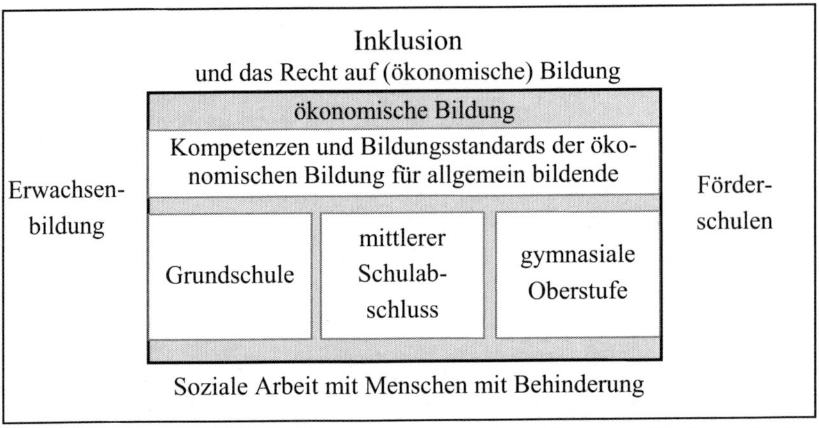

Abbildung 2: Weitere Handlungsfelder für ökonomische Bildung - zur Förderung der Inklusion von Menschen mit Behinderung in ökonomisch geprägten Lebenssituationen

S. 73). Menschen mit Behinderung dürfen nach der Behindertenrechtskonvention nicht von Bildung ausgeschlossen werden (Degener, 2009, S. 266). Ökonomische Bildung fokussiert aktuell das Angebot an allgemeinbildenden Schulen (siehe Abbildung 2). Im Sinne von Inklusion ist es notwendig, entsprechende Bildungsangebote alle Menschen vorzuhalten (Degener & Mogge-Grotjahn, 2012, S. 61). Dementsprechend besteht die Forschungslücke darin, dass Bildungsbedarfe von Menschen mit Behinderung im Bereich ökonomischer Bildung aktuell nicht umfassend gedeckt werden. Eine Ursache hierfür liegt in dem segregierenden Schulsystem in Deutschland. Diesbezüglich hat die erste Staatenprüfung Deutschlands durch die Vereinten Nationen ein kritisches Urteil ergeben und fordert die Abschaffung dieses segregierenden Schulsystems (Vereinte Nationen, 2015). Bishe-

rige Angebote aus dem Bereich der ökonomischen Bildung fokussieren eben diese Bildung an allgemeinbildenden Schulen (Deutsche Gesellschaft für Ökonomische Bildung, 2004, 2006, 2009), von der bis heute ein Großteil der Menschen mit Behinderung ausgeschlossen wird (Bundesministerium für Arbeit und Soziales, 2013b). Erste Ansätze für außerschulische ökonomische Bildung werden derzeit entwickelt und erprobt (Weber, van Eik & Mayer, 2013). Doch sie beziehen sich nicht auf die individuellen Anforderungen sowie Bedürfnisse spezifischer Zielgruppen und müssen in Bezug auf die Anwendung im Kontext Sozialer Arbeit überprüft und neu ausgerichtet werden. Erste konzeptionelle Überlegungen zur ökonomischen Bildung für Menschen mit sogenannter geistiger Behinderung finden sich bei Weitzig und Wiepcke (2017).
Aus diesen Gründen lautet die Forschungsfrage dieser Arbeit wie folgt:
Welche Anforderungen ergeben sich aus den ökonomisch geprägten Lebenssituationen von Menschen mit geistiger Behinderung im ambulant betreuten Wohnen nach § 53 Sozialgesetzbuch (SGB) XII für die ökonomische Bildung im Kontext Sozialer Arbeit?
Das Ziel dieser Arbeit ist die Beantwortung dieser Forschungsfrage.
Hierzu wird die Zielgruppe dieser Arbeit wie folgt eingegrenzt. Zum einen bezieht sich diese Arbeit auf Personen, die Leistungen nach § 53 SGB XII erhalten. Für junge Menschen mit Behinderung bis zum 27. Lebensjahr können Leistungen zum ambulant betreuten Wohnen über die Eingliederungshilfe nach dem SGB XII oder über die Kinder- und Jugendhilfe nach dem SGB VIII gewährt werden, was im Einzelfall geprüft wird (siehe § 10 Absatz 4 SGB VIII). Daher wird die Zielgruppe dieser Arbeit auf Menschen mit Behinderung ab dem 27. Lebensjahr und auf Personen im erwerbsfähigen Alter bis 65 Jahren beschränkt. Zum anderen sind Menschen mit einer geistigen Behinderung im ambulant betreuten Wohnen nach § 53 SGB XII bislang unterrepräsentiert und prägen das stationär betreute Wohnen (siehe Abbildung 5). Daher wird die genannte Zielgruppe weiter eingeschränkt auf die Personengruppe der Menschen mit einer geistigen Behinderung. Bei den Personen, die im Rahmen des ambulant betreuten Wohnens nach § 53 SGB XII in einer eigenen Wohnung betreut werden kann es sich sowohl um Einzelpersonen als auch um Personen handeln, die als Paar zusammenwohnen.

Für die Beantwortung der Forschungsfrage sind interdisziplinäre Grundlagen und ein sehr spezifisches Untersuchungsdesign notwendig. Um dieser Komplexität zu begegnen, werden folgende Annahmen zu Grunde gelegt.

- Die Grundlage dieser Arbeit ist ein Menschenbild, welches sich in dem spezifischen Verständnis von Inklusion wieder findet (siehe Kapitel 2.1.4). Daher wird Inklusion in Bezug auf die Theorie und deren praktische Umsetzung kritisch betrachtet und analysiert. Gleichzeitig wird das in Kapitel 2.1.4 beschriebene Verständnis von Inklusion mit der Ausrichtung dieser Arbeit im Rahmen der Theorie, der Methode und den daraus resultierenden Anforderungen bereits umgesetzt. Diese Arbeit stellt somit ein Exempel dafür dar, welche Konsequenzen in Forschung und Praxis gezogen werden müssen, um Inklusion im Rahmen der Gesellschaft zu realisieren.
- Inklusion wird mit dieser Arbeit bewusst umgesetzt und insofern auf der wissenschaftlichen Ebene angewendet, als das die genannte Fragestellung eben nicht in Sonderbereichen platziert wird. Ausdruck hierfür ist die Entscheidung die Untersuchung der ökonomisch geprägten Lebenssituationen von Menschen mit Behinderung nicht an einer Fakultät für Sonderpädagogik, Heilpädagogik oder Rehabilitationssoziologie zu platzieren, sondern sie in dem Forschungsbereich zu etablieren, der der Fragestellung nach dem Bedarf an ökonomischer Bildung entspricht - der Wirtschaftsdidaktik. Aus dem gleichen theoretischen Hintergrund heraus wird die ökonomische Bildung Erwachsener Menschen mit Behinderung nicht als Teil der Sonderpädagogik sondern als Teil von Erwachsenenbildung betrachtet.
- Gleichzeit wird mit dieser Arbeit die ökonomische Bildung innerhalb der Sozialen Arbeit platziert und mit ihrer Bedeutung für die Inklusion von Menschen mit Behinderung hervorgehoben. Dabei wird das wirtschaftsdidaktische Ziel der Befähigung zur Gestaltung ökonomisch geprägter Lebenssituationen als Ziel Sozialer Arbeit in das ambulant betreute Wohnen implementiert. Diese Arbeit verdeutlicht somit die Notwendigkeit der Auseinandersetzung der Sozialen Arbeit mit Themen der Wirtschaftswissenschaften.

Die Ausgangssituation auf der die Problemstellung dieser Arbeit beruht ist umfangreich. Zur Beantwortung der Forschungsfrage ist daher ein Vorgehen notwendig, welches Wissen aus den Sozial- und Wirtschaftswissenschaften aufzeigt, miteinander verbindet und dabei den obigen Grundannahmen folgt. Hierzu wurde folgende Vorgehensweise gewählt.

Für die Beantwortung der Forschungsfrage werden in Kapitel 2 theoretische Grundlagen aus der Sozialen Arbeit und der ökonomischen Bildung aufgezeigt

und in Bezug auf die Forschungsfrage diskutiert. Hierzu werden sie zuerst getrennt voneinander aufgezeigt und im weiteren Verlauf der Arbeit in Zusammenhang zueinander gebracht. Einführend wird Diversität grundlegen dargestellt und Behinderung als Diversitätsdimension betrachtet. Anschließend werden die gesellschaftlichen Einflüsse auf das Leben von Menschen mit Behinderung im historischen Kontext dargestellt. Mit Blick auf die aktuelle Situation im Umgang mit Behinderung werden Empowerment, Inklusion und die Lebensqualitätsforschung betrachtet. Anschließend werden die Konzepte der Lebenslage, Lebensphase und Lebenswelt theoretisch hergeleitet. Sie dienen im weiteren Verlauf dieser Arbeit der Analyse einzelner und individueller Lebenssituationen der Zielgruppe. Darauf aufbauend wird die Lebenslage von Menschen mit Behinderung in Deutschland betrachtet und mit Fokus auf die Konvention der Vereinten Nationen für die Rechte von Menschen mit Behinderung diskutiert.
Daraus resultierend wird ausführlich die ökonomische Bildung dargestellt und in Bezug auf die Forschungsfrage analysiert und reflektiert. Das Kapitel schließt mit einer kritischen Betrachtung ökonomischer Bildung und deren Möglichkeiten zur Förderung der Inklusion der Zielgruppe.

Die empirische Untersuchung in Kapitel 0 dient der Beantwortung der Forschungsfrage und beruht auf den zuvor genannten Grundannahmen für diese Arbeit. Für die Entwicklung eines entsprechenden Konzeptes zur ökonomischen Bildung der Zielgruppe ist es notwendig Einblicke in deren Lebenswelt zu erhalten. Dies ist mit den Methoden der qualitativen Forschung möglich (Mruck & Mey, 2000). In Bezug auf die Zielgruppe ist die Angemessenheit der Methode von besonderer Bedeutung, die in Kapitel 3.1 hergeleitet, angewendet und reflektiert wird. Um die Gegenstandsangemessenheit zu wahren, werden innerhalb des Forschungsdesigns mehrere Methoden der Datenerhebung miteinander kombiniert. So kann ein Forschungsdesign entwickelt werden, welches die Bedürfnisse der Zielgruppe berücksichtigt und eine Befragung von Personen mit sehr unterschiedlicher oder mehrfacher Behinderung ermöglicht. Im Sinne des spezifischen Verständnis von Inklusion und dem Anspruch an diese Arbeit dies umzusetzen, wurde die Methode Foto Voice aus der Partizipativen Forschung mit leitfadengestützten Interviews kombiniert (siehe Kapitel 3.2). Letztere wurden zur Beantwortung der Forschungsfrage narrativ ausgerichtet, um einen größtmöglichen Erkenntnisgewinn zu den Lebenssituationen der befragten Personen zu erlangen. Zur Auswertung dieser vielfältigen Daten wird in Kapitel 3.3 im Rahmen der qualitativen Inhaltsanalyse nach Mayring ein zweiteiliges Vorgehen aus induktiver und deduktiver Analyse genutzt (Mayring, 2015). Dieses Vorgehen dient zum einen dazu Einblicke in die Lebenswelt der Teilnehmenden zu gewinnen und zum anderen die notwendigen Daten in Bezug auf die Forschungsfrage zu ermitteln. In Kapitel 3.4 wird die konkrete Fall- und Typenbeschreibung exemplarisch durchgeführt.

In Kapitel 0 werden zur Beantwortung der Forschungsfrage die Erkenntnisse aus Kapitel 2 und die Ergebnissen aus Kapitel 0 genutzt, um die Anforderungen an eine ökonomische Bildung im Kontext der Sozialen Arbeit und deren Anwendungsmöglichkeiten aufzuzeigen. Hierzu werden in Kapitel 4.2 Grundlagen für eine zielgruppenorientierte Erwachsenenbildung erarbeitet. Anschließend werden in Kapitel 4.3 bestehende Konzepte aus der ökonomischen Bildung und der Sozialen Arbeit in Bezug auf die Beantwortung der Forschungsfrage betrachtet und diskutiert. In Kapitel 0 wird die ökonomische Bildung für Menschen mit kognitiver Beeinträchtigung im ambulant betreuten Wohnen konkretisiert. Hierzu werden die theoretischen Grundlagen zusammenfassend dargestellt und darauf aufbauend ein didaktisches Design entwickelt, welches dem beschriebenen Verständnis von Inklusion folgt und zugleich den vielfältigen Anforderungen der Zielgruppe, der Wirtschaftsdidaktik und der Sozialen Arbeit entspricht. Aufbauend auf den Erkenntnissen von Kapitel 2 und 0, den zuvor genannten theoretischen Grundlagen sowie dem didaktischen Design wird abschließend ein Leitfaden für die ökonomische Bildung im Kontext des ambulant betreuten Wohnens für Menschen mit geistiger Behinderung entwickelt und vorgestellt.

2. Problemstellung und Stand der Forschung: Ökonomische Bildung als Grundlage von Inklusion

Als Kern ökonomischer Bildung werden ökonomisch geprägte Lebenssituationen betrachtet, die Anforderungen an ökonomisches Entscheiden, Urteilen und Handeln innerhalb der Gesellschaft stellen (Weber et al., 2013, S. 13). Die Frage danach, welche Anforderungen sich aus den Lebenssituationen von Menschen mit geistiger Behinderung im ambulant betreuten Wohnen nach § 53 SGB XII an ökonomische Bildung stellen, bedarf einer ausführlichen Betrachtung theoretischer Grundlagen aus den Sozialwissenschaften und der Wirtschaftsdidaktik. Insbesondere werden für die Beantwortung dieser Frage theoretische Grundlagen aus der Sozialen Arbeit und der ökonomischen Bildung benötigt. Die besondere Herausforderung dieses Kapitels besteht darin Begriffe und Theorien beider Wissenschaften aufzuzeigen, gegeneinander abzugrenzen und anschließend in Bezug auf die Forschungsfrage in Verbindung zueinander zu stellen. Erst dadurch wird es möglich die theoretischen Grundlagen beider Bereiche in Bezug auf die Forschungsfrage zu diskutieren und in einer Synthese zusammenzubringen.

Hierzu werden in Kapitel 2 die notwendigen theoretischen Grundlagen aufgezeigt, kritisch betrachtet und in Bezug auf die Forschungsfrage in Bezug zueinander gestellt.

In Kapitel 2 werden für die Beantwortung der Forschungsfrage Erkenntnisse aus der ökonomischen Bildung und der Sozialen Arbeit aufgezeigt und in Bezug auf die Forschungsfrage diskutiert. Diese theoretischen Grundlagen werden zuerst separiert voneinander betrachtet und in der weiteren Ausarbeitung für die Beantwortung der Forschungsfrage in Zusammenhang zueinander gestellt. Das Kapitel 2.1 beginnt mit einem Blick in die Grundlagen von Diversität und von Behinderung als Diversitätsdimension. Anschließend wird in der gesellschaftliche Umgang mit Behinderung im historischen Kontext betrachtet und die gesellschaftliche Situation in Bezug auf Menschen mit Behinderung thematisiert. Empowerment wird als Grundlage für Inklusion betrachtet. Da Inklusion die Grundlage dieser Arbeit darstellt, werden verschiedene Verständnisse hiervon dargestellt, um das spezifische Verständnis von Inklusion als Grundannahme dieser Arbeit herzuleiten. Die aktuelle Debatte um Inklusion und Strategien für deren Umsetzung werden anschließend aufgezeigt. Weiterführend wird ein Ausblick in die Lebensqualitätsforschung gegeben.

Aufgrund der Komplexität der Lebenssituationen von Menschen mit Behinderung im ambulant betreuten Wohnen werden in Kapitel 2.2 die theoretischen Grundlagen der Konzepte von Lebenslage, Lebensphase und Lebenswelt als Rahmenbedingungen einzelner Lebenssituationen theoretisch hergeleitet. Die Darstellung dieser theoretischen Grundlagen dient dazu, die Komplexität der einzelnen, individuellen Lebenssituation abzubilden, deren Analyse grundlegend für die praktische Soziale Arbeit im ambulant betreuten Wohnen ist. Hierzu wird ein Modell entwickelt, welches Lebenssituationen im Rahmen von Lebenslage, Lebensphase, Lebenswelt sowie der Diversitätsdimensionen der Person darstellt.
In Kapitel 2.3 wird die aktuelle Situation von Menschen mit Behinderung in Deutschland weit möglichst aufgezeigt. Allgemeine Aussagen über die Lebenslage der Menschen mit Behinderung lassen sich aufgrund der mangelnden Datenlage nur aus allgemeinen Datenerhebungen ableiten (Bundesministerium für Arbeit und Soziales, 2013b). Wesentlich ist dabei der Einfluss rechtlicher und sozialpolitischer Rahmenbedingungen auf das Leben von Menschen mit Behinderung. Sie werden daher ausführlich erläutert. Anschließend wird die Konvention der Vereinten Nationen über die Rechte von Menschen mit Behinderung beschrieben, die grundlegende Veränderungen für das Leben von Menschen mit Behinderung mit sich bringt. Der Stand der Umsetzung der Konvention in Deutschland und die Ergebnisse der ersten Staatenprüfung Deutschlands werden kritisch betrachtet.
Kapitel 2.4 thematisiert die Grundlagen und Potentiale ökonomischer Bildung in Bezug auf die Forschungsfrage. Aktuelle Entwicklungen innerhalb der ökonomischen Bildung werden aufgezeigt und auf Ihre Anwendbarkeit für die Zielgruppe untersucht. Dahingehend werden die Leitbilder der ökonomischen Bildung erläutert und Bildungsstandards sowie Kompetenzbereiche der Deutschen Gesellschaft für Ökonomische Bildung aufgezeigt. Sie bilden eine weitere Grundlage für die weiteren Ausarbeitungen. Aufgrund der Ausrichtung ökonomischer Bildung an dem allgemeinen Schulsystem, wird ein besonderer Fokus auf die ökonomische Grundbildung für Erwachsene gelegt. Auf diesen Grundlagen werden Potentiale ökonomischer Bildung für Inklusion hergeleitet.
Diese theoretischen Grundlagen aus den Wirtschafts- und den Sozialwissenschaften werden für den empirischen (Kapitel 0) und den konzeptionellen Teil (Kapitel 0) dieser Arbeit benötigt.

2.1 Behinderung in der Gesellschaft

Das Leben von Menschen mit Behinderung wurde in der Vergangenheit (siehe Kapitel 2.1.2) bis heute stark durch die umgebenden gesellschaftlichen Rahmenbedingungen geprägt. Diese reiche von der Diskussion über die Vernichtung unwerten Lebens (Binding et al., 2006; Klee, 1983) hin zu dem neuen Bundesteilhabegesetz, welches in einer ersten Stufe am 01.01.2017 in Kraft trat (Bundesministerium für Arbeit und Soziales, 2017). Das Kapitel beginnt mit einer begrifflichen Bestimmung von Diversität. Behinderung wird als ein Diversitätsmerkmal innerhalb der verschiedenen Diversitätsdimensionen betrachtet. Es folgt ein Blick in den gesellschaftlichen Wandel des Umgangs mit Menschen mit Behinderung, der die Hintergründe für die heutige Situation der Zielgruppe innerhalb der Gesellschaft aufzeigt. Dieser historische Rückblick endet mit der Darstellung von Empowerment. Empowerment wird als Grundlage und Ursprung von Inklusion betrachtet. Als Grundlage dieser Arbeit wird Inklusion theoretisch hergeleitet und für die Beantwortung der Forschungsfrage bestimmt. Diese theoretische Betrachtung leitet in die aktuelle theoretische sowie praktische Debatte zur Inklusion über. Anschließend werden Strategien zur Förderung von Inklusion aufgezeigt. Abschließend und weiterführend wird die Lebensqualitätsforschung dargestellt und in Bezug auf die Zielgruppe diskutiert.

2.1.1 Diversität

Die Anerkennung der Existenz von Diversitätsdimensionen und deren Auswirkungen auf Lebenssituationen sind die Grundlage für die Beantwortung der Forschungsfrage und die ressourcenorientierte Ausrichtung dieser Arbeit. Die Heterogenität der Zielgruppe macht eine Betrachtung von Diversität und die entsprechende Begriffsbestimmung unabdingbar. Konstitutiv für Diversitätsverhältnisse ist die Konstruktion dichotomer Begrifflichkeiten. Diese werden als Kategorien genutzt und dienen der Strukturierung der Gesellschaft. Sie werden in Verbindung zu grundlegenden Ordnungsstrukturen gestellt, die wiederum mit spezifischen Erwartungshaltungen in Verbindung gebracht werden. Diese Normvorstellungen erleichtern es, die eigenen Verhaltensweisen und -erwartungen an das Gegenüberliegende anzupassen. Innerhalb dieser Kategorisierungsprozesse besteht die Gefahr, dass andere Möglichkeiten ausgeblendet und hierarchisierende Zuschreibungen getroffen werden. Der Umgang mit Diversität erfordert Kenntnisse über solche gesellschaftlichen Auf- und Abwertungsmechanismen, die nach wie vor zur Ausgrenzung bis hin zur Diskriminierung einzelner Individuen oder bestimmter

Gruppen führen können. Die Diskurse über Gender, Herkunft, Religion oder Behinderung wurden bis zu den 1990er Jahren weitestgehend isoliert voneinander betrachtet. Der Grundgedanke, dass Minderheiten im Allgemeinen auf bestimmte Art und Weise beschrieben, behandelt oder diskriminiert werden, entstand erst in den 1990er Jahren. Seither findet der Begriff der Diversität in Deutschland zunehmend Verwendung. Eine Vielzahl von gesellschaftstheoretischen oder gegenstandsbezogenen Theorien bildeten innerhalb der letzten Jahrzehnte die Grundlage für die Analysen von Diversität (Bendl, Hanappi-Egger & Hofmann, 2011, 38ff).

Neben der Minderheitsforschung entstand die Intersektionaliätsforschung, wohingegen die Diversitätsforschung in Deutschland noch recht jung ist. Die sogenannten Diversity-Studies zielen darauf ab, Potentiale von Menschen zu stärken, deren Leben in der Gemeinschaft zu fördern und Ausgrenzung sowie Diskriminierung zu minimieren (Krell, Riedmüller, Sieben & Vinz, 2007, S. 14).

Diversität als Phänomen gab es schon immer. Allemann-Ghionda verweist beispielsweise in ihren Erläuterungen zur Diversität auf die ersten Begegnungen zwischen Europa und Amerika (Bendl et al., 2011, S. 17). Erst in den frühen 1960er Jahren bahnte sich sowohl unter Sozialwissenschaftlern als auch innerhalb von zivilgesellschaftlichen Bewegungen ein sozialer Wandel an, der eine Perspektive mit sich brachte, die nicht an Normen und Werten orientiert war (z.B. die Bürgerrechtsbewegung in Amerika)[1].

Auch heute weichen die Definitionen von Diversität je nach Fachdisziplin stark voneinander ab. Die internationale Fachdiskussion über Diversität ist noch nicht abgeschlossen, wobei nicht von einem Defizit in der Theorie gesprochen werden kann (Allemann-Ghionda & Bikow, 2011, S. 31). So bildeten eine Vielzahl von gesellschaftstheoretischen oder gegenstandsbezogenen Theorien innerhalb der letzten Jahrzehnte die Grundlage für die Analysen von Diversität (Bendl et al., 2011, 38ff.).

In Bezug auf die Forschungsfrage ist eine tiefer gehende Betrachtung dieser theoretischen Grundlagen nicht zielführend. Ein richtungsweisendes Beispiel für die Entwicklung der Theorie in Bezug auf Diversität ist die Theorie der Praxis von Bourdieu. Kern seiner Theorie ist es, das Individuen ihre soziale Position in Abhängigkeit der zur Verfügung stehenden Kapitalien erlangen. Wobei Bourdieu folgende Kapitalsorten unterscheidet (Bourdieu, 1983):

---

[1] Hierzu siehe auch Allemann-Ghionda und Bikow (2011); Bukow, Heck, Schulze und Yildiz (2011); Rasmussen (1996).

- Ökonomisches Kapital (z.B. Einkommen, Vermögen)
- Kulturelles Kapital (z.B. Bildung, kultureller Besitz)
- Soziales Kapital (z.B. Familie, soziale Beziehungen).

Bereits an der Betrachtung dieser drei Kapitalsorten wird deutlich, wie facettenreich eine Analyse der gesamten Ressourcen und ihre Beeinträchtigung innerhalb der Diversitätsdimensionen ist.

Aus soziologischer und ethnologischer Perspektive ist Diversität das Ergebnis von Differenzierungen und entsprechenden Differenzierungshandlungen in sozialen Systemen. Diversität kann daher nicht unabhängig von Differenz betrachtet werden. Der Begriff der Differenz ist noch vielseitiger als der Begriff der Diversität, da er eine Vielzahl sozialer Tatbestände thematisiert. Zudem beinhaltet er grundlegende Denk- und Handlungsweisen indem er darauf verweist, dass wir immerzu Unterscheidungen vornehmen (Fuchs, 2007, S. 18).

Behinderung ist nach der europäischen Antidiskriminierungsrichtlinie (Rat der Europäischen Union, 2000) eine von sechs Diversitätsdimensionen (Alter, Behinderung, Ethnizität, Gender, Religion, sexuelle Orientierung). Anhand dieser Diversitätsdimensionen wird der Blick auf die Differenz gelenkt. Durch die Zuschreibung dieser Dimensionen zu Personen oder Gruppen finden Kategorisierungen statt, die spezifische Bewertungen oder stereotype Zuschreibungen ermöglichen.

Für Bildungsarbeit hat das Verständnis von Diversität eine weiterführende Bedeutung, welches sich auf die Beschreibung von Unterschieden und Gemeinsamkeiten bezieht. Zum einen vermindert es die Gefahr der Kategorisierung und Trennung von sozialen Gruppen, zum anderen bildet die Fokussierung der Gemeinsamkeiten eine Basis für die Betrachtung von Unterschiedlichkeit innerhalb des sozialen Systems.

In der europäischen Antidiskriminierungsrichtlinie (RL 2000/78/EG) wurden die folgenden Diversitätsdimensionen bezeichnet und rechtlich festgeschrieben:

- Alter,
- Behinderung,
- Ethnizität,
- Gender,
- Religion,
- Sexuelle Orientierung.

Anhand der Diversitätsdimensionen wird der Blick auf die Differenz gelenkt. Die Dimensionen werden Individuen oder Gruppen zugeschrieben. Es findet eine Kategorisierung statt, die spezifische Bewertungen oder stereotype Zuschreibungen

ermöglichen. Die Herausforderung für die Diversitätsforschung liegt darin, besondere Merkmale der jeweiligen Dimension zu beschreiben und die Zusammenhänge mit anderen Dimensionen aufzuzeigen.
Innerhalb der letzten Jahre und im Zuge der Weiterentwicklung der Diversitätsforschung ist die ursprüngliche Betrachtung der Dimensionen um mehrere Ebenen erweitert worden. Thomas (1996) hat verdeutlicht, dass Diversität alle individuellen Unterschiede und alle vorhandenen Gemeinsamkeiten beinhaltet.
Gardenswartz und Rowe werden dieser Komplexität von Diversität in ihrer mehrstufigen Darstellung gerecht, indem sie die ursprüngliche Betrachtung um mehrere Ebenen erweitern und somit die Komplexität von Diversität abbilden (siehe Abbildung 3). Kern der Darstellung ist die Persönlichkeit. Um diese herum ist die Innere Dimension angeordnet. Sie besteht aus den so genannten Kerndimensionen Alter, physische Fähigkeiten, ethnische Zugehörigkeit, Geschlecht, Religion, Weltanschauung und sexuelle Orientierung. In einem weiteren Kreis wird die Äußere Dimension abgebildet. Hierzu gehören unter anderem die Elternschaft, der Wohnort oder das Einkommen einer Person. Der äußerste Ring beschreibt die organisationalen Dimensionen, wie z.B. Funktion, Arbeitsort, Dauer der Beschäftigung.

In diesem Modell sind alle Diversitätsdimensionen miteinander verbunden. Somit kann keine eindeutige Priorisierung vorgenommen werden. Aufgrund dieser Komplexität thematisiert diese Arbeit ausschließlich die Kerndimension der Behinderung/physischen Fähigkeiten. Innerhalb dieser Dimension findet die Fokussierung auf Menschen mit geistiger Behinderung statt, die im Rahmen des ambulant betreuten Wohnens betreut werden.

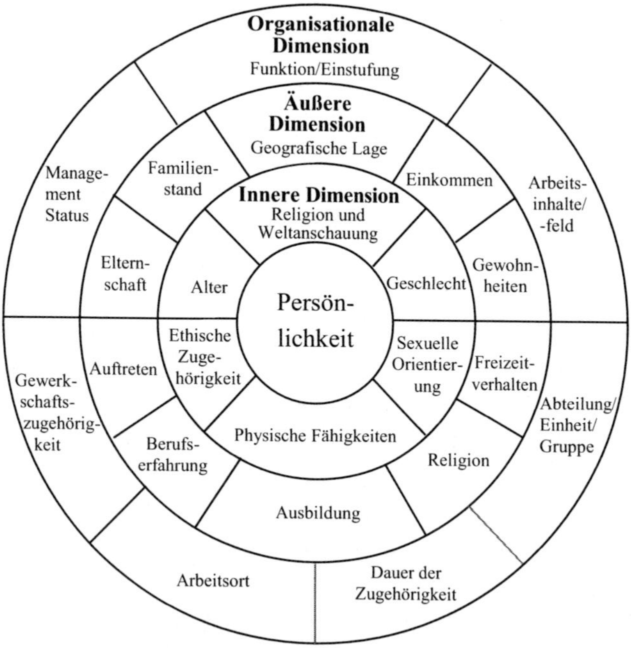

Abbildung 3: Vier Dimensionen von Diversität[2]

Innerhalb von Lebenssituationen spielen alle Diversitätsdimensionen eine Rolle (siehe Kapitel 2.2). Innerhalb der Datenerhebung dieser Arbeit wird die äußere Dimension des Modells von Gardenswartz und Rowe fokussiert. Wünschenswert wäre in Bezug auf die Zielgruppe eine gleichwertige Betrachtung aller Diversitätsdimension, derzeit ist jedoch die Diversitätsdimension Behinderung ausschlaggebend für ihre Lebenslage, Lebensphase und Lebenswelt. Daher würde eine Gleichstellung der Diversitätsdimensionen zum heutigen Zeitpunkt dem Lebensverlauf der Zielgruppe nicht gerecht werden (siehe Kapitel 2.3). Dabei sollte das Ziel verfolgt werden, eine gleichberechtigte Betrachtung der Diversitätsdimensionen herzustellen. Dies könnte dann möglich werden, wenn Abwertungsprozesse aufgrund von Behinderung sowohl auf individueller als auch auf struktureller Ebene reduziert werden.

Aus ökonomischer Perspektive ist es das Ziel des Diversity Managements die Aspekte der Vielfältigkeit für Unternehmen zu identifizieren und zu nutzen, die Er-

[2] Quelle: in Anlehnung an: Gardenswartz und Rowe (2010)

folg versprechen. Dies können verschiedene Kompetenzen, Einstellungen, Eigenschaften und kulturelle Komponenten sein, die es zu erschließen gilt. Damit verbunden ist die Wertschätzung aller Diversitätsdimensionen innerhalb von Unternehmen. Für Unternehmen bedeutet dies eine Unternehmenskultur zu entwickeln, die Vielfalt anerkennt und Chancengleichheit sichert. Eine solche Unternehmenskultur ermöglicht es die vielfältigen Potentiale für die Teambildung, die Innovationsentwicklung oder die Vermeidung von Konflikten zu nutzen. Im Sinne eines systemtheoretischen Managements können so einzelne Einheiten wie beispielsweise Abteilungen als Systeme betrachtet werden, die sich von anderen Einheiten abgrenzen, eigenen Regeln folgen und so Vielfalt im Unternehmen ermöglichen. Beispiele für das Diversity Management in Unternehmen ist die Förderung von Frauen, Bereitstellung von Kinderbetreuung, Bindung älterer Mitarbeiter und Mitarbeiterinnen an das Unternehmen, Schaffung von behindertengerechten Arbeitsplätzen, Konzepte zur Work-Life Balance oder ein internationales Kulturmanagement (Springer-Gabler Verlag, 2017).

Diese leistungs- und nutzenorientierte Perspektive von Unternehmen kann klar von der Perspektive der Personen mit Diversitätsmerkmalen abgegrenzt werden. So wird im Folgenden Inklusion unter dem Fokus der Einbeziehung von Personen mit dem Diversitätsmerkmal Behinderung unabhängig von dem Nutzen für andere Teile der Gesellschaft betrachtet. In Bezug auf Inklusion von Menschen mit Behinderung ist es notwendig nicht nur die Diversitätsdimension Behinderung sondern ebenfalls die damit verbundenen Exklusionsrisiken zu betrachten. Die theoretischen Grundlagen von und die Debatte um Inklusion sowie Projekte zur Förderung von Inklusion werden im Folgenden vorgestellt und diskutiert.

2.1.2 Menschen mit Behinderung im Wandel der Gesellschaft

Sowohl Menschen mit geistiger Behinderung als auch ökonomisches Denken und Handeln gibt es schon lange. Die Darstellung der historischen Hintergründe soll Aufschluss darüber geben, warum es erst heute möglich ist, dass sich beides begegnet. Das Kapitel endet in der Beschreibung der aktuellen Situation, die begründet, warum ökonomische Bildung für Menschen mit geistiger Behinderung heute notwendiger geworden ist als je zuvor.

Der Stand von Menschen mit Behinderung innerhalb der Gesellschaft und die sich daraus ergebene Lebenssituation haben sich im Laufe der Zeit gewandelt. In Abbildung 4 werden die wesentlichen Aspekte dieser Entwicklung dargestellt, die viele wissenschaftliche Arbeiten beschreiben (Cloerkes, 2007; Grasshoff, 2013;

Häussler, Wacker & Wetzler, 1996; Schäfers, 2008; Theunissen, 2013; Thimm, Ferber, Schiller & Wedekind, 1985).

Aus kulturphilosophischer Perspektive beschreibt Schulak in dem Artikel ‚Seher, Hofnarr, Versuchskaninchen' die gesellschaftliche Entwicklung des Phänomens Behinderung (Schulak, 2000). Der Titel deutet bereits darauf hin, welche unterschiedlichen Rollen Menschen mit Behinderung innerhalb der Gesellschaft hatten. Von der Antike über das Mittelalter in die Neuzeit gestaltete sich der gesellschaftliche Umgang mit Menschen mit Behinderung in unterschiedlicher Art und Weise. Von der Aussetzung und der Tötung missgebildeter Kinder nach der Geburt wurde im Mittelalter Abstand genommen, so dass erste Einrichtungen zur Versorgung behinderter Menschen entstanden. Diese hatten jedoch kein Anrecht auf Ausbildung oder medizinische Versorgung. In der Neuzeit waren sogenannte Anstalten der Irren-, Krüppel- und Gebrechensfürsorge weit verbreitet. Im 19. Jahrhundert wurden diese Anstalten von medizinischen und pädagogischen Impulsen und Erkenntnissen geprägt, die zu der Zeit allgemein eine starke Verbreitung fanden (Speck, 1999, S. 13). Während diese Konzepte weiterentwickelt wurden, wuchs gleichzeitig die inhaltliche Diskussion um mögliche Ursachen von Behinderung. In Anlehnung an Darwin vermutete man, dass „Schwachsinn erblich sei" (Speck, 1999, S. 25). Als Folge dieser Entwicklung erschien 1922 das Buch ‚Die Freigabe der Vernichtung lebensunwerten Lebens' (Binding et al., 2006). Das darin dargestellte Verständnis von lebensunwertem Leben und Bildungsunfähigkeit führte in ihrer konsequenten Auslegung zur systematischen Tötung von Menschen mit Behinderung im Sinne des Nazi-Regimes (Speck, 1999, S. 27).

Nach 1945 wurde in Deutschland an die pädagogischen Ansätze aus Vorkriegszeiten angeknüpft (Theunissen, 2013, S. 323). In diesem Sinne wurden Kinder mit Behinderung weiterhin gemäß dem § 11 Reichschulpflichtgesetzes von der Schulpflicht befreit und in Anstalten untergebracht, wenn sich die Familie die Pflege und Erziehung nicht leisten konnte.

Erst mit der Gründung der Lebenshilfe für das geistig behinderte Kind im Jahre 1958 (Budde, 2008, S. 10) wurde der Begriff der geistigen Behinderung geprägt und in die Fachterminologie übernommen (Speck, 1999, S. 28). In der weiteren Entwicklung der sogenannten Behindertenhilfe gewann das Normalisierungsprinzip zunehmend an Bedeutung (Thimm et al., 1985, S. 5). In Folge dessen wurde durch einen Erlass von Sonderschulgesetzen eine Sonderschule für geistig Behinderte geschaffen (Speck, 1999, S. 29). Aus der Geistigbehindertenpädagogik bil-

dete sich die Heilpädagogik heraus, die anfänglich die schulische Erziehung und Bildung behinderter Kinder fokussierte (Theunissen, 2003, S. 45).
Gegen Ende der sechziger Jahre kam die institutionalisierte Versorgung von Menschen mit Behinderung durch Symptome der Fremdbestimmung, Hospitalisierung und soziale Ausgrenzung in die gesellschaftliche Kritik. Sie wurde von dem sogenannten Servicemodell abgelöst, welches Menschen mit Behinderung durch spezielle pädagogische und therapeutische Förderung sowie Unterstützung auf eine Integration in die Gesellschaft vorbereiten sollte. Dementsprechend wurde innerhalb der Heilpädagogik von der medizinisch-naturwissenschaftlichen Orientierung zu Gunsten erziehungswissenschaftlicher sowie soziologisch geprägter Ansätze Abstand genommen (Speck, 1999, S. 32; Theunissen, 2013, S. 36).
Als Konsequenz daraus wurde zunehmend die Normalisierung und Eingliederung von Menschen mit Behinderung eingefordert (Thimm et al., 1985, S. 19). In diesem Sinne erweiterte die Heilpädagogik ihren bisherigen Fokus auf die schulische Förderung behinderter Kinder um die Frühförderung und die Erwachsenenbildung. An Volkshochschulen wurden Anfang der siebziger Jahre erste Kurse für Erwachsene mit geistiger Behinderung angeboten (Theunissen, 2003, S. 46). Innerhalb des Servicemodells wurde die Ausgestaltung der Behindertenhilfe jedoch an den Interessen der Leistungserbringer und Leistungserbringerinnen und anderer beteiligter Organisationen ausgerichtet. Die Perspektive der Adressaten und Adressatinnen dieser Angebote wurde hierbei kaum beachtet und das Ziel der Integration daher häufig nicht erreicht (Theunissen, 2013, S. 35).
Nachdem Empowerment im Rahmen der Bürgerrechtsbewegungen in den Vereinigten Staaten von Amerika (USA) bekannt geworden war und durch eine Vielzahl sozialer Bewegungen und Selbsthilfe- sowie Selbstvertretungsgruppen Verbreitung fand, gewann es in Deutschland zunehmend an Bedeutung (Theunissen, 2013, 34f).
Im Sinne von Empowerment löste der Gedanke der Inklusion zu Beginn der neunziger Jahre das Servicemodell ab. Im Sinne von Inklusion werden in Kapitel 4.2 Ansätze und Vorgehensweisen aus dem Empowerment genutzt. Differenziert auf die Lebensbereiche von Menschen mit Behinderung beschreibt Theunissen dies in seinem Buch ‚Empowerment und Inklusion in der Heilpädagogik und Sozialen Arbeit' (Theunissen, 2013). Hier beschreibt er Inklusion als die „uneingeschränkte gesellschaftliche Zugehörigkeit" (Theunissen, 2013, S. 35). Hederich, Biewer, Hollenweger und Markowetz sehen in Inklusion das „Recht auf Einbezogensein" und sehen dies in engem Zusammenhang mit dem „Recht auf Anderssein", welches dem Prinzip der Diversität entspricht (et al. 2016, S. 13).

Der Gedanke der Inklusion und das Recht auf Teilhabe am gesellschaftlichen Leben wurden im Mai 2008 in der Konvention der Vereinten Nationen über die Rechte der Menschen mit Behinderung[3] (UN-Behindertenrechtskonvention) verankert, die inzwischen von 154 Nationen und der Europäischen Union ratifiziert wurde (Office of the United Nations, 2015, siehe Kapitel 2.3.1.2). Entsprechend wurde in Artikel 10 der UN-Behindertenrechtskonvention bekräftigt, „dass jeder Mensch ein angeborenes Recht auf Leben hat" (Bundesministerium für Arbeit und Soziales, 2010, S. 22). Die Vertragsstaaten verpflichten sich an dieser Stelle, alle Maßnahmen zu gewährleisten, die notwendig sind, um allen Menschen dieses Recht auf Leben zukommen zu lassen.

Betrachtet man die Entstehung und Entwicklung der Heilpädagogik, die sich von der schulischen Bildung und Förderung behinderter Kinder auf die Bereiche der Frühförderung und der Erwachsenenbildung ausweitete, so wird die besondere Bedeutung der Entwicklung und Umsetzung von Inklusion und Teilhabe in Wissenschaft und Praxis deutlich (siehe Abbildung 4).

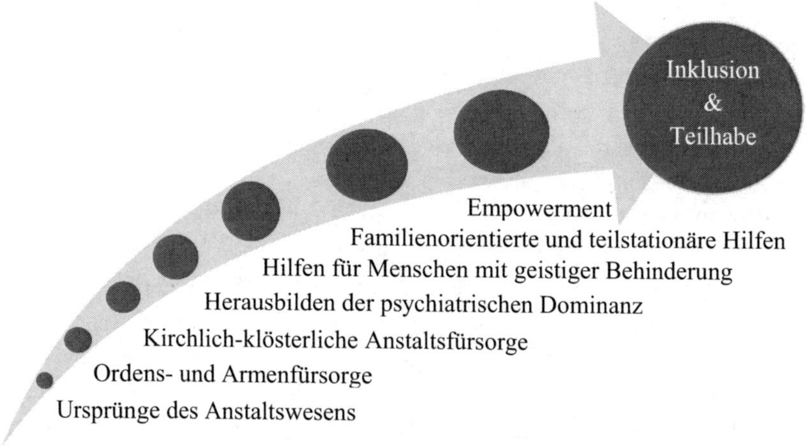

Abbildung 4: Entwicklung des Hilfesystems für Menschen mit Behinderung[4]

---

[3] Die ausführliche Beschreibung, Erläuterung und Diskussion der Konvention der Vereinten Nationen für die Rechte von Menschen mit Behinderung sowie zu deren Umsetzung findet in Kapitel 2.3.1.2 statt.

[4] Quelle: in Anlehnung an: Schädler (2002, S. 14)

Wenn das Recht auf Teilhabe am gesellschaftlichen Leben für Menschen mit Behinderung gesetzlich verankert ist, Inklusion die Wissenschaft sowie Praxis prägt und beides in der praktischen Arbeit mit Menschen mit Behinderung auf Anerkennung trifft, stellt sich berechtigterweise die Frage, warum bisher keine Angebote zur ökonomischen Bildung für Menschen mit geistiger Behinderung entwickelt und in das Hilfesystem implementiert wurden.
Verschiedene Gründe bilden die Ursache hierfür:
Zum einen prägt die Institutionalisierung die sogenannte Behindertenhilfe in Deutschland nachhaltig. Dementsprechend sind im internationalen Vergleich Wohneinheiten mit weniger als sechs Personen in Deutschland bis heute unterrepräsentiert. Hier dominiert weiterhin die Institutionalisierung in Form größerer Einrichtungen. Vielerorts fehlen kleine gemeindeintegrierte Wohnformen und somit die Möglichkeit alternative Unterbringungsformen wählen zu können. Im Gegensatz zu anderen Ländern haben in Deutschland nur wenige Institutionen der Behindertenhilfe solch alternative Wohnmöglichkeiten in ihr Angebot aufgenommen. In diesen kleinen, gemeindenahen Wohneinheiten wohnen Menschen mit einem relativ hohen Grad an Selbstständigkeit. Im Jahr 2013 wurde geschätzt, dass von allen Menschen mit Behinderung in Deutschland 26% in ambulant betreuten Wohnformen Unterstützung erhalten (Theunissen, 2013, S. 327).
Ein weiterer Grund dafür, dass ökonomische Bildung in diesem Bereich noch nicht umgesetzt wurde, ist die Tatsache, dass Menschen mit Behinderung lange als bildungsunfähig deklariert wurden und bis heute zu einem großen Anteil in Sondereinrichtungen beschult werden (siehe Kapitel 2.3.2). Heute wird davon ausgegangen, dass Inklusion in der Behindertenarbeit hohe Anforderungen an die Erwachsenen- und Altenbildung stellt (Theunissen, 2013, S. 291). Die Zahl derjenigen Menschen mit Behinderung, die an Angeboten der allgemeinen Erwachsenenbildung partizipieren, ist weiterhin gering (Theunissen, 2013, S. 291), obwohl ihr Bedarf an ökonomischer Bildung durch die Zunahme an Möglichkeiten zur Inklusion und Teilhabe am gesellschaftlichen Leben wächst. Am Beispiel des ambulant betreuten Wohnens nach § 53 SGB XII wird dies besonders deutlich. Menschen, die zuvor vollversorgt in stationären Einrichtungen oder im elterlichen Haushalt lebten, haben heute die Möglichkeit ambulante Betreuung im eigenen Haushalt zu erhalten. Leistungsberechtigte des ambulant betreuten Wohnens sind nach § 53 Abs. 1 SGB XII alle Personen, die durch eine Behinderung wesentlich in ihrer Teilhabe am Leben der Gesellschaft eingeschränkt sind. Die Zahl der Leistungsempfänger sowie Leistungsempfängerinnen im ambulant betreuten Wohnen nach § 53 SGB XII stieg von 66.909 Personen in 2006 auf 127.808 Personen

in 2010 (Bundesministerium für Arbeit und Soziales, 2013b, S. 314). Auffällig ist, dass Menschen mit geistiger Behinderung weiterhin das stationär betreute Wohnen prägen. Diese Rolle übernehmen im ambulant betreuten Wohnen nach § 53 SGB XII die Personen mit einer seelischen Behinderung (siehe Abbildung 5).

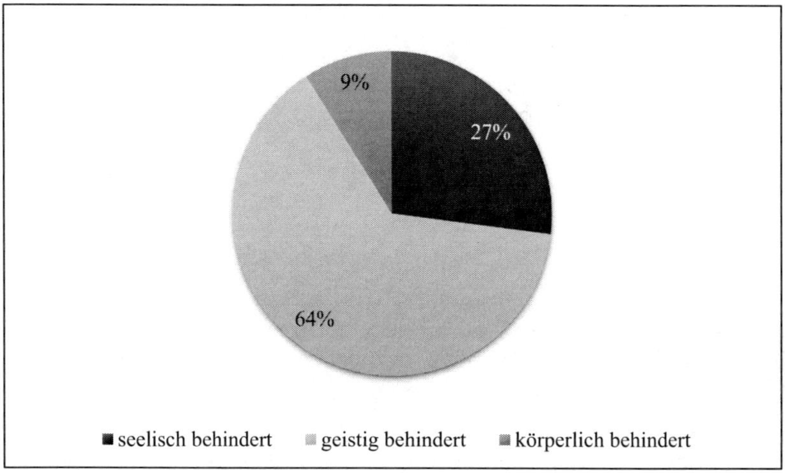

Abbildung 5: Verteilung der Behinderungsarten im stationär betreuten Wohnen[5]

[5] Quelle: in Anlehnung an: Bundesarbeitsgemeinschaft der überörtlichen Träger der Sozialhilfe (2014, S. 15)

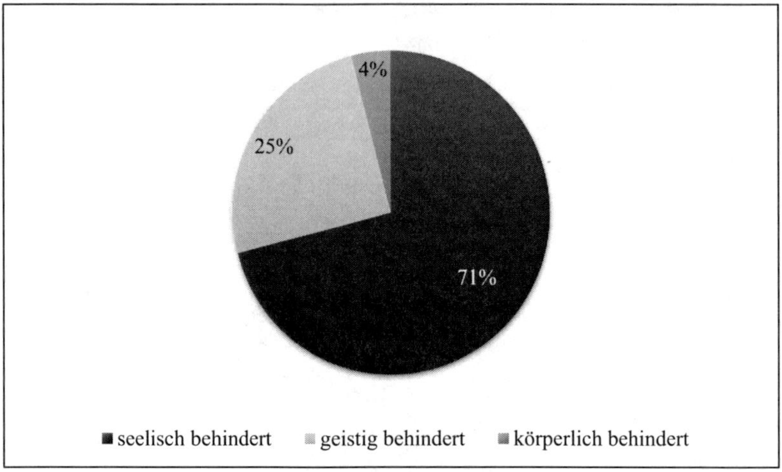

Abbildung 6: Verteilung der Behinderungsarten im ambulant betreuten Wohnen[6]

Die Bundesarbeitsgemeinschaft für Rehabilitation führt diese Entwicklung darauf zurück, dass Menschen mit geistiger Behinderung einen hohen Unterstützungsbedarf bei alltäglichen Routineaufgaben haben. Das Wohnen in ambulanten Betreuungskontexten sei nicht immer auf einen solchen instrumentellen Hilfebedarf ausgerichtet und setze alltagspraktische Fähigkeiten häufig voraus (Bundesarbeitsgemeinschaft der überörtlichen Träger der Sozialhilfe, 2011, S. 44).
Diesbezüglich stellt sich, insbesondere für die Personengruppe der Menschen mit geistiger Behinderung, die Frage danach, welche Unterstützung sie benötigen, um ihr Leben im ambulant betreuten Wohnen nach § 53 SGB XII in der eigenen Wohnung gestalten zu können. Um mögliche Bedarfe der Zielgruppe untersuchen zu können, werden im Folgenden die Rahmenbindungen vorgestellt, die das Leben der Zielgruppe in Deutschland prägen.

2.1.3 Empowerment in der Sozialen Arbeit

Empowerment als eine neue Kultur des Helfens wurde erstmals im Jahre 1977 von Solomon innerhalb ihres Buches ‚Black Empowerment: Social work oppressed communities' beschrieben (1977). Entstanden aus den Traditionslinien der Bürgerrechtsbewegung und politischer Gemeinwesenarbeit enthält es eine Vielzahl von Beispielen für Soziale Arbeit im Sozialraum, die die Selbstbemäch-

[6] Quelle: in Anlehnung an: Bundesarbeitsgemeinschaft der überörtlichen Träger der Sozialhilfe (2014, S. 15)

tigung und das Selbstwertgefühl der Menschen fördern. Die verschiedenen Traditionslinien von Empowerment zeigt Simon auf (1994). Sie verankert die ersten Spuren der Empowerment-Bewegung in der protestantischen Reformbewegung in Zeiten der gesellschaftlichen Veränderungen durch die Industrialisierung am Ende des 19. Jahrhunderts. Simon zeigt zudem mit dem Feminismus, der Selbsthilfebewegung und den Community-Action Programmen weitere Traditionslinien von Empowerment auf, die bis in das 16. Jahrhundert zurück reichen. Als Grundlage der Theorie und Praxis von Empowerment kann zudem die Strategie des zivilen, gewaltfreien Ungehorsams von Martin Luther King (1968) angesehen werden. Einen weiteren Impuls in der Entwicklung des Empowerments stellten die Kampagnen zur kritischen Bewusstseinsbildung des Pädagogen Paulo Freiere dar (Funke, 2010).

Das Gemeinsame der unterschiedlichen Entwicklungsstränge zeigt sich in der heutigen Überzeugung des Empowerments. Hiernach soll es sozial benachteiligten und marginalisierten Menschen ermöglichen, ihr Leben in der Gesellschaft produktiv zu gestalten, ihre Lebensumstände zu verbessern, sich der eigenen Stärken bewusst zu werden und weitere Fähigkeiten anzueignen (Theunissen, 2013, S. 33).

Übersetzt mein Empowerment die Selbstbefähigung, Selbstbemächtigung oder Stärkung von Autonomie und Eigenmacht. Diese wörtliche Übersetzung erscheint zugleich als minimale Verständigung über den Inhalt von Empowerment, da der dahinterstehende Inhalt unter verschiedener Rahmenbedingungen den unterschiedlichsten Interpretationen unterliegt (Herriger, 2014, S. 13).

Zusammengefasst lassen sich zwei Aspekte von Empowerment nennen: Zum einen bezieht es sich auf den „kollektiven Prozeß der Selbst-Aneignung von politischer Macht“ (Herriger, 2014, S. 18). Zum anderen beinhaltet es die professionelle Perspektive, aus derer heraus Menschen befähigt werden sollen ihre Lebenssituation zu gestalten. Herriger bezeichnet diesen Ansatz als „professionelles Konzept der Unterstützung zur Selbstbestimmung“ (2014, S. 19).

Innerhalb der Sozialen Arbeit kann Empowerment in verschiedenen Zusammenhängen betrachten und angewendet werden:

1. Einzelfallhilfe (subjektorientiert)
2. Sozialraumorientierung (Gruppen- oder Netzwerkarbeit)
3. Selbstorganisation im Kollektiv (Gemeinwesenarbeit)
4. auf der Ebene der Organisation (Sozialmanagement)

In diesen verschiedenen Kontexten ist es notwendig Empowerment in den Bezug zu dem konkreten Auftrag Sozialer Arbeit sowie ihren Adressatinnen und Adressaten zu stellen und zu implementieren. Dies bedeutet für die Soziale Arbeit im ambulant betreuten Wohnen erstens, das im Rahmen dieser einzelfallbezogenen Hilfe unter anderem die folgenden Methoden im Sinne von Empowerment angewendet werden können: motivierende Gesprächsführung, Ressourcendiagnostik, Unterstützung durch Aktivierung von Ressourcen, Biographisches Lernen in Bezug auf Kompetenzen (Herriger, 2014, 87).

Da ambulant betreutes Wohnen im Kontext der Lebenswelt der einzelnen Person stattfindet, sind zweitens im Sinne von Empowerment Aspekte der Sozialraumorientierung zu betrachten. Beispielsweise sind segregierende Strukturen und Dynamiken innerhalb des Stadtteils zu identifizieren, zu benennen und in die, am Empowerment orientierte Soziale Arbeit im ambulant betreuten Wohnen einzubeziehen. Dies kann zum einen bedeuten Adressatinnen und Adressaten des ambulant betreuten Wohnens im Umgang mit diesen Strukturen und Dynamiken zu beraten und schulen. Zum anderen kann es notwendig sein Empowermentprozesse im Sozialraum anzuregen (Herriger, 2014, S. 178).

Somit ist drittens die Ebene der kollektiven Selbstorganisation angesprochen, innerhalb derer bürgerschaftliches Engagement und Eigeninitiativen verortet sind. In Bezug auf die Zielgruppe dieser Arbeit ist die Hinführung zur Beteiligung an solchen gemeinschaftlichen Prozessen zur Gestaltung gesellschaftlichen Lebens im Sozialraum erforderlich. Dies umfasst das Bewusstwerden über die eigene Situation, mögliche Alternativen und den Wunsch nach Veränderung sowie das Aufzeigen von Möglichkeiten und die Anleitung zur Beteiligung an Prozessen der kollektiven Selbstorganisation (Herriger, 2014, S. 130).

Mit dem vierten Aspekt als Ebene der Organisation ist zum einen die Stärkung und Verbreitung der Beteiligung der Adressatinnen und Adressaten innerhalb der Organisationen Soziale Arbeit gemeint, beispielsweise durch ehrenamtliches Engagement oder formale Mitwirkung (Herriger, 2014, S. 157). Gleichzeitig müssen in diesem Sinne Strukturen und Angebote der Einrichtungen und Verbände der Sozialen Arbeit überdacht werden:

Herriger benennt als Handlungsziel für eine professionelle Empowerment-Praxis die Vermittlung der notwendigen Kompetenzen zur Gestaltung des eigenen Lebens und die Bereitstellung ausreichender Möglichkeiten, um eigene Stärke zu erfahren und solidarische Verhaltensmuster zu erproben (Herriger, 2014, S. 19). Für viele Einrichtungen und Verbände bedeutet Empowerment daher ein Umdenken, welches sie weg von den eigenen Interessen und hin zu der Betroffenenperspektive führt (Theunissen, 2013, S. 37). Sie führt die Einrichtungen weg von einer langjährig bestehenden, fürsorglich orientierten Sozialen Arbeit, auf die auch die Strukturen der Einrichtungen und Institutionen ausgerichtet sind. Nun sollen Menschen mit Behinderung die notwendige Unterstützung und Bildung erhalten, um in vertrauter Lebenswelt gemeindenah am Leben der Gesellschaft teilhaben zu können (Theunissen, 2013, S. 31). Daran muss das Angebot der sogenannten Behindertenhilfe neu ausgerichtet werden.

In seinem Buch „Empowerment und Inklusion behinderter Menschen„ (2013) beschreibt Theunissen Anwendungsmöglichkeiten und Realisierung von Empowerment in wesentlichen Lebensbereichen:

- Familie
- Schule und Beruf
- Arbeit
- Bildung
- Wohnen

Diese konkrete Darstellung von Anwendungsmöglichkeiten und Best-Practice verdeutlicht ebenso Chancen, wie Schwierigkeiten in der praktischen Umsetzung von Empowerment. Auch Herringer benennt sowohl Zielstationen als auch Stolpersteine in Bezug auf die Umsetzung von Empowerment in der Sozialen Arbeit. Als Ziele benennt er die Entwicklung psychologischer Schutzfaktoren und die Gestaltung der Umwelt (Herriger, 2014, S. 187). Als Stolpersteine bezeichnet er Widerstände auf den verschiedenen Ebenen des Subjekts, in der Beziehung zwischen Sozialarbeitenden und Adressatinnen sowie Adressaten Sozialer Arbeit und auf der Ebene der Institutionen (Herriger, 2014, S. 213).

Kulig und Theunissen weisen weiterführend auf Fehlentwicklungen und auf Gefahren der Fehldeutung von Empowerment hin. Demnach darf Empowerment nicht als Argument für Einsparungen sozialer Leistungen genutzt werden, die das Empowerment der Nutzenden von sozialen Leistungen einschränken. Empowerment bedingt, dass jedem Menschen die notwendigen Hilfestellungen zur Verfügung gestellt werden, um die Ziele im Sinne von Empowerment verfolgen zu können (Kulig & Theunissen, 2016, S. 116). Auf den Einfluss finanzieller Aspekte verweist Becker in Bezug auf die Umsetzung von Inklusion in Deutschland (Becker, 2015, S. 26).

Aus dem Kampf marginalisierter Gruppen im Sinne des Empowerments ist das Konzept der Inklusion entstanden. Inklusion ist somit das Ergebnis der Exklusi-

onserfahrungen behinderter Menschen. Empowerment zielt darauf ab, als Korrektiv der sozialen Welt zu wirken, umfasst jedoch keine Wertvorstellungen davon, wie beispielsweise eine inklusive Gesellschaft gestaltet werden kann (Kulig & Theunissen, 2016, S. 117).
Daher wird Inklusion aus theoretischer und praktischer Perspektive im folgenden Kapitel dargestellt.

2.1.4 Inklusion in Theorie und Praxis

> *„Die Chance zur Freiheit ist eine Lebensaufgabe, von der niemand grundsätzlich ausgeschlossen werden sollte“ (Dahme & Wohlfahrt, 2012, S. 104)*

Der Begriff der Inklusion ist relativ jung (Kuhlmann, 2012, S. 35). In den letzten Jahren hat das neue Paradigma der Inklusion zu sehr verschiedenen Diskussionen in Fachpraxis, Wissenschaft und Öffentlichkeit geführt. Dabei werden der Begriff der Inklusion und die entsprechenden Inklusionskonzepte sehr ungleich oder sogar gegensätzlich diskutiert (Felder & Schneiders, 2016, S. 7). In Bezug auf die Soziale Arbeit diskutieren Bommes und Scherr deren Funktion als „Exklusionsvermeidung, Exklusionsvermittlung und/oder Exklusionsverwaltung“ (1996). Inwieweit der Begriff der Inklusion eine Bedeutung für die Soziale Arbeit innehat ist noch nicht abschließend geklärt. Der fachwissenschaftliche Diskurs um Inklusion wurde innerhalb der letzten 10 Jahre von drei zentralen Ansätzen geprägt, die in Kapitel 2.1.4.1 vorgestellt und diskutiert werden (Kuhlmann, 2012, S. 35). Die aktuelle Debatte um Inklusion in der Wissenschaft und der praktischen Umsetzung wird in Kapitel 2.1.4.2 aufgezeigt. Anschließend werden in Kapitel 2.1.4.3 Strategien für die Förderung von Inklusion dargestellt und kritisch betrachtet.

2.1.4.1 Theoretische Grundlagen von In- und Exklusion

Seit den 1990er Jahren wurde Soziale Arbeit zunehmend als System der Absicherung von anerkannten Problemlagen in der Gesellschaft betrachtet (Kuhlmann, 2012, S. 41). Die Theorie der Sozialen Arbeit wurde dementsprechend immer stärker an der Systemtheorie Luhmanns ausgerichtet[7]. Daher liegt der Schwerpunkt der Betrachtung im Folgenden auf der Systemtheorie von Luhmann. Eine ausführliche Diskussion der Systemtheorie nach Luhmann kann an dieser Stelle

[7] Ein Beispiel hierfür sind Bommes und Scherr (1996), die sich früh an der Systemtheorie nach Luhmann orientierten.

nicht durchgeführt werden und ist in Bezug auf die Forschungsfrage nicht sinnvoll. Dennoch ist ein Blick in die Systemtheorie von Luhmann notwendig, um Inklusion und die diesbezügliche aktuelle Fachdiskussion erläutern zu können.

Nach Luhmann ist die moderne Gesellschaft durch das Zusammenwirken verschiedener Systeme gekennzeichnet, die nach eigenen Regeln funktionieren. Seine Systemtheorie stellt eine konstruktivistische Erkenntnistheorie dar, wonach Erkenntnis die Konstruktion eines Unterschiedes ist, der in der Realität wiederzufinden, jedoch unerkennbar ist (Luhmann, 2009, S. 698). Die Unterscheidung wird von Beobachtenden vorgenommen, wobei die erste Unterscheidung die zwischen dem Beobachtenden und seiner Umgebung ist, also dem System und der Umwelt. Die Beobachtenden sind demnach Teil des Erkenntnisvorgangs und müssen verstehen, dass die Regelmäßigkeiten der sie umgebenden Umwelt in jedem Fall das Ergebnis ihrer Erkenntnis sind (Maturana & Varela, 1990, S. 259). Das offene System[8] beruht also auf den Beziehungen zwischen dem jeweiligen System und der Umwelt. Somit kann kein System ohne Umwelt existieren (Luhmann, 2011, S. 64). Die Systemtheorie nach Luhmann ist demnach eine von vielen Möglichkeiten die Realität zu betrachten (Luhmann, 2011, S. 40). Ihr Vorzug ist die Unterscheidung zwischen In- und Exklusion, wodurch eine funktionale Betrachtung von Teilhabe ermöglicht wird (Merten & Scherr, 2004, S. 12).
Im Prozess des Erkennens differenzieren die Beobachtenden verschiedene Einheiten, die in Relation zueinander stehen und Strukturen aufweisen, die als System bezeichnet werden. Ganz allgemein kann nach Luhmann dann von einem System gesprochen werden, wenn die Betrachtung erkannter Merkmale die Eigenschaft eines Gegenstandes als Systems in Frage stellt (Luhmann, 1984, S. 15). Die Existenz eines Systems begründet sich auf der Unterscheidung des Systems von seiner Umwelt. Sobald ein System die Elemente verliert, mit denen es sich von der Umwelt unterscheidet, hört es auf zu existieren (Luhmann, 1984, S. 28). Die Differenzierung zwischen System und Umwelt setzt Luhmann fort und differenziert die Systeme wiederum in einzelne Systeme und deren Umwelt. Innerhalb dieser Systemdifferenzierung wird das Gesamtsystem zur Umwelt der einzelnen Teilsysteme. ein differenziertes System besteht demnach aus „operativ verwendbaren System/Umwelt-Differenzen“ (Luhmann, 1984, S. 22). Luhmann folgt seit

[8] Systeme sind in ihrer Struktur offen, können mit anderen Systemen in Beziehung treten und sich somit beeinflussen lassen. Geschlossene Systeme sind nach Luhmann ein Grenzfall, da sie unabhängig von der Umwelt existieren. Bestandteil der Theorie sind offene Systeme (Luhmann, 1984, S. 22).

seinem Hauptwerk „Soziale Systeme“ (1984) dem Paradigma der Autopoieses in dem Systeme über eigene Operationen verfügen und so die Gegenwart mitbestimmen. Dieser Ansatz beruht auf naturwissenschaftlichen Erkenntnissen und wurde von Maturana sowie Varela zur Beschreibung lebender Systeme erschaffen. Sie bezeichnen die Erhaltung der Autopoiese und der Anpassung als Voraussetzung für die Existenz von Lebewesen (Maturana & Varela, 1990, S. 113). Dementsprechend ist das System sein eigenes Werk, welches aus einem Netzwerk von Operationen besteht, das wiederum aus Operationen erzeugt wurde. Dabei ist die Operation die Voraussetzung für die Erstellung weiterer Operationen (Luhmann, 2011, 106f.). Den Ansatz der Autopoiese wendet Luhmann auf den Bereich des Sozialen an. Die Elemente aus denen soziale Systeme bestehen werden in einem basalen Prozess aus Kommunikation produziert, wobei Kommunikation und Handlung nicht zu trennen, jedoch zu unterscheiden sind. Demnach können soziale Systeme in ihre Handlungen zerlegt werden, wodurch Grundlagen für die weitere Kommunikation erzeugt werden (Luhmann, 1984, 192f.).
Dabei ist Kommunikation immer als ein selektives Geschehen zu verstehen, bei dem aus dem eigenen, selbst konstruierten Verweishorizont etwas herausgegriffen und etwas anderes beiseitegelassen wird (Luhmann, 1984, S. 194). Verstehen ist eine notwendige Grundlage von Kommunikation, die somit nur als „selbstreferentieller Prozeß“ (Luhmann, 1984, S. 198) möglich ist. Kommunikation kann als eine Synthese der drei Selektionen Information, Mitteilung und Verstehen betrachtet werden[9]. Demnach sei Kommunikation realisiert, wenn das Verstehen erlangt wird. Wenn Kommunikation auf die Änderung des Zustandes der Adressaten und Adressatinnen abzielt, schließt das Verstehen den Kommunikationsakt ab (Luhmann, 1984, S. 203).
Es ist notwendig, dass zwei Bewusstseinssysteme an der Kommunikation teilnehmen, damit eine Mitteilung verstanden werden kann. Kommunikation ist mitunter deshalb an das Bewusstsein gekoppelt, weil nicht die Kommunikation an sich sondern lediglich das Bewusstsein wahrnehmen kann und keine Kommunikation ohne diese Wahrnehmung stattfinden kann (Luhmann, 1984, S. 103). Das Zusammenwirken von Kommunikation und Bewusstsein bezeichnet Luhmann in Anlehnung an Maturana[10] als „strukturelle Kopplung“ (Luhmann, 2011, S. 115). Teilnehmende an der Kommunikation können im Rahmen der strukturellen Kopplung

---

[9] Als vierte Art der Selektion nennt Luhmann die Ablehnung bzw. Annahme der Selektion durch eigenes Verhalten Luhmann (1984, S. 203).

[10] Siehe auch Maturana und Varela (1990).

identifiziert und angesprochen werden (Luhmann, 1997, S. 106). Soziale Systeme bestehen aus Kommunikation und können in Interaktionssystem, Organisationssystem und Gesellschaftssystem unterteilt werden (Luhmann, 1984, S. 16). Innerhalb der sozialen Systeme erhält die Gesellschaft eine Sonderstellung, da sie verstanden wird als die „Gesamtheit aller erwartbaren sozialen Kommunikationen" (Luhmann, 1984, S. 535). Die Gesellschaftstheorie umfasst somit das vollständige soziale System und schließt alle anderen sozialen Systeme mit ein (Luhmann, 1997, S. 78). Nach Luhmann ist alles, was innerhalb der Gesellschaft geschieht Kommunikation. Zudem kann Gesellschaft als ein System beschrieben werden, welches sich selber beschreibt indem beispielsweise Soziologen und Soziologinnen versuchen die Gesellschaft aus einer Perspektive von außen darzustellen (Luhmann, 2011, S. 86). Auch das Gesellschaftssystem wird umgeben von seiner Umwelt und ist eine Differenz aus System und Umwelt. Der Gesellschaftsbegriff nach Luhmann ist radikal antihumanistisch, weil er das Gesellschaftssystem als „geschlossen-selbstreferentieller Kommunikationszusammenhang" (Luhmann, 1984, S. 584) beschreibt, wodurch die Menschen mit Körper und Geist der Umwelt des Gesellschaftssystems zugeordnet werden (Luhmann, 1997, S. 30). Die Gesellschaft bleibt daher ein System, welches von seiner Umwelt differenziert ist und klare Grenzen aufweist. Diese Grenzen der Gesellschaft wurden von ihr selber erzeugt, trennen die Kommunikation von allem anderen und werden weder auf Regionen noch auf Personen bezogen (Luhmann, 1984, S. 557). Daher ist der Gesellschaftsbegriff zudem radikal antiregionalistisch. Dies entspricht der heutigen Gesellschaft, in der weltweite Interdependenzen zunehmenden Einfluss auf das gesellschaftliche Geschehen haben (Luhmann, 1997, 34f.).

Die Betrachtung sowohl von Teilhabe als auch von Inklusion bezieht sich auf das Verhältnis der Menschen zu der Gesellschaft und auf ihre Beteiligung an der Kommunikation. Um dies weitergehend zu diskutieren, ist es notwendig die funktionale Differenzierung der Systeme zu betrachten. Diese differenztheoretische Perspektive ist ein zentraler Aspekt von Luhmanns Konzept der Gesellschaft.

Als Differenz wird nach Luhmann alles bezeichnet, was unterschieden wird. Unter Systemdifferenzierungen versteht Luhmann die Ausdifferenzierung innerhalb von Systemen, also eine interne Systemdifferenzierung. Die Systemdifferenzierung ist somit nichts anderes „als die Wiederholung der Systembildung in Systemen" (Luhmann, 1984, S. 37). Das System, in dem weitere Teilsysteme entstehen, rekonstruiert sich hierzu durch weitere Differenzierungen in Teilsysteme und deren Umwelt. In seinen Ausführungen im Rahmen der Systemtheorie bezieht

sich Luhmann auf Systemdifferenzierungen und betont dabei, dass diese wiederum andere Differenzierungen zur Folge haben können. Durch die Systemdifferenzierungen werden neben den Teilsystemen systeminterne Umwelten generiert. Die Unterscheidung in System und Umwelt innerhalb der Systemdifferenzierung bezeichnet Luhmann als re-entry, also die „Unterscheidung von System und Umwelt in das durch sie Unterschiedene, in das System“ (Luhmann, 1997, S. 597). Luhmann unterscheidet drei Stufen der Differenzierung in segmentär, stratifikatorisch und funktional. Dabei stellt die Differenzierungsform eines Gesellschaftssystems die sich durchsetzt den entscheidenden Faktor für dessen Gesellschaftsstruktur dar. Die moderne Gesellschaft definiert Luhmann über ihre Form der Differenzierung als funktional differenzierte Gesellschaft. Die dominierende Differenzierungsform eines Gesellschaftssystems bestimmt ebenso dessen Evolutionsmöglichkeiten. Die Evolution innerhalb eines Systems ist als Vorbereitung zu verstehen, die gegebenenfalls eine neue Ordnung innerhalb der alten bewirkt. Dabei betont Luhmann, dass nicht mit Sicherheit gesagt werden könne, ob in jedem System eine dominierende Differenzierungsform existiert. Dennoch sei eine solche Differenzierungsform die wichtigste Gesellschaftsstruktur, die Einfluss auf die Evaluationsmöglichkeiten des Systems nehmen kann. So beispielsweise auf die Bildung weiterer Differenzierungen, die Selbstbeschreibungen oder die Ausbildung von Normen (Luhmann, 1997, S. 611).
Als gesellschaftliche Funktionssysteme nennt Luhmann beispielhaft das Wirtschaftssystem, das Rechtssystem, das Kunstsystem, das Religionssystem und das Wissenschaftssystem (Luhmann, 1997, S. 630). Diese Funktionsbereiche stellen keine Unterkategorien von Gesellschaft dar, sondern sind ein kommunikatives Ereignis eben dieser (Luhmann, 1997, S. 90). Alle Funktionssysteme haben die Gemeinsamkeit, dass sie kommunikativ agieren. So lange diese Teilsysteme kommunizieren, partizipieren sie an Gesellschaft. Als Außengrenzen für ihre Kommunikation sind daher die Grenzen der Gesellschaft anzusehen. Die Differenzierung erfolgt innerhalb dieser Grenzen und entrichtet für die jeweiligen Teilsysteme eigene Codes und Programme (Luhmann, 1997, S. 150). Durch den spezifischen Code eines Systems entsteht ein Programm, welches eine Zusammensetzung verschiedener Verhaltensbedingungen darstellt. Die Codierung umfasst das System der sprachlichen Kommunikation vollständig (Luhmann, 1984, S. 226). Die Programmierung und die Codierung sind für die Struktur der Funktionssysteme innerhalb der Gesellschaft bestimmend. Die Kommunikationssysteme begründen sich selbstständig durch die Form und die Medien ihrer Übertragung (Luhmann, 1997, S. 195). Diese Kommunikationsmedien ordnet Luhmann den

jeweiligen Funktionssystemen der Gesellschaft zu. Diese erfüllen in ihrem medialen Bereich bestimmte Bedingungen, damit Kommunikation annehmbar wird (Luhmann, 1997, S. 204). So stellt beispielsweise das Geld als Medium des Wirtschaftssystems die Differenz zwischen Umwelt und System als Differenz von der Verfügbarkeit von Geld dar (Luhmann, 1984, S. 478).

In Bezug auf die In- und Exklusion unterscheidet Luhmann zwischen der Systemintegration und der Sozialintegration. Mit Systemintegration beschreibt er den Zusammenhalt innerhalb der Systeme und bezieht die Sozialintegration auf das Verhältnis von Individuen (psychische Systeme) und sozialen Systemen zueinander (Luhmann, 1997, S. 619). In Bezug auf die Forschungsfrage ist die Sozialintegration entscheidend. Inklusion beschreibt Luhmann dementsprechend, wie folgt:

> *„Inklusion muß man demnach als eine Form begreifen, deren Innenseite (Inklusion) als Chance der sozialen Berücksichtigung von Personen bezeichnet ist und deren Außenseite unbezeichnet bleibt" (Luhmann, 1997, 620f.).*

Somit ist Inklusion nur möglich, wenn es Exklusion gibt. Die speziellen Bedingungen für Inklusion sind in den jeweiligen Funktionssystemen begründet. Luhmann beschreibt Inklusion dadurch, dass den Personen durch ein System Plätze zugewiesen werden, innerhalb derer sie erwartungskonform handeln können. Eine soziale Bindekraft innerhalb des Systems entsteht dann, wenn es nicht integrierte Personen oder Gruppen gibt. Dadurch sind Inklusion und Exklusion untrennbar miteinander verbunden. Exklusion kann durch die Definition von Inklusionsbedingungen für ein System beschrieben werden. Dabei werden Personen als „Identitätsmarken verstanden, auf die im Kommunikationsprozess Bezug genommen wird" (Luhmann, 1997, 620f.)[11].

Luhmann beschreibt die Unterscheidung von Inklusion und Exklusion wertneutral, ohne damit ein gesellschaftliches Ziel zu verbinden. Die Formen der Differenzierung enthalten Regeln, nach denen sich In- und Exklusion von Systemen innerhalb der Differenzierungsprozesse wiederholt. Diese In- und Exklusionsdifferenzierungen setzen allerdings voraus, dass man an diesen Prozessen teilnimmt und nicht hiervon ausgeschlossen wird (Luhmann, 1991, S. 622).

Individuen müssen in der Lage sein sich an der Kommunikation der Gesellschaft und ihrer Funktionssysteme zu beteiligen, um ihre Verbindung zu den Systemen

[11] Weitere Informationen zur Person in der Systemtheorie finden sich bei Luhmann (1991).

immer wieder neu gestalten zu können. Ein sozialer Status wird dem Individuum nicht mehr automatisch geboten. Die Inklusion der einzelnen Person ist somit von der komplexen und ausdifferenzierten Kommunikation abhängig, deren Erfolg nicht mehr auf Dauer bestand hat (Luhmann, 1997, S. 625).
Die Regeln für die In- und Exklusion bestimmt jedes System eigenständig. Dies hat zur Folge, dass es keine zentrale Instanz gibt, die über In- und Exklusion bestimmt. So entscheidet das Wirtschaftssystem über die Verteilung von Geld, das Rechtssystem über Erfolgschancen von Rechtsansprüchen, das Kunstsystem darüber, was Kunst ist und das Religionssystem darüber, was als religiös bezeichnet wird. Teilhabe an diesen und weiteren Systemen ist möglich, jedoch bilden sich an den Grenzen der Systeme Exklusionseffekte aus, die weitreichende Folgen haben können. Der Ausschluss aus dem einen System hat somit Konsequenzen für die Teilnahme an weiteren Systemen. So kann beispielsweise der Ausschluss aus dem Arbeitssystem den Verlust von Geld, von Beziehungen oder einen mangelnden Zugang zu Rechtschutz, politischen Beteiligungsmöglichkeiten, medizinischer Versorgung oder kulturellen Veranstaltungen zur Folge haben (Luhmann, 1997, 630f.).
Luhmann beschreibt Situationen als typisch für die heutige Zeit, in denen die einzelne Person von sich aus erklären muss, wer sie ist, um dann zu sehen, wie die anderen darauf reagieren. Selbstvertrauen und Bildung sind notwendig, um die entsprechenden Signale zu senden und herausfinden zu können, ob diese bei dem Gegenüber Anerkennung erzeugen (Luhmann, 1997, S. 627).

Wenn jeder Mensch in jedes Funktionssystem inklusioniert werden kann, eröffnet dies die Möglichkeit der Vollinklusion. Luhmann selber betont, dass die Idealisierung einer solchen Vollinklusion wesentliche Schwierigkeiten vernachlässigt, eben weil sich an den Rändern der Systeme neue Exklusionseffekte bilden. Luhmann betont dabei, dass der Ausschluss aus einem System Folgen für die Teilnahme an anderen Systemen mit sich bringt und somit Grenzen für die gesamte Teilhabe des Einzelnen erzeugt. Hiervon können ganze Teile der Bevölkerung betroffen sein, die beispielsweise aufgrund eines niedrigen Einkommens separiert wohnen und somit für andere Teile der Gesellschaft unsichtbar werden (Luhmann, 1997, S. 630).
Es stellt sich daher die Frage danach, wie Gleichheit und Ungleichheit innerhalb der Gesellschaft verteilt werden. Zur Beschreibung dessen greift Luhmann auf die Begriffe der In- und Exklusion zurück (Luhmann, 1997, S. 620). Dabei setzt In-

klusion, wie beschrieben, Exklusion voraus. Wenn Inklusion die Chance auf soziale Berücksichtigung der Person umfasst, so ist die Teilhabe an Funktionssystemen und der Gesellschaft nur partiell und nur dann möglich, wenn die Personen von dem System als bedeutsam erachtet werden. Die Person muss an der Kommunikation des Systems teilnehmen können, wozu wiederum die entsprechenden Kommunikationsmedien wie beispielsweise Macht, Bildung, Geld und Wissen notwendig sind. Erst dann ist die einzelne Person für die Funktionssysteme relevant und kann die Leistungen in Anspruch nehmen, die das Funktionssystem anbietet (Degener & Mogge-Grotjahn, 2012, S. 61).

Luhmann betont zudem, dass die Exklusion aus Funktionssystemen nicht zwangsläufig mit einer Benachteiligung einher geht (Luhmann, 1997, S. 620). So werden Personen mit hohem Einkommen es nicht als Ausgrenzung empfinden, wenn sie aus der Gruppe der Sozialleistungsempfänger und Sozialleistungsempfängerinnen ausgeschlossen werden. Wenn Personen aus Systemen exkludiert sind, bleiben sie dennoch Teil der Gesellschaft. Dies ist beispielsweise für inhaftierte Personen der Fall. Bereits hier wird die Problematik des Begriffs der Exklusion deutlich, der unterschiedlich verstanden wird und kontroverse Diskussionen hervorbringt. Luhmann bezeichnet Exklusionsprobleme als Konsequenz der funktionalen Differenzierung des Gesellschaftssystems, wonach die mehrfache Abhängigkeit von Systemen den Effekt der Exklusion verstärkt (Luhmann, 1997, S. 631). Dies bedeutet zum Beispiel für Menschen mit Behinderung, dass viele von ihnen aufgrund ihrer Behinderung nicht am regulären Schulsystem teilhaben dürfen, daher oftmals keinen Schulabschluss erlangen und somit erschwerte Chancen auf dem Arbeitsmarkt haben (siehe Kapitel 2.3).

Luhmann erkennt die Schwierigkeiten sozialer Ausgrenzung aus bestimmten Funktionssystemen. Er fordert unter anderem, dass jede Person rechtsfähig ist und die Möglichkeit haben sollte am Wirtschaftssystem sowie an politischen Wahlen teilzunehmen. Des Weiteren sollte jede Person an der Beschulung in Elementarschulen teilhaben können, Anspruch auf Sozialleistungen haben oder die Religion frei wählen können. Daraus resultiert eine Forderung nach Vereinheitlichung, der bereits durch die Schaffung von Menschenrechten oder Sozialleistungen begegnet wird (Luhmann, 1997, 625f.).

Eine ausführliche Kritik an der Systemtheorie ist für die Beantwortung der Forschungsfrage nicht zielführend Hierfür grundlegend ist das für diese Arbeit gültige Verständnis von Inklusion. In Bezug auf die Forschungsfrage liegt der Fokus auf der Bedeutung der Systemtheorie für die Soziale Arbeit mit Menschen mit geistiger Behinderung im ambulant betreuten Wohnen. Soziale Arbeit befasst sich

mit der Problemlage und mit Konflikten, die in der Gesellschaft strukturell bedingt hervorgerufen werden. Sie dient dazu mit personenbezogenen Hilfen auf diese Problemlagen zu reagieren. Durch die Soziale Arbeit und die sozialen Sicherungssysteme wird die moderne Gesellschaft befähigt, der Widersprüchlichkeit zwischen dem Anspruch an Gleichheit, Menschenwürde sowie Gerechtigkeit und den realen Schwierigkeiten aus Ungleichheit, Ungerechtigkeit und Einschränkungen der Menschenwürde zu begegnen (Bommes & Scherr, 1996, S. 56). Dabei betont Luhmann, dass gewisse Problemlagen eben nicht innerhalb der einzelnen Funktionssysteme behoben werden können, weil deren Ursache in der wechselseitigen Verstärkung der Exklusion aus verschiedenen Funktionssystemen liegt. Luhmann rechnet eher damit, dass sich ein entsprechendes Funktionssystem herausbildet, welches sich mit den Exklusionsfolgen der funktionalen Differenzierung beschäftigt. Dabei geht es nicht um Caritas im ursprünglichen Sinne, sondern um strukturelle Veränderungen innerhalb des Gesellschaftssystems. Die Frage danach, ob sich Soziale Arbeit als ein solches eigenes Funktionssystem ausdifferenziert, kann noch nicht abschließend beantwortet werden (Luhmann, 1997, 633f.).
Die Funktionsbestimmung Sozialer Arbeit in Anlehnung an Luhmann als Hilfe zur Inklusion und Vermeidung von Exklusion ist umstritten, jedoch scheint die Systemtheorie nach Luhmann einen geeigneten Reflexionsrahmen für die Funktion und Wirkungsweise Sozialer Arbeit zu bieten (Kuhlmann, 2012, 42f.). Den theoretischen Beitrag der Systemtheorie nach Luhmann für die Soziale Arbeit reflektieren Merten und Scherr (2004). Scherr arbeitet die Soziale Arbeit als ein System heraus, welches für die Förderung von Inklusion, Vermeidung von Exklusion und Verwaltung von Exklusionsrisken zuständig ist (2004). Ob Soziale Arbeit ein eigenständiges System darstellt wird weiterhin in einer internationalen Grundsatzdebatte diskutiert (Kuhlmann, 2012, 42f.). Nach Scherr benötigt die Soziale Arbeit jedoch eine weiterführende Theorie der Lebensführung, die in der Lage ist aufzuzeigen, weshalb In- und Exklusion unter bestimmten Bedingungen Unterstützung erforderlich machen (2004, S. 56).

Innerhalb der internationalen Diskussion um soziale Exklusion wird Behinderung als einer der wesentlichen Risikofaktoren betrachtet (Wansing, 2005b, S. 79). Dass Behinderung lange Zeit als soziales Problem unberücksichtigt blieb, kann auf die sonderpädagogische und medizinische Betrachtungsweise von Behinderung zurückgeführt werden, wonach Behinderung als rein personenbezogene Sache und nicht im Sinne des bio-psycho-sozialen Modells angesehen wurde (siehe

Kapitel 2.1.2). Nach dem bios-psycho-sozialen Model der Weltgesundheitsorganisation ist Behinderung das Ergebnis von Wechselwirkungen auf den verschiedenen Ebenen der Körperstruktur, der Körperfunktion, der Aktivität und der Teilhabe (siehe Abbildung 14). Die genauere Betrachtung der Exklusionsrisiken von Menschen mit geistiger Behinderung wird in Kapitel 2.3 dargestellt. Dies umfasst insbesondere die Ausgrenzung aus dem Bildungssystem sowie die ökonomische Ausgrenzung in Bezug auf die Beschäftigung und die damit verbundene finanzielle Situation der Zielgruppe (siehe Kapitel 2.3). In verschiedenen Debatten finden sich diese Benachteiligungen und die daraus resultierenden Ungerechtigkeiten wieder. Eine Ursache hierfür ist der wachsende Unterschied zwischen arm und reich, der die theoretische Diskussion um Inklusion beeinflusste.

Neben der Systemtheorie von Luhmann bieten die Ansätze von Foucault und Sen Einblicke in die Veränderung der theoretischen Entwicklung der letzten Jahre. Für die Soziale Arbeit im ambulant betreuten Wohnen hat die Machtanalytik nach Foucault eine besondere Bedeutung (Anhorn, Bettinger & Stehr, 2007). Unter dem Begriff der Regierungskunst versteht Foucault eine Form der Herrschaft, die über keinen eindeutig zuzuordnenden Herrscher verfügt. Sie betrachtet die Machtverteilung zwischen verschiedenen Gruppen in der Gesellschaft und den Individuen. Dieser Ansatz bietet Betrachtungsmöglichkeiten, die über die Perspektive der Systemtheorie hinausgehen und Inklusion kritisch hinterfragen. Diese Sichtweise auf Machtprozesse in Institutionen zeigt neue Formen von Macht auf, die für das Leben der Zielgruppe dieser Arbeit wegweisend sind. Dabei betont Foucault, ebenso wie Luhmann, dass es keine vollständige Exklusion aus der Gesellschaft hinaus gibt (Kuhlmann, 2012, 43f.).
Allerdings geht Foucault noch einen Schritt weiter und lehnt den Exklusionsbegriff insofern ab, als das er diesen als Bestandteil einer veralteten Form von Macht beschreibt, dessen Modell er am Beispiel der Lepra-Erkrankten verdeutlicht (Foucault, 1994, 254ff.). Dieses Verständnis von Macht sei bis ins 17. Jahrhundert zutreffend gewesen, jedoch herrscht heute die Disziplinarmacht der Institutionen vor (Opitz, 2007, S. 45).
In seinen Ausführungen unterscheidet Foucault zwischen dem Archiv als System von Aussagen und der Karte als System des Raumes. Das Archiv umfasst die Aussagemöglichkeiten eines sozialen Feldes. Die Karte bezieht sich sowohl auf die Auswirkungen des Raumes auf das Soziale als auch auf die soziale Gestaltung des Raumes. Die Verschränkung von Archiv und Karte eröffnet eine topologische

Qualität, dank derer über die gegenständliche Betrachtung des Raumes hinaus soziale Exklusionsprozesse angesehen und analysiert werden können (Opitz, 2007, 42f.).
Disziplin ist nach Foucault ein bestimmtes technisches Verfahren, um vorhandene Kraft mit möglichst geringen Kosten zu nutzbarer Kraft zu steigern (Foucault, 1994, S. 284). Aus Institutionen heraus kann Disziplin als besondere Technik der Macht entwickelt werden. Eine Disziplin ist dann gut, wenn sie Personen mitteilt, was aktuell zu tun ist (Foucault & Sennelart, 2004). In Bezug auf die Disziplin existiert ein Netz räumlicher Ein- und Abschließungen, welches sich in verschiedenen Bereichen der Gesellschaft wieder findet und wirkt. Innerhalb dieses Disziplinarnetzes ist die Einschließung eine grundlegende Funktion. Die wesentliche Innovation der Disziplin ist die Ausgestaltung der so genannten Einschließungsmilieus. Als Technologie zur Überwachung und Werkzeug zur Wissensgenerierung beschreibt Foucault das Panoptikon. Durch das Panoptikon wird das Individuum in eine laborähnliche Situation eingefügt und wird so zum Objekt innerhalb der Produktion des Diskurses. Auf diesem Wege werden beispielsweise Schulen zu Wirkungsstätten der Pädagogik. Von der Disziplin werden Individuen innerhalb des Machtverhältnisses so geformt, dass sie durch die Steigerung ihrer Gefügigkeit nützlicher werden. Insofern ist Inklusion als Einschließung zu verstehen, die zwangsläufig mit einer Exklusion in Verbindung steht (Opitz, 2007, 46f.).
Die Theorie von Foucault zur Disziplinarmacht hat bereits seit den 1970er Jahren an Bedeutung gewonnen. Seine Betrachtung von Prozessen der Macht innerhalb von Institutionen ermöglichen es pädagogische Einrichtungen nicht zwangsläufig als fortschrittlich sondern unter dem Gesichtspunkt moderner Verfahren von Herrschaft zu betrachten. So dienen beispielsweise Erziehungsheime oder psychiatrische Anstalten dazu, Personen im Rahmen von Inklusion an bestehende Regeln der Gesellschaft anzugleichen. Solche Institutionen können demnach als Einschließungsmilieus für Personen bezeichnet werden, die von der gesellschaftlichen Norm abweichen. Da Inklusion im Zuge von Exklusion vorkommt, wird in diesem Kontext von „inkludierender Exklusion“ (Opitz, 2007, S. 48) gesprochen.
Der Ansatz von Foucault wurde zur Grundlage der sogenannten Disability-Studies[12], da sich alle Personen aus der so heterogenen Gruppe der Menschen mit

[12] Die Disability-Studies entstammen der emanzipatorischen Behindertenbewegung und sind eine interdisziplinäre, rehabilitationskritische Wissenschaft, die Behinderung als soziale und kulturelle Konstruktion der Gesellschaft versteht. Disability-Studies untersuchen das Phänomen Behinderung sozial- und kulturwissenschaftlich und grenzen sich damit bewusst von den Rehabilitationswissenschaften ab. Mehr Informationen hierzu stellt die Arbeitsgemeinschaft

Behinderung mit der Norm vergleichen lassen müssen. Innerhalb der Disability-Studies wird daher eine Debatte um die Unterscheidung von Impairment (Beeinträchtigung) und Disability (Behinderung) geführt (Kuhlmann, 2012, 44f.).
Dabei ist nach Foucault der Ansatzpunkt von Behinderung immer der menschliche Körper. In seinen Studien und Konzepten zum Körper ist diese Disziplin der zentrale Gegenstand. So zeigt er in seinem Buch „Überwachen und Strafen" auf, wie Disziplinartechniken von Institutionen darauf abzielen Körper zu schaffen, die sowohl gefügig als auch gelehrig sind und der Norm entsprechen (Foucault, 1994).
Der Körperorientierte Ansatz von Foucault wurde in den Disability-Studies immer wieder aufgegriffen, obwohl er den Körper lediglich als Gegenstand von Diskursen und Praktiken der Macht aufzeigt. Auch innerhalb der Disability-Studies herrscht die Trennung zwischen Impairment als sozialem Faktor und Disability als rein medizinischem Faktor vor. Diese Betrachtungsweise von Impairment wurde unter anderem als Körpervergessenheit kritisiert. Dabei lassen Foucaults Studien zu der Überdiagnostik von Körpern vermuten, dass die Individualität des Körpers hinter der Fokussierung auf Dysfunktionen, Defizite und Defekte in Vergessenheit gerät (Waldschmidt, 2007, 123f.).
Von Seiten der Disability-Studies wird die Debatte um Impairment und Disability geführt um zu verdeutlichen, dass die körperliche Beeinträchtigung erst durch gesellschaftliche Rahmenbedingungen zu einer Behinderung der Person führt. Dabei stehen die Ansätze der Körperdisziplin von Foucault im Mittelpunkt der Disability-Studies, da sich Menschen mit Behinderung oftmals als Objekt zwischen den Institutionen wiederfinden und Behandlungen über sich ergehen lassen müssen, über die sie nicht selber entscheiden können. Sowohl bei Foucault als auch in den Disability-Studies wird die Frage danach diskutiert, ob es möglich ist sich dieser Disziplinarmacht zu entziehen oder sie sogar zu bekämpfen (Waldschmidt, 2007, S. 125).
Obwohl Inklusion, Partizipation und Teilhabe in den letzten Jahren wesentliche Erfolge verzeichneten, bedeutet Behinderung immer noch auf der anderen Seite zu stehen. Dies wird darin begründet, dass der binäre Code ‚behindert/nicht behindert' innerhalb der Gesellschaft immer wieder hergestellt wird, wenn auch immer wieder in neuer Form (Waldschmidt, 2007, S. 126). In Zukunft sollten jedoch

Disability Studies in Deutschland auf ihrer Homepage zur Verfügung: www.disabilitystudies.de. Weiterführende Informationen finden sich bei Waldschmidt und Schneider (2007).

(neo-)liberale Konzepte von Macht genauer untersucht werden, um die Funktionsweise der flexibilisierten Landschaft um Behinderung besser deuten zu können (Waldschmidt, 2007, S. 131). Dabei muss das Risiko der inkludierenden Exklusion insbesondere im Bildungssystem sowie auf dem Arbeitsmarkt Beachtung finden und bei der Weiterentwicklung bedacht werden. Kuhlmann sieht in Anlehnung an den Ansatz von Foucault „die ‚inklusive Pädagogik' in der Gefahr, in ein krampfhaftes Bemühen um eine ‚Schein-Normalität' abzugleiten" (Kuhlmann, 2012, S. 47). Dem soll die vorliegende Arbeit entgegen wirken.

Die bisherigen Ausführungen haben gezeigt, dass Inklusion nicht von sich aus ein positiver Zustand ist, so beispielsweise bei der inkludierenden Exklusion[13]. Sen und Nussbaum zeigen mit dem Capability Approach (Befähigungsansatz) eine weitere grundlegende Perspektive auf, die für die Beantwortung der Forschungsfrage grundlegend ist. Bereits in den 90er Jahren erstellte er ein Konzept über die Entwicklung von Ländern. Dies beinhaltet die Abwendung von der Fokussierung des Bruttosozialproduktes hin zu einer Kontrastierung der Freiheiten der Bevölkerung. Freiheiten der Menschen stärken demnach die Entwicklung eines Landes. Entwicklung wird hier eben nicht mit der Steigerung des Bruttosozialproduktes oder des Durchschnitteinkommens gleichgesetzt. Die Freiheiten der Menschen werden von anderen Aspekten beeinflusst. Beispielsweise durch soziale oder ökonomische Einrichtungen, wie Bildungs- oder Gesundheitseinrichtungen oder durch deren Rechte, politische Teilhabe und den technischen Fortschritt. Sen vertritt die Auffassung, dass die Entwicklung der Beseitigung von „Unfreiheiten" bedarf. Dazu zählt er die Armut ebenso, wie wirtschaftliche Einschränkungen, Intoleranz, Mangel an öffentlichen Institutionen, sozialen Notstand oder übermäßige Kontrolle durch autoritäre Staaten. Er geht davon aus, dass grundlegende Freiheiten für eine Vielzahl von Menschen nicht zur Verfügung stehen. Ein solcher Mangel an Freiheiten kann mit existentiellen Schwierigkeiten einhergehen, wie beispielsweise mit Armut, mangelnder Gesundheitsversorgung, fehlenden öffentlichen Einrichtungen, Hunger oder sozialer Fürsorge (Sen, 2011, 13f.).
Der Gerechtigkeitsbegriff nach Sen bezieht sich auf das Dasein der Menschen und umfasst deren Verwirklichungschancen. Bei der Konstruktion der Verwirklichungschancen spielen verschiedene persönliche Merkmale, Bedingungen der ge-

---

[13] Bei der inkludierenden Exklusion handelt es sich im Sinne von Luhmann nicht um wahre Inklusion (siehe auch Kuhlmann, 2012, S. 49).

ographischen Umwelt, Differenzen der Menschen untereinander und weitere Einflüsse eine Rolle, die sich gegenseitig beeinflussen. Eine wesentliche Rolle in der Stärkung der Verwirklichungschancen liegt auf Seiten der Medien, deren meinungsbildende Funktion für die Öffentlichkeit eine demokratieförderliche Funktion haben kann. Bei Menschen mit Behinderung entsteht auf diese Art und Weise ein vielfältiges Geflecht aus Benachteiligungen, welches bei der Entwicklung von Maßnahmen zur Förderung der Verwirklichungschancen berücksichtigt werden muss. Die Freiheit der Menschen mit Behinderung ist nach Sen mehrfach eingeschränkt, wobei die Gefahr in der Verkettung dieser Beschränkungen liegt. Aus diesem Grund ist die vollständige Anerkennung von Menschen mit Behinderung unabdingbar. Dabei entscheidet jede Person für sich selbst, ob und wie sie Gerechtigkeit als individuelles Angebot für sich nutzt und als Chance annimmt. Sen legt dabei den Schwerpunkt seines Gerechtigkeitskonzepts auf die realen Freiheiten der Menschen selber darüber zu entscheiden, die Dinge zu tun, die ihnen am wichtigsten sind. Damit ist dieser Ansatz eng mit dem Befähigungsansatz verbunden und passt zu dem Gerechtigkeitskonzept, welches sich in den Menschenrechten wieder findet (Dahme & Wohlfahrt, 2012, 100f.).

Die Freiheit der einzelnen Person ist die Voraussetzung für Verantwortung. So kann jemand ohne Freiheit und entsprechende Verwirklichungschancen nicht die Verantwortung für das eigene Handeln übernehmen. Im Gegenzug ist es die Pflicht und die Verantwortung derjenigen, die über Freiheit und Verwirklichungschancen verfügen, über ihr Handeln zu entscheiden. Dabei geht es nicht darum, das eigene Handeln an Regeln auszurichten, sondern bei allen Entscheidungen die Bedeutung der Gemeinschaft mit zu bedenken. Menschen dahingehend zu fördern, dass sie Freiheiten und Verwirklichungschancen in Anspruch nehmen können, heißt somit Verantwortung zu stärken (Sen, 2011, S. 337).

Die Erkenntnis ist nicht neu, dass die Steigerung der Freiheiten ein Kriterium für soziale und wirtschaftliche Entwicklung darstellt. Sen bezeichnet Freiheit als „Treibkraft für rapiden Strukturwandel“ (Sen, 2011, S. 352). Institutionen unterschiedlichster Art können dadurch zu Faktoren für die Entwicklung werden, so dass sie zur Erhaltung und Weiterentwicklung der Freiheiten einzelner Personen beitragen. Dabei ist für Freiheit kennzeichnend, dass sie aus unterschiedlichen Facetten besteht, die in Bezug zu verschiedenen Institutionen stehen. Das grundlegende Interesse an der Erweiterung der Spielräume für Freiheit bildet das organisierende Element, welches alle Aspekte zusammenhält (Sen, 2011, S. 352). Dabei ist zu beachten, dass Freiheit ein multidimensionaler Begriff ist, der von Seiten

der Verfahren und von der Seite der Chancen her analysiert werden kann (Sen, 2011, S. 345).
Sen sieht in den Chancen zur Verwirklichung das wesentliche Kriterium für Lebensqualität innerhalb eines Landes[14]. Nussbaum entwickelte diesen Ansatz weiter und betont, dass es nicht ausreichend ist, Menschen ihre Rechte zuzusprechen. Die Menschen müssen ebenso befähigt werden ihre Rechte in Anspruch nehmen zu können. Hiernach sollen jedem Bürger materielle, institutionelle und pädagogische Voraussetzungen zur Verfügung gestellt werden, „die ihm einen Zugang zu einem guten menschlichen Leben eröffnen und ihn in die Lage versetzen, sich für ein gutes Leben und Handeln zu entscheiden“ (Nussbaum, 1999, S. 24).

Inklusion wird in diesem Sinne nicht wie bei Foucault als Gleichsetzung entsprechend der Normen verstanden, sondern als Chance zur freien Gestaltung des eigenen Lebens betrachtet. Nach Nussbaum meint Inklusion die Befähigung zu wirklicher Teilhabe, die von der einzelnen Person individuell ausgestaltet werden kann. Grundlage für Inklusion ist demnach die Befähigung der einzelnen Personen. Dieser Ansatz kann eine Neuausrichtung innerhalb der Bildungsforschung bewirken und ebenfalls die Soziale Arbeit sowie das Wohlfahrtssystem grundlegend prägen. Dieser Befähigungsansatz ist innerhalb der Sozialen Arbeit nicht neu und findet sich bereits bei Salomon, Art sowie Staub-Bernasconi und den Vertretern und Vertreterinnen der ‚International Federation of Social Workers‘ wieder. Er unterstützt somit das Verständnis von Bommes und Scherr, Soziale Arbeit als „Exklusionsvermeidung, Exklusionsvermittlung und/oder Exklusionsverwaltung“ (1996) zu betrachten (Kuhlmann, 2012, 50f.).

Biermann und Pfahl nennen als Ziel von inklusiver Bildung und Pädagogik die Schaffung einer Kultur der Inklusion. Sie betrachten Menschenrechte und Bildung als sich gegenseitig verstärkende Kräfte, wonach Menschenrechte das Recht auf Bildung betonen und sich inklusive Bildung sowie Pädagogik auf diesen Menschenrechten begründet (Biermann & Pfahl, 2016, S. 199).
Inklusion stellt aus zwei Perspektiven eine Herausforderung für das Bildungssystem dar. Zum einen entwickeln sich mit einer zunehmenden Vielfältigkeit innerhalb der Gesellschaft neue Anforderungen auf Seiten der Lernenden an Bildung.

---

[14] Die Hintergründe hierzu wurden bereits 1988 auf einer Konferenz in Helsinki thematisiert. Die ausführlichen Informationen hierzu finden sich bei Nussbaum und Sen (1993).

Zum zweiten ergeben sich aus der Vielfältigkeit und der damit entstehenden Unübersichtlichkeit sowie Widersprüchlichkeit neue Herausforderungen an die Bildungseinrichtungen mit der auftretenden Vielfältigkeit der Lernenden umzugehen (Reich, 2014, S. 30).
Eberwein sprach sich bereits 1995 für eine allgemeine Pädagogik aus, die auch sonderpädagogische Fragestellungen umfasst (Eberwein, 1995, S. 473). Feuser spricht sich ebenfalls für eine allgemeine Pädagogik aus, hebt jedoch den integrativen Aspekt dessen hervor, indem er ein bio-psycho-soziales Modell entwickelt und jeden Menschen als „wahrnehmendes, denkendes und handelndes Subjekt" (Feuser, 1999, S. 31) betrachtet.
Seit der Jahrtausendwende prägt in Deutschland der Gedanke der Inklusion die Fachdiskurse um schulische Bildung und Behinderung. International wird ‚Inclusion' nicht auf Behinderung eingegrenzt sondern bezieht sich auf die Vielfältigkeit innerhalb der Gesellschaft die als Normalität angesehen werden soll. Als perspektivische Herausforderung gilt in Deutschland die Integration von wissenschaftlichen Disziplinen (wie beispielsweise der Sonderpädagogik) in die allgemeinen erziehungswissenschaftliche Diskussion (Sturm, 2016, 181f.). Die Zerrissenheit der schulischen Bildung in Bezug auf die Inklusion zeigt sich in dem Handbuch Inklusion und Sonderpädagogik, wo unter dem Titel ‚Inklusion in Erziehungs- und Bildungsprozessen' in Kapitel zwei ‚Entwicklungsbereiche und Förderschwerpunkte' aufgegliedert nach Behinderungsformen eben nicht inklusiv gedacht und dargestellt werden (Hedderich, Hollenweger, Biewer & Markowetz, 2016). Unter dem ‚Entwicklungsbereich und Förderschwerpunkt geistige Entwicklung' benennt Musenberg hingegen als zentrale Herausforderung für den inklusiven Unterricht die Frage danach, wie unterschiedlichste Perspektiven aller Lernenden im schulischen Unterricht kommunikativ zur Sprache gebracht werden können (Musenberg, 2016, S. 217). Diese Frage kann und muss in den nächsten Jahren auch für die inklusive Erwachsenenbildung beantwortet werden.

Volkswirtschaftlich betrachtet, wird die Bedeutung von Inklusion in Deutschland in den nächsten Jahren weiter zunehmen. So geht das Bundesministerium für Arbeit und Soziales davon aus, das in 2050 zwölf Prozent der Bürgerinnen und Bürger in Deutschland schwerbehindert sein werden. Bei gleichzeitigem Bevölkerungsrückgang um ca. 14 Millionen steigt demnach die Zahl der Bürgerinnen und Bürger mit einer Schwerbehinderung um 1,8 Millionen Menschen an (Bundesministerium für Arbeit und Soziales, 2014, S. 8).

Die häufigste Ursache für Schwerbehinderung sind Erkrankungen der Wirbelsäule, Herz-Kreislauf-Systems und der Gliedmaßen (Bundesministerium für Arbeit und Soziales, 2014, S. 10). Die Maßnahmen der Bundesregierung zur Inklusion von Arbeitnehmerinnen und Arbeitnehmern in den ersten Arbeitsmarkt beziehen sich somit auch, aber nicht im Wesentlichen auf die Zielgruppe dieser Arbeit. Im Jahr 2013 waren 46% aller Personen mit Beeinträchtigung im Alter von 18 bis 64 Jahren nicht erwerbstätig (Bundesministerium für Arbeit und Soziales, 2016, S. 168). Von den Menschen mit einer Schwerbehinderung oder Gelichgestellten wurden im Jahr 2014 insgesamt 1.042.889 auf sogenannten Pflichtarbeitsplätzen gemäß § 71 SGB IX beschäftigt. Diese Zahl stieg seit 2005 bis 2014 kontinuierlich um 35% an. Die erreichte Quote liegt jedoch weiterhin unterhalb des gesetzlich festgelegten Wertes von 5%, wobei öffentliche Arbeitgebende eine Quote 6% und private Arbeitgebende lediglich 4,1% erreichten (Bundesministerium für Arbeit und Soziales, 2016, S. 176).
Betriebswirtschaftlich wird Inklusion im Rahmen des Personalmanagements unter dem Fokus betrachtet, dass Mitarbeitenden Spielräume für die Ausgestaltung ihrer Arbeit zu gewähren sind. Ziel ist die Zusammensetzung einer Gruppe von Mitarbeitenden, die selbstkritisch, durchsetzungsvermögend, empathisch, konflikt- und diversitätsfähig sind und Verantwortung übernehmen (Scholz, 2014, S. 724).
Somit geht die Betriebswirtschaftslehre von einer reinen Orientierung an Behinderung weg, zu einer Ausrichtung des Personalmanagements an unterschiedlichen Diversitätsdimensionen. Dies entspricht auch dem internationalen Verständnis von ‚Inclusion'. So ist es das Ziel des Diversity Managements verschiedene Gruppen von Beschäftigten in das Unternehmen zu integrieren (Stock-Homburg, 2013, S. 741).
Als neue Herausforderungen für das Personalmanagement werden somit der Umgang mit älteren Mitarbeitenden, weiblichen Führungskräften sowie dem Health Care Management betrachtet (Stock-Homburg, 2013, Teil V).

2.1.4.2 Inklusionsdebatte - aktuelle Entwicklung und Diskussion

„Inklusion heißt, dass sich alle Gummibärchen, unabhängig von Ihrer Farbe, von Anfang an in einer Tüte befinden." (Deutscher Kinderschutzbund Ortsverband Münster, S. 14)

Viele Vertreter und Vertreterinnen von Inklusion können nicht beschreiben, was Inklusion konkret ist. Oben genanntes Zitat ist ein sehr häufig genutztes Bild zur

Beschreibung von Inklusion. Allerdings stellt Cechura zu Recht die Frage, warum es besser sein soll Gummibärchen aller Farbe in einer Tüte zu finden oder ob es schlecht wäre diese nach Farben getrennt zu verpacken (Cechura, 2015, S. 7). In seinem Buch „Inklusion: Ideal oder realistisches Ziel?“ (2016) beschreibt er Inklusion als ein Versprechen zur Teilhabe am gesellschaftlichen Leben, von dem sich viele Personen positive Aspekte erhoffen. Dabei wird seiner Ansicht nach vernachlässigt, was es denn bedeutet innerhalb der Gesellschaft ein selbstbestimmtes Leben zu führen oder gezwungen zu sein, das Leben selbstständig führen zu müssen. So werden unter dem Begriff der Inklusion Veränderungen des Bildungsbereichs und des Sozialstaats weitergeführt, die diesen Sektor effektiver gestalten sollen. Folglich müssen die zu inklusionierenden Personen ihre Einstellung dahingehend ändern, dass sie für sich selber sorgen müssen. Menschen in ihrem sozialen Umfeld sind aufgefordert, sich stärker sozial zu engagieren und Arbeitgeber werden aufgefordert, mehr zu inklusionierende Personen als Arbeitskräfte einzustellen. Cechura kritisiert, dass diese Veränderungen nicht zwangsweise zu einem angenehmeren Leben von Menschen mit Behinderung führen. Inklusion ist in ihrer Umsetzung und Wirkung daher oftmals mit Enttäuschung verbunden (Cechura, 2016, 57f.).
In Anlehnung an Luhmann bezeichnet Stichweh die Unterscheidung in Inklusion und Exklusion als Leitunterscheidung innerhalb der Theorie der Gesellschaft und somit als Teil der Differenzierungstheorie[15]. Dabei besteht Einigkeit darüber, dass eine so genannte Vollinklusion in alle Funktionssysteme in der Realität nicht möglich ist (Stichweh, 2016, S. 221). Als Bezugswissenschaften von Inklusion und Exklusion nennt Stichweh die Differenzierungstheorie, die Soziologie des Fremden sowie die Ungleichheits- und Armutsforschung, wobei die Begriffe der Inklusion und Exklusion in der Armutsforschung oftmals auf ökonomische Aspekte reduziert wurden (2016, S. 222). Das Verständnis von Inklusion innerhalb der Soziologie und den Politikwissenschaften unterscheidet sich von dem der Pädagogik und Sozialen Arbeit (Felder & Schneiders, 2016, S. 31). Aus Bildungspolitischer Perspektive lässt sich Inklusion in Deutschland als widersprüchlich beschreiben. So hat beispielsweise jedes Kind Schulpflicht. Für die Beschulung aller Kinder ist das Bildungsministerium verantwortlich. Dennoch werden in Deutschland die meisten Kinder mit Behinderung vom allgemeinen Bildungssystem ausgeschlossen (siehe Kapitel 2.3). Dabei stellt sich die Frage ob das gegliederte System mit Grund-, Haupt-, Realschule und Gymnasium unter dem Aspekt der Inklusion grundsätzlich legitim ist. Das zeigt, wie komplex und mehrschichtig

[15] Eine umfassende Darstellung der Differenzierungstheorie findet sich bei Luhmann (1997).

die Frage nach Bildungsgerechtigkeit ist, auch wenn man sie auf das Schulsystem beschränkt. Inklusion bedeutet daher radikal gedacht eine Abkehr von jeder Differenzierung nach Leistungsfähigkeit und von Bildungsstandards. Es hat sich jedoch gezeigt, dass die Einheitsschule keine Gerechtigkeit in Bezug auf die Chancengleichheit umfasst (Felder & Schneiders, 2016, 37f.).
Becker geht noch einen Schritt weiter als Cechura sowie Stichweh und spricht in seinem Buch „Die Inklusionslüge“ (2015) von Inklusion als einer Utopie. Dabei merkt er an, dass die Bereitschaft über Details zu diskutieren umso stärker abnimmt, umso mehr Menschen sich in Bezug auf eine abstrakte Utopie einig sind. Als Beispiel nennt er die soziale Gerechtigkeit, die grundsätzlich erst einmal keine Partei ablehnen würde und dennoch ist die aktuelle Politik in Bezug auf den Arbeitsmarkt, die Rente, die Wirtschaft oder das Steuersystem ursächlich für einen Mangel an sozialer Gerechtigkeit in Deutschland. Ob die Diskussion auf der sozialen, politischen oder wissenschaftlichen Ebene zur Klärung des Begriffs und des Gegenstandes von Inklusion beiträgt ist fraglich, da die Vorstellungen von Inklusion sehr unterschiedlich sind (Becker, 2015, S. 9).
In Bezug auf die praktische Umsetzung von Inklusion nennt Becker verschiedene Hindernisse. So zeigt der finanzielle Spielraum auf Bundes-, Länder- und kommunaler Ebene klare Grenzen für die Umsetzung der Aktionspläne auf. Zuständigen Personen für die Haushalte der Kommunen hoffen auf Einsparungen durch die Umsetzung von Inklusion, da Maßnahmen zur speziellen Förderung von Menschen mit Behinderung verringert werden. Dies betrifft beispielsweise Einsparungen durch den Abbau von Fahrten zur Schule oder Werkstatt, von sonderpädagogischem Personal oder der stationären Versorgung. Diese Maßnahmen entlasten die Haushalte der Länder und Kommunen, fachlich sind sie jedoch zu hinterfragen, da sie nicht zwangsläufig die Qualität der gesellschaftlichen Teilhabe von Menschen mit Behinderung verbessern. Die Entscheidung darüber, wie ihre Teilhabe an der Gesellschaft ausgestaltet werden sollte, muss gemäß dem geforderten Selbstbestimmungsrecht der Behindertenrechtskonvention der Vereinten Nationen von den Menschen mit Behinderung selber vorgenommen werden. Dennoch entscheiden die Kostenträger der Maßnahmen darüber, wie Inklusion und Teilhabe von Menschen mit Behinderung realisiert wird und welche Bildung, Wohnform oder Arbeit für die einzelne Person geeignet ist. Zudem ist der Druck zur Kostensenkung häufig die ausschlaggebende Motivation für die Umsetzung der Aktionspläne der Bundesländer. So rechtfertigt beispielsweise die Utopie einer inklusiven Schule nicht automatisch die Schließung von Förderschulen. Diese werden erst dann entbehrlich, wenn das allgemeine, leistungsorientierte Schulsys-

tem im Sinne von Inklusion real geändert wurde. Insgesamt drückt sich hier die Schwierigkeit aus, die dann entsteht, wenn eine allgemein anerkannte Utopie umgesetzt werden soll, ohne zuvor die konkreten Vorzüge und Nachteile der jeweiligen Maßnahmen zu thematisieren (Becker, 2015, 10f.).

Täuscht nicht Inklusion darüber hinweg, dass es in der Gesellschaft Ungerechtigkeit, Ungleichheit und soziale Verwerfungen gibt? Werden Prozesse der Ausgrenzung innerhalb der Gesellschaft dadurch ignoriert? Während Inklusion als Leitthema gilt, bilden sich zunehmend Wohngebiete in denen die Mieten den Sätzen von Arbeitslosengeld und Sozialhilfe entsprechen. Endet Inklusion dort, wo ein Mensch wegen epileptischer Anfälle nicht als Verkäufer eingestellt wird, weil seine Anfälle die Kunden abschrecken könnten? Endet sie dort, wo gefordert wird, dass sozialer Wohnungsbau in Stadtvierteln mit sehr hohen Mieten vorgenommen wird? Als Beispiel werden in Abbildung 7 die Wohnorte der befragten Personen in Bezug auf die Anzahl der Empfänger von Leistungen der Sozialhilfe aufgezeigt. In armen Vierteln leben 5 der befragten Personen und 8 in gefährdeten Vierteln. Lediglich 4 Personen wohnen in guten Vierteln. In den reichen Vierteln der Stadt wohnt keine der befragten Personen.

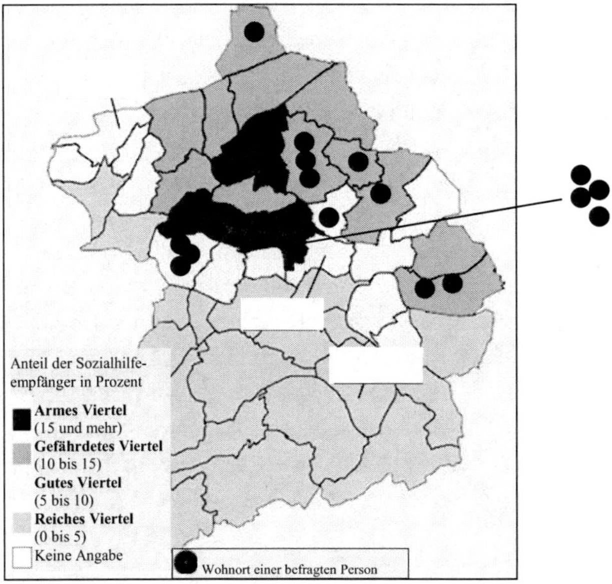

Abbildung 7: Wohnorte der Befragten nach Stadtteilen[16]

[16] Der Name der Stadt und die entsprechende Quelle werden aus datenschutzrechtlichen Gründen nicht genannt.

In diesem Zuge spricht Becker von der Gefahr, dass Inklusion zu einer Metapher ohne Inhalt verkommt. Als Beispiel hierfür nennt er die Inklusion in das allgemeine Schulsystem, die nicht bedeutet, dass eine Person einen Schulabschluss erlangt, der jedoch für die Teilhabe an der Gesellschaft notwendig ist (Becker, 2015, S. 13).

Die Behindertenrechtskonvention der Vereinten Nationen dient in Deutschland als Grundlage für die verschiedenen Aktionspläne zur Inklusion auf Bundes- und Länderebene. Sie wurde redaktionell sehr wesentlich von Organisationen der sogenannten Behindertenbewegung und Vertretern und Vertreterinnen von Non-Profit Organisationen erarbeitet. So konnte sichergestellt werden, dass nicht über die Menschen mit Behinderungen sondern mit ihnen entschieden wurde. So konnte international eine normative Basis dafür geschaffen werden, Behinderung auf der Grundlage der Menschenrechte zu betrachten und nicht als Tätigkeitsfeld für Sonderfachbereiche, wie es in der Sonder-, Behinderten- und Heilpädagogik und den Rehabilitationswissenschaften theoretisch und praktisch gehandhabt wird (Degener, 2009, 275f.).

Aus der Perspektive der Ungleichheitsforschung ist in Bezug auf Inklusion zu beachten, dass sich die Gesellschaft aus vielen verschiedenen kulturellen und sozialen Milieus zusammensetzt und entsprechend vielseitige Lebenswelten und Lebenslagen[17] aufweist. Es stellt sich somit die Frage danach, was als normal und als Maßstab für Inklusion definiert wird: Welche Individuen sollen in welche Systeme inklusioniert werden? Degener und Mogge-Grotjahn weisen darauf hin, dass der Fokus von Inklusion nicht auf der Aus- und Einschließung von Individuen in bestimmte Funktionssysteme liegen sollte. Vielmehr müssen die Vorstellungen des Gegenübers von Gesellschaft und Individuum überdacht und der Blick auf die Vorstellungen über ein gutes Leben in der Gemeinschaft gelenkt werden. In diesem Sinne muss ein Konzept zur Förderung der Inklusion die Komplexität der Strukturen und Beziehungen der Gesellschaft einbeziehen. Das Konzept der Lebenslagen kann hierzu dienlich sein (Degener & Mogge-Grotjahn, 2012, 61f.).

Zusammenfassend lässt sich sagen, dass die Debatte um Inklusion durch unterschiedlichste Vorstellungen von Inklusion und die Frage nach der Übernahme der Kosten geprägt wird. Zeitgleich findet die Diskussion um die rechtlichen Konse-

---

[17] Die Konzepte der Lebenswelt und Lebenslage werden in den Kapitel 2.2.4 und 2.2.2 dargestellt.

quenzen der Behindertenrechtskonvention[18] statt (siehe Kapitel 2.3.1). Auf der allgemeinen Ebene der Utopie besteht Einigkeit darüber, dass Inklusion gewollt wird. Die Diskussion um die Ausgestaltung von konkreten Maßnahmen zur Förderung der Inklusion von Menschen mit Behinderung fokussiert im Wesentlichen die finanziellen Aspekte: Wie hoch dürfen die Kosten für Inklusion sein und von welcher Stelle müssen sie erstatten werden (Becker, 2015, S. 26)?

Im Folgenden werden unabhängig von den finanziellen Aspekten der Inklusionsdebatte Strategien und Beispiele für die Realisierung der Inklusion von Menschen mit Behinderung vorgestellt.

2.1.4.3 Strategien zur Förderung der Inklusion von Menschen mit Behinderung

Ziel der Inklusion ist die Steigerung von Teilhabe an der Gesellschaft. Der Begriff Teilhabe beziehungsweise Teilnahme wurde aus dem englischen von ‚participation' übersetzt und wird bedeutungsgleich mit Partizipation verwendet. Nach der Definition der Weltgesundheitsorganisation meint der Begriff Teilhabe das „Einbezogensein in Lebenssituationen" (Deutsches Institut für medizinische Dokumentation und Information, 2005, S. 19). Demnach beginnt Teilhabe mit dem Dabeisein, meint jedoch gleichzeitig die vollwertige Einbeziehung bei der Mitarbeit, der Entscheidungsbefugnis oder in Bildungsprozessen und ist auf den Austausch mit anderen angewiesen (Platte, 2012, S. 153).

Strategien und Formen von Inklusion sollen dementsprechend die Teilhabe von Personen an der Gesellschaft fördern.

Für die Strategien und die Realisierung von Maßnahmen zur Inklusion ist das jeweilige Verständnis von Inklusion grundlegend. In Anlehnung an Luhmann findet Inklusion statt, wenn Menschen bei der Kommunikation von Funktionssystemen berücksichtigt werden (Luhmann, 1997). Stichweh nimmt weitere Differenzierungen vor, indem er Inklusion um die Organisation und die Interaktion sozialer Systeme erweitert und dahingehend spezifische Inklusionsformen beschreibt. Er beschreibt für die verschiedenen Funktionssysteme bestimmte Inklusionsmodi (2016). In Bezug auf die politisch-praktische Betrachtungsweise von Inklusion innerhalb der Profession der Sozialen Arbeit mit ihrer Ausrichtung auf die materiell orientierte Ungleichheitsforschung und die Menschenrechte ist die Betrachtungsweise der Ein- und Ausschließung aus Funktionssystemen nicht weiterfüh-

[18] Die Behindertenrechtskonvention der Vereinten Nationen, deren Umsetzung in Deutschland und die Konsequenzen für das Leben der Zielgruppe werden in Kapitel 2.3.1 aufgezeigt und diskutiert.

rend (Degener & Mogge-Grotjahn, 2012, S. 61). So wird Inklusion nicht als Aufgabe bestimmter Berufsfelder oder als politische Aufgabe verstanden, sondern konkret in Bezug auf funktionale Systeme betrachtet. In Bezug auf die Bevölkerungsgruppe der Menschen mit Behinderung erstellte dementsprechend das Bundesministerium für Arbeit und Soziales ein Konzept zur Inklusion auf dem Arbeitsmarkt wohingegen sich das Bundesministerium für Familien, Senioren, Frauen und Kinder mit der Inklusion von Kindern und Jugendlichen mit Behinderung in das Bildungssystem befasst. Beides ist in der Behindertenrechtskonvention der Vereinten Nationen verankert (Degener & Mogge-Grotjahn, 2012, S. 67). Dabei wird „Bildung als (ein) Schlüssel zur Inklusion“ (Degener & Mogge-Grotjahn, 2012, S. 68) verstanden. Das Menschenrecht auf Bildung wird in der politischen Diskussion oftmals auf Kinder und Jugendliche mit Behinderung im schulischen Kontext und somit als Aufgabe von Lehrern und Lehrerinnen begrenzt betrachtet (Degener & Mogge-Grotjahn, 2012, 68f.; Felder & Schneiders, 2016; Hedderich et al., 2016; Schwohl, 2010; Wocken, 2014a, 2014b). Das Verständnis von Inklusion im Sinne des Menschenrechts begründet einen offeneren Inklusionsbegriff, der sich auf alle Lebenssituationen in sämtlichen Lebensphasen bezieht[19]. Die Grundlage für eine solche Inklusion von Menschen mit Behinderung in die Gesellschaft ist in Anlehnung an den Befähigungsansatz von Sen und Nussbaum[20] die Vermittlung der notwendigen Fähigkeiten zur Teilhabe an verschiedenen Funktionssystemen der Gesellschaft. Im Folgenden werden entsprechende Strategien, Konzepte und Projekte zur Inklusion von Menschen mit Behinderung aufgezeigt.

In Bezug auf Strategien und Formen von Inklusion haben politische Institutionen eine besondere Bedeutung. Eine zentrale Rolle spielen dabei die Thematisierung und Vermeidung von Exklusionsrisiken sowie die Entwicklung, Umsetzung und Überprüfung von Maßnahmen zur Inklusionsförderung. Voraussetzung hierfür ist es, Inklusion und ihren Nutzen zu bestimmen. Bestehende gesellschaftliche Verhältnisse sollten dahingehend geprüft und verändert werden, dass die Einbeziehung aller Personen ermöglicht wird, so beispielsweise im Wirtschafts- und Arbeitsmarktsystem. Dabei ist stets zu hinterfragen, ob Maßnahmen zur Förderung der Inklusion und Vermeidung von Exklusionsrisiken wirklich dieses Ziel verfol-

[19] Zu den theoretischen Grundlagen von Lebenslagen, Lebensphasen und Lebenswelt siehe Kapitel 2.2.2.2.3

[20] Weitergehende Informationen zu dem Befähigungsansatz finden sich bei Nussbaum und Sen (1993).

gen. Von Vertretern und Vertreterinnen multidimensionaler Inklusionsansätze werden die Konzepte kritisiert, die sich auf eine Form von Ausgrenzung, beispielsweise aus dem allgemeinen Bildungssystem oder aus dem Arbeitsmarktsystem, konzentrieren. Eine mehrdimensionale Perspektive kann einen offenen Blick auf die parallele Existenz von Inklusion und Exklusion ermöglichen (Benz, 2012, S. 135).

In dem Buch „Inklusion und Sozialraum - Behindertenrecht und Behindertenpolitik in der Kommune" (Becker, Wacker & Banafsche, 2013) werden Herausforderungen für die Gestaltung der konkreten Lebenssituationen innerhalb der Lebensspanne von Menschen mit Behinderungen in Bezug auf ihren Lebensort thematisiert und diskutiert. Dabei betont Wacker, dass die Vorgehensweisen auf kommunaler Ebene in Bezug auf Menschen mit Behinderung stärker in den sozialwissenschaftlichen Fokus rücken müssten, gerade weil die Veränderungsprozesse schwer zu erfassen und aufzuzeigen sind. Wacker zeigt verschiedene fachliche Richtungen dazu auf, wie der Sozialraum in Richtung der Vision einer inklusiven Gesellschaft neu gestaltet werden kann. Hierzu muss die Kommune als Sozialraum unter dem Blickwinkel der Behindertenrechtskonvention der Vereinten Nationen neu betrachtet werden. Dabei sind insbesondere die Sichtbarkeit von Behinderung, der Wandel von Sozialräumen und die Potentiale kommunaler Entwicklung mitzudenken. In Bezug auf die Sichtbarkeit von Behinderung geben mehr als die Hälfte der Bürger und Bürgerinnen an, keinen Menschen mit Behinderung im Alltag zu begegnen, wohingegen die Mehrheit der Bevölkerung ein gleichberechtigtes Zusammenleben wünscht. Wenn gesellschaftliche Inklusion im Sinne der menschenrechtlichen Perspektive der Behindertenrechtskonvention der Vereinten Nationen umgesetzt werden soll, kann dies nur schrittweise vorgenommen werden. Hierzu müssen in einem ersten Schritt die verschiedenen einschränkenden Faktoren in Bezug auf Behinderung aufgezeigt werden. Anschließend müssen die bestehenden Maßnahmen auf ihre Wirksamkeit in Bezug auf gerechte Teilhabe überprüft werden (Wacker, 2013, 25f.).

Soll dieser Wandel hin zur Teilhabeförderung gelingen, so müssen die gesellschaftlichen Folgen bisheriger fürsorglich ausgerichteter Betreuungsmaßnahmen und Funktionsmechanismen von Inklusion und Exklusion deutlich aufgezeigt werden. Derzeit haben beispielsweise Personengruppen, die für die Gesellschaft als sozioökonomisch nicht relevant erscheinen, automatisch ein höheres Exklusionsrisiko in Bezug auf soziale Systeme der Gesellschaft (Wacker, 2008, 47f.).

Die Frage danach, wie Inklusion umgesetzt werden kann, beschäftigt die Fachkreise. Strategien und Maßnahmen zur Förderung von Inklusion werden durch die unterschiedlichen Verständnisse bestimmt, die hinter dem Begriff der Inklusion zu finden sind.

Dederichs betont, dass die Gestaltung inklusiver Lebensräume nicht ohne kulturellen Wandel möglich ist. Dabei muss neben der Zusprechung von Rechten und der Umstrukturierung von Hilfesystemen die Wertschätzung von marginalisierten Gruppen im Vordergrund stehen. Das Fehlen einer solchen Anerkennung betrachtet er als Inklusionshindernis. Anerkennung steht eng mit Sichtbarkeit in Verbindung, doch ist Sichtbarkeit nicht automatisch förderlich für eine positive Wertschätzung. Dederichs diskutiert die ästhetische Dimension von Behinderung und kommt zu dem Schluss, dass die Betrachtung des ästhetischen Phänomens von Diversitätsaspekten die theoretische Analyse von gesellschaftlichen Bedürfnissen nach Gleichheit und den daraus resultierenden Exklusionsvorgängen ermöglicht (Dederichs, 2013, 63f.).

Schäfers weist auf die Grenzen der Inklusionsfähigkeit der Gesellschaft hin und zeigt auf, dass insbesondere lange bestehende Hilfesysteme in Bezug auf Inklusion nicht effektiv und stellenweise sogar exkludierend wirken (Schäfers, 2013, 101f.). Auch er verweist darauf, dass soziale Anerkennung für gelingende Inklusion erforderlich ist. Das Bild von Behinderung ist ursächlich für die fehlende Anerkennung von Menschen mit Behinderungen. Dieses Bild und die damit verbundenen Stereotypen gelten als Inklusionsbarrieren. Um Inklusion zu realisieren ist demnach eine Reform der Hilfesysteme und ein Aufbrechen der Grenze zwischen Behinderung und Nicht-Behinderung notwendig (Schäfers, 2013, 104f.).

Boban, Kruschel und Wetzel betonen, dass die aktuelle Debatte um Inklusion enttrivialisiert werden muss, um eine Gesellschaft zu entwickeln, die sie als radikal inklusiv bezeichnen (2013, S. 72). Dabei geht es ihnen in erster Linie darum Menschenrechte[21] zu realisieren, Inklusion als grundlegendes Verständnis in allen Bereichen des gesellschaftlichen Lebens zu etablieren und nicht auf den Unterricht an allgemeinbildenden Schulen zu reduzieren (Boban et al., 2013, S. 82). Ein Beispiel hierfür stellt das Buch von Dorrance und Dannenbeck mit dem Titel ‚Doing Inclusion' dar, worin sich die meisten Artikel auf die Inklusion an Regelschulen beziehen (2013). Mit dem Fokus auf die Soziale Arbeit mit Menschen mit geistiger Behinderung im ambulant betreuten Wohnen hat die fachliche Diskussion um

[21] Das Recht auf „volle und wirksame Teilhabe" (participation) ist Inhalt von Artikel 3 der Behindertenrechtskonvention der Vereinten Nationen.

Inklusion in verschiedenen Fachgebieten eine besondere Relevanz. So widmen sich unter anderem Merten und Scheer (2004) oder Balz, Benz und Kuhlmann (2012) der sozialen Inklusion innerhalb der Sozialen Arbeit. Zugänge zur Inklusion innerhalb der Erwachsenenbildung finden sich bei Burtscher, Ditschek, Ackermann, Kil und Kronauer (2013). Dahingegen fokussieren die Artikel in dem Buch „Inklusion“ das Zusammenleben innerhalb der Gemeinschaft (Liedke & Wagner, 2015).

Becker, Wacker und Banafsche fokussieren in Anlehnung an eine Fachtagung Inklusion im Sozialraum (2013). Wacker weist darauf hin, dass bei der Betrachtung von Behinderung weitere Lebensumstände und Diversitätsfaktoren beachtet und in die Überlegungen zur Förderung von Inklusion einbezogen werden müssen (Wacker, 2013, S. 37). Ziel des von ihr vertretenen Lebenschancenansatzes[22] ist es, in einem ersten Schritt Behinderung sichtbar zu machen, um das Recht auf wirkliche Teilhabe und entsprechende Lebensstandards zu verwirklichen (Wacker, 2013, 29f.). Sie beschreibt das Zusammenwirken von körperlicher Beeinträchtigung und Behinderung in den Lebenslagen sowie der Lebenswelt als äußerst komplex. Daher ist es notwendig im Rahmen von Teilhabeforschung soziale Verflechtungen des Alltags zu rekonstruieren. Die Systematik der Internationalen Klassifikation der Funktionsfähigkeit, Behinderung und Gesundheit kann Anhaltspunkte dazu liefern. Weil sich Gesellschaft über Exklusion definiert, ist auf kommunaler Ebene mit Widerstand bei der Einführung von Maßnahmen zur Inklusion zu rechnen (Wacker, 2013, S. 41).

Seifert betont, dass eine neue Orientierung im Sinne von Inklusion auf der Handlungsebene im Sozialraum nur dann erfolgreich sein kann, wenn sie Veränderungen in der Struktur und den Konzepten des bestehenden Hilfesystems bewirkt und so zur Weiterentwicklung der Bedingungen innerhalb des Gemeinwesens beiträgt (Seifert, 2015, S. 96). Möglichkeiten um Inklusion im Sozialraum zu fördern sieht sie unter anderem in Kooperationen zwischen der Behindertenhilfe und den Organisationen vor Ort. Dies ist insbesondere in den Bereichen Wohnen, Arbeiten und Freizeit möglich. Zur Förderung der Begegnung von Menschen ohne und mit Behinderung können Treffpunkte im Stadtteil genutzt werden. Dies geschieht ebenfalls häufig in Kooperation mit Trägern der Behindertenhilfe. Als Beispiel für solche Treffpunkte sind Stadtteilzentren oder Nachbarschaftshäuser zu nennen. Die Gestaltung solcher Treffpunkte sollte den Anspruch haben, niemand aus dem Leben im Stadtteil auszuschließen. So kann eine vielfältige Gemeinschaft im

---

[22] Zum Lebenschancenansatz siehe auch Wacker (2008).

Stadtviertel entstehen, die sowohl die soziale als auch die politische Teilhabe fördert (Seifert, 2015, 100f.).
Als Beispiel für sozialraumbezogene Maßnahmen zur Inklusionsförderung wird die ‚Aktion Menschenstadt[23]' vorgestellt. Sie bezieht sich explizit auf Artikel 3 der Behindertenrechtskonvention der Vereinten Nationen und steht nach eigenen Angaben für das Recht auf Teilhabe am Leben der Gesellschaft.

> *„Wir wollen dazu beitragen, dass die selbstbestimmte Teilhabe von Menschen in allen Lebensbereichen möglich wird. Es ist daher notwendig, inklusive Begegnungs- und Gemeinschaftsangebote auszubauen. Wir tragen mit vielen Projekten und Urlaubsreisen dazu bei." (Aktion Menschenstadt, 2017)*

Um dieses Ziel zu erreichen werden für Menschen mit Behinderung unter anderem Assistenzdienste für Kindergarten, Schule, Familie Freizeit und Beruf angeboten. Das Programm der Aktion Menschenstadt[24] bezieht sich auf verschiedene Bereiche des alltäglichen Lebens. Kirchliches Zusammenleben wird inklusiv gestaltet. In den Bereichen Sport, Kultur und Bildung werden Angebote für Menschen ohne und mit Behinderung vorgehalten. Zudem gibt es mit einem Kinder- und Jugendhaus und verschiedenen Stadtteilcafés feste Treffpunkte in verschiedenen Stadtteilen. Die Kontakt-, Koordinierungs- und Beratungsstelle bietet weitergehende Beratung für Menschen mit Behinderung an. Als Potential für mehr Teilhabe sieht Seifert zudem die Beteiligung aller Menschen als Engagement für ein besseres Leben im Sozialraum (Seifert, 2015, 101f.). Hierzu unterstützt die Aktion Menschenstadt das ‚Netzwerk Mensch zuerst - Essen' bei ihren Treffen und Tätigkeiten[25]. Zudem wird das ehrenamtliche Engagement von Menschen mit Behinderung gefördert, beispielsweise im Rahmen der Arbeit der Bahnhofsmission.
Ein Beispiel für die Inklusion von Mitarbeitenden mit Behinderung in ein Unternehmen ist die Vereinbarung zur Inklusion der Thyssen Krupp AG. Diese Inklusionsvereinbarung wurde 2015 von dem Vorstand der Thyssen Krupp AG, dem Konzernbetriebsrat und der Konzernschwerbehindertenvertretung unterzeichnet.

---

[23] Mehr Informationen und das aktuelle Jahresprogramm finden sich auf der Homepage der Aktion Menschenstadt (2017).

[24] Das Programm steht auf der Homepage der Aktion Menschenstadt zum Download zur Verfügung (Aktion Menschenstadt, 2017).

[25] Ausführliche Informationen zu dem deutschlandweiten Netzwerk finden sich auf der Homepage von Mensch zuerst - Netzwerk People First Deutschland e.V..

Ihr Ziel ist die selbstverständliche Einbeziehung von Menschen mit Behinderung in alle unternehmerischen und betrieblichen Überlegungen (siehe Anhang 6.1). Seit der Unterzeichnung der Behindertenrechtskonvention der Vereinten Nationen durch Deutschland im Jahr 2007 sind eine Vielzahl von Projekten zur Förderung der Inklusion und der entsprechenden Menschenrechte entwickelt und umgesetzt worden. Die Vielfalt dieser Maßnahmen wird in der Fachliteratur deutlich. Auch hier beziehen sich viele Beiträge auf die Inklusion an allgemeinbildenden Schulen. Weiterführende Projekte beziehen sich unter anderem auf folgende Themenfelder:

- Sozialberichterstattung und Sozialplanung (Graebsch-Wagener, 2012).
- Behindertenrecht und Behindertenpolitik (Rittweger, 2013)
- Förderung im Vorschulalter (Schlott, 2012)
- Assistenz und Anwaltschaft (Feuser, 2011)
- Partizipation an Bildung im Alter (Friebe & Schmidt-Hertha, 2013)
- Patientenberatung (Schmidt & Bakarinow-Busse, 2012)
- Analphabetismus (Buddenberg & Grotlüschen, 2013)
- Werkstätten für behinderte Menschen (Burtscher, 2013)
- Inklusion im Sozialraum (Becker et al., 2013)
- Inklusion in Kirche (Liedke & Wagner, 2015)

Dies sind nur ausgewählte Beispiele für die Vielfalt von Projekten zur Förderung von Inklusion. Diese und weitere Maßnahmen basieren auf verschiedenen Verständnissen von Inklusion. Aus der Perspektive des Lebenschancenansatzes ist es notwendig, die Wirksamkeit dieser Maßnahmen zur Reduktion von Exklusion zu untersuchen (Wacker, 2013, S. 29). Eine solche Prüfung muss kritischen Fragen standhalten. So beispielsweise der Frage danach, wie Personen mit Behinderung einen eigenen Willen entwickeln sollen, die ihr bisheriges Leben vollversorgt im fürsorglich orientierten stationären Kontext verbrachten (Wacker, 2013, S. 39). In Bezug auf ökonomisch geprägte Lebenssituationen stellt sich diesbezüglich die Frage danach, wie Menschen selbstbestimmt Entscheiden, Gestalten und Handeln sollen, für die zuvor die Ausführung solcher Lebenssituationen stellvertretend übernommen wurde. Verdeutlichten lässt sich dies an der Lebenssituation der Einkommensverwendung. Beispielsweise durfte die Zielgruppe bis zum 31.12.2016 maximal 2.600 € besitzen. Alles was diesen Betrag überstieg, wurde als Eigenbeteiligung an den Kosten des ambulant betreuten Wohnens herangezogen. Seit dem 1.1.2017 darf diese Personengruppe bis zu 25.000 € besitzen, was den Spielraum für die Einkommensverwendung massiv erweitert, auch wenn er begrenzt bleibt.

Für die volle Inklusion der Zielgruppe an der Lebenssituation der Einkommensverwendung wäre es notwendig jegliche Begrenzung dieses Vermögensfreibetrags aufzuheben. Jedoch bedeutet bereits die Erweiterung der Vermögensfreigrenze, dass die Zielgruppe mit weiteren ökonomisch geprägten Lebenssituationen konfrontiert wird: Sparen, Einkaufen, Versichern, Geldanlage und viele mehr. Es stellt sich somit die Frage danach, wie diese Personengruppe ohne ökonomische Bildung diese Lebenssituationen selbstbestimmt gestalten können sollen.
Ein weiteres Beispiel für die Inklusion der Zielgruppe in ökonomisch geprägte Lebenssituationen ist ihre Sozialisation in Bezug auf diese Lebenssituationen. So wird im Rahmen der Interviews deutlich, dass die Zielgruppe teilweise eine sehr eingeschränkte Sozialisation im Umgang mit ökonomisch geprägten Lebenssituationen hat (siehe Kapitel 0). So durften beispielsweise befragte Personen, die ihre Kindheit in stationären Einrichtungen der Behindertenhilfe verbrachten während dieser Zeit kein Geld besitzen, um sich beispielsweise eine Zeitschrift zu kaufen. Der Umgang mit ökonomisch geprägten Lebenssituationen stellt sich heute für diese erwachsenen Personen als erschwert heraus, da ihnen die Sozialisation von Menschen ohne Behinderung im Umgang mit ökonomisch geprägten Lebenssituationen fehlt (siehe Interview E2_WB-BB).
Ein weiteres Beispiel zur Inklusion der Zielgruppe in ökonomisch geprägte Lebenssituationen ist das Thema Geldanlage oder Versicherung: da Informationsbroschüren und Geschäftsbedingungen nicht umfassend in leichter Sprache vorliegen, ist die Einbeziehung der Zielgruppe in diese ökonomisch geprägten Lebenssituationen nahezu ausgeschlossen. Dies gilt ebenfalls für Kauf-, Miet- oder Arbeitsverträge sowie für Erklärungen unterschiedlicher Behörden.

Jede einzelne dieser Situationen lässt sich in Bezug auf die gesamtgesellschaftlichen, wirtschaft- und bildungswissenschaftlichen Aspekte von Inklusion analysieren und betrachten (siehe Abbildung 8).

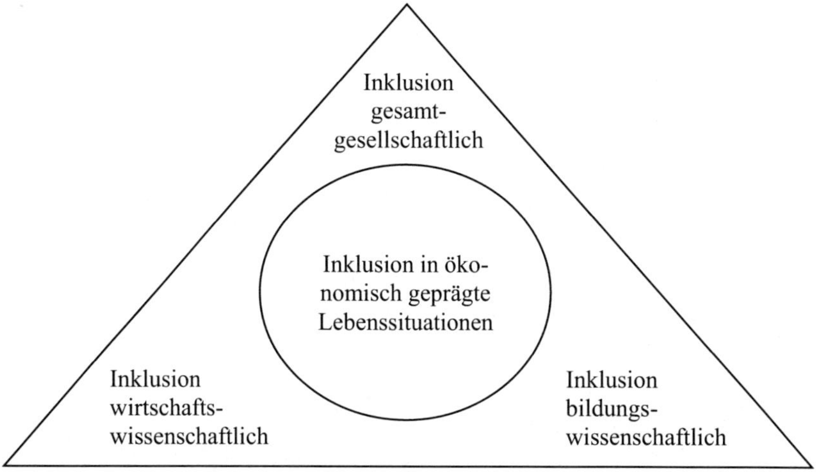

Abbildung 8: Verknüpfung der verschiedenen Zugänge zur Inklusion

In Bezug auf die Zielgruppe und deren Inklusion in ökonomisch geprägte Lebenssituationen ist es notwendig die verschiedenen gesamtgesellschaftlichen, bildungs- und wirtschaftswissenschaftlichen Zugänge zu Inklusion zu berücksichtigen, um Inklusion alltagsnah, lebenssituationsübergreifend und zielgruppenspezifisch gestalten zu können (siehe Abbildung 8) und die gleichberechtigte Gestaltung ökonomischer Lebenssituationen zu ermöglichen.

2.1.5 Lebensqualitätsforschung

Lebensqualitätsforschung ist in ihrem theoretischen Ursprung und aktuellem Nutzen mit der Wohlfahrtsforschung verbunden. Beide Forschungsrichtungen zielen darauf ab, Wohlfahrt zu evaluieren, Problemlagen zu identifizieren und Bedarfslücke aufzuzeigen. Das Konzept der Lebensqualität stellt hierzu die bekannteste Zielkategorie dar (Berger-Schmitt & Noll, 2000, S. 30). Die bekannteste Form der Messung von Wohlfahrt ist das Soziale-Indikatoren-Programm der OECD (internationale Organisation für wirtschaftliche Zusammenarbeit und Entwicklung), wobei Wohlfahrt als das Vorhandensein von Ressourcen zur Befriedigung von grundlegenden Bedürfnissen verstanden wird (Beck, 2000a, 361f.).

Mit dem Begriff der Lebensqualität sollen Lebensbedingungen umfassend aufgeführt werden. Dies beinhaltet die objektiven Verhältnisse sowie subjektive Einschätzungen des eigenen Wohlbefindens (Zapf, 1984, S. 23). Aufgrund multidimensionaler Aspekte und der interdisziplinären Verwendung unterliegt das Verständnis des Begriffs starken Variationen, wodurch eine einheitliche Definition erschwert wird (Beck, 2000a, S. 376; Dworschak, 2004, S. 32). Die Ansätze zu der Lebensqualität sind ebenso vielfältig, wie ihre Definitionen. Beispielhaft sollen vier unterschiedliche Perspektiven aufgezeigt werden:

- Unter Lebensqualität werden Errungenschaften zusammengefasst, die der industriellen Gesellschaft durch die Wirtschaft zur Verfügung gestellt werden. Neben der materiellen Versorgung mit Gütern oder Dienstleistungen sind Gerechtigkeit, Chancengleichheit oder die Einkommensverteilung von besonderer Bedeutung für die Lebensqualität (Noll, 2000, S. 7).
- Unter Lebensqualität werden gute Lebensbedingungen verstanden, die mit Wohlbefinden einhergehen (Zapf, 1984, S. 23).
- Lebensqualität als Konzept welches objektive Lebensbedingungen sowie subjektive Zufriedenheit erfasst und dabei persönliche Ziele und Werte berücksichtigt (Seifert, 2006).
- Lebensqualität ist die individuelle Wahrnehmung einer Lebenssituation im Zusammenhang mit dem kulturellen Umfeld und dem geltenden Wertesystem unter der Berücksichtigung eigener Ziele, Erwartungen, Interessen und Bewertungsmaßstäben (Eidgenössisches Department des Innern, 2016).

Innerhalb dieser Definitionen sind zwei Aspekte kennzeichnend für Lebensqualität. Zum einen ist Lebensqualität eine Zielvorstellung, die materiellen Wohlstand übersteigt und zudem immaterielle Werte umfasst, wie beispielsweise Gerechtigkeit. Zum anderen der Bezug von Lebensqualität auf objektive Bedingungen sowie subjektive Bedürfnisse (siehe Tabelle 1). So betont Beck das gute objektive Lebensbedingungen wichtige, jedoch nicht ausreichende Faktoren für Wohlbefinden und Zufriedenheit sind (Beck, 2000b, S. 6).

Lebensqualität stellt somit den Prozess der Vermittlung zwischen den objektiven Lebensbedingungen sowie den subjektiven Bedürfnissen dar (Beck, 2000a, S. 361).

Tabelle 1: Objektive und subjektive Aspekte von Lebensqualität[26]

Lebensqualität	
objektive Lebensbedingungen	subjektives Wohlbefinden
Wohnung	Zufriedenheit
Soziale Kontakte	Bewertungen
Ehe, Familie	Vergleiche
Partizipation	Glück
Gesundheit	Anomie
Bildung	Angst
Arbeit	Konflikt
usw.	

Innerhalb der unterschiedlichen Forschungsperspektiven der Lebensqualitätsforschung können drei Problembereiche erkannt werden. Zum einen werden die objektiven Lebensbedingungen von Gruppen und Gesellschaften auf der Makroebene betrachtet. In einem zweiten Bereich werden sowohl subjektive als auch objektive Faktoren in Bezug auf makrostrukturelle Indikatoren analysiert. Zum Dritten werden auf der Meso- und Mikroebene individuelle Aspekte von Lebensbewältigung und -qualität und fokussiert (Beck, 2006, S. 377)

Um die verschiedenen Teilbereiche von Lebensqualität untersuchen und benennen zu können, ist eine konkretere Aufgliederung einzelner Dimensionen notwendig. Schalock und Verdugo entwickelten hierzu acht Kerndimensionen von Lebensqualität (2002, S. 18):

1. emotionales Wohlbefinden
   (Selbstkonzept, Spiritualität, Freiheit von Belastung, Selbstwert)
2. soziale Beziehungen
   (Familie, Freundschaft, Intimbeziehungen, Unterstützung)
3. materielles Wohlbefinden
   (Besitz, finanzielle Lage, Einkommen, Verfügbarkeit von Gütern und Dienstleistungen)
4. persönliche Entwicklung
   (Bildung, Lernen, Kompetenzen, Aktivitäten im Alltag)
5. physisches Wohlbefinden
   (Gesundheit, Mobilität, Ernährung, Erholungsmöglichkeiten)

[26] Quelle: in Anlehnung an: Zapf (1984, S. 24)

6. Selbstbestimmung
   (Möglichkeiten zur Mitbestimmung, Verantwortung, Wahlmöglichkeiten, Ziele, Werte)
7. soziale Inklusion
   (Teilhabe am Leben der Gemeinde, Übernahme von Verantwortung, Wahrnehmung sozialer Rollen)
8. Rechte
   (Mitsprache, Mitwirkung, Privatsphäre)

In der sogenannten Geistigbehindertenpädagogik wurde der Begriff erstmals von Thimm eingeführt:

„Bloßes Zufriedensein auf objektiv niedrigem Lebensniveau aus Unkenntnis der Standards Nichtbehinderter kann nicht Ziel der Sonderpädagogik sein“ (Thimm, 1978, S. 29).

Damit führte er unter Bezug auf Glatzer und Zapf (1984) sowie auf das Konzept der OECD Lebensqualität als Zielvorgabe für die Sonderpädagogik ein (Thimm, 1978, 26f.). Heute wird das Konzept der Lebensqualität in Bezug auf Menschen mit geistiger Behinderung in Deutschland wesentlich durch Wacker, Beck und Seifert geprägt. Als ehemaliger Doktorand von Wacker bestimmt Schäfers die wissenschaftliche Weiterentwicklung des Konzepts in Bezug auf Menschen mit Behinderung wesentlich mit (Schäfers, 2008, 2016). International wurde das Konzept der Lebensqualität zu einem anerkannten Schlüsselkonzept im Rahmen der Diskussion um die Qualität in der sogenannten Behindertenhilfe weiterentwickelt (Beck, 2006, S. 378).

Objektive Einschätzungen in Bezug auf die Zielgruppe basieren auf den Standards der sogenannten Behindertenhilfe. Diese wiederum sind an den Leitideen der Inklusion, Partizipation, Normalisierung und den Rechten der Menschen mit Behinderung ausgerichtet (Seifert, 2006). Mit Fokus auf dem subjektiven Wohlbefinden betont Keupp, dass nicht stellvertretend für die Adressaten und Adressatinnen definiert werden dürfe, was Lebensqualität ausmacht, da ein solches Vorgehen die Gefahr der Bevormundung mit sich bringt (2000, S. 15). Diesbezüglich betont Seifert, dass die einzelnen Kerndimensionen von Lebensqualität entsprechend an individuellen Interessen sowie Bedürfnissen ausgerichtet werden müssen. Beispielsweise kann Teilhabe am Leben in der Gemeinde sowohl die Beteiligung am Sportverein als auch ein Einkauf in einem Supermarkt darstellen. Dem entsprechend müssen die einzelnen Aspekte personenbezogen operationalisiert werden (Seifert, 2006). Eine erste Studie zur Lebensqualität von Menschen mit Behinderung ist die von Wacker (1998). Eine weitere Studie ist die ‚Kölner Lebensqualitätsstudie', die an den genannten Kerndimensionen von Lebensqualität ausgerichtet wurde. Zusätzlich zu den objektiven Bedingungen und dem subjektivem Wohlbefinden wurde in diesem Rahmen die Qualität der Unterstützung erhoben. Ein Ergebnis dieser Studie ist es, dass die sehr unterschiedliche Qualität der Unterstützung gravierende Einschränkungen des subjektiven Wohlbefindens hervorrufen kann (Seifert, Fornefeld & Koenig, 2001). Auf der Grundlage der Ergebnisse der Studie wurden Checklisten für die Evaluation stationärer Einrichtungen für Menschen mit Behinderung entwickelt (Seifert, 2003).

Exemplarisch werden zwei Konzepte zur Evaluation von Lebensqualität innerhalb der Einrichtungen für Menschen mit geistiger Behinderung genannt: zum einen Nueva, innerhalb dessen neben dem Bereich Wohnen auch die Lebensbereiche Arbeit und Beschäftigung von Personen mit Lernbehinderung oder geistiger Behinderung evaluiert werden (Lebenshilfe, 2010). Zum anderen das Projekt Perle - personenbezogene Unterstützung und Lebensqualität als Versuch, eine Investition in die Lebensqualität von Menschen zu tätigen, die in stationären Einrichtungen der Behindertenhilfe Leben (Wacker, Wansing & Schäfers, 2009).

Eine wesentliche Kritik an dem Konzept der Lebensqualität ist dessen Ausrichtung und Anwendung in Bezug auf die Ökonomisierung der Behindertenhilfe. Hierzu ist anzumerken, dass sich die Ökonomisierung der Sozialen Arbeit in allen Handlungsfeldern Sozialer Arbeit bemerkbar macht und deutliche Auswirkungen auf die Lebensqualität aller Adressaten und Adressatinnen der Sozialen Arbeit hat(Wohlfahrt & Buestrich, 2008). Nach Fischer ist die Vernachlässigung subjektiver Indikatoren eine Folge der Orientierung der Lebensqualitätsforschung an den wirtschaftlichen Aspekten der sogenannten Behindertenhilfe. Er betont, dass Lebensqualität nicht mit Methoden aus dem Qualitätsmanagement erhoben werden darf (Fischer, 1998, S. 236).

Aufgrund der Multidimensionalität und Komplexität von Lebensqualität empfiehlt Dworschak empirische Erhebungen abhängig von der Fragestellung nicht an dem Gesamtkonstrukt Lebensqualität auszurichten sondern auf spezifische Teildimensionen einzugrenzen (Dworschak, 2004, S. 55). Ein solches Vorgehen wird aufgrund der Forschungsfrage für diese Arbeit gewählt, um eine vorschnelle inhaltliche Eingrenzung und somit eine mögliche Bevormundung der Zielgruppe zu vermeiden.

2.1.6 Fazit

Inklusion wird in Anlehnung an Luhmann verstanden als die Einbindung in Systeme der Gesellschaft (Luhmann, 1984). Dabei wird davon ausgegangen, dass eine vollständige Inklusion in alle System der Gesellschaft nicht möglich ist. Somit geht jede Inklusion immer einher mit Exklusion. Inklusion ist dabei nicht zwangsläufig als positiv zu bewerten, da eine Inklusion in Systeme durchaus positiv oder negativ sein kann. Nach Foucault ist zu beachten, dass Einschließungsmilieus die Gefahr einer scheinbaren Normalität beinhalten, die zu einer exkludierenden Inklusion führen können (Foucault, 1994). Sens Ansatz zur Stärkung der Freiheit und Verwirklichungschancen zielt darauf ab, den Menschen alles Notwendige zur Verfügung zu stellen, um ihnen die Entscheidung über ihr eigenes Handeln zu ermöglichen (Nussbaum, 1999). Durch den Wandel der Lebenssituationen[27] der Zielgruppe ist der Bildungsbedarf im Sinne des Befähigungsansatzes nach Sen und Nussbaum massiv gestiegen. Aufbauend und weiterführend zu der Theorie dieser drei Ansätze zielt daher diese Arbeit darauf ab, Erwachsene mit geistiger Behinderung im ambulant betreuten Wohnen dahingehend zu fördern, dass sie in ökonomisch geprägten Lebenssituationen eigenständig Entscheiden und Handeln können. Hierdurch soll ihnen die Teilhabe an verschiedenen Systemen der Gesellschaft ermöglicht werden. Wenn Inklusion dieser Personengruppe als wirkliche Teilhabe am gesellschaftlichen Leben verstanden wird, müssen zwangsläufig vielfältige Fähigkeiten und Fertigkeiten vermittelt werden. Andernfalls besteht die Gefahr der exkludierenden Inklusion in sogenannte Einschließungsmilieus. Diese von Foucault benannte Gefahr bedroht Menschen mit Behinderung heute an unterschiedlichsten Stellen in unserer Gesellschaft.

Durch die Betrachtung der Ansätze von Inklusion konnte eine normative Basis dafür geschaffen werden, Behinderung auf der Grundlage der Menschenrechte und nicht als Tätigkeitsfeld für Sonderfachbereiche zu betrachten, wie es innerhalb der Sonder-, Behinderten- und Heilpädagogik und der Rehabilitationswissenschaften theoretisch und praktisch gehandhabt wird (Degener, 2009, 275f.).

Diese Arbeit bietet in zweierlei Hinsicht ein entsprechendes Exempel zur Förderung und Umsetzung von Inklusion im menschenrechtlichen Sinne: Zum einen dient die Beantwortung der Forschungsfrage der Realisierung von Inklusion der Zielgruppe. Zum anderen stellt die vorliegende Arbeit ein Beispiel für die Realisierung von Inklusion innerhalb von Wissenschaft und Forschung dar. Hierzu ist es notwendig im Sinne von Inklusion Grenzen der Disziplinen zu überschreiten

[27] Siehe hierzu Kapitel 2.1.2.

und zur Förderung von Inklusion zu nutzen. So ermöglicht die Anwendung von wirtschafts- und sozialwissenschaftlichen Erkenntnissen die ganzheitliche Betrachtung der Zielgruppe und die Ermittlung der Bildungsbedarfe zur eigenständigen Gestaltung ökonomischer Lebenssituationen.
Es ist diesem Verständnis von Inklusion geschuldet, dass diese Arbeit nicht über Menschen mit Behinderung berichtet, sondern das Subjekt mit den individuellen Lebenssituationen in den Vordergrund der Untersuchung stellt (Speck, 1999, S. 43). Um Inklusion innerhalb ökonomisch geprägter Lebenssituationen umzusetzen, müssen Personen eine entsprechende ökonomische Bildung erhalten. Ausgangspunkt dieser Arbeit sind daher die konkreten Lebenssituationen von Menschen mit Behinderung. Um Anforderungen an eine ökonomische Bildung für eine Zielgruppe darbieten zu können, die ihre Bedürfnisse nicht automatisch von sich aus benennen kann, ist ein besonders intensiver Blick auf diese Lebenssituationen notwendig. Ziel ist es die Bildungsbedarfe der Zielgruppe zu erkennen und zu benennen, um daraus entsprechende Anforderungen an die ökonomische Bildung für die Soziale Arbeit im betreuten Wohnen ableiten zu können. Um dieses Ziel zu erreichen, wird nicht über sondern mit Menschen mit Behinderung gesprochen. Hierzu ist es notwendig intensive Einblicke in Lebenssituationen der Zielgruppe zu erlangen. Als theoretische Grundlagen dienen hierfür die Konzepte von Lebenssituationen, Lebenslage, Lebensphase und Lebenswelt, die im Folgenden vorgestellt und in Verbindung zueinander gestellt werden.

2.2 Lebenssituationen im Kontext von Lebenslage, -phase und -welt

Wenn Inklusion in einzelnen Lebenssituationen der Zielgruppe realisiert werden soll, ist es notwendig dabei deren Lebenslage, Lebensphase und Lebenswelt zu beachten. In Bezug auf die Soziale Arbeit im ambulant betreuten Wohnen sind ökonomische Lebenssituationen nicht unabhängig von der zu betreuenden Person zu sehen. Preissing und Heller heben hervor, dass insbesondere die Lebenswelt einzelner Personen deren Lebenssituationen wesentlich beeinflusst (Preissing & Heller, 2014, S. 42). Die Lebenssituationen werden daher in dieser Arbeit differenziert betrachtet und in Zusammenhang mit der Lebenslage, Lebensphase und Lebenswelt gestellt. Dieses Vorgehen dient dem Ziel die Inklusion im Sinne eines menschenrechtlichen Verständnisses innerhalb von Lebenssituationen zu realisieren. Um eine solche Ausrichtung gewährleisten zu können, werden die Konzepte von Lebenssituation, Lebenslage, Lebensphase und Lebenswelt theoretisch hergeleitet. Sowohl die Lebenslage als auch die Lebensphase und Lebenswelt prägen die einzelnen Lebenssituationen in denen Menschen urteilen, entscheiden und handeln müssen. Das dazu entwickelte Modell soll verdeutlichen, dass Lebenssituationen in diesem Rahmen betrachtet werden (siehe Abbildung 9).

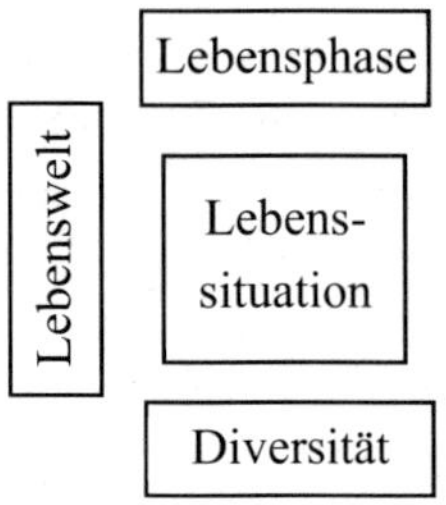

Abbildung 9: Personenbezogene Einflussfaktoren auf Lebenssituationen

Eine solche ausführliche Fallanalyse stellt die Grundlage für die Betreuung, Beratung und Begleitung im Rahmen von Sozialer Arbeit. Sie bildet den Rahmen und die Grundlage für eine mögliche lebenssituative ökonomische Bildung im Kontext des ambulant betreuten Wohnens. Die theoretischen Grundlagen zu den Konzepten von Lebenssituation, Lebenslage, Lebensphase und Lebenswelt werden im Folgenden nur insoweit dargestellt, wie sie für die Beantwortung der Forschungsfrage notwendig sind. Eine ausführliche Thematisierung und Diskussion würde an dieser Stelle zu weit führen und nicht der Beantwortung der Forschungsfrage dienen.

2.2.1 Lebenssituation

Wenn danach gefragt wird, welche Anforderungen sich aus ökonomisch geprägten Lebenssituationen für die Zielgruppe ergeben, so muss danach gefragt werden, was Lebenssituationen sind und in welchem Zusammenhang sie betrachtet werden.

Dabei spielt das Prinzip der Orientierung an den Situationen seit den 1970er Jahren eine bedeutsame Rolle, das in Theorien, Konzepten und Materialien der ökonomischen und der politischen Bildung wiederzufinden ist[28].

Lebenssituationen können als Ausschnitte aus der sozialen Wirklichkeit verstanden werden, die real erfahrbar und aufklärbar sind (Zimmer, 1973, S. 33). Nach Finke ist eine Situation die benannte Einheit der Gegenwart von der Welt und dem

[28] Als Beispiele hierfür sind neben Zimmer (1973) auch Roloff (1974), Schmiederer (1977) und Hilligen (1985) zu nennen.

Selbst in einem bestimmten Augenblick. Eine Situation ist demnach nicht das Zusammentreffen verschiedener objektiver Umstände. Die Situation wird von der Person selber konstituiert. Die Situation wird geprägt als Teil und als Bestimmung des Daseins durch die aktuelle Begegnung (Markowitz, 1979, 39f.). Nach Steinmann werden Lebenssituationen als Beziehungen zwischen Menschen verstanden, die sich wiederholen und durch gesellschaftliche Normen, Entscheidungssysteme, gesellschaftlichen Faktoren und Organisationsformen[29] geprägt werden (Steinmann, 1997, S. 2).
Eine Situation beinhaltet die objektiven Bestandteile ihrer äußeren und inneren Rahmenbedingungen. Dabei sind als äußere Bedingungen die Zweckmäßigkeit, die Regeln von Institutionen sowie der Bezugsrahmen mit den dazugehörigen Symbolen zu nennen. Innere Bestandteile sind das Wissen, die Werte, die Einstellung und die Identität der Akteure und Akteurinnen. (Esser, 1999, S. 161).
Esser unterscheidet zwischen parametrischen Situationen in denen das Handeln der agierenden Person nicht auf andere agierende Personen ausgerichtet ist und sozialen Situationen. Soziale Situationen sind solche, in denen mehrere handelnde Subjekte als Akteure und Akteurinnen vorhanden sind[30]. Dabei beziehen diese ihr Handeln aufeinander. Alle agierenden Personen einer sozialen Situation haben spezifische Interessen, verfügen jedoch innerhalb der Situation nicht über die alleinige Kontrolle. Für das System der sozialen Situation sind somit die Erwartungen und Bewertungen aller Akteure und Akteurinnen bedeutsam (siehe Abbildung 10).

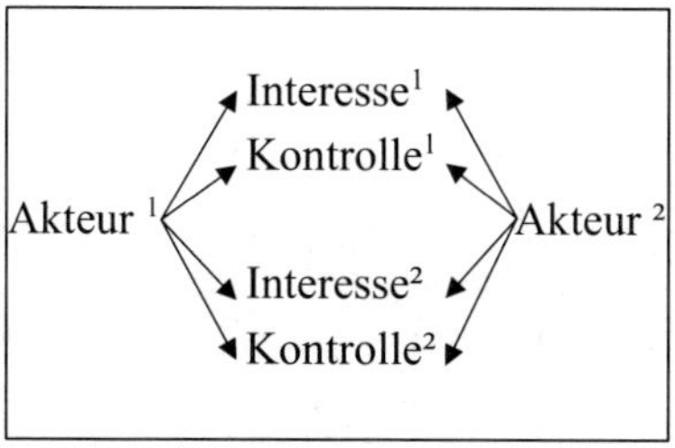

Abbildung 10: System einer sozialen Situation[31]

In sozialen Situationen gibt es eine doppelte Abhängigkeit der Akteure und Akteurinnen untereinander, da die Folgen des Handelns in der Situation immer von

---

[29] In Anlehnung an Zapf sind hier Markt, Staat, private Haushalte und Assoziationen gemeint (1984, S. 266).
[30] Zu Konzepten und Typologien sozialer Situationen siehe auch Buba (1980).
[31] Quelle: in Anlehnung an Esser (2000, S. 3)

den Bewertungen, Entscheidungen, und Erwartungen aller Akteure und Akteurinnen abhängt. Esser spricht in diesem Zusammenhang von der „Kontingenz des Handelns" (Esser, 2000, S. 6). Die agierenden Personen gewinnen erst dann gegenseitige Beachtung, wenn sie für ihr jeweils eigenes Handeln interessant werden. Es entsteht eine strukturelle Verbundenheit. Die drei wichtigsten Typen von Situationen sind nach Esser das Koordinationsproblem, die Dilemma Situation und der Konflikt, da sich mit ihnen eine Vielzahl soziologischer Schwierigkeiten beschreiben lässt. Diese Situationen erzeugen für den Umgang der Akteure und Akteurinnen miteinander bestimmte Probleme (Esser, 2000, S. 59). Als Spezialfälle sozialer Situationen bezeichnet er die Autonomie, die Dependenz und die Interdependenz (siehe Abbildung 11).

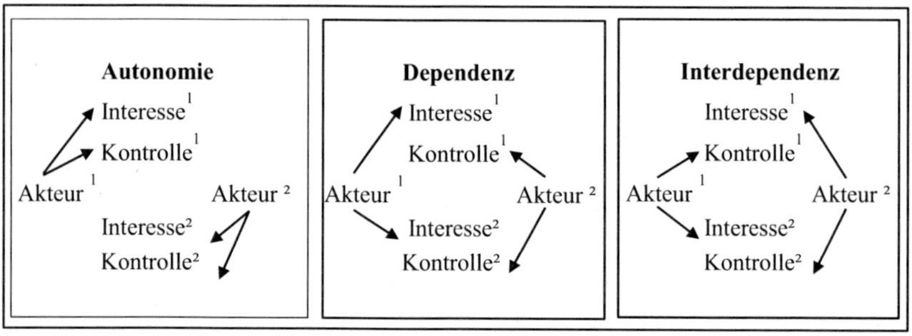

Abbildung 11: Spezielle Fälle sozialer Situationen[32]

Externe Effekte können sich auf soziale Situationen auswirken und Abhängigkeiten sowie Verbundenheit wecken oder auflösen.

Die Definition einer Situation lässt sich theoretisch herleiten (Esser, 1999, 165f.). Sie bleibt jedoch immer ein sozialer Prozess indem die Menschen mit ihrer Psyche im Dialog miteinander interagieren. Über die symbolische Interaktion, über Orientierung und Kommunikation könnten die Agierenden ein Bild ihrer sozialen Umgebung erlangen. Die Definition der Situation ist jedoch immer nur eine Konstruktion von der Wirklichkeit (Esser, 1999, S. 167).

Versteht man die Situation als Bereich von Möglichkeiten, so kann die Struktur der Situation dadurch bestimmt werden, dass man deren Prozesse rekonstruiert. Die Situation stellt nicht den Rahmen dar, in dem das Dasein stattfindet, sie hat ihre Grundlagen in der Aktualität der Entschlossenheit und wird somit durch das Dasein konstituiert (Markowitz, 1979, 68f.). Für die Analyse einer Situation er-

[32] Quelle: in Anlehnung an Esser (2000, S. 10)

geben sich nach Markowitz drei beachtenswerte Aspekte. Zum einen der spezifische Moment des Verstehens, die Funktion der Stimmung und die Bedeutung der Begegnung. Diese drei Aspekte wirken innerhalb der Situation zusammen. Markowitz spricht in diesem Zusammenhang von der Aktualität der Situation als das „verstehend gestimmte Beschäftigtsein", welches zur Analyse in seine Bestandteile zerlegt werden kann (1979, S. 42).

2.2.2 Lebenslagen

Das Konzept der Lebenslage wurde ursprünglich von Neurath (1882-1945) begründet. Er sah den Schwerpunkt des Konzepts in der Mehrdimensionalität von Lebenslagen, worunter er alle Umstände verstand, die das Verhalten, den Schmerz oder die Freude eines Menschen bedingen (Neurath, 1981, S. 164).
Weisser (1898-1989) griff das Konzept auf, wobei er den Fokus auf die Handlungsmöglichkeiten der Person innerhalb deren Lebenslage setzte. Er versteht die Lebenslage eines Menschen als

> *„Spielraum, den einem Menschen (einer Gruppe von Menschen) die äußeren Umstände nachhaltig für die Befriedigung der Interessen bieten, die den Sinn des Lebens bestimmen." (Weisser, 1956, S. 986).*

Diese Definition beinhaltet zum einen die objektive Ebene der äußeren Umstände, die den Rahmen für die möglichen Handlungsspielräume eines Individuums darstellen[33], zum anderen beinhaltet sie die subjektive Perspektive auf diese Lebensbedingungen. Kraus betont jedoch, dass der Fokus des Lebenslagebegriffs vorrangig auf den äußeren Rahmenbedingungen liegt, die das Individuum vorfindet (Kraus, 2013, S. 150).
Als Schülerin von Weisser nahm Nahnsen den Begriff auf und entwickelte ein ausdifferenziertes Konzept der Lebenslage. Sie nahm eine Operationalisierung des Konzeptes vor und unterschied hierzu folgende fünf Spielräume:

- der Versorgungs- und Einkommensspielraum
  umfasst die Möglichkeiten der Versorgung mit Diensten oder Gütern
- der Kontakt- und Kooperationsspielraum

[33] Zu nennen sind insbesondere die politischen, gesellschaftlichen, ökonomischen und sozialen Rahmenbedingungen. Solche Rahmenbedingungen können nach Weisser durch die Handlung des Individuums beeinflusst werden.

beinhaltet die Möglichkeit zum Zusammenwirken mit anderen sowie zur Aufrechterhaltung und Pflege sozialer Beziehungen

- der Lern- und Erfahrungsspielraum
  als die Bedingungen der Sozialisation, Verinnerlichung sozialer Normen, Bildungs- und Ausbildungschancen, Berufserfahrung, Umfang räumlicher und beruflicher Mobilität
- der Muße- und Regenerationsspielraum
  als die Möglichkeit zur Kompensation von physischen und psychischen Belastungen verursacht durch beispielsweise Arbeitsumfeld, Wohnmilieu, Umwelt oder Existenzunsicherheit
- der Dispositions- und Partizipationsspielraum
  als die Möglichkeit zur Mitbestimmung in unterschiedlichen Lebensbereichen

Nahnsen bezeichnet diese Spielräume als Einzelspielräume, die sich wechselseitig beeinflussen und reale Handlungsalternativen eröffnen (Backes, 1997, S. 708; Glatzer, 1997, 607f).

Backes fasst zusammen, dass allen Lebenslageansätzen gemein ist, soziale Differenzierungen feingliedrig in Bezug auf die Dimensionen der Lebenslage zu erfassen. Dabei unterscheiden sich diese Ansätze in ihrer Schwerpunktsetzung, theoretischen Ausrichtung oder Methode und sind immer auf die Analyse sozialer Strukturen oder sozialer Ungleichheit gerichtet (Backes, 1997, S. 709).

Innerhalb der Sozialwissenschaften wird das Konzept der Lebenslage insbesondere dazu genutzt, um materielle und immaterielle Aspekte innerhalb der Lebensverhältnisse von Menschen herzuleiten, darzustellen und zu erklären sowie um Prognosen für die weitere Entwicklung geben zu können. Somit dient es sowohl der Analyse von sozialen Strukturen, der Armuts- und Ungleichheitsforschung als auch den Sozialpolitikwissenschaften zur Analyse sozialer Probleme und Gefährdung von Bevölkerungsgruppen (Ignatzi, 2014, S. 329).

Der Begriff der Lebenslage umfasst neben den äußeren Umständen und Rahmenbedingungen ebenfalls die subjektive Perspektive eines Menschen auf eben diese. Dabei liegt der Fokus auf den materiellen und den immateriellen Rahmenbedingungen des Individuums (Engels, 2006, S. 100; Kraus, 2013, S. 150). In Bezug auf die Analyse der komplexen Lebenssituation der Zielgruppe ermöglicht das Lebenslagekonzept eine differenzierte Darstellung der genannten Einzelspielräume. Diese können auf das Maß an Erfüllung der individuellen Bedürfnisse und auf das wechselseitige Verhalten der Personen innerhalb der Rahmenbedingungen untersucht werden.

Aufgrund der mangelnden Daten zur Lebenslage von Menschen mit Behinderung in Deutschland wird im Folgenden zur Beschreibung eben dieser auf die so genannten Teilhabedimensionen aus dem ersten Teilhabebericht der Bundesregierung zurückgegriffen.

In diesem Rahmen wird der Begriff der Lebenslage weiter gefasst und unter Bezugnahme auf Engels als „die Gesamtheit aller Ressourcen und Beschränkungen bezeichnet, die eine Person bei der Verwirklichung eigener Lebensvorstellungen beeinflussen“ (Bundesministerium für Arbeit und Soziales, 2013b, S. 31). Die einzelnen Dimensionen der Lebenslage werden hier als Teilhabefelder bezeichnet (vgl. Bundesministerium für Arbeit und Soziales, 2013b, S. 32). Im Rahmen des ersten Teilhabeberichtes werden die folgenden Teilhabedimensionen unterschieden:

- Familie und soziales Netz
- Bildung und Ausbildung
- Erwerbsarbeit und Einkommen
- Alltägliche Lebensführung
- Freizeit, Kultur und Sport
- Politik und Öffentlichkeit
- Gesundheit
- Sicherheit und Schutz vor Gewalt

Diese Teilhabefelder stehen in engem Zusammenhang zueinander und beeinflussen sich gegenseitig. Aufgrund der Komplexität jedes einzelnen Teilhabefeldes und dessen Rahmenbedingungen konzentriert sich diese Arbeit im Wesentlichen auf das Teilhabefeld der alltäglichen Lebensführung. Wo es notwendig und inhaltlich angemessen ist, werden die weiteren Teilhabefelder in die Betrachtung einbezogen.

2.2.3 Lebensphasen

Im vierten Armuts- und Reichtumsbericht der Bundesregierung wurde der Analysefokus auf die soziale Mobilität innerhalb des Lebensverlaufs erweitert. Dies meint die Veränderung der Lebenslage und der gesellschaftlichen Teilhabe im Lebensverlauf. Dieser konzeptionellen Entscheidung lag die Erkenntnis zu Grunde, dass die Qualität der Lebenslage je nach Alter von unterschiedlichen Faktoren beeinflusst wird. Dementsprechend werden die Dimensionen der Lebenslage in den verschiedenen Lebensphasen unterschiedlich gewichtet (Bundesministerium für Arbeit und Soziales, 2013a, S. 25).

Hierzu sind verschiedene Lebensphasen zu unterscheiden (siehe Abbildung 12).

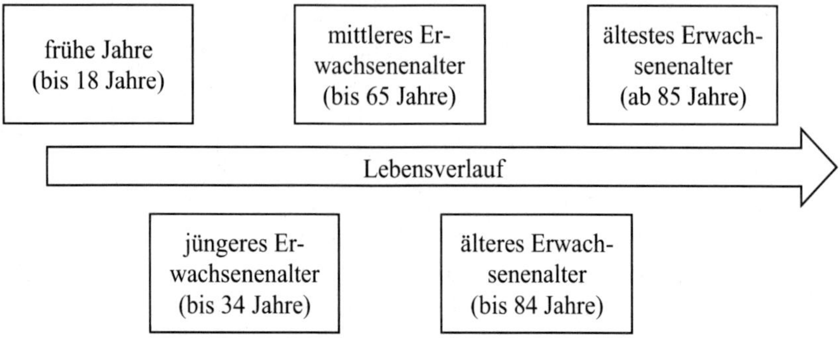

Abbildung 12: Lebensphasen im Lebensverlauf [34]

In diesem Sinne werden beispielsweise Armutsrisiken nicht als statische Größe, sondern als veränderbarer Prozess verstanden, der durch spezifische Faktoren beeinflusst werden kann. Inhalte der Berichterstattung sind individuelle Risiken im Lebensverlauf und potentielle Chancen zur Überwindung eben dieser. Jede Phase im Lebensverlauf verfügt über eigene Erfolgs- und Risikofaktoren. Gleichzeitig beeinflussen frühere Lebensphasen die Chancen in den späteren Lebensphasen. Besonders entscheidend in Bezug auf den Lebensverlauf sind die Übergänge zwischen unterschiedlichen Lebensphasen. Hier wirken Erfolgs- und Risikofaktoren in besonderer Weise (Bundesministerium für Arbeit und Soziales, 2013a, 24f).
In Abbildung 17 wurden neben Erfolgs- und Risikofaktoren die wichtigsten Arbeitsmarkt- und Verteilungsindikatoren dargestellt. Wegen der besonderen gesellschaftlichen Rahmenbedingungen ist anzunehmen, dass Lebenslagen und Lebensphasen im Lebensverlauf von Menschen mit Behinderung spezifische Merkmale und damit verbundene spezifische Erfolgs- und Risikofaktoren aufweisen (siehe Kapitel 2.3.2). Eine genaue Analyse der Lebenslagen von Menschen mit Behinderung innerhalb ihres Lebensverlaufes ist für die Beantwortung der Forschungsfrage nicht zielführend und daher nicht Bestandteil dieser Arbeit. Spezifische Merkmale im Lebensverlauf der Zielgruppe lassen sich aus dem Teilhabebericht der Bundesregierung ableiten. Insbesondere in Bezug auf die schulische sowie berufliche Laufbahn und die Familiengründung weichen Lebensphasen und die zu gestaltenden Übergänge zwischen den Lebensphasen von Menschen mit Behinderung von denen der Menschen ohne Behinderung ab. Wesentlich sind hier die segregierende Bildungssozialisation und das häufige Fehlen eines allgemeinen

[34] Quelle: in Anlehnung an Bundesministerium für Arbeit und Soziales (2013a, S. 26).

Schulabschlusses, wodurch die Chancen auf eine anerkannte Ausbildung und eine Erwerbstätigkeit stark eingeschränkt sind (siehe Kapitel 2.3.2).
Diese Merkmale spiegeln sich in der Datenerhebung wider (siehe Kapitel 0). Eine genauere Analyse dieser Merkmale steht noch aus. Die Methoden zur Analyse der sozialen Lage in Deutschland können hierfür Anregungen und Vergleichsmaßstäbe bieten[35]. Ob es möglich ist auf dieser Grundlage Kennzahlen für erfolgreiche Teilhabe am gesellschaftlichen Leben zu entwickeln bleibt fraglich.
In Bezug auf die Forschungsfrage wird die Gruppe der 27 bis 65-jährigen Menschen mit geistiger Behinderung im ambulant betreuten Wohnen untersucht. Damit bezieht sich diese Arbeit auf die Lebensphasen des jüngeren und mittleren Erwachsenenalters. Das jüngere Erwachsenenalter ist von dem Einstieg in das Berufsleben und den entsprechenden Arbeitsmarkt- und Berufschancen geprägt. Als zusätzlicher schwieriger Übergang in dieser Phase ist der Wiedereinstieg in das Berufsleben nach der Familiengründung zu nennen (Bundesministerium für Arbeit und Soziales, 2013a, 212f). Die Berichterstattung für das mittlere Erwachsenenalter bezieht sich auf die Etablierungs- und Veränderungschancen. Wesentliche Aspekte für den Auf- und Abstieg in dieser Lebensphase sind die Möglichkeiten der Arbeitslosigkeit und des Aufstiegs aus einem niedrigen Lebensstandard sowie das lebenslange Lernen (Bundesministerium für Arbeit und Soziales, 2013a, S. 266). Als Themen beider Altersgruppen werden die materiellen Ressourcen, das bürgerschaftliche sowie politische Engagement und die Gesundheit benannt (Bundesministerium für Arbeit und Soziales, 2013a, 4f).
Inwieweit diese Aspekte für die Befragten der folgenden Erhebung eine Rolle spielen, wird in Kapitel 0 analysiert.

2.2.4 Lebenswelt

Die Betrachtung Sozialer Arbeit im Rahmen des ambulant betreuten Wohnens nach § 53 SGB XII macht aus verschiedenen Gründen eine Darstellung des Begriffs der Lebenswelt notwendig. Dies liegt mitunter daran, dass der Begriff der Lebenswelt in der Kritik steht, weil seine beinahe inflationäre Verwendung stellenweise zu einer begrifflichen Unschärfe führt (Kraus, 2006, S. 116). So wird der Begriff stellenweise unabhängig von seinen phänomenologischen Wurzeln und

[35] Ausführliche Darstellungen der Methoden der Sozialforschung finden sich unter anderem bei Flick (2009b); Atteslander (2010); Lamnek (2010); Mruck und Mey (2000).

seiner sprachlichen Bedeutung verwendet. Mit einer solchen Verwendung des Begriffes wird suggeriert, dass von mehr die Rede ist, als nur vom Leben von zum Beispiel Jugendlichen (Halfar & Fuchs, 2000, S. 56).

Eine ausführliche Erörterung und Diskussion des Begriffs der Lebenswelt in der Phänomenologie von Husserl oder der Sozialphänomenologie von Schütz ist zur Beantwortung der Forschungsfrage nicht zielführend[36]. Eine kurze Einführung wird nur insoweit geleistet, wie sie für die Beantwortung der Forschungsfrage notwendig und sinnvoll ist. Im Folgenden wird daher die Herkunft des Begriffs in der Phänomenologie kurz skizziert.

Der Begriff der Lebenswelt wurde bereits 1917 von Husserl als die Welt der reinen Erfahrung bezeichnet. Zu der Zeit kritisierte er die Ausrichtung der Wissenschaft, die seiner Ansicht nach den Einfluss des Beobachters auf das Ergebnis einer Beobachtung nicht ausreichend berücksichtigte. Für ihn war entscheidend, dass der persönliche Erfahrungshorizont den Hintergrund für jegliche Wahrnehmung darstellt und somit von Sozialisation, Kultur und Personifikation des Einzelnen abhängt. Dabei betont er, dass der zu untersuchende Gegenstand ohne Vorurteile dargestellt und frei von Deutungen wertneutral beschrieben wird. Hierzu muss von Beginn an auf Hypothesen über den Gegenstand, seine Geschichte und seinen Zweck verzichtet werden. Husserl hofft auf diesem Wege das grundlegende Phänomen des Gegenstandes aufzeigen zu können. Um das Wesen des Gegenstandes so erfassen zu können, dass es eine intersubjektive Gültigkeit besitzt, werden hierbei die subjektiven Anteile einer Wahrnehmung ausgegrenzt. Diese Methode bezeichnet er als „phänomenologische Reduktion" (Kraus, 2006, 118f.). Husserl geht davon aus, dass die auf das reine Phänomen reduzierte subjektive Wahrnehmung zu einer transzendentalen Intersubjektivität, das heißt zu einem Intersubjektiven Wir, erweitert werden kann. Schütz stimmt diesem Grundgedanken zu und entwickelte aus der Phänomenologie von Husserl aus der Lebenswelt heraus die Soziologie der Alltagswelt. Anfangs nahm er den Begriff der Lebenswelt auf und wechselte später zu dem Begriff der Alltagswelt (Kraus, 2013, 146f.).

Ausgangspunkt seiner Betrachtungen ist das Handeln der einzelnen Person innerhalb dessen diese Person die eigene Welt als ihre Wirklichkeit erfährt, über die

[36] Weitere Ausführungen zu der Phänomenologie von Husserl und Schütz finden sich unter anderem bei Welz (1996); Husserl und Held (2010); Husserl und Steiner (1997) sowie Schütz und Luckmann (1979)

sie zur Lebenswelt gelangt. Besondere Bedeutung haben hierbei die Rahmenbedingungen des Handelns der einzelnen Person. Schütz entwarf das Modell Typik, wonach der Mensch seine subjektive Lebenswelt konstruiert und dabei auf bereits bestehende Typen zurückgreift: „So ist meine Lebenswelt von Anfang an nicht meine Privatwelt, sondern intersubjektiv; die Grundstruktur ihrer Wirklichkeit ist uns gemeinsam.“ (Schütz & Luckmann, 1979, S. 26).
Noch heute gilt der Begriff der Lebenswelt weder bei Husserl noch bei Schütz als eindeutig bestimmt. Kraus beschreibt Lebenswelt als das „unhintergehbar subjektive Wirklichkeitskonstrukt“ (Kraus, 2006, S. 126), welches das Ergebnis des subjektiven Wahrnehmungsprozesses im Rahmen der jeweiligen Lebenslage darstellt. Die Lebenswelt ist somit die subjektive Konstruktion der Welt unter den Rahmenbedingungen der Lebenslage. Die fachliche Auseinandersetzung mit der Lebenslage ermöglicht in Verbindung mit professioneller Kommunikation mit den Adressaten und Adressatinnen eine Annäherung an deren Lebenswelt. Diese ist die Grundlage für eine lebensweltorientierte Vorgehensweise (Kraus, 2013, S. 155).
Lebensweltorientierung innerhalb der Sozialen Arbeit bedeutet nach Thiersch die Operationalisierung in Struktur und Handlungskonsequenzen, die für einzelne Arbeitsfelder konkret ausgearbeitet werden muss (Thiersch, 2014, S. 5). Das Konzept der Lebensweltorientierung diente beispielsweise der Ausrichtung des Jugendberichts der Bundesregierung, an dessen Erstellung Thiersch wesentlich beteiligt war. Die Jugendhilfe ist ähnlich der sogenannten Behindertenhilfe im Kontext der institutionellen und professionellen Ordnung zu sehen. Thiersch kritisiert, dass sich diese institutionelle und professionelle Ebene nicht hinreichend damit auseinandersetze, wie sich Lebensverhältnisse innerhalb heutiger gesellschaftlicher Strukturen und den diesbezüglichen Erfahrungen der einzelnen Person, mit denen Jugendhilfe arbeitet, darstellen (Thiersch, 2014, S. 17).
Kraus betont, dass die gewünschte Lebensweltorientierung eben nicht bedeutet, die Lebenswelt eines Menschen möglichst genau zu erfassen, sondern der Subjektivität der Lebenswelt des Individuums gerecht zu werden und eine professionelle Rekonstruktion anstrebt. Insbesondere durch die Einsicht, dass die Lebenswelt eines Menschen dessen subjektive Konstruktion von Wirklichkeit darstellt und somit nicht zu erfassen ist, kann eine Annäherung an das subjektive Erleben über die Kommunikation mit Adressaten und Adressatinnen ermöglicht werden (Kraus, 2013, S. 155).
In Bezug auf die Konzeption eines Bildungskonzeptes zur ökonomischen Bildung für die Zielgruppe ist zu beachten, dass diese an der Lebenswelt der Adressaten

und Adressatinnen ausgerichtet sein muss, um ökonomische Bildung so zu vermitteln, dass sie von der Zielgruppe erfasst sowie umgesetzt werden und nachhaltig wirken kann. Mit Methoden der qualitativen Sozialforschung ist es jedoch möglich Einblicke in die Lebenswelt von Personen zu gewinnen (siehe Kapitel 0). Die Lebenswelt der Zielgruppe allgemein oder einzelner befragten Personen zu beschreiben ist bei einem Verständnis des Begriffs in Anlehnung an Husserl und Schütz nicht möglich, weil es sich hierbei um die einzigartige Subjektivität der Wahrnehmung einer Person handelt.

In Bezug auf die Forschungsfrage ist die Lebenswelt insofern interessant, da sie Einfluss auf ökonomisch geprägte Lebenssituationen hat. Dies gilt ebenso für die Lebenslage, Lebensphase und die Diversitätsdimensionen der einzelnen Personen - in diesem Fall der Adressaten und Adressatinnen Sozialer Arbeit. Sowohl die Lebenswelt, als auch die Lebenslage, Lebensphase und die Dimensionen der Diversität finden sich in den einzelnen Lebenssituationen wieder. Die Lebenslage umfasst die objektiven Faktoren, die Lebenswelt beinhaltet die subjektive Wahrnehmung der Person wohingegen die Lebensphase die zeitliche Dimension innerhalb des Lebensverlaufes abbildet. Die Dimensionen der Diversität spielen sowohl in der Lebenslage als auch in der Lebensphase eine grundlegende Rolle und wirken sich zudem direkt auf die ökonomisch geprägten Lebenssituationen aus. In Abbildung 13 werden diese Zusammenhänge verdeutlicht und Verbindungen zwischen den Einzelnen Facetten aufgezeigt.

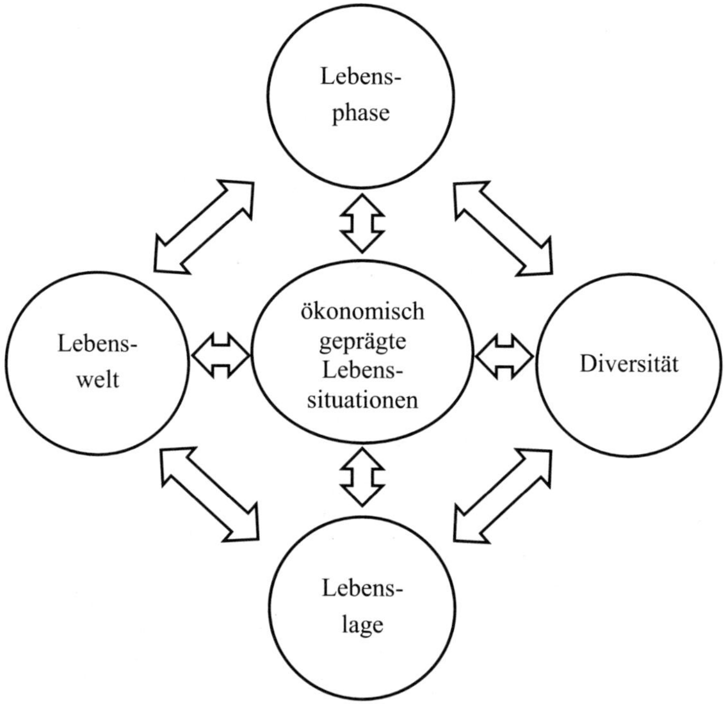

Abbildung 13: Einflüsse auf ökonomisch geprägte Lebenssituationen

(Ökonomisch geprägte) Lebenssituationen stellen somit ein Konstrukt aus objektiven, subjektiven und zeitlichen Einflüssen dar, welches sich in der konkreten Situation wieder findet. Dabei lassen sich die Diversitätsdimensionen, die Lebenslage und die Lebensphase eines Individuums bestimmen und beschreiben, wohingegen die Subjektivität der Lebenswelt nicht abzubilden ist. Dennoch muss die Existenz und die Funktion der Lebenswelt bei der Konzeption möglicher Bildungsmaßnahmen zur ökonomischen Bildung der Zielgruppe Berücksichtigung finden, um einen nachhaltigen Erfolg hervorzurufen. Das in Abbildung 13 dargestellte System ermöglicht eine intensive Fallanalyse auf der Grundlage der beschriebenen Konzepte. Hierzu wird in Kapitel 0 ein sehr spezifisches Forschungsdesign entwickelt. So können umfangreiche Daten erfasst werden, die eine solch intensive Betrachtung der einzelnen Fälle ermöglichen. Auf der Grundlage dieser Daten kann eine konkrete Darstellung der Rahmenbedingungen hinsichtlich ökonomischer Lebenssituationen erfolgen. Hierzu werden in Kapitel 0 ökonomisch geprägte Lebenssituationen in Bezug auf die Haushaltsprozesse der Zielgruppe herausgearbeitet anhand derer Kompetenzen ermittelt werden, die kategorial wirken und in der praktischen Arbeit individuell und bedarfsorientiert eingesetzt werden können. Diese Ergebnisse werden genutzt um in Kapitel 4 die konkrete Ausgestaltung der Anforderungs- und Kompetenzbereiche vorzunehmen.

2.3 Lebenslagen von Menschen mit Behinderung in Deutschland

Kapitel 2.2 hat gezeigt, dass Lebenssituationen im Rahmen von Lebenslage, Lebensphase, Lebenswelt und der Diversitätsmerkmale der Zielgruppe betrachtet werden müssen, um ökonomische Bildung zur Bewältigung ökonomisch geprägter Lebenssituationen leisten zu können. Aus diesem Grund werden im Folgenden Besonderheiten der Lebenslage von Menschen mit Behinderung in Deutschland aufgezeigt, die die Zielgruppe dieser Arbeit betreffen. Die Darstellung der Besonderheiten von Lebenslagen der Zielgruppe stellt eine weitere Grundlage für die Beantwortung der Forschungsfrage dar. Ökonomische Bildung für die Zielgruppe muss diese Aspekte als Rahmenbedingungen der Lebenssituationen der Zielgruppe anerkennen und Inhalte sowie didaktische Konzepte daran ausrichten.
Der folgende Blick auf die aktuelle Situation von Menschen mit Behinderung in Deutschland verdeutlicht, dass sich das Leben von Menschen mit Behinderung im gesellschaftlichen Kontext weiterhin im Wandel befindet. Inklusion und Teilhabe sind allgemein anerkannt und in der Konvention der Vereinten Nationen für die Rechte von Menschen mit Behinderung rechtlich verankert. Bisher werden sie in Deutschland noch nicht allumfassend umgesetzt. Die folgende Darstellung der Lebenslagen von Menschen mit Behinderung ist daher unter dem Fokus des Wandels hin zur Inklusion zu verstehen. Ein Merkmal hiervon ist die Tatsache, dass es bisher nur über die Auswertung allgemeiner Bevölkerungsbefragungen und amtlicher Statistiken möglich ist zuverlässige Aussagen über die Lebenslage von Menschen mit Behinderung in Deutschland zu treffen (Bundesministerium für Arbeit und Soziales, 2013b, S. 34). Die Datenlage hinsichtlich der alltäglichen Lebensführung von Menschen mit Behinderung in Deutschland wird im ersten Teilhabebericht der Bundesregierung als „äußerst unbefriedigend" (Bundesministerium für Arbeit und Soziales, 2013b, S. 184) beschrieben. An Stelle der konkreten Lebenssituationen werden als erster Ansatzpunkt für die Beschreibung der Lebenslage von Menschen mit Behinderung in Deutschland die rechtlichen und sozialpolitischen Rahmenbedingungen aufgezeigt (Kapitel 2.3.1). In Anlehnung daran wird die aktuelle Situation dieser Personengruppe so weitestgehend wie mög-

lich beschrieben und aktuelle Problemfelder diskutiert (Kapitel 2.3.2). Anschließend werden die Rahmenbedingungen für das ambulant betreute Wohnen nach § 53 SGB XII aufgezeigt (Kapitel 2.3.3).

2.3.1 Rechtliche Grundlagen und sozialpolitische Rahmenbedingungen

Lebenssituationen und insbesondere ökonomisch geprägte Lebenssituationen von Menschen mit Behinderung werden in Deutschland wesentlich von rechtlichen Grundlagen und sozialpolitischen Rahmenbedingungen beeinflusst. Dies beginnt mit der Beantragung der Anerkennung einer Behinderung und der Feststellung des Grades der Behinderung. Dieser Grad ist das Maß für die Auswirkung der Behinderung auf die Teilhabe am gesellschaftlichen Leben. Er ist die Voraussetzung dafür, entsprechende Sozialleistungen beantragen zu können. Personen mit einem Grad der Behinderung von mindestens 50 gelten als schwerbehindert (§ 2 Abs.2 SGB IX).
Der Mikrozensus[37] verzeichnete in Deutschland im Jahr 2009 9,6 Millionen Menschen mit Behinderung. Hiervon waren 7,1 % schwerbehindert (Pfaff, 2012, S. 232).
Gemäß dem Sozialgesetzbuch gelten Menschen in Deutschland als behindert,

> *„wenn ihre körperliche Funktion, geistige Fähigkeit oder seelische Gesundheit mit hoher Wahrscheinlichkeit länger als sechs Monate von dem für das Lebensalter typischen Zustand abweichen und daher ihre Teilhabe am Leben in der Gesellschaft beeinträchtigt ist.". (§2 Abs.1 SGB IX)*

Dementsprechend unterscheidet die Bundesregierung in ihrem ersten Teilhabebericht zwischen einer Beeinträchtigung und einer Behinderung. Von einer Beeinträchtigung wird dann gesprochen, wenn eine Einschränkung der Körperfunkton oder -struktur[38] vorliegt. Erst wenn ungünstige Umweltbedingungen in Bezug auf diese Beeinträchtigung zu einer Einschränkung von Aktivität und Teilhabe der

---

[37] Der Mikrozensus ist eine repräsentative Befragung von Haushalten der amtlichen Statistik in Deutschland. In diesem Rahmen wird 1% der Bevölkerung durch ein festgelegtes statistisches Zufallsverfahren ausgewählt und zu ihren Lebensbedingungen befragt. Der Mikrozensus dient seit 1957 der Erhebung von Daten zur Bevölkerungsstruktur sowie zur wirtschaftlichen und sozialen Lage der Bevölkerung.

[38] Eine Einschränkung der körperlichen Funktion, die eine geistige, seelische oder körperliche Behinderung auslöst, kann beispielsweise eine Schädigung von Teilen des Gehirns, eine genetische Veränderung oder eine Amputation sein.

Person führen, wird von Behinderung gesprochen (Bundesministerium für Arbeit und Soziales, 2013b, S. 7).

Diesem Verständnis von Behinderung liegt das Bio-Psycho-Soziale Modell der International Classification of Functioning, Disability and Health (ICF) zu Grunde (siehe Abbildung 14). Die ICF dient der interdisziplinär und interkulturell einheitlichen Beschreibung des Gesundheitszustandes, der Behinderung, der sozialen Beeinträchtigung und der Umgebungsfaktoren (Deutsches Institut für medizinische Dokumentation und Information, 2005, S. 11). Innerhalb der ICF fordert das Deutsche Institut für medizinische Dokumentation und Information dazu auf, in Deutschland den Behinderungsbegriff gemäß dem SGB IX zu verwenden, um Missverständnisse zu vermeiden (Deutsches Institut für medizinische Dokumentation und Information, 2005, 4f). Das Bio-Psycho-Soziale Modell wurde im Rahmen der ICF erstmalig im Jahr 2001 von der Weltgesundheitsorganisation (WHO) veröffentlicht. Entscheidend ist in diesem Modell nicht allein die Einschränkung der Körperfunktionen und Körperstrukturen, sondern ebenfalls die personenbezogenen Voraussetzungen in Zusammenhang mit kontextbezogenen Barrieren (Bundesministerium für Arbeit und Soziales, 2013b, S. 30). Dies ist beispielsweise dann der Fall, wenn ein geistig behindertes Kind im Anschluss an die Grundschule die weiterführende Schule nicht gemeinsam mit seinen Mitschülern und Mitschülerinnen besuchen kann, weil es dort keine sonderpädagogische Förderung gibt. Erst durch die Kombination der Gesundheitsstörung mit dem Umweltfaktor wird das Kind in der Aktivität und Partizipation eingeschränkt (siehe Abbildung 14).

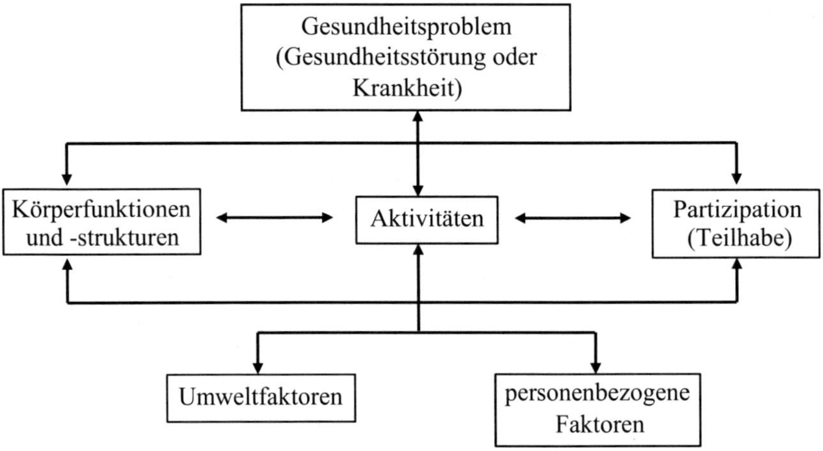

Abbildung 14: Bio-Psycho-Soziales Modell[39]

Die amtliche Klassifikation für die Verschlüsselung von Diagnosen in Deutschland ist die Internationale statistische Klassifikation der Krankheiten und verwandter Gesundheitsprobleme (ICD) in der aktuellen Fassung. Ärzte sind verpflichtet die ICD zur Verschlüsselung der Diagnosen anzuwenden (§ 295 Absatz 1 Satz 2 SGB V). Für die Verschlüsselung ist die aktuelle Version der ICD 10 German Modification (ICD 10 GM) verbindlich (Deutsches Institut für medizinische Dokumentation und Information, 2016). Innerhalb der ICD 10 GM wird zwischen den folgenden Stufen einer kognitiven Beeinträchtigung unterschieden, die anhand des Intelligenzquotienten (IQ) festgelegt wurden:

[39] Quelle: in Anlehnung an: Deutsches Institut für medizinische Dokumentation und Information (2005, S. 23)

F 70. -	Leichte Intelligenzminderung IQ-Bereich von 50-69 (bei Erwachsenen Intelligenzalter von 9 bis unter 12 Jahren). Lernschwierigkeiten in der Schule. Viele Erwachsene können arbeiten, gute soziale Beziehungen unterhalten und ihren Beitrag zur Gesellschaft leisten.
F 71. -	Mittelgradige Intelligenzminderung IQ-Bereich von 35-49 (bei Erwachsenen Intelligenzalter von 6 bis unter 9 Jahren). Deutliche Entwicklungsverzögerung in der Kindheit. Die meisten können aber ein gewisses Maß an Unabhängigkeit erreichen und eine ausreichende Kommunikationsfähigkeit und Ausbildung erwerben. Erwachsene brauchen in unterschiedlichem Ausmaß Unterstützung im täglichen Leben und bei der Arbeit.
F 72. -	Schwere Intelligenzminderung IQ-Bereich von 20-34 (bei Erwachsenen Intelligenzalter von 3 bis unter 6 Jahren). Andauernde Unterstützung ist notwendig.
F 73. -	Schwerste Intelligenzminderung IQ unter 20 (bei Erwachsenen Intelligenzalter unter 3 Jahren). Die eigene Versorgung, Kontinenz, Kommunikation und Beweglichkeit sind hochgradig beeinträchtigt.
F 74. -	Es besteht eine deutliche Diskrepanz (mindestens 15 IQ-Punkte) z. B. zwischen Sprach-IQ und Handlungs-IQ.
F 78. -	Andere Intelligenzminderung Diese Kategorie soll nur verwendet werden, wenn die Beurteilung der Intelligenzminderung mit Hilfe der üblichen Verfahren wegen begleitender sensorischer oder körperlicher Beeinträchtigungen besonders schwierig oder unmöglich ist, wie bei Blinden, Taubstummen, schwer verhaltensgestörten oder körperlich behinderten Personen.
F 79.-	Nicht näher bezeichnete Intelligenzminderung Die Informationen sind nicht ausreichend, die Intelligenzminderung in eine der oben genannten Kategorien einzuordnen.

Tabelle 2: Intelligenzstörung in der ICD 10 GM (F70-F79)[40]

[40] Quelle: in Anlehnung an: Deutsches Institut für medizinische Dokumentation und Information (2016)

In Deutschland gibt es zur Feststellung des Hilfebedarfs verschiedene Verfahren. Aus inhaltlicher und struktureller Perspektive wird empfohlen ein ICF basiertes Erhebungsverfahren zu nutzen (Ratz, Dworschak & Gross, 2012, S. 173). Dementsprechend wird in Nordrhein-Westfalen bei der Beantragung des ambulant betreuten Wohnens das individuelle Hilfeplanverfahren genutzt. Zur Antragstellung dieser Sozialleistung muss neben der Art der Behinderung die Diagnose nach der ICD 10 angegeben und mit ärztlichen Berichten belegt werden (Landschaftsverband Rheinland, 2015b, S. 24).

2.3.1.1 Gesetzliche Grundlagen für Volljährige mit geistiger Behinderung

Ein Leben mit Behinderung ist in Deutschland von verschiedenen gesetzlichen Regelungen geprägt. Sie werden im Folgenden kurz dargestellt, da sie die Lebenslagen der Zielgruppe wesentlich beeinflussen. Hieraus ergeben sich wesentliche Anforderungen an eine ökonomische Bildung für die Zielgruppe. Entscheidend sind dabei vor allem zivilrechtliche Aspekte der Geschäftsfähigkeit und des Betreuungsrechts sowie Leistungen nach dem Sozialgesetzbuch.

Zivilrechtlich ist hervorzuheben, dass jede lebend geborene, natürliche Person mit Vollendung der Geburt rechtsfähig ist (§ 1 BGB). Jeder rechtsfähigen natürlichen Person werden die Menschenwürde sowie die persönlichen Freiheitsrechte zugesprochen (Artikel 1 und 2 Grundgesetz (GG)). Die Geschäftsfähigkeit hingegen kann eingeschränkt sein[41].

Kann eine Person wegen ihrer geistigen, körperlichen oder psychischen Einschränkungen ihre Angelegenheiten nur teilweise oder gar nicht erfüllen, kann sie nach § 1896 BGB die Bestellung einer gesetzlichen Betreuungsperson beantragen. Grundsätzlich ist es nach § 1806 Absatz 1a BGB ausgeschlossen gegen den freien Willen von volljährigen Personen eine Betreuungsperson zu bestellen. Die Möglichkeit der Bevollmächtigung durch eine Betreuungsperson besteht dann, wenn es der zu betreuenden Person im Sinne des § 104 BGB nicht möglich ist einen freien Willen zu bilden. Im Zweifel ist dies gutachterlich zu klären. Zur Bestellung einer solchen Betreuung müssen gemäß § 1896 BGB medizinische und rechtliche Voraussetzungen erfüllt sein. Eine geistige Behinderung kann eine

[41] Im Bürgerlichen Gesetzbuch werden drei Stufen der Geschäftsunfähigkeit unterschieden: die volle Geschäftsfähigkeit gilt ab dem 18. Lebensjahr, die beschränkte Geschäftsfähigkeit nach § 106 BGB gilt für minderjährige Personen und die Geschäftsunfähigkeit nach § 104 BGB für Personen unter dem siebten Lebensjahr und Personen mit einer dauerhaften Einschränkung der geistigen Tätigkeit, die eine freie Willensbekundung ausschließt.

medizinische Voraussetzung für die Bestellung einer gesetzlichen Betreuung darstellen. Die Intelligenzminderung als Form der unvollständigen Entwicklung spielt für das Betreuungsrecht eine wichtige Rolle (Kuhn-Zuber & Bohnert, 2014, S. 93). Die rechtlichen Voraussetzungen für die Bestellung einer Betreuung sind dann erfüllt, wenn eine volljährige Person ihre Angelegenheiten aufgrund einer Behinderung nicht selber erledigen kann (§ 1896 BGB). In diesem Fall kann für bestimmte Aufgabenkreise eine Betreuung bestellt werden. Diese kann allgemeine und spezielle Aufgaben umfassen. Allgemeine Aufgaben sind solche, die bei jeder Betreuung anfallen (§ 1901 BGB). Spezielle Aufgaben werden nur dann wahrgenommen, wenn die entsprechenden Aufgabenkreise in der Betreuungsurkunde vom Betreuungsgericht festgelegt wurden. Dies können folgende Bereiche sein:

- Gesundheitsfürsorge und -vorsorge (§ 1901 Absatz 4 Satz 1 BGB)
- Aufenthaltsbestimmung (§ 1906 BGB, § 326 Absatz 1 FamFG)
- Wohnungsangelegenheiten (§ 1907 BGB)
- Behördliche Angelegenheiten (Kuhn-Zuber & Bohnert, 2014, S. 104)
- Vermögenssorge (Kuhn-Zuber & Bohnert, 2014, S. 104)

Diese Bereiche umfassen den Fernmeldeverkehr und die Post der zu betreuenden Person nur dann, wenn das Gericht dies ausdrücklich angeordnet hat (§ 1896 Absatz 4 BGB).

Erwachsene sind geschäftsunfähig, wenn sie sich in einem nicht vorrübergehenden „Zustand krankhafter Störung der Geistestätigkeit" (§ 104 BGB) befinden. Nach § 1903 BGB kann in diesen Fällen zusätzlich zu der gesetzlichen Betreuung ein Einwilligungsvorbehalt angeordnet werden, sobald dies zur Abwendung der Gefahr für die Person oder für ihr Vermögen notwendig ist[42]. Nach § 105a Satz 1 BGB gelten Geschäfte des täglichen Lebens, die mit geringwertigen Mitteln bewirkt werden können, dann als wirksam, wenn die geschäftsunfähige Person die entsprechende Gegenleistung erbracht hat. Dies ist unwirksam, sobald für die geschäftsunfähige Person oder deren Vermögen eine erhebliche Gefahr besteht § 105a Satz 2 BGB. In diesen Fällen können getätigte Geschäfte oder Verträge widerrufen werden. Weitere Regelungen zum Einsatz und zur Ausgestaltung der Betreuung sind im Betreuungsrecht und im Familiengesetz festgelegt.

[42] Liegt ein Einwilligungsvorbehalt vor, bedarf die betreffende Person zur Willenserklärung die Zustimmung der gesetzlichen Betreuungsperson in Bezug auf deren Aufgabengebiete (§ 1903 BGB).

Der wesentliche Teil der Sozialleistungen für Menschen mit Behinderung ist in Deutschland im Sozialgesetzbuch (SGB) geregelt. Das Recht des Sozialgesetzbuches soll „zur Verwirklichung sozialer Gerechtigkeit und sozialer Sicherheit Sozialleistungen einschließlich sozialer und erzieherischer Hilfen gestalten" (§1 SGB I). Im Juli 2001 trat in Deutschland das SGB IX mit dem Titel „Rehabilitation und Teilhabe behinderter Menschen" in Kraft. Hiermit wurde die Zielsetzung der Eingliederungshilfe zu mehr „Selbstbestimmung und Teilhabe am Leben in der Gesellschaft" (§ 1 SGB IX) gesetzlich verankert.
Bereits im Vorschulalter können Leistungen verschiedener Sozialleistungsträger beantragt werden, wie beispielsweise der Krankenkassen oder der Sozialhilfeträger. Art und Umfang der zu beantragenden Leistungen für Menschen mit Behinderung sind komplex und in ständigem Wandel befindlich. Junge Volljährige mit Behinderung können bis zum 27. Lebensjahr gemäß § 7 und § 41 SGB VIII Leistungen nach dem Kinder- und Jugendhilfegesetz erhalten. Aufgrund der Nachrangigkeit der Sozialhilfe gemäß § 2 SGB XII ist erst dann der örtliche oder überörtliche Sozialhilfeträger für Leistungen der Sozialhilfe gemäß § 1 SGB XII zuständig, wenn keine anderen Leistungen greifen. Leistungen des ambulant betreuten Wohnens nach § 53 SGB XII erhalten daher nur Personen, für die Leistungen des Kinder- und Jugendhilfegesetzes nicht mehr greifen. Leistungen der Sozialhilfe[43] erhält zudem nicht, „wer sich vor allem durch Einsatz seiner Arbeitskraft, seines Einkommens und seines Vermögens selbst helfen kann" (§ 2 Satz 1 SGB XII). Menschen mit Behinderungen können Leistungen der Eingliederungshilfe (SGB IX), der Hilfe zur Pflege (SGB XI) oder der Grundsicherung im Alter und bei Erwerbsminderung (SGB XII) in Anspruch nehmen. Verfügen sie über eigenes Einkommen oder Vermögen oberhalb der Einkommensgrenze, müssen sie sich an den Kosten für die Leistungen beteiligen. Abhängig von der jeweiligen Sozialleistung können Leistungsempfangende ein Vermögen bis zu einer festgelegten Höhe als Schonvermögen behalten (§ 90 SGB XII). Diese Vermögensfreigrenze von 2.600 € soll im Sinne des Bundesteilhabegesetzes stark angehoben werden. Dies gilt ebenfalls für das ambulant betreute Wohnen nach § 53 SGB XII[44].

[43] Leistungen der Sozialhilfe sind nach § 8 SGB XII Hilfe zum Lebensunterhalt, Grundsicherung im Alter und bei Erwerbsminderung, Hilfe zur Gesundheit, Eingliederungshilfe für behinderte Menschen, Hilfe zur Pflege, Hilfe zur Überwindung sozialer Schwierigkeiten und Hilfe in anderen Lebenslagen gemäß §§ 70 bis 74 SGB XII.

[44] Die aktuellen Einkommens- und Vermögensgrenzen zur Eigenbeteiligung für das ambulant betreute Wohnen nach § 53 SGB XII sind auf der Homepage des Landschaftsverbandes Rheinland einzusehen (Landschaftsverband Rheinland (2015a)).

Die Vergabe der Leistungen nach dem Sozialgesetzbuch erfolgt nach dem sozialrechtlichen Leistungsdreieck (vergleiche Abbildung 15). Hiernach hat die leistungsberechtigte Person einen Leistungsanspruch gegenüber dem Kostenträger. Dieser vergibt die Leistungserbringung an den Leistungserbringer, der wiederum einen Anspruch auf die Deckung der Kosten an die Kostenträger hat. Gemäß dem jeweiligen Leistungsanspruchs des Leistungsberechtigten muss die Leistung durch die Leistungserbringer erbracht und mit den Kostenträger abgerechnet werden. Abbildung 15 zeigt die Abläufe des sozialrechtlichen Leistungsdreiecks am Beispiel des ambulant betreuten Wohnens nach § 53 SGB XII.

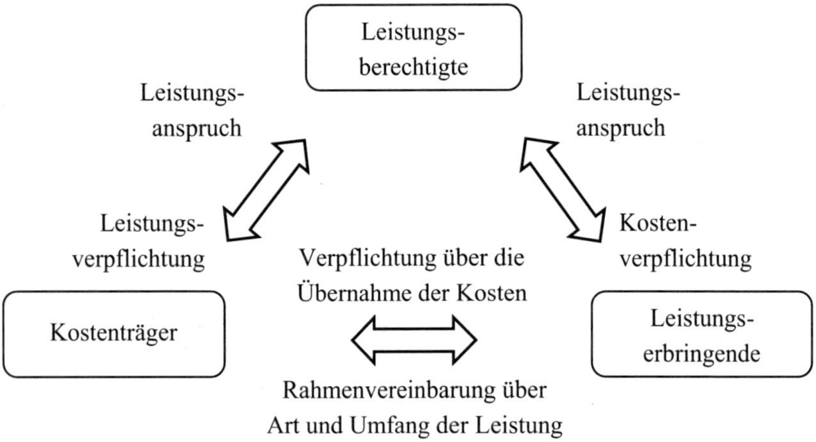

Abbildung 15: Sozialrechtliches Leistungsdreieck für das ambulant betreute Wohnen[45]

Mit dem Wandel des Verständnisses von Behinderung und dem Paradigmenwechsel innerhalb des Hilfesystems geht ein Wandel in dem System der Unterstützungsleistungen einher. Ein Beispiel hierfür ist die Leistungsform des Persönlichen Budgets, welches Leistungsberechtigte seit 2008 beantragten können. Nach dem Sozialgesetzbuch können „Leistungen zur Teilhabe auch durch ein Persönliches Budget ausgeführt werden, um den **Leistungsberechtigten** in eigener Verantwortung ein möglichst selbstbestimmtes Leben zu ermöglichen“ (§ 17 SGB IX). Im Zuge des Wandels hin zu mehr Selbstbestimmung und Teilhabe wird an dieser Stelle das sozialrechtliche Leistungsdreieck aufgebrochen (siehe Abbildung 16). Leistungsberechtigte, die diese Leistungsform wählen, erhalten ein Budget mit dem sie ihre Unterstützung frei gestalten können. Ein Leistungsantrag in Form

[45] Quelle: in Anlehnung: an Kolhoff, Schwarz, Beck, Schellberg und Wöhrle (2002, S. 19)

eines Persönlichen Budgets kann ausgeführt werden „um dem Leistungsberechtigten in eigener Verantwortung ein möglichst selbstbestimmtes Leben zu ermöglichen“ (§ 17 SGB IX).

Abbildung 16: Leistungsform des Persönlichen Budgets

Die Umsetzung in der Praxis ist mit vielfältigen Problemen verbunden. Die Inanspruchnahme und Ausgestaltung der Unterstützungsleistungen obliegen der leistungsberechtigten Person. Bei der Vergabe von Aufträgen durch diese Person sind vielseitige Regelungen und Gesetze zu beachten. Dies gilt beispielsweise für die Anmeldung eines Betriebes, Teilnahme am Umlageverfahren für den Krankheitsfall der Arbeitnehmer und Arbeitnehmerinnen, die Melde- und Berichtspflicht im Bereich der Sozialversicherung und Lohnsteuer, Regelungen für Minijobs oder kurzfristige Arbeitsverhältnisse (Bartz, Hauschild & Bartz, 2015).

2.3.1.2 Konvention der Vereinten Nationen über die Rechte von Menschen mit Behinderung und deren Umsetzung in Deutschland

Wie bereits beschrieben brachte die Konvention der Vereinten Nationen über die Rechte von Menschen mit Behinderung entscheidende Änderungen für die Lebenslage von Menschen mit Behinderung mit sich. Sie wurde im Jahre 2006 durch die UN-Generalversammlung verabschiedet, trat 2008 in Kraft und wurde von 154 Staaten ratifiziert (Office of the United Nations, 2015). Neben der Präambel beinhaltet die Konvention 50 Artikel, die wie folgt gegliedert sind (Bundesministerium für Arbeit und Soziales, 2010):

- Artikel 1 bis 9 Allgemeiner Teil
- Artikel 10 bis 30 Besondere Menschenrechte
- ab Artikel 33 wird die Durchführung und Überwachung der UN-Behindertenrechtskonvention geregelt

Die Umsetzung der UN-Behindertenrechtskonvention in das nationale Gesetz hat in Deutschland begonnen. Die drei folgenden Beispiele sollen verdeutlichen, welche besonderen Änderungen die vollständige Umsetzung der UN-Behindertenrechtskonvention in nationales Gesetz für das alltägliche Leben von Menschen mit Behinderung in Deutschland mit sich bringen könnte:

- In Artikel 12 der UN-Behindertenrechtskonvention ist die gleiche Anerkennung vor dem Recht für Menschen mit Behinderung gesetzlich festgelegt. An dieser Stelle widerspricht die Behindertenrechtskonvention dem deutschen Betreuungsrecht. Die Vereinten Nationen fordern, dass sich eine Gesetzesreform vorrangig mit der Umsetzung dieses Artikels befasst, da dessen Missachtung bereits jetzt zur Verletzung der Rechte von Menschen mit Behinderung geführt habe (Deutscher Bundestag, 2011, S. 68).
- Nach § 19 der UN-Behindertenrechtskonvention haben Menschen mit Behinderung das Recht, „mit gleichen Wahlmöglichkeiten wie andere Menschen in der Gemeinschaft zu leben" (Absatz 1 Artikel 19 UN-Behindertenrechtskonvention). In Absatz 2 Artikel 19 der UN-Behindertenrechtskonvention wird besonders hervorgehoben, dass Menschen mit Behinderung nicht verpflichtet sind in einer besonderen Wohnform zu leben. Dies wird innerhalb der Eingliederungshilfe in Deutschland nicht umgesetzt. Der Ausschuss für die Rechte von Menschen mit Behinderung merkt in dem Abschlussbericht der ersten Staatenprüfung in Deutschland an, dass der hohe Grad an Institutionalisierung und der Mangel an alternativen Wohnformen besorgniserregend sei (Deutsches Institut für Menschenrechte, 2015, S. 7).
- Artikel 24 der UN-Behindertenrechtskonvention besagt, dass die Vertragsstaaten das gleiche Recht auf Bildung von Menschen mit Behinderung anerkennen. Hierzu gewährleisten die Vertragsstaaten auf der Grundlage der Chancengleichheit ein Bildungssystem, welches auf allen Ebenen integrativ und durch lebenslanges Lernen das Ziel verfolgt, die Teilhabe an der Gesellschaft für Menschen mit Behinderung zu ermöglichen (Bundesministerium für Arbeit und Soziales, 2010). Der Ausschuss für die Rechte von Menschen mit Behinderung ist besorgt darüber, dass in Deutschland Schüler und Schülerinnen mit Behinderung in dem deutschen Bildungssystem weiterhin segregiert werden (Deutsches Institut für Menschenrechte, 2015, S. 8).

Die Implementierung der UN-Behindertenrechtskonvention beschäftigt die Fachkreise, politische sowie juristische Entscheidungstragende und die öffentliche Verwaltung. Innerhalb der nächsten Jahre wird es weitere Anpassungen auf diesen Ebenen geben. Gemäß Artikel 33 der UN-Behindertenrechtskonvention wird neben dem Berichtswesen auf kommunaler, Landes- und Bundesebene die regelmäßige Überprüfung der Umsetzung der Konvention durch das Committee on the Rights of Persons with Disabilities durchgeführt. Gemäß Artikel 35 Absatz 1 der

UN-Behindertenrechtskonvention (Bundesministerium für Arbeit und Soziales, 2010) verabschiedete das Bundeskabinett im Jahr 2011 hierzu den ersten Staatenbericht. Im März 2015 fand die erste Staatenprüfung Deutschlands anhand des ersten Staatenberichts durch den Fachausschuss der Vereinten Nationen (UN-Fachausschuss) statt. Anlässlich dieser Prüfung veröffentlichte das Deutsche Institut für Menschenrechte den ersten Parallelbericht (Deutsches Institut für Menschenrechte, 2015). In diesem Bericht an den UN-Fachausschuss wurde bereits im Vorfeld grundlegende Kritik an der Umsetzung der UN-Behindertenrechtskonvention in Deutschland geäußert:

> *„Der Vertragsstaat hat im Zeitraum 2009-2015 aus der Sicht der Monitoring-Stelle (MSt) bei weitem nicht alles Notwendige und Mögliche unternommen, um die Konvention umzusetzen" (Deutsches Institut für Menschenrechte, 2015, S. 4).*

In den abschließenden Bemerkungen über den ersten Staatenbericht Deutschlands benennt der Ausschuss für die Rechte von Menschen mit Behinderung Hauptproblembereiche und Empfehlungen der Umsetzung der UN-Behindertenrechtskonvention in Deutschland (Office of the United Nations, 2015). Deutschland wird aufgefordert, diesen Empfehlungen Folge zu leisten und die entsprechenden Maßnahmen in die weitere Berichterstattung aufzunehmen. Es ist daher davon auszugehen, dass die Umsetzung der UN-Behindertenrechtskonvention weiter fortschreiten und das Leben von Menschen mit Behinderung in Deutschland weiterhin beeinflussen wird.

2.3.2 Menschen mit Behinderung in Deutschland

Die Lebenslagen von Menschen mit Behinderung sollten erstmalig innerhalb des Teilhabeberichts der Bundesregierung erfasst und aufgezeigt werden (Bundesministerium für Arbeit und Soziales, 2013b). Neben der UN-Behindertenrechtskonvention und dem gewandelten Verständnis von Behinderung stellt der Lebenslagenansatz die konzeptionelle Grundlage hierfür dar. Dabei wird unter Lebenslage die Gesamtheit von Beschränkungen und Ressourcen verstanden, die einer Person zur Verwirklichung ihrer Lebensvorstellungen zur Verfügung stehen (Bundesministerium für Arbeit und Soziales, 2013b, S. 31).
Diese Ressourcen und Beschränkungen werden innerhalb des Teilhabeberichts in Bezug auf acht Dimensionen der Lebenslage betrachtet, die als Teilhabefelder bezeichnet werden. Ein besonderer Fokus liegt auf den Wechselwirkungen der

Handlungsmöglichkeiten innerhalb dieser Dimensionen. Die Autoren des Berichts verweisen hierbei auf die Artikel 9 (Zugänglichkeit), Artikel 19 (unabhängige Lebensführung und Einbeziehung in die Gemeinschaft) und Artikel 20 (Persönliche Mobilität) der UN-Behindertenrechtskonvention.

Die Forschungsfrage dieser Arbeit bezieht sich insbesondere auf das Teilhabefeld der alltäglichen Lebensführung. Dieses Teilhabefeld beinhaltet die Bereiche Wohnen, öffentlicher Raum, Mobilität, ambulante Dienstleistungen und Persönliche Assistenz (Bundesministerium für Arbeit und Soziales, 2013b, 168f). In Bezug auf die alltägliche Lebensführung kommt der wissenschaftliche Beirat in dem Teilhabebericht zu dem Ergebnis, dass die Datenlage äußerst unbefriedigend ist. Wesentliche Fragestellungen konnten daher nur unvollständig oder gar nicht beantwortet werden. Hiernach können weder Aussagen über die Teilhabe von Menschen mit Behinderung im Alltag noch über die Effizienz staatlicher Maßnahmen gemacht werden (Bundesministerium für Arbeit und Soziales, 2013b, S. 184).

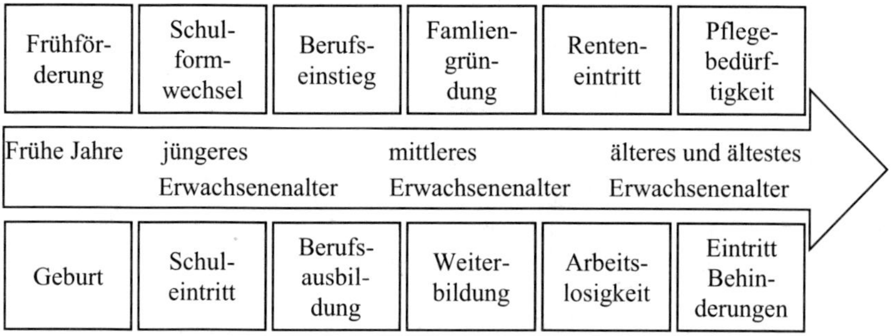

Abbildung 17: Lebensphasen und Übergänge im Lebensverlauf[46]

Im Gegensatz zu dem Teilhabebericht der Bundesregierung nimmt der Bericht über die Lebenslagen in Deutschland Bezug auf die soziale Mobilität als Veränderung der Lebenslage innerhalb des Lebenslaufes (Bundesministerium für Arbeit und Soziales, 2013a, S. 24). Abbildung 17 zeigt reguläre Lebensphasen und deren Übergänge, wie sie bei Menschen ohne Behinderung in Deutschland üblich sind. Der besondere Fokus des Berichts liegt auf den Übergängen zwischen den verschiedenen Lebensphasen und den damit verbundenen Risiken und Chancen (Bundesministerium für Arbeit und Soziales, 2013a, III).

Der Bericht über die Lebenslagen in Deutschland verweist an mehreren Stellen auf Lebensphasen von Menschen mit Behinderung (Bundesministerium für Arbeit und Soziales, 2013a, 238, 289). Wegen der in Kapitel 2.3.1 beschriebenen

[46] Quelle: in Anlehnung an: Bundesministerium für Arbeit und Soziales (2013a, S. 24)

Rahmenbedingungen ist anzunehmen, dass Lebenslagen und Lebensphasen im Lebensverlauf von Menschen mit Behinderung spezifische Merkmale und damit verbundene Erfolgs- und Risikofaktoren aufweisen (siehe Kapitel 2.2.3).
Ein wesentlicher Übergang zwischen zwei Lebensphasen stellt der Wechsel von Schule zu Beruf dar. Dieser ist im Lebensverlauf von Menschen mit Behinderung durch zwei besondere Merkmale geprägt. Zum einen ist der Berufseinstieg für Schüler und Schülerinnen von Förderschulen erschwert. Im Jahr 2010 beendeten 40.226 Schüler und Schülerinnen die Förderschule. 75% von ihnen verließen die Förderschule ohne Schulabschluss (Bundesministerium für Arbeit und Soziales, 2013b, S. 115). „Schülerinnen und Schüler mit einer geistigen Behinderung besuchen so gut wie nie eine allgemeine Schule“ (Bundesministerium für Arbeit und Soziales, 2013b, S. 91).
Zum anderen wirkt sich Behinderung allgemein negativ auf die Teilhabe am Arbeitsleben aus. Die Zahl der Erwerbstätigen ohne Behinderung ist deutlich höher als die der Menschen mit Behinderung. Tabelle 3 stellt eine Übersicht über diese Daten aus dem vierten Armuts- und Reichtumsbericht der Bundesregierung dar

Tabelle 3: Abschlüsse und Erwerbstätigkeit im Vergleich[47]

Höchster Schulabschluss	Menschen ohne Behinderung	Menschen mit Behinderung
25-45 Jährige ohne allgemeinen Schulabschluss	3 %	17 %
25-45 Jährige mit Hauptschulabschluss	24 %	32 %
25-45 Jährige mit Fach-/Hochschulreife	37 %	17 %
30-45 Jährige ohne beruflichen Abschluss	13,5 %	27,6 %
Erwerbstätige zwischen dem 15. und 65. Lebensjahr	78,7 %	52,1 %
Selbstständige	11,4 %	7,7 %
Beschäftigte in Ausbildungsberufen	35,7 %	26,1 %
Erwerbslosigkeit	7,4 %	10,3 %

(Bundesministerium für Arbeit und Soziales, 2013a, S. 238).

[47] Quelle: in Anlehnung an: Bundesministerium für Arbeit und Soziales (2013a, S. 238)

Auf der Grundlage des vierten Armuts- und Reichtumsberichts sowie des Teilhabeberichts der Bundesregierung lassen sich folgende allgemeine Aussagen zu den Lebensphasen von Menschen mit Behinderung treffen. Hierbei ist zu beachten, dass sich diese Angaben trotz der Heterogenität der Personengruppe auf alle Menschen mit einer anerkannten Behinderung beziehen:

- Kinder mit Behinderung unter sieben Jahren erhalten besondere frühkindliche Förderung (Bundesministerium für Arbeit und Soziales, 2013a, S. 80). Das Kindesalter ist von einer Sonderbeschulung an speziellen Förderschulen oder in integrativen Bildungseinrichtungen geprägt. Im Schuljahr 2009/2010 wurden 500.000 Kinder mit besonderem Förderbedarf unterrichtet, wovon 80 % eine Förderschule besuchten (Bundesministerium für Arbeit und Soziales, 2013a, S. 94).
- Mit 17 % besaßen deutlich mehr Menschen mit Behinderung im Alter von 25 bis 45 Jahren keinen allgemeinen Schulabschluss als gleichaltrige Personen ohne Behinderung. Von ihnen verfügten 3% über keinen solchen Schulabschluss (Bundesministerium für Arbeit und Soziales, 2013a, S. 239).
- In allen Altersstufen ist die Erwerbstätigenquote der Menschen mit Behinderung niedriger als bei Menschen ohne Behinderung (Bundesministerium für Arbeit und Soziales, 2013b, S. 131). Die Zahl der Beschäftigten Menschen mit Behinderung in Werkstätten für Menschen mit Behinderung stieg von 2007 bis 2010 um 17.499 Beschäftigte an. Eine solche Beschäftigung, entsprechend dem SGB IX, nahmen im Jahr 2010 252.644 Personen in Anspruch, wovon 77 % eine geistige Behinderung hatten (Bundesministerium für Arbeit und Soziales, 2013b, S. 140). Innerhalb der Eingliederungshilfe prägen Menschen mit geistiger Behinderung neben dem Bereich des stationären Wohnens (siehe Abbildung 5) auch die Werkstätten für Menschen mit Behinderung. Beides sind wesentliche Aspekte im Lebensverlauf von Menschen mit geistiger Behinderung in Deutschland (siehe Abbildung 18).
- Die Anzahl der alten und hochbetagten Menschen mit Behinderung wird stark zunehmen. Zum einen werden insgesamt mehr Menschen älter, wodurch der Anteil der altersbedingten Behinderungen steigt, zum anderen werden zunehmend mehr Menschen älter die bereits eine anerkannte Behinderung haben (Bundesministerium für Arbeit und Soziales, 2013b, S. 359).

Diese Angaben sollen beispielhaft aufzeigen, welchen Einfluss rechtliche und sozialpolitische Rahmenbedingungen auf das Leben von Menschen mit Behinderung haben und wie sich Behinderung im gesellschaftlichen Kontext auswirken kann.

Abbildung 18: Möglicher Lebensverlauf von Menschen mit geistiger Behinderung

Aufgrund der mangelnden Datenlage aus dem Teilhabebericht konnten in Abbildung 18 lediglich klassische Lebensphasen von Menschen mit geistiger Behinderung aufgezeigt werden. Der Vergleich der Lebensverläufe von Menschen ohne Behinderung (siehe Abbildung 17) und Menschen mit Behinderung (siehe Abbildung 18) verdeutlicht den gesellschaftlichen und somit gesetzlichen Einfluss auf Lebensverläufe der Zielgruppe. Diese werden insbesondere durch das segregierende Schul- und Beschäftigungssystem und die Bestimmungen zu den Betreuungsleistungen der Eingliederungshilfe sowie der gesetzlichen Betreuung beeinflusst. Die konkreten Lebensphasen und Lebenslagen von Menschen mit Behinderung im ambulant betreuten Wohnen nach § 53 SGB XII unterscheiden sich zudem von den allgemeinen Angaben zu Personen mit Behinderung. Daher werden im folgenden Kapitel besondere Merkmale der Betreuung im ambulant betreuten Wohnen nach § 53 SGB XII aufgezeigt.

2.3.3 Rahmenbedingungen des ambulant betreuten Wohnens

Ausschlaggebend für ökonomisch geprägte Lebenssituationen der Zielgruppe sind die Rahmenbedingungen innerhalb derer das ambulant betreute Wohnen nach § 53 SGB XII stattfindet. Diese am Alltag der Zielgruppe ausgerichtete Form der Begleitung und Betreuung innerhalb des privaten Haushalts hat wesentlichen Einfluss auf deren Lebenslage, Lebenswelt sowie auf die Gestaltung konkreter Lebenssituationen. Die geltenden Rahmenbedingungen werden im Folgenden unter dem Aspekt dargestellt, dass sie die Lebenslage, Lebensphase, Lebenswelt und Lebenssituationen der Zielgruppe wesentlich prägen. Sie stellen gleichsam die Rahmenbedingung für eine mögliche Implementierung ökonomischer Bildung im Kontext des ambulant betreuten Wohnens dar. Am Beispiel des ambulant betreuten Wohnens soll innerhalb dieser Arbeit verdeutlicht werden, dass eine Implementierung ökonomischer Bildung in bestehende Tätigkeitsfelder der Sozialen Arbeit möglich ist.

Der Grundsatz ‚ambulant vor stationär' existiert bereits seit den 60er Jahren. Er besagt, dass ambulante Hilfen vorrangig zu stationären Hilfen zu vergeben sind. 1999 wurde dieser Grundsatz in das Bundessozialhilfegesetz (BSHG) aufgenommen (§ 3a BSHG). Mit dem Ziel der Normalisierung und der Autonomie in der Gestaltung des Lebens wurden seit den 1980er Jahren mehr gemeindeintegrierte Wohneinrichtungen geschaffen (Seifert, 1997, S. 1), weshalb inzwischen eine Vielzahl ambulanter Wohnangebote für Menschen mit geistiger Behinderung existiert. Dworschak beschreibt, dass eine Zuordnung einzelner Wohnformen zu bestimmten Wohntypen wegen verschiedener Begrifflichkeiten nicht möglich sei und sich in der Literatur verschiedene Kriterien finden, die zu unterschiedlichen Kategorien führen (Dworschak, 2004, S. 20). Zu den ambulanten Wohnformen gehören nach Heck ambulante Wohngemeinschaften sowie das Einzel- und Paarwohnen, deren Zahl der Leistungsempfänger von 2003 bis 2013 um 150 % stieg (Heck, 2013, S. 5). Wegen der Fokussierung auf die Situation ambulanter Wohnformen in privaten Haushalten werden ambulante Wohngruppen im weiteren Verlauf nicht betrachtet. Ambulant betreutes Wohnen bezieht sich im Folgenden auf das Einzel- und Paarwohnen in privaten Haushalten nach § 53 SGB XII.

Der Begriff des ambulant betreuten Wohnens ist allerdings kritisch zu sehen, weil der Terminus Betreuung eng mit fürsorglicher Bevormundung in stationären Einrichtungen in Verbindung steht und die subjektbezogene Förderung des Einzelnen in Bezug auf möglichst große Selbstbestimmung vernachlässigt. Für das heutige ambulant betreute Wohnen stehen Begriffe, wie Unterstützung, Assistenz oder Begleitung im Vordergrund (Michels, 2011, S. 28).

Im Folgenden werden gesetzliche und sozialpolitische Grundlagen betrachtet.

Am 1. Juli 2001 trat das SGB IX in Kraft, welches die Gesetze zur Rehabilitation und Teilhabe enthält und zum Ziel hat organisatorische Abläufe zu optimieren sowie Bewilligungsverfahren von Unterstützungsleistungen zu beschleunigen (Schlebrowski, 2009, S. 32). Als weitere Form der Selbstbestimmung wurde in § 9 SGB IX das Wunsch- und Wahlrecht der Leistungsberechtigten gesetzlich

festgelegt. Hiernach wird bei der Entscheidung über die Leistung und deren Durchführung dem Wunsch der leistungsberechtigen Person entsprochen.
Für das ambulant betreute Wohnen und dessen Finanzierung sind die §§ 55ff SGB XII handlungsgrundlegend. Die Leistungsvoraussetzungen und Leistungsinhalte werden in §§ 53, 54 SGB XII erläutert. Diese Regelungen sind deutschlandweit gültig. Die einzelnen Verordnungen und Richtlinien obliegen jedoch den jeweiligen Bundesländern.
So nahm beispielsweise Nordrhein-Westfalen (NRW) die Einführung des § 3a BSHG und des SGB IX zum Anlass, das System der wohnbezogenen Hilfen neu zu strukturieren. 2003 wurde per Verordnung des Landes die Zuständigkeit für alle Leistungen der Eingliederungshilfe gemäß § 75 SGB XII auf den Landschaftsverband Westfalen-Lippe (LWL) und den Landschaftsverband Rheinland (LVR) als überörtliche Sozialhilfeträger übertragen (Landesregierung Nordrhein-Westfalen). Zum 1. April 2004 wurde die Zuständigkeit für die Hilfen zum Lebensunterhalt an die Landschaftsverbände abgegeben (Landesregierung Nordrhein-Westfalen, 2004). Hiermit wurde das Ziel erreicht, stationäre und ambulante Hilfen individuell aus einer Hand anbieten zu können. Anschließend legten die Landschaftsverbände gemeinsam mit den kommunalen Spitzenverbänden sowie der Vereinigung der Träger der ambulanten Einrichtungen gemäß § 75 SGB XII die Bedingungen für den Abschluss von Vereinbarungen zu ambulanten Leistungen der Sozialhilfe fest. Inhalte sind unter anderem die Vergütung, die Qualität und die Überprüfung der Qualität der durch die Einrichtungen erbrachten Leistungen. Im Jahr 2005 schloss die Arbeitsgemeinschaft der Spitzenverbände mit den beiden Landschaftsverbänden die ‚Rahmenzielvereinbarung zur Weiterentwicklung der Eingliederungshilfe unter fachlichen und finanziellen Aspekten' (Landschaftsverband Rheinland, Landschaftsverband Westfalten-Lippe & Arbeitsgemeinschaft der Spitzenverbände der freien Wohlfahrtspflege des Landes Nordrhein-Westfalen, 2006). Diese Vereinbarung wurde zuletzt 2011 erneuert (Landschaftsverband Rheinland, Landschaftsverband Westfalen-Lippe & Arbeitsgemeinschaft der Spitzenverbände der freien Wohlfahrtspflege des Landes Nordrhein-Westfalen, 2011). Hier ist das Ziel formuliert, „mehr Menschen mit Behinderung ein Leben in der eigenen Häuslichkeit [zu] ermöglichen" (Landschaftsverband Rheinland et al., 2011, S. 3). Um dies zu ermöglichen sollen Hintergrunddienste (z. B. Nacht- oder Wochenendbereitschaften) eingerichtet und zusätzliche kompensatorische Leistungen für Tätigkeiten angeboten werden, die die betreute Person nicht selber erbringen kann (Landschaftsverband Rheinland et al., 2011, S. 4).

Tabelle 4: Leistungsberechtige im ambulant betreuten Wohnen[48]

Ansatz	2011	2012	2013
Landschaftsverband Rheinland	25.027	27.513	30.390
Landschaftsverband Westfalen-Lippe	20.555	22.415	23.974
Bundesrepublik Deutschland	133.133	144.297	157.844

Daten und Fakten verdeutlichen die Situation der Menschen mit Behinderung in Deutschland. Entsprechend dem Vorrang ambulanter Leistungen[49] ist es das Ziel der überörtlichen Sozialhilfeträger, mehr Menschen mit Behinderung die notwendigen Unterstützungsleistungen ambulant im privaten Haushalt zur Verfügung zu stellen. Die Wirkung dieses Grundsatzes zeigt sich an den jährlichen Zuwächsen im ambulant betreuten Wohnen im Bundesgebiet, über die Tabelle 4 Leistungsberechtige im ambulant betreuten Wohnen
eine Übersicht bietet (Bundesarbeitsgemeinschaft der überörtlichen Träger der Sozialhilfe, 2014, S. 22).

Die Bundesarbeitsgemeinschaft der überörtlichen Sozialhilfeträger erhebt regelmäßig die fiskalischen Auswirkungen der sogenannten Ambulantisierung. Hiernach sind die Einsparungen durch die ambulante Versorgung im Gegensatz zur stationären Versorgung bei Menschen mit seelischer Behinderung (inklusive Suchterkrankungen) dreimal so hoch wie bei Menschen mit geistiger Behinderung. Diese Erhebung hat zudem ergeben, dass von allen Leistungsberechtigten ca. 26 % zusätzliche Sozialleistungen zur Sicherung des eigenen Lebensunterhaltes beziehen (Heck, 2013, S. 7).

Beispielhaft wird die aktuelle Entwicklung in Nordrhein-Westfalen aufgezeigt, da hier die in Kapitel 0 beschriebene Erhebung durchgeführt wird. In Nordrhein-Westfalen basiert die Leistung des ambulant betreuten Wohnens auf dem Individuellen Hilfeplanverfahren, welches von den Landschaftsverbänden Rheinland

[48] Quelle: in Anlehnung an: Bundesarbeitsgemeinschaft der überörtlichen Träger der Sozialhilfe (2014, S. 22)

[49] gemäß § 3a BSHG

und Westfalen-Lippe durchgeführt wird. Der Individuelle Hilfeplan ist eine Kombination aus der Integrierten Behandlungs- und Rehabilitationsplanung (IBRP), dem Metzler-Verfahren und dem Hilfeplanverfahren, welches in Rheinland-Pfalz Anwendung findet. Im Individuellen Hilfeplanverfahren (IHP) wird zwischen den notwendigen Rahmenbedingungen und der angestrebten Lebensform unterschieden (Michels, 2011, S. 36).
Hierzu wird von der antragsstellenden Person ein individueller Hilfeplan erstellt, der Aussagen über das Leitziel der angestrebten Lebens- und Wohnform und über konkrete Handlungsziele enthält. Diese enthaltenen Fragen beziehen sich auf die Bereiche Wohnen, Arbeiten, Freizeit und soziale Beziehungen. Der Hilfeplan beinhaltet zudem Fragen zu der aktuellen Lebenslage, den Fähigkeiten und Einschränkungen der Person. Diesem Antrag sind eine ärztliche Stellungnahme und Angaben über das Einkommen und Vermögen der antragsstellenden Person hinzuzufügen. Im Rahmen von Folgeanträgen wird die Zielerreichung aus dem vorhergegangenen individuellen Hilfeplan überprüft. In einer Hilfeplankonferenz wird darüber entschieden, ob und in welchem Umfang ein Antrag bewilligt wird. An der Hilfeplankonferenz können vertretende Personen des zuständigen Landschaftsverbandes, der örtlichen Sozialhilfeträger, der ambulanten und stationären Einrichtungen sowie der sozialpsychiatrischen Zentren beziehungsweise Koordinations-, Kontakt- und Beratungsstellen teilnehmen. Die antragstellende Person soll nach Möglichkeit ebenfalls anwesend sein. In der Hilfeplankonferenz wird über die Dauer der Hilfe und die zu erbringenden Fachleistungsstunden pro Woche entschieden (Landschaftsverband Rheinland, 2012, 14f.).
Im ambulant betreuten Wohnen spiegeln sich Leitideen der Heilpädagogik wider, anhand derer die sozialpolitische Entwicklung der letzten Jahrzehnte aufgezeigt werden kann (siehe Kapitel 2.1.2). Die Leitidee des Normalisierungsprinzips beschreibt Thimm in dem Buch mit dem Titel „Ein Leben so normal wie möglich führen…“ (1985). Heute findet es sich beispielsweise in dem Hilfeplanverfahren und dem Persönlichen Budget wieder[50]. Der Grundgedanke des Empowerments als weitere Leitidee findet seit Ende der neunziger Jahre in Deutschland vermehrt Anwendung. Dieses Konzept führte zu dem bereits beschriebenen Paradigmenwechsel innerhalb der Behindertenhilfe hin zur Inklusion (siehe Kapitel 2.1.2), dessen grundlegendes Ziel es ist, die Selbstbefähigung durch die Aktivierung

[50] Das Persönliche Budget ist ein Steuerungsinstrument, welches den Wandel von der Sach- zur Geldleistung abbildet. Menschen mit Behinderung erhalten hiernach einen Geldbetrag mit dem sie nach dem Arbeitgeberprinzip notwendige Unterstützung erwerben können (Wacker, Wansing & Schäfers, 2009, S. 31).

eigener Ressourcen zu ermöglichen. Dieses findet sich sowohl in der Unterstützungsform der offenen Hilfen als auch in ambulanten Diensten wieder. Zentraler Punkt ist hierbei die Unterstützung und Begleitung der Person. Das Konzept der Selbstbestimmung bezieht sich auf das Bestreben nach Freiheit und Eigenständigkeit eines jeden Menschen. Es bildet den Grundsatz für die verschiedenen Wahlmöglichkeiten im Bereich Wohnen und ist im Wunsch- und Wahlrecht festgelegt (§ 9 SGB IX). Partizipation wird in Anlehnung an die ICF verstanden als das „Einbezogensein in eine Lebenssituation“ (Deutsches Institut für medizinische Dokumentation und Information, 2005, S. 16). Im Sinne des Partizipationsgedankens geht es darum, die passenden Unterstützungsleistungen für die individuellen Bedürfnisse zur Verfügung zu stellen, um gleichberechtigte Teilhabe am gesellschaftlichen Leben zu ermöglichen (Wacker, 2005, S. 13). Die Beeinträchtigung der Partizipation kann eine Person in unterschiedlichen Lebenssituationen erleben (Deutsches Institut für medizinische Dokumentation und Information, 2005, S. 95). In Bezug auf das ambulant betreute Wohnen bedeutet dies eine Ausrichtung der Unterstützung an den individuellen Bedürfnissen der alltäglichen Lebensführung und des Wohlbefindens des Einzelnen. Wegen der unterschiedlichen sozialen Folgen von Behinderung lassen sich konkrete Unterstützungsbedürfnisse und -leistungen nur individuell und in Bezug auf die jeweiligen Anforderungen an die Lebensführung der einzelnen Person bestimmen (Wansing, 2005a, S. 27). Im Rahmen des ambulant betreuten Wohnens ist eine Umsetzung dieser Leitgedanken möglich, wenn sie von allen beteiligten Personen verinnerlicht und so als Handlungskonzept in den Alltag integriert wird (Michels, 2011, S. 70).

Inwieweit und in welcher Form die Vermittlung ökonomischer Bildung in diesem Kontext notwendig und sinnvoll ist, wird in den Kapiteln 0 und 0 untersucht. Als Grundlage hierfür werden im Folgenden die Grundlagen ökonomischer Bildung aufgezeigt und in Bezug auf die Forschungsfrage analysiert.

2.4 Ökonomische Bildung und ihre Bedeutung für Inklusion

Was brauchen Menschen mit geistiger Behinderung, um ihr Leben in der eigenen Wohnung gestalten und am gesellschaftlichen Leben teilhaben zu können? Die bereits beschriebene Entwicklung der Lebenslage von Menschen mit geistiger Behinderung (siehe Kapitel 2.1.2) hat einen Wandel der Bildungsbedürfnisse der Zielgruppe hervorgerufen. Ein neuer Blick auf diese Bedürfnisse ist notwendig geworden, um sie zu erfassen und entsprechend innovative Bildungskonzepte zu entwickeln. Dabei ist zu beachten, dass es innerhalb der Fachwissenschaften kein einheitliches Begriffsverständnis von Bildung gibt (Hedderich et al., 2016, S. 170).

Nach Baumert und Bücheler kann Bildung in drei unterschiedlichen Formen verstanden werden, als Aneignung von Wissen, als Verbesserung von Fähigkeiten und Kompetenzen oder als Bildung des Selbst zum „Selbsthervorbringen des Menschlichen im Menschen“ (Baumgart & Bücheler, 1998, S. 49). Um das Verständnis von Bildung aufzuzeigen, welches für die weitere Ausarbeitung Gültigkeit hat, werden beispielhaft drei Konzeptionen von Bildung aufgezeigt, die dieses Verständnis verdeutlichen.

Der Bildungsbegriff wurde im 18. Jahrhundert in die Pädagogik aufgenommen und zu einem Schlüsselbegriff für Erziehung und Unterricht etabliert. Während des deutschen Kaiserreichs wurde dieses Verständnis von neuen Lerninhalten abgelöst (Lüke, 2007). Zu dieser Zeit wich das theologisch ausgerichtete Verständnis von Bildung einem Bildungsbegriff, der durch das Menschenbild des aufgeklärten Menschen geprägt wurde[51]. Humboldt (1767 - 1835) prägte den Bildungsbegriff in Deutschland wesentlich. Er entwickelte ein Bildungsprogramm, welches das Ziel verfolgt, die Vollkommenheit der Menschen herzustellen und geht dabei von dem Grundbedürfnis der Menschen aus, sich selber zu bilden. Er definierte Bildung als Stärkung aller Potentiale der Menschen, hin zu einer selbstbestimmten und individuellen Persönlichkeit (Hedderich et al., 2016, S. 170).

Klafki betrachtet Bildung als aktiven Aneignungsprozess innerhalb eines offenen Verhältnisses zwischen Mensch und Wirklichkeit. Innerhalb dieses Prozesses erschließen sich die sich bildenden Menschen die Welt, wodurch sie Möglichkeiten zum Verständnis, Handeln und zur Verantwortungsübernahme erlangen. Als zentrale Ziele von Bildung nennt er die Fähigkeit zur Selbstbestimmung, zur Mitbestimmung und zur Solidarität (Klafki, 2007, 96f.). Dementsprechend fordert Klafki eine Allgemeinbildung, die allen Menschen zugänglich gemacht wird, die Bildung zur Selbstbestimmung, Mitbestimmung und Solidarität umfasst und die Lernende zu Akteuren und Akteurinnen sowie Gestaltern und Gestalterinnen der eigen Welt werden lässt (Breloer, 2000, S. 42).

Hentig entwickelte in seinem Buch „Bildung: Ein Essay“ (2004) Kriterien für ein weites Verständnis von Bildung. Dabei geht er davon aus, dass sich die Lernenden auf ihre eigene Art Lerninhalte aneignen, die ihnen angeboten werden. Hiernach

[51] Dieser Grundgedanke findet sich beispielsweise in den Schriften von Pestalozzi (1845), Goethe (2009) und Herder (2013).

sind die eigene Wahrnehmung, Überlegung und Entscheidung der lernenden Person die Grundlage für das Lernen. Das Ziel von Bildung ist eine selbstbewusste und handlungsfähige Persönlichkeit (Hentig, 2004).
In Deutschland wurde Bildung in den letzten Jahren von der Konvention der Vereinten Nationen über die Rechte von Menschen mit Behinderungen (siehe Kapitel 2.3.1.2) und die menschenrechtliche Perspektive von Inklusion (siehe Kapitel 2.1.4.1) stark beeinflusst. Die Debatte um Inklusion spitzte sich innerhalb der Fach- und Bildungswissenschaften weiter zu[52].
In Anlehnung an die zuvor genannten Konzepte von Bildung und um den Anforderungen von Inklusion gerecht zu werden, wird Bildung im Folgenden als die Ausstattung von Individuen mit Kenntnissen, Haltungen und Einsichten sowie Fähigkeiten und Fertigkeiten verstanden, die notwendig sind, um unterschiedliche Lebenssituationen bewältigen zu können (Albers, 2008, S. 225). Bildung wird in diesem Sinne als lebenslanger Prozess verstanden (Albers, 1987, S. 201)
Auch der Begriff der ökonomischen Bildung wird in der Literatur nicht einheitlich definiert (Liening, 2015, S. 20). Nach Kaiser und Kaminski fördert ökonomische Bildung die Lernenden dahingehend, dass sie aktuelle und in Zukunft liegende Lebenssituationen bewältigen können (Kaiser & Kaminski, 2012, 26f). Dahingehend definiert Kaminski ökonomische Bildung als die Summe erzieherischer Tätigkeiten zur Vermittlung von Kenntnissen, Fähigkeiten, sowie Einstellungen und Verhaltensbereitschaften, die die Schüler und Schülerinnen dazu befähigen, sich mit den ökonomischen Rahmenbedingungen ihrer Lebenswelt auseinander zu setzen. Das Ziel ökonomischer Bildung ist demnach die Befähigung zur Gestaltung und Bewältigung von Lebenssituationen in der Gegenwart und Zukunft (Kaminski & Eggert, 2008, S. 7). May definiert ökonomische Bildung als Qualifikation für die Bewältigung ökonomisch geprägter Lebenssituationen, dabei versteht er unter Qualifikation die „Ausstattung von Individuen mit Kenntnissen, Fähigkeiten, Fertigkeiten, Haltungen u.a.“ (May, 2008, S. 3). Hervorzuheben ist in beiden Definitionen die Befähigung zur eigenverantwortliche Gestaltung und Bewältigung ökonomisch geprägter Lebenssituationen. In Anlehnung an Albers (1987, S. 221) und in Bezug auf die Zielgruppe wird in dieser Arbeit die ökonomische Bildung als Teil der Allgemeinbildung und somit als lebenslanger Prozess zum Erwerb von Fähigkeiten, Fertigkeiten und Kenntnissen für die Gestaltung und Bewältigung ökonomisch geprägter Lebenssituationen verstanden.

---

[52] Ausführungen hierzu finden sich unter dem Titel „Über Widersacher der Inklusion und ihre Gegenreden“ bei Wocken (2014a, 243 bis 254).

Im Sinne der Deutschen Gesellschaft für Ökonomische Bildung befähigt ökonomische Bildung Menschen dazu, in ökonomisch geprägten Situationen mündig zu urteilen sowie selbstbestimmt zu handeln und Lebenssituationen verantwortlich mitgestalten zu können. In diesem Sinne fokussiert ökonomische Bildung die Vermittlung von Entscheidungs-, Gestaltungs- und Urteilskompetenz. Insofern dient sie der Persönlichkeits- und Allgemeinbildung der Adressaten und Adressatinnen und bezieht sich dabei auf das politische, gesellschaftliche, private und berufliche Leben, welches wechselseitig mit dem Bereich der Wirtschaft verknüpft ist. Ökonomische Bildung soll das Verständnis dieser komplexen und ausdifferenzierten Bereiche fördern. Dementsprechend sollen Individuen zum eigenen Wohl und zum Wohl der Allgemeinheit ökonomisch entscheiden, urteilen, handeln und argumentieren können (Deutsche Gesellschaft für Ökonomische Bildung, 2004, 4f). Ökonomische Bildung ist ausgerichtet auf ökonomisch geprägte Lebenssituationen (May, 2011, S. 3). In diesem Sinne ist es das Ziel ökonomischer Bildung, dass Personen innerhalb von Wirtschaft und Gesellschaft sowohl ihre Interessen mündig vertreten als auch sachkundig urteilen und verantwortlich handeln können (Seeber, Retzmann, Remmele & Jongebloed, 2012, S. 68). Aus der Perspektive der Wirtschaftswissenschaften lassen sich ökonomische Situationen klar abgrenzen. Hier geht es um das Handeln und die Kommunikation in Situationen, die durch Bedürfnisse, Knappheit, Wettbewerb, Entscheidungen, Kreislaufzusammenhänge, Zielkonflikte und die Koordination von Wirtschaftsprozessen geprägt sind (Tenfelde & Schlömer, 2012a, S. 440).
Inhaltsbereiche ökonomischer Bildung ergeben sich aus dem allgemeinen Rahmen für wirtschaftliches Geschehen, welcher von den zentralen Akteuren in Form von privaten Haushalten, von Staaten sowie von Unternehmen bestimmt wird. Sie umfassen das Wirtschaftsgeschehen sowie die Stellung der darin befindlichen privaten Haushalte, der Unternehmen als Zentrum für die Aktion, der Staaten mit ihrer Funktion im Wirtschaftsgeschehen, die Wirtschaftsbeziehungen auf internationaler Ebene sowie Arbeits- und Berufsfelder (Kaminski & Eggert, 2008, S. 12). Dabei beziehen sich Kaminski und Eggert auf die sozialen, rechtlichen, technischen, ökologischen und politischen sowie ethischen Aspekte im privaten Bereich, in der Volkwirtschaft, den Betrieben und der Weltwirtschaft (2008, S. 7). Kaminski nennt die Wirtschafts- sowie Gesellschaftsordnung als Referenzsystem ökonomischer Bildung. Hiermit betont er, dass einzelne Unternehmen oder Institutionen nicht ausschließlich aus mikroökonomischer Perspektive, sondern ebenfalls im volkswirtschaftlichen Zusammenhang auf der Makroebene betrachtet

werden müssen. Auf der Meso-Ebene wird die Verbindung der mikro- und makroökonomischen Perspektive miteinander aufgezeigt. Diesbezüglich benennt er als Inhaltsfelder der ökonomischen Bildung die privaten Haushalte, den Staat, die Unternehmen und das Ausland, welche innerhalb der Wirtschaftsordnung in Verbindung zueinander stehen (Kaminski et al., S. 14).

Ziel der Deutschen Gesellschaft für Ökonomische Bildung ist die Förderung der wissenschaftsdidaktischen Entwicklung ökonomischer Bildung, deren Ausbau sowie die Verankerung in Schule und Hochschule, in der Weiterbildung, der beruflichen Praxis und der Öffentlichkeit (Albers, 2012, S. 178). Das Lehren und Lernen in Bezug auf wirtschaftlich geprägte Situationen ist Gegenstand der Wirtschaftsdidaktik. Die diesbezügliche Theoriebildung soll es ermöglichen, didaktische Entscheidungen in Bezug auf das Fach zu treffen. Dies beinhaltet die Analyse und Begründung von Inhalten und Zielen sowie von den anzuwendenden Methoden und Medien innerhalb des Faches (Seeber, 2008, 308f). Wirtschaftsdidaktik klärt über Fördermöglichkeiten ökonomischer Kompetenzen auf und benennt Gestaltungsvorschläge für Lehr-Lernprozesse (Tenfelde & Schlömer, 2012b, S. 710).

Dauenhauer stellte in seinen Ausführungen zur Wirtschaftslehre die Lebensbedeutsamkeit von Wirtschaft hervor (1978, S. 2). Er betont, dass die Wirtschaftswissenschaft als Bezugsgröße herangezogen werden kann, um Verständnis für reale Handlungssituationen zu vermitteln (1978, S. 64). Das Anliegen, Lernen in seinem Kern an Handlung zu orientieren, greift auf alte Bildungskonzepte zurück. Bereits Pestalozzi forderte ganzheitliches Lernen ein. Als die drei Seiten der Bildung benannte er die Bildung des Kopfes, des Herzens und der Hand. Hiermit thematisierte er bereits ein wichtiges Element der Handlungsorientierung (Engelke, Borrmann & Spatscheck, 2009, S. 103). Auch heute wird Unterricht auf die zu vermittelnde Handlungskompetenz ausgerichtet (Kaiser & Kaminski, 2012, S. 73). Tenfelde und Schlömer empfehlen Bildung nach den jeweiligen Handlungsfeldern sowie -erfahrungen der Lernenden und dem Grad der darin zu erlernenden Handlungsfähigkeit zu unterscheiden (Tenfelde & Schlömer, 2012a, S. 440).

Handlungen sind zielgerichtete Vollzüge, die erkennbare Ergebnisse erzeugen. Ein Handlungsablauf ist durch eine Problemstellung, die anschließende Planung, Durchführung und deren Reflexion sowie (Kaiser & Kaminski, 2012, 46f.) Verinnerlichung strukturiert. Handlungskompetenz besteht aus Fach-, Sozial- sowie Methodenkompetenz und beinhaltet die Fähigkeit zu lernen (Kaiser & Kaminski, 2012, S. 73).

Ökonomische Handlungskompetenz wird als die Fähigkeit einer Person verstanden, ihre konkreten Handlungen in Bezug auf wirtschaftliche Situationen effektiv zu realisieren (May & Wiepcke, 2012, S. 279; Weber, 2008, S. 152). Um ökonomische Handlungskompetenz zu fördern ist es notwendig, den Lernenden die Möglichkeit zu bieten, in Modellen zu denken, Vergleiche zwischen Modellen sowie der Realität vorzunehmen, die Richtigkeit von Hypothesen zu prüfen, um entsprechende Zusammenhänge begreifen, wirtschaftliches Geschehen analysieren und Probleme aufzeigen zu können (Kaiser & Kaminski, 2012, S. 97). Eine Betrachtung der ökonomischen Handlungsbereiche unter Berücksichtigung der besonderen Merkmale der jeweiligen Lebenssituation ermöglicht eine individuelle und zugleich wissenschaftlich fundierte Förderung der Handlungsfähigkeit der Zielgruppe im Hinblick auf wirtschaftlich geprägte Situationen.

Für Menschen mit geistiger Behinderung war ökonomische Bildung als Qualifikation für die Bewältigung ökonomischer geprägter Lebenssituationen so lange irrelevant, wie sie vollversorgt in stationären Einrichtungen lebten. Aufgrund der aktuellen Entwicklung im gesellschaftlichen Umgang mit Menschen mit Behinderung haben diese zunehmend die Chance, im Rahmen des ambulant betreuten Wohnens in kleinen Wohneinheiten oder in der eigenen Wohnungen innerhalb der Gemeinde zu leben (siehe Kapitel 2.3.2). In diesem Zusammenhang werden sie zunehmend mit ökonomisch geprägten Lebenssituationen konfrontiert und sind dazu aufgefordert, diese selbstbestimmt oder mit der notwendigen Unterstützung zu bewältigen. Im Fokus der pädagogischen Betreuung im Rahmen des ambulant betreuten Wohnens sind je nach Einzelfall sehr unterschiedliche Lebenssituationen. Hierzu gehören die ökonomisch geprägten Lebenssituationen, die einen großen Einfluss auf die Lebenslage und die Inklusion der Zielgruppe innerhalb der Gesellschaft haben (siehe Kapitel 2.3.2). Dennoch ist die Wirtschaftsdidaktik nicht Bestandteil der Ausbildungen der Fachkräfte im ambulant betreuten Wohnen[53]. Auch in der Hilfeplanung für das ambulant betreute Wohnen haben ökonomisch geprägte Lebenssituationen einen geringen Stellenwert (siehe Kapitel 2.3.3). Um voll am Leben der Gesellschaft teilhaben zu können müssen Menschen mit Behinderung ökonomisch geprägte Lebenssituationen gestalten und bewälti-

[53] Fachkräfte im ambulant betreuten Wohnen können neben Sozialarbeitern und Sozialarbeiterinnen auch Heilerziehungspfleger und Heilerziehungspflegerinnen, Erzieher und Erzieherinnen, Gesundheits- und Krankenpfleger sowie Gesundheits- und Krankenpflegerinnen oder Ergotherapeuten und Ergotherapeutinnen sein.

gen können. Ökonomische Bildung für die Zielgruppe ist mit Blick auf den Befähigungsansatz von Sen und Nussbaum unabdingbar (siehe 2.1.4.1). In diesem Sinne ist ökonomische Bildung eine Voraussetzung für Inklusion und Teilhabe an der Gesellschaft, wie es die Behindertenrechtskonvention der Vereinten Nationen fordert (siehe Kapitel 2.3.1.2).

Menschen mit Behinderung dürfen gemäß der Behindertenrechtskonvention der Vereinten Nationen nicht von Bildung ausgeschlossen werden (siehe Kapitel 2.3.1.2). Dies gilt für die ökonomische Bildung als Teil der Allgemeinbildung und auch für Personen, die aufgrund ihrer Beeinträchtigung vom allgemeinen Bildungssystem ausgeschlossen wurden. Daher wird im Folgenden der geeignete Rahmen gesucht, um Aspekte der ökonomischen Bildung für die Zielgruppe dieser Arbeit zugänglich zu machen. Das ambulant betreute Wohnen stellt aufgrund der konkreten Begleitung im alltäglichen Lebensumfeld der Adressaten und Adressatinnen einen möglichen Rahmen für die Vermittlung von Kompetenzen für die Gestaltung ökonomisch geprägter Lebenssituationen dar. Hierbei ist die Möglichkeit hervorzuheben, ökonomische Bildung im Zusammenhang mit der direkten Erfahrung in ökonomisch geprägten Lebenssituationen zu verbinden.

Innerhalb der Fachdidaktik gibt es eine breite Diskussion um die didaktische Ausgestaltung ökonomischer Bildung (Remmele, Seeber, Speer & Stoller, 2013b, S. 61). Im Folgenden werden daher die didaktischen Leitbilder der ökonomischen Bildung aufgezeigt, die sich vorwiegend auf die schulische Bildung beziehen und für die Beantwortung der Forschungsfrage als Grundlage für die fachdidaktischen Überlegungen in Kapitel 0 dienen.

2.4.1 Didaktische Leitbilder ökonomischer Bildung

Die Diskussion um die fachdidaktische Ausgestaltung ökonomischer Bildung hält an. Unterschiedliche Ansätze der ökonomischen Bildung finden sich in ihren didaktischen Leitbildern wieder. Diese sollen generelle Zielvorstellungen für das Denken und Handeln der Adressaten und Adressatinnen postulieren (Piorkowsky, 2011, S. 46). Es handelt sich hierbei um die Kategoriale Ökonomische Bildung (Dauenhauer, 1970; Kruber, 1997), die Lebenssituative Ökonomische Bildung (Steinmann, 1997), die Handlungstheoretische und Institutionenökonomische Bildung (Kaminski & Krol, 2008), sowie die Alltags- und Lebensökonomische Bildung (Piorkowsky, 2011). Als Weiterentwicklung des Lebenssituationsansatzes ist zudem der kompetenzorientierte Ansatz zu nennen (Retzmann, Seeber, Remmele & Jongebloed, 2010). Ein integrativer Ansatz ist die Sozio-Ökonomische

Bildung (Kahsnitz, 2008; Zurstrassen & Fischer, 2014). Sie basiert auf der Theorie der sozialwissenschaftlichen Allgemeinbildung[54] (Kahsnitz, 2008).

[54] Zu sozialwissenschaftlicher Bildung siehe auch Hedtke (2008).

Tabelle 5: Didaktische Leitbilder ökonomischer Bildung[55]

Ansatz	Ziele	Inhalt	angestrebte Kompetenzen
Kategoriale ökonomische Bildung	Begründung und Auswahl von allgemeinen Unterrichtsinhalten	Auswahl von elementaren, exemplarischen und fundamentalen Stoffkategorien für den Unterricht	verallgemeinerbare Kenntnisse, Fähigkeiten und Einstellungen über den Gegenstandsbereich der Wirtschaft
Lebenssituative Ökonomische Bildung	Mündigkeit des Menschen zur Gestaltung des Lebens in der Gesellschaft	Qualifizierung für ökonomisch geprägte Lebenssituationen	Entscheidungs-, Handlungs- und Gestaltungskompetenz für ökonomisch geprägte Lebenssituationen
handlungs-theoretische & institutionen-ökonomische Bildung	Erwerb einer Eigenlogik des Ökonomischen und ein Verständnis von Wirtschaft und ihren Bezugssystemen.	Wirtschaftswissenschaftliche Ausprägung, Referenzsystem der Ökonomik	Handlungskompetenz im ökonomischen Regel- & Institutionensystem
Alltags- & Lebensökonomische Bildung	Bildung für die Gestaltung konkreter Lebenssituationen	Wirtschaftswissen, ökonomische, heterodoxe Quellen, Mikroökonomik für die Alltags- und Lebenswelt der Lernenden	Kompetenzen für die Bewältigung ökonomischer Anforderungen in der Alltags- und Lebenswelt
Kompetenz-orientierung	Vermittlung von Handlungs- und Urteilskompetenzen in Bezug auf ökonomisch geprägte Situationen.	deklaratives Wissen sowie prozedurales Wissen	Handlungs- und Urteilskompetenzen für ökonomisch geprägte Situationen
Sozio-ökonomische Bildung	Qualifikation und Kompetenzen Jugendliche	Orientierung am Subjekt im Beschäftigungs-, Wirtschafts- und Sozialsystem	Kompetenzen für die selbstbestimmte Entwicklung der Persönlichkeit, Lebensführung und Mitbestimmung

[55] Quelle: in Anlehnung an Hedtke, 2011; Hedtke & Weber, 2008

In Bezug auf die Forschungsfrage sind die Leitbilder der Kategorialen, der Lebenssituativen sowie der Alltags- und Lebensökonomischen Bildung von besonderer Bedeutung. Die genannte Literatur zu den didaktischen Leitbildern der ökonomischen Bildung bezieht sich auf den Unterricht an allgemeinbildenden Schulen. Für die Beantwortung der Forschungsfrage bieten diese Leitbilder eine Orientierung über Themenfelder der ökonomischen Bildung und eine mögliche Strukturierung derselben.

2.4.1.1 Kategoriale Ökonomische Bildung

Die Kategoriale Ökonomische Bildung steht in engem Kontext zu der bildungstheoretischen Didaktik. Diese hat zum Ziel, eine begründete Auswahl von allgemeinbildenden Unterrichtsinhalten zu treffen. Begründet wurde die bildungstheoretische Didaktik in den 1950er Jahren von dem Erziehungswissenschaftler Klafki. Darin fokussiert er die Erschließbarkeit fachlicher Inhalte für die Schüler und Schülerinnen. Er entwickelte ein Modell, um Bildungsinhalte innerhalb der Inhalte für den Unterricht an allgemeinbildenden Schulen abzubilden. Mit diesem Modell wurden erstmals theoretisch fundierte Impulse für die Planung des Unterrichts aufgezeigt. Der Kern liegt dabei auf der didaktischen Analyse und der Strukturierung des Unterrichts (Lehner, 2009, S. 74).
In den 1980er Jahren änderte Klafki seine wissenschaftstheoretische Position hin zu der kritisch-konstruktiven Didaktik. Hierbei vereinte er Aspekte der empirischen, hermeneutischen sowie der kritischen Wissenschaft, um den Unterricht so zu gestalten, dass damit die Zielsetzungen der Fähigkeit zur Selbstbestimmung, Mitbestimmung und Solidarität verfolgt werden. Die kritisch-konstruktive Didaktik richtet Klafki stärker an der praktischen Unterrichtsgestaltung aus und entwickelt hierzu das Perspektivenschema für die Planung des Unterrichts. Klafki benennt darin fünf Aspekte die für die Vorbereitung des Unterrichts zu berücksichtigen sind. So muss der Gegenwartsbezug der Inhalte hergestellt werden, um die Bedeutung der Lerninhalte für die Schüler und Schülerinnen hervorzuheben. Ebenfalls muss die Zukunftsbedeutung der Lerninhalte für die Schüler und Schülerinnen aufgezeigt werden. Die Struktur der Lerninhalte und deren exemplarische Bedeutung müssen klar erkennbar sein. Zudem muss der Inhalt für die Lernenden zugänglich sein und deren Interesse wecken (Jank & Meyer, 2011, 205f.; Lehner, 2009, S. 76).

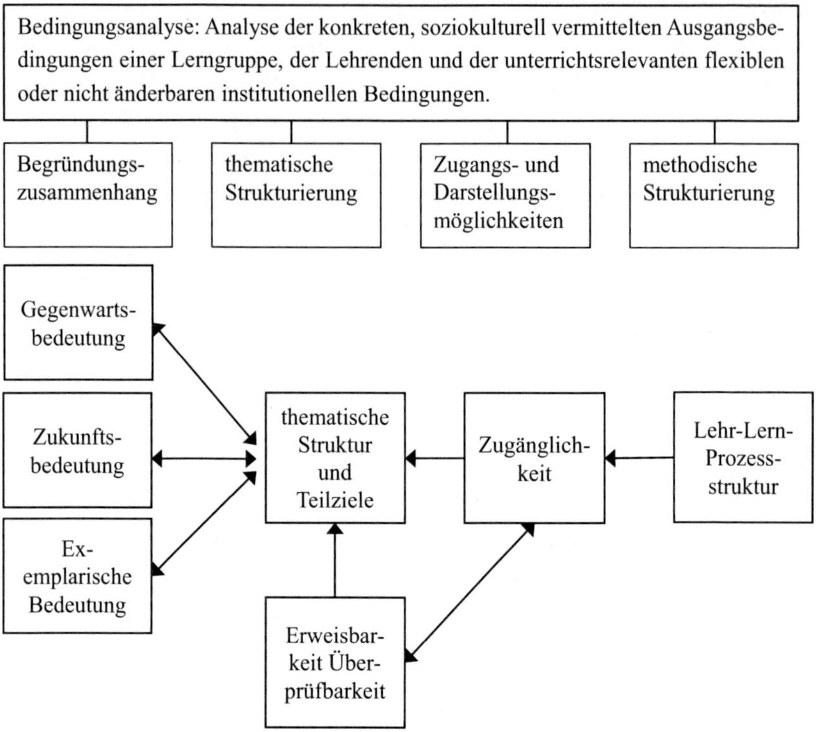

Abbildung 19: Perspektivenschema für die Unterrichtsplanung nach Klafki[56]

In das Schema (siehe Abbildung 19) wurden die fünf Aspekte für die Vorbereitung des Unterrichts integriert und ergänzt. Die kritisch-konstruktive Didaktik soll die Lehrenden darin unterstützen, ihr eigenes Handeln innerhalb der Lehre zu erklären und die relevanten Inhalte für die Lernenden aufzuzeigen (Lehner, 2009, S. 77).

Klafki beschreibt das Lernen im Sinne der kategorialen Bildung wie folgt:

> *„Bildendes Lernen, das die Selbstständigkeit des Lernenden fördert, also zu weiterwirkenden Erkenntnissen, Fähigkeiten, Einstellungen führt […], wird nicht durch reproduktive Übernahme möglichst vieler Einzelkenntnisse, -fähigkeiten und -fertigkeiten gewonnen, sondern dadurch, daß sich der Lernende an einer be-*

[56] Quelle: in Anlehnung an Lehner (2009, S. 76).

grenzten Zahl von ausgewählten Beispielen (Exempeln) aktiv allgemeine, genauer: mehr oder minder weitreichend verallgemeinerbare Kenntnisse, Fähigkeiten, Einstellungen erarbeitet, m. a. W: Wesentliches, Strukturelles, Prinzipielles, Typisches, Gesetzmäßigkeiten, übergreifende Zusammenhänge" (Klafki, 2007, 143f).

Dem entsprechend versteht Klafki unter Kategorien die Grundstrukturen des Wirklichkeitsbereichs, die solch verallgemeinerbare Inhalte abbilden. Dementsprechend definiert er drei Prinzipien, die bereits in der bildungstheoretischen Auseinandersetzung in den 60er Jahren benannt wurden. Die Stoffauswahl im Sinne der kategorialen Didaktik orientiert sich an den Prinzipien des Elementaren, des Fundamentalen und des Exemplarischen (Kruber, 2008, S. 188). Erfahrungen sind elementar, wenn dahinter ein allgemeingültiges Prinzip erkennbar ist. Erfahrungen sind dann fundamental, wenn sie Grundeinsichten und grundlegende Erfahrungen vermitteln. In beiden Fällen müssen die Lehrinhalte exemplarisch, das heißt am Beispiel aufgearbeitet und dargestellt werden (Jank & Meyer, 2011, S. 220).

Um das Problem der Stoffauswahl zu lösen, werden exemplarisch und unter Berücksichtigung der Bildungsziele Kategorien definiert, die die wesentlichen Inhalte umfassen sollen. Solche Stoffkategorien erfassen das allgemeine, grundlegende Wissen und bilden es als theoretisch zu verstehende Kategorien ab (Klafki, 2012, S. 445). Diese Kategorien sollen eine Einsicht in die Struktur des Stoffes bieten und anhand eines Elementes den gesamten Stoff oder wesentliche Teile davon darstellen. Aus dieser Perspektive heraus haben die Kategorien erst einmal keinen Bezug zu Bildung an sich. Entsprechend sind Stoffkategorien von Bildungskategorien zu unterscheiden, die in der Unterrichtsplanung Anwendung finden (Dauenhauer, 1970, S. 70).

In der Kategorialen Ökonomischen Bildung sollen Lernende beispielhaft an ausgewählten Kategorien verallgemeinerbare Kenntnisse und Fertigkeiten erwerben, die kategorial wirken und die Einstellung der Person prägen (May, 2010, S. 7). Kategoriale Ökonomische Bildung soll diese Kategorien für die Lernenden sichtbar machen und es ermöglichen, dass sie auf Seiten des lernenden Subjekts in allgemeinen Erkenntnissen aufgehen:

„Wer das Typische eines Bereichs kennt, versteht das Wesentliche vieler Einzelfälle; er spart Lernzeit." (Kruber, 1997, S. 59)

Auf der Grundlage der kategorialen Bildung nach Klafki entwickelten Wirtschaftsdidaktiker und Wirtschaftsdidaktikerinnen verschiedene Kategoriensysteme. Grundlegend für die Kategoriale Ökonomische Bildung sind die Werke von Dauenhauer (1978) und May (1978). Seither prägten beide die Entwicklung der Kategorialen Ökonomischen Bildung. Dauenhauer schuf ein sehr differenziertes Kategoriensystem über mehrere Ebenen, welches betriebs- und volkswirtschaftliche Themen abdeckt (Dauenhauer, 2001). Wegen seiner Komplexität ist dieses System in der Praxis daher nur schwer anwendbar (Kruber, 2008, S. 188).
Die Ausführungen von Kruber fanden hingegen besondere Beachtung und Verbreitung. Das von ihm entwickelte Kategoriensystem beinhaltet die Stoffkategorien, die Wirtschaft ausmachen. Als besondere Kennzeichen für ökonomische Probleme nennt er den Umgang mit Knappheit sowie die damit verbundene Notwendigkeit der Kosten-Nutzen-Überlegungen. Er verweist darauf, dass Wirtschaften arbeitsteilig, unter Koordination innerhalb des Wirtschaftskreislaufes geschieht und Zielkonflikte mit sich bringt. Er beschreibt, dass sich Wirtschaftsprozesse nicht gleichgewichtig vollziehen und betont den Zusammenhang von Wirtschaften und Ungleichheit. Hierdurch werden staatliche Eingriffe in den Wirtschaftskreislauf notwendig, die im Zusammenhang mit der Unsicherheit der Märkte verschiedene Personengruppen unterschiedlich betreffen (Kruber, 1995, S. 66).
Erst später ergänzt er den Bezug von wirtschaftspolitischen Entscheidungen zu Werten (Bsp. Freiheit, Soziale Gerechtigkeit, Sicherheit). Er benennt, dass Wirtschaften im Kontext institutioneller sowie gesellschaftlicher Rahmenbedingungen erfolgt und dass der demokratische Staat die Wirtschaftsordnung „gestaltet und legitimiert" (Kruber, 2008, S. 189).
May arbeitete dieses Konzept weiter aus und formulierte in seinem Buch zur Didaktik der ökonomischen Bildung (2010) die in Abbildung 20 aufgezeigten Kategorien. Dieses Kategoriensystem wird innerhalb der ökonomischen Bildung weiterhin rezipiert und angewendet (siehe auch Arndt, 2015, S. 44). May betont, dass es sich dabei um ein offenes System handelt, welches erweitert werden kann (May, 2010, S. 8).

1) Menschliches Handeln ist bedürfnisgetrieben;
2) die Knappheit der Güter zwingt den Menschen zu wirtschaftlichem Handeln;
3) wirtschaftliches Handeln ist konfliktgeprägt;
4) wirtschaftliches Handeln ist entscheidungsbestimmt;
5) wirtschaftliches Handeln ist risikobehaftet;
6) wirtschaftliches Handeln ist nutzenorientiert;
7) wirtschaftliches Handeln impliziert Arbeitsteilung;
8) wirtschaftliches Handeln schafft Interdependenz;
9) wirtschaftliches Handeln bedarf der Koordination;
10) wirtschaftliches Handeln/Geschehen vollzieht sich in Kreislaufprozessen.

Abbildung 20: Wirtschaftswissenschaftliche Kategorien und Subkategorien[57]

May arbeitete diese Kategorien und Subkategorien weiter aus. Die Kategorie „wirtschaftliches Handeln bedarf der Koordination" erweiterte er durch die Aspekte a) Markt bedeutet Wettbewerb, b) Wettbewerb dient dem Gemeinwohl, c) Wettbewerb wird durch das menschliche Machtbestreben ständig bedroht (May, 2010, S. 8). Zudem fügte er zusätzliche wirtschaftswissenschaftliche Kategorien hinzu:

- „wirtschaftliches Handeln führt zu Ungleichheit;
- Ungleichheit indiziert Leistungsbestreben, Fortschritt und Wohlstand;
- Wohlstand fundiert Freiheit und Macht
- jeder ist sein eigener Unternehmer" (May, 2010, S. 8).

Daran wird kritisiert, dass die kategorialen Begriffe stellenweise mit normativen Aussagen verbunden werden. Allgemein wird an der kategorialen Didaktik kritisiert, dass die Wahl und die Bedeutung der Kategorien immer eine subjektive ist (Kruber, 2008, 189f.).

Werden diese Stoffkategorien als Grundeinsichten an verschiedenen Unterrichtsstoffen mit den Lernenden erarbeitet, können sie von den Lernenden als das Typische des Wirtschaftsgeschehens erkannt werden. Dabei erfolgt die Umsetzung der Stoffkategorien in Bildungskategorien. May empfiehlt diese Unterrichtsbeispiele aus der Erfahrungswelt der Lernenden zu wählen (May, 2010, S. 31).

Die Grundidee der Kategorialen Ökonomischen Bildung trifft auf eine hohe Akzeptanz. In Bezug auf fachspezifische Konzepte erlangt sie eine neue, empirisch

[57] Quelle: in Anlehnung an: Kruber (1997, 61f.)

überprüfbare Relevanz. Wenn Sie nicht auf die Wirklichkeit und deren Schlüsselprobleme bezogen wird, vernachlässigt sie den von Klafki hervorgehobenen Sinn und die Subjektivität. An dem derzeitigen Kategoriensystem der ökonomischen Bildung fehlt Hedtke die solide fachdidaktische Fundierung in der Wirtschaftswissenschaft und ihr Bezug zu dem wirtschaftswissenschaftlichen Diskurs. Hedtke kritisiert zudem eine Vermengung der ökonomischen mit sozialwissenschaftlich orientierten Kategorien und die nur wenig begründete ordnungspolitische Denkweise. Sein wesentlicher Kritikpunkt ist, dass die Wirtschaftsdidaktik über keine Methode zur Auswahl und Bestimmung der Kategorien verfüge. Zudem sei nicht nachgewiesen, welche Auswirkungen diese Kategorien auf das Handeln der einzelnen Person haben (Hedtke, 2011, 27f).
Inwieweit Aspekte aus der Kategorialen Ökonomischen Bildung im Rahmen des ambulant betreuten Wohnens Anwendung finden sollten, wird in Kapitel 0 erörtert.

2.4.1.2 Lebenssituative Ökonomische Bildung

Das Leitbild der Lebenssituativen Ökonomischen Bildung ist in Bezug auf die Forschungsfrage von besonderer Bedeutung, weil Bildung hier in Zusammenhang zu Lebenssituationen der Lernenden gestellt wird. Soziale Arbeit im ambulant betreuten Wohnen orientiert sich sowohl an der Lebenslage, Lebenswelt und Lebensphase der zu betreuenden Person. Daraus werden Ziele und Maßnahmen für die Betreuung in Bezug auf konkrete Lebenssituationen abgeleitet. Die Begleitung und Betreuung in den Lebenssituationen ist somit ein grundlegender Bestandteil der Sozialen Arbeit im ambulant betreuten Wohnen (siehe Kapitel 2.3.3). In diesem Rahmen muss eine Orientierung an den Lebenssituationen der Zielgruppe gewährleistet werden.
Der Lebenssituationsansatz als pädagogisches Konzept für Bildungsprozesse, hat den Ausgangspunkt in den Lebenssituationen der Lernenden. Hiernach werden Lebenssituationen als Ausschnitte aus der sozialen Wirklichkeit verstanden, die real erfahrbar und aufklärbar sind (Zimmer, 1973, S. 33). Zimmer spricht in diesem Zusammenhang von einer „Entschulung der Inhalte dadurch, daß die Lebenswirklichkeit Lernender zum Bezugspunkt der Entwicklung genommen wird" (Zimmer, 1973, S. 17). Ochs und Steinmann haben das Konzept der lebenssituationsorientierten Bildung für die ökonomische Bildung ausgearbeitet. Seither wurde es kontinuierlich weiterentwickelt (Steinmann, 1997; 2008). Innerhalb der Wirtschaftsdidaktik findet es weiterhin Anwendung (Arndt, 2015, S. 50; Hedtke, 2011, S. 57; Remmele et al., 2013b, S. 55).

Ziel der lebenssituativen ökonomischen Bildung ist es, die einzelne Person zur selbstbestimmten Lebensbewältigung zu befähigen. Die Kernfrage ist daher, welche Erkenntnisse aus der Ökonomie genutzt werden können, um dem einzelnen Menschen selbstbestimmtes und verantwortliches Gestaltungsvermögen für das eigene Leben innerhalb der Gesellschaft zu vermitteln (Steinmann, 2008, S. 209). Lebenssituationen werden in diesem Kontext als Beziehungen zwischen Menschen verstanden, die sich wiederholen. Sie werden durch gesellschaftliche Normen, Entscheidungssysteme, gesellschaftlichen Faktoren und Organisationsformen[58] geprägt (Steinmann, 1997, S. 2).

Aus der Vielzahl ökonomisch geprägter Lebenssituationen sind in diesem Sinne zur Vermittlung ökonomischer Bildung solche auszuwählen, die für die Bewältigung des Lebens besonders relevant erscheinen und zur Entwicklung des Gegenstandes sowie der Mündigkeit der Lernenden beitragen. Steinmann konzentriert seine Ausführungen auf die Lebensbereiche der Einkommenserzeugung und der Einkommensverwendung (Steinmann, 2008, S. 287). Diese Lebensbereiche differenziert er aus und formt auf diese Weise ökonomisch geprägte Lebenssituationen, zu denen er typische Lebenssituationen hinzufügt. Dabei umfasst die Einkommensentstehung die Bereiche Berufswahl, -bildung und -wechsel, Stellung am Arbeitsplatz sowie Arbeits- und Sozialeinkommen. Die Einkommensverwendung bezieht er auf die Lebenssituationen Kauf, Freizeit, Sparen, Versichern, Vorsorgen und Vermögensbildung sowie Steuern zahlen und Nutzung öffentlicher Güter (Steinmann, 1997, S. 7).

Lerninhalte und -methoden werden dabei auf der Grundlage von Qualifikationen bestimmt, die notwendig sind, um zur Befriedigung von Bedürfnissen ein sachgerechtes und zielbezogenes Handeln zu ermöglichen (Steinmann, 2008, S. 210). Diese ausgewählten Lebenssituationen können entsprechend ihrer Lernbedeutung gewichtet werden (Hedtke, 2011, S. 63).

Bei diesem Vorgehen zur Auswahl der Lerninhalte bleibt die Diversität von Personengruppen und ihrer konkreten Lebenssituationen außen vor (z. B. verschiedene Lebenssituationen unterschiedlicher Klassen, Ethnien, Geschlechter etc.). Steinmann nimmt keine Fokussierung auf die ökonomische Perspektive vor, sondern konzentriert sich auf „Kompetenzsteigerung in Form von Vermittlung gesellschaftlich nützlichen Wissens, Könnens und Wertens" (Steinmann, 1997, S. 4). Nach Hedtke entspricht dies nicht der wissenschaftlichen Orientierung der

[58] In Anlehnung an Zapf sind hier Markt, Staat, private Haushalte und Assoziationen gemeint (1984, S. 266).

Wirtschaftsdidaktik (Hedtke, 2011, 66f). Remmele, Seeber, Speer und Stoller benennen die fehlende ökonomische Perspektive dieses Leitbildes und verweisen diesbezüglich auf den Ansatz der Alltags- und Lebensökonomischen Bildung, der in seiner Grundorientierung der Lebenssituationsorientierten Ökonomischen Bildung ähnelt (2013b, S. 56).

2.4.1.3 Alltags- und Lebensökonomische Bildung

Ausgangspunkt der Alltags- und Lebensökonomischen Bildung ist der private Haushalt mit seinen vielseitigen Anforderungen, die er an die Person innerhalb ihrer Alltags- und Lebenswelt stellt. Dementsprechend haben die privaten Haushalte auf der Mikroebene sowohl eine grundlegende als auch strukturgebende Funktion für die Gesellschaft und die Wirtschaft auf der Meso- und der Makroebene (Piorkowsky, 2015, S. 230). Die Alltags- und Lebensökonomische Bildung ist in Bezug auf die sozialpädagogische Betreuung in privaten Haushalten von Bedeutung. Private Haushalte sind im Sinne der Alltags- und Lebensökonomischen Bildung Konsumenten und Konsumentinnen sowie Produzenten und Produzentinnen zugleich. Ihre ökonomische Aktivität beginnt bei der Wahrnehmung von Knappheit und dem damit verbundenen Wunsch, diesen Zustand zu ändern (Piorkowsky, 2008, S. 34).

Die Alltags- und Lebensökonomische Bildung richtet ihren Fokus auf die Produktions- und Konsumprozesse der privaten Haushalte und zielt darauf ab, Konzepte zur Bildung und Beratung zu entwickeln, die dem Menschen zu einem persönlich erfolgreichen und gesellschaftlich verantwortlichem Konsum verhelfen (Piorkowsky, 2011, 23, 55). Dabei wird der private Haushalt innerhalb sozialer und ökologischer Systeme betrachtet (Piorkowsky, 2011, S. 181). Die Alltags- und Lebensökonomische Bildung stützt sich auf die Theorie der Wohlfahrtsproduktion[59], die Zapf wie folgt definiert:

> *„Welfare is the function of living conditions and of perceived life quality, and an individual's welfare position is determined by the level, dispersion and correlation of those two components that can be measured by objective and subjective social indicators." (Zapf, 1984, S. 263)*

---

[59] In der Wohlfahrtstheorie nach Zapf werden Märkte, Staaten, Assoziationen und private Haushalte als Produzenten von privaten, öffentlichen, kollektiven und personalen Gütern verstanden. Personale Güter werden in Orientierung an den Bedürfnissen der Haushaltsmitglieder von diesen für sich selber hergestellt (Zapf, 1984, S. 266).

Als Akteure und Akteurinnen der Wohlfahrtsproduktion benennt Zapf vier Gruppen: die Märkte als Produzierende privater Güter, die Staaten als Produzierende öffentlicher Güter, freie Assoziationen sowie Verbände als Produzierende kollektiver Güter und als Viertes die privaten Haushalte als Produzierende personaler Güter (Zapf, 1984, S. 266). In der Theorie der Wohlfahrtsproduktion finden verschiedene Produktionsprozesse und das Zusammenspiel der Institutionen in der Gesellschaft Beachtung (Glatzer & Zapf, 1984, S. 22). Piorkowsky ergänzt diese Auffassung um das Ökosystem, das Gesellschaftssystem, die hybriden Systeme und die Haushaltsproduktion (Piorkowsky, 2011, S. 181). Sie stellen das Umfeld dar, indem sich Bewohner und Bewohnerinnen privater Haushalte bewegen. In der Theorie der Wohlfahrtsproduktion werden private Haushalte als Endproduzierende gesehen, indem sie die Vorleistungen von Staat, Markt und Assoziationen kombinieren und so konsumierbare Güter erstellen (Piorkowsky, 2015, S. 232). In diesem Kontext sind private Haushalte die primäre Institution zur direkten Bedürfnisbefriedigung und Bedarfsdeckung.
Piorkowsky bezeichnet die Befriedigung von Bedürfnissen und die Bedarfsdeckung in Bezug auf den privaten Haushalt als Haushaltsprozess. Inhalt dieses Prozesses ist sowohl die Konkretisierung der Bedürfnisse und Wünsche als auch die anschließende Abwägung von Handlungsoptionen und deren Umsetzung. Dieser Prozess beginnt mit dem Bewusstwerden von Bedürfnissen und ist somit stark durch die jeweilige Sozialisation, die Umwelt und den Markt geprägt (Piorkowsky, 1997, S. 46). Er wird bereits im Kinder- und Jugendalter innerhalb der Herkunftsfamilie trainiert (Piorkowsky, 2011, S. 69). Die Bedürfnisse der Individuen werden als Ausgangspunkt für das entsprechende wirtschaftliche Denken und Handeln betrachtet. Die privaten Haushalte stellen die selbst gewählte Organisationsform hierfür dar (Piorkowsky, 2015, S. 235).
Das Haushalts- bzw. Familiensystem erfüllt vielfältige Funktionen, die in Innen- und Außenfunktionen unterschieden werden. Die entscheidende Innenfunktion wird in der „Bildung und Erhaltung von Humanvermögen" (Piorkowsky, 1997, S. 50) gesehen[60]. Von Schweitzer geht einen Schritt weiter und bezeichnet das

[60] Weitere wichtige Innenfunktionen sind die Regenerations-, die Generations- sowie die Sozialisationsfunktion. Als Außenfunktionen werden die gesamtwirtschaftliche, die gesellschaftliche, die politische sowie die ökologische Funktion bezeichnet (Piorkowsky, 1997, 52f).

bestehende Humanvermögen als Voraussetzung für die Gründung eines Haushaltes, welches zur Haushaltsauflösung führt, wenn es wegfällt[61] (von Schweitzer, 1991, S. 158).

Im Sinne der Alltags- und Lebensökonomischen Bildung beginnt Wirtschaften in dem primären Kontext aus Haushalt und Familie und wird als lebenslanges Alltagshandeln verstanden. Wirtschaftende Personen werden als Unternehmer und Unternehmerinnen ihrer Arbeitskraft angesehen. Dementsprechend ist Wirtschaft in großen Unternehmen das Ergebnis individueller Entscheidungen und Handlungen, die in gesellschaftliche sowie ökologische Prozesse eingebettet sind und einen Nutzen für Natur und Umwelt mit sich bringen. Aus diesem Grund verfolgt die Alltags- und Lebensökonomische Bildung die Vermittlung von Nachhaltigkeitsstrategien an diese primären Akteure und Akteurinnen (Piorkowsky, 2011, S. 240).

Die Entwicklung eines entsprechenden alltags- und lebensweltorientierten Konzepts zur Ökonomischen Grundbildung wurde 1999 im Rahmen eines Maßnahmenkatalogs zur Armutspräventionsprophylaxe durch die Bundesregierung angestoßen. Infolgedessen wurde der Grundkurs Alltags- und Lebensökonomie: „Ich bin meine Zukunft - Gestaltung der Lebenslage“ (Piorkowsky, 2011, S. 174) für Schüler und Schülerinnen entwickelt (Kelle, 2007, S. 314). Im Sinne ökonomischer Bildung hat dieses Konzept die Mündigkeit der Schüler und Schülerinnen in ökonomisch geprägten Situationen zum Ziel. Das fachdidaktische Konzept der Lebens- und Alltagsökonomischen Bildung fokussiert dabei die Vermittlung grundlegender Kompetenzen zur Bewältigung ökonomischer Lebenssituationen im Alltag (Piorkowsky, 2015, S. 236). Ziel ist die Stärkung der Selbstwahrnehmung der Adressaten und Adressatinnen als Inhaber und Inhaberinnen von Ressourcen sowie als Akteure und Akteurinnen in einer ökonomisch geprägten Lebenswelt (Piorkowsky, 2015, S. 249).

Der Grundkurs zur Alltags- und Lebensökonomie ist modular aufgebaut und beinhaltet verschiedene Module (siehe Anhang Kapitel 6.1). Somit stellt die Alltags- und Lebensökonomische Bildung die einzelne Person mit ihren Bedürfnissen und Fähigkeiten in den Vordergrund ökonomischer Bildung. Hiermit unterscheidet sie sich wesentlich von der Lebenssituativen Ökonomischen Bildung nach Steinmann, die an typischen Lebenssituationen ausgerichtet ist. Die Ausrichtung der

[61] Die Grundlage der Gründung eines Haushaltes ist die Bereitschaft der Haushaltsmitglieder sich selbst und die anderen Haushaltsmitglieder zu bilden, zu pflegen oder zu erziehen. Misslingt die Bildung und Erhaltung von Humanvermögen, löst sich das Haushaltssystem auf.

Alltags- und Lebensökonomischen Bildung auf die Befähigung einzelner Personen für das alltägliche Leben ist für die Beantwortung der Forschungsfrage besonders relevant. Der Ansatz umfasst eine Kompetenzvermittlung, die für Personen im ambulant betreuten Wohnen bedeutsam ist. Dennoch fokussiert dieser Ansatz die Bildung von Kindern und Jugendlichen im allgemeinen Schulsystem. Für die Arbeit im ambulant betreuten Wohnen ist er daher nicht geeignet, bietet jedoch wesentliche Anreize für ein entsprechendes subjektorientiertes Bildungskonzept für den Kontext Sozialer Arbeit im ambulant betreuten Wohnen. Daher werden die genannten Themenbereiche aus den jeweiligen Modulen des Grundkurses zur Alltags- und Lebensökonomie in Kapitel 0 in die Analyse der erhobenen Daten einbezogen und in Kapitel 0 für die anschließende Konzeptentwicklung genutzt.
Für die personenbezogene Soziale Arbeit im ambulant betreuten Wohnen ist es notwendig weitere Aspekte des alltäglichen Lebens in die konzeptionellen Überlegungen zur ökonomischen Bildung der Adressaten und Adressatinnen einzubeziehen. Hierzu ist eine Betrachtung der ökonomisch geprägten Lebenssituationen im Kontext von Lebenslage, Lebensphase und Lebenswelt der einzelnen Person notwendig (siehe Kapitel 2.2). Die Rahmenbedingungen im ambulant betreuten Wohnen ermöglichen eine solch individuell ausgerichtete ökonomische Bildung der Zielgruppe (siehe Kapitel 2.3.3).

2.4.1.4 Dortmunder Modell synergetischer ökonomischer Bildung

Im Rahmen Sozialer Arbeit werden Menschen mit Behinderung in verschiedenen Zusammenhängen begleitet, beraten und betreut. Die Tätigkeitsbereiche Sozialer Arbeit innerhalb der Behindertenhilfe umfassen vielfältige Angebote der Frühförderung, Betreuung an Schulen, Beratung für Menschen mit Behinderung und deren Angehörige, familienunterstützende Dienste, Freizeitbegleitung, soziale Dienste in Werkstätten für behinderte Menschen oder die Begleitung alter Menschen mit Behinderung. Das ambulant betreute Wohnen nach § 53 SGB XII (siehe Kapitel 2.3.3) ist ein Tätigkeitsbereich Sozialer Arbeit. In diesem Kontext haben ökonomisch geprägte Lebenssituationen und vorhandene Defizite in ökonomischer Bildung besondere Brisanz, da sie zu existentiellen Krisensituationen führen können. Die Zielsetzung der Inklusion von Menschen mit Behinderung und deren Teilhabe am gesellschaftlichen Leben gilt auch für diesen Kontext. Das ambulant betreute Wohnen in eigenen Wohnungen im Stadtgebiet kann bereits als erster Schritt in Richtung Inklusion verstanden werden. Als Beispiel hierfür nennt Theunissen die Auflösung der zentralen Wohneinrichtung der Stiftung Hephata in Mönchengladbach, deren Bewohner und Bewohnerinnen heute in stadtnahen Wohneinheiten mit einer geringeren Anzahl an Mitbewohnern und Mitbewohnerinnen leben (Theunissen, 2013, S. 328). Soziale Arbeit im Rahmen des ambulant betreuten Wohnens findet im alltäglichen Lebensumfeld der Adressaten und Adressatinnen statt. Fachkräfte haben so die Möglichkeit in den konkreten Lebenssituationen Interventionen zu leisten. Hierzu werden unterschiedliche Methoden der Sozialen Arbeit angewendet[62].

Um in diesem Rahmen ökonomische Bildung zur Förderung der Inklusion der Zielgruppe leisten zu können, werden komplexere didaktische Leitbilder benötigt. Das Ziel von Inklusion im Rahmen ökonomischer Bildung ist nach Thole die volle Teilhabe von allen Menschen am ökonomischen Wohlstand. In ihrem Beitrag geht sie der Frage nach, wie ökonomische Bildung gestaltet werden muss, um dies zu ermöglichen (Thole, 2016, S. 1). Dabei sind folgende sechs Ziele ökonomischer Bildung zu verfolgen (Thole, 2016, S. 14):

- Ökonomisch geprägte Lebenssituationen einzuschätzen und bewerten.
- Folgen des ökonomischen Handelns aufzeigen.
- Persönlicher Werte zur Abwägung der Folgen ökonomischen Handelns zu nutzen.
- Bestehende Handlungsspielräume zu erkennen und zu erweitern.
- Eigene Problemlösungen für vorhandene Dilemmata zu entwerfen.
- Soziale Kompetenzen zu entwickeln.

Um mit ökonomischer Bildung diese Ziele zu verfolgen, müssen die bisherigen Leitbilder ökonomischer Bildung erweitert werden. Den dynamischen Wandel und die Komplexität der Gesellschaft fokussiert das Dortmunder Modell synergetischer ökonomischer Bildung. Aus diesem Grund ist es besonders geeignet, um die oben genannten Ziele zu verfolgen (Thole, 2016, S. 15). In Bezug auf das Ziel der Inklusion der Zielgruppe wird dieses Modell im Folgenden als Ergänzung zu den bisher genannten Leitbildern vorgestellt.

Im Mittelpunkt ökonomischer Bildung im Sinne des Dortmunder Modells steht die Frage nach den bestmöglichen Gestaltungsmöglichkeiten für das eigenverantwortliche und sachgerechte Handeln innerhalb der Wirtschaft. Demnach ist ökonomische Bildung nicht anhand eines Kataloges von Wissen und Kompetenzen messbar zu machen. Erfolgreiche ökonomische Bildung zeigt sich daran, wie eine

[62] Methoden der Sozialen Arbeit sind beispielsweise die Systemorientierung, Subjektzentrierung, Fallmanagement, Netzwerkarbeit, Beratung, Einzelfallarbeit oder Gruppenarbeit (siehe auch Wendt, 2017).

Person ihr ökonomisches Wissen mit ihren Zielen und Einstellungen in Verbindung bringt. Diese Person ist in der Lage für sich und andere Verantwortung zu übernehmen und sich als Wirtschaftsbürger und Wirtschaftsbürgerin, Verbraucher und Verbraucherin oder Arbeitnehmer und Arbeitnehmerin an wirtschaftlichen sowie politischen Entwicklungen zu beteiligen und diese mitzugestalten (Liening, 2015, 184f.).
In Anlehnung auf die Theorien komplexer Systeme ist es nicht möglich derartige Systeme durch individuelle Erfahrungen und Beobachtungen im Alltag zu verstehen. Diese Theorie verdeutlicht, dass die Welt von Zusammenhängen gekennzeichnet ist, die nicht zwangsläufig linear verlaufen. Daraus folgert Liening, dass die Zukunft eben nicht ursächlich linear sondern offen ist. Diese Erkenntnis birgt einen Wandel der Wirtschaftswissenschaften in sich mit den entsprechenden Konsequenzen für die Wirtschaftsdidaktik (Liening, 2015, S. 187).
Um ein solches Verständnis aufzubauen ist die Suche nach Übereinstimmungen zwischen dem Wirtschaftsalltag der Adressaten und Adressatinnen und der ökonomischen Bildung notwendig. Dabei verdeutlicht bereits die Differenz zwischen Wirtschaftswissenschaft und ökonomischer Bildung, dass nicht die Wissenschaft selber die Frage danach beantworten kann, welche Inhalte von Bedeutung sind (Liening, 2015, 92f.). Eine reine Orientierung an den Wirtschaftswissenschaften ist für die ökonomische Bildung ebenso wenig zielführend, wie eine bloße Ausrichtung an der Erfahrung. Dabei dient die konkrete Erfahrung im Wirtschaftsleben dem Verstehen ökonomischer Zusammenhänge. Die daraus gewonnenen Erkenntnisse können der Sozialisation dienen, haben aber nicht zwingend positive Auswirkungen auf das Verhalten der einzelnen Person (Liening, 2015, 91f.). Unterricht sollte entsprechend wissenschafts- und erfahrungshomomorph gestaltet werden. Diese Idee basiert auf den von Ladenthin entwickelten Konzepten des erfahrungs- sowie wissenschaftsanalogen Lernens für die allgemeine Didaktik (Regenbrecht & Pöppel, 1995).
So kann das Ziel verfolgt werden, dass die Lernenden durch die eigene Einsicht ein tiefgreifendes Verständnis von ökonomischen Prozessen und Strukturen im Sinne ökonomischer Bildung entwickeln. Die Lernenden müssen hierzu auf ihre eigene Art die notwendigen ökonomischen Kenntnisse, Fähigkeiten und Fertigkeiten sowie Einsichten mit den eigenen Zielen und der eigenen Haltung verknüpfen. Ökonomische Bildung als Bildung zur eigenverantwortlichen Gestaltung wirtschaftlicher Lebenssituationen ist eine Grundlage für Entscheidungsfähigkeit im Alltag und somit integraler Teil der Allgemeinbildung. Nimmt man das Kon-

zept von Inklusion im Sinne des menschenrechtlichen Ansatzes und des Befähigungsansatzes ernst, so darf niemand von ökonomischer Bildung ausgeschlossen werden.
Durch die Verknüpfung von Erfahrung und Wissenschaft gewinnt der synergetische Ansatz nach dem Dortmunder Modell an Bedeutung für die Soziale Arbeit, insbesondere im Kontext des ambulant betreuten Wohnens. In diesem Rahmen bietet sich die Möglichkeit, ökonomische Bildung im Zusammenhang mit der direkten Erfahrung in ökonomisch geprägten Lebenssituationen zu verbinden.
Der wissenschaftshomomorphe Unterricht bietet zudem die Möglichkeit, sowohl individuell ausgerichtete Lernarrangements als auch Lernorte zu nutzen. In diesem Sinne werden wirtschaftswissenschaftliche Erkenntnisse thematisiert ohne Aussagen über Entscheidungen zu treffen, die in Zukunft möglich werden. Zudem sind Betreuungsperson und die Adressaten und Adressatinnen gemeinsam an die Idee von Wahrheit gebunden und suchen gleichberechtigt nach Erkenntnissen, um wirtschaftswissenschaftliche Themen zu durchdringen, nachvollziehen und beurteilen zu können (Liening, 2015, S. 97).
Im Rahmen des ambulant betreuten Wohnens ist es möglich Aspekte des wissenschafts- und erfahrungshomomorphen Unterrichts aufzugreifen und neben den direkten Erfahrungen in konkreten Lebenssituationen die Erkenntnisse aus der ökonomischen Bildung einzubeziehen. So kann erfahrunghomomorphes Lernen im Kontext Sozialer Arbeit als verstehendes und sinnhaftes Lernen ebenfalls das selbständige Erarbeiten von ökonomischen Erkenntnissen ermöglichen. Den Lernenden kann in diesem Rahmen die Möglichkeit geboten werden erworbenes Wissen im Sinne des genetischen Lernens wiederzuentdecken.
Dabei dient der Wirtschaftsalltag der Adressaten und Adressatinnen dazu, das Wissen auf den praktischen Nutzen zu überprüfen (Liening, 2015, 101f.). Als typische wirtschaftsdidaktische Methoden nennt Liening die Fallstudie, Planspiele, Wiki-Methode und ökonomische Experimente (2015, S. 108). Bei der Planung solcher Lernarrangements spielen die Fragen nach der Intention, der Thematik, der Methodik und gegebenenfalls des Einsatzes von Medien eine wichtige Rolle. Dabei ist eine Analyse der Struktur des inneren didaktischen Rahmens unabdingbar. Dieser bildet die individuellen Voraussetzungen der Lernenden ab. Hierzu zählen sowohl die Lernfähigkeit und Lernbereitschaft der Person als auch die Lerneinsicht und Lernerkenntnis (Liening, 2015, S. 75).
Die genannten Methoden sind aufgrund der spezifischen Rahmenbedingungen in dem Kontext Sozialer Arbeit im ambulant betreuten Wohnen nur bedingt anwendbar. Vielmehr ist es in diesem Zusammenhang die Aufgabe der Betreuungsperson

in der konkreten Situation die am besten geeignete Methode zu wählen. In diesem Sinne muss die Betreuungsperson ihre bisherige Rolle als Betreuungsperson überdenken, geeignete Lernvorgänge initiieren, und den Prozess des Lernens unter Berücksichtigung kognitiver und emotionaler Voraussetzungen mit geeigneten Methoden gestalten.

Auch dieser Ansatz bezieht sich auf die ökonomische Bildung an allgemeinbildenden Schulen. Dementsprechend muss der synergetische Ansatz nach dem Dortmunder Modell auf das spezielle Lernarrangement im ambulant betreuten Wohnen übertragen und in der konkreten Lebenssituation an die individuellen Bedürfnisse der Adressaten und Adressatinnen angepasst werden um ihn für die Zielgruppe nutzbar zu machen.

Die Unterscheidung in Handlungsfelder, Lernfelder und Lernsituationen ist bei einer Konzeption zur ökonomischen Bildung der Zielgruppe hilfreich. Handlungsfelder sind Komplexe aus Aufgaben, die sich auf zu bewältigende Handlungssituationen beziehen. Die Lernenden sollen befähigt werden die Handlungssituationen bewältigen zu können, die für ihr Leben, den Beruf oder die Gesellschaft von Bedeutung sind. In der Regel werden innerhalb der Handlungsfelder individuelle und gesellschaftliche Probleme in Verbindung miteinander betrachtet. Werden diese Handlungsfelder für den Unterricht didaktisch aufbereitet, so werden sie als Lernfelder bezeichnet. Lernfelder sind umfassende Aufgabenstellungen, die anhand von handlungsorientierten Lernarrangements bearbeitet werden. Sie sind durch die Formulierung von Zielen in Form von Kompetenzen und die Benennung der Inhalte erkennbar. Diese Lernfelder werden in Lernsituationen konkretisiert indem bedeutsame Handlungssituationen didaktisch reflektiert werden, die für das Individuum, die Gesellschaft oder den Beruf von Bedeutung sind. So können aus beruflichen Handlungsfeldern relevante Lerninhalte abgeleitet werden und mit Kompetenzen verknüpft werden. Diese Lernfelder ermöglichen es, die beruflichen Handlungsfelder mit Hilfe theoretischer Erkenntnisse zu durchdringen. Dabei liegt die Verantwortung für die Ausgestaltung des Unterrichts weiterhin bei der Lehrperson, deren Ziel es ist, Lernsituationen so zu gestalten, dass die Lernfelder konkret erfahrbar werden (Liening, 2015, 25f.). Übertragen auf den Kontext der Sozialen Arbeit im ambulant betreuten Wohnen liegt die Verantwortung für die Ausgestaltung der konkreten Lernsituation bei der jeweiligen Fachkraft. In dieser konkreten Lernsituation ist es möglich auf die Verschiedenen Vorkenntnisse, Fähigkeiten und Bildungsbedarfe einzelner Adressaten und Adressatinnen einzugehen.

Für die Anwendung ökonomischer Bildung im ambulant betreuten Wohnen und zur Förderung der Inklusion der Zielgruppe bietet dieses Leitbild grundlegende Aspekte. Es ist ebenfalls auf den schulischen Kontext und auf die Zielgruppe der Schüler und Schülerinnen ausgerichtet. Es kann somit nicht direkt auf die Soziale Arbeit im ambulant betreuten Wohnen übertragen werden, beinhaltet jedoch wesentliche Aspekte für eine ökonomische Bildung in diesem Kontext. Insbesondere die erfahrungs- und wissenschaftshomomorphe Ausrichtung stellt eine Chance für die konzeptionelle Erweiterung der Sozialen Arbeit im ambulant betreuten Wohnen dar.

2.4.2 Bildungsstandards und Kompetenzbereiche ökonomischer Bildung

Durch die Ergebnisse von PISA[63] und TISSM[64] kam es in Deutschland zu einer Wende in der Bildungspolitik und -verwaltung. Von der inputorientierten Bildungspolitik[65] wird seither zu Gunsten einer am Output orientierten Bildungspolitik[66] Abstand genommen. Dieser Output beinhaltet sowohl Wissen, Kenntnisse und Qualifikationen als auch Wertehaltungen und Überzeugungen (Klieme, 2007, 11f). Die verschiedenen Fachdidaktiken nahmen diesen Paradigmenwechsel zum Anlass, ihre Domäne in Bezug auf die zu vermittelnden Kompetenzen theoretisch zu fundieren. Der Fokus der Fachdidaktik Wirtschaft lag trotz der umfassenden Definition lange Zeit auf den unterrichtlichen Inputs. Entsprechend der Orientierung am Output verabschiedete die Deutsche Gesellschaft für Ökonomische Bildung im Jahr 2004 die in Abbildung 21 dargestellten Kompetenzbereiche ökonomischer Bildung (Deutsche Gesellschaft für Ökonomische Bildung, 2004, S. 2).

---

[63] PISA (Programme for International Student Assessment) ist die internationale Schulleistungsstudie der Organisation für wirtschaftliche Zusammenarbeit und Entwicklung (Bundesministerium für Bildung und Forschung, 2017).

[64] Mit dem TIMSS (Trends in International Mathematics and Science Study) wird in einem Rhythmus von vier Jahren das mathematische und naturwissenschaftliche Grundverständnis von Schülern und Schülerinnen am Ende der vierten Klasse erfasst (Kultusministerkonferenz, 2017).

[65] Eine am Input orientierte Bildungspolitik wurde zum Beispiel durch Haushalts- und Lehrpläne oder Rahmenrichtlinien und Ausbildungsbestimmungen für Lehrpersonen sowie Prüfungsrichtlinien bestimmt.

[66] Eine am Output orientierte Bildungspolitik ist auf das Ergebnis von Bildung ausgerichtet und somit vor allem auf die Lernergebnisse.

a) Entscheidungen ökonomisch begründen b) Handlungssituationen ökonomisch analysieren c) Ökonomische Systemzusammenhänge erklären d) Rahmenbedingungen der Wirtschaft verstehen und mitgestalten e) Konflikte perspektivisch und ethisch beurteilen

Abbildung 21: Kompetenzbereiche der Deutschen Gesellschaft für Ökonomische Bildung[67]

In Anlehnung daran wurden Bildungsstandards für die verschiedenen Schultypen entwickelt (Deutsche Gesellschaft für Ökonomische Bildung, 2004; 2006, 2009), die bisher jedoch nicht die Anforderung erfüllen, anhand entsprechender Aufgaben messbar zu sein. Dieser erste Vorschlag der Deutschen Gesellschaft für Ökonomische Bildung brachte eine allgemeine Diskussion um Kompetenzbereiche sowie Standards der ökonomischen Bildung in Gang. Zugleich wurde der Wunsch nach einer intensiveren, empirischen, fachdidaktischen Lehr-Lernforschung in Bezug auf die Bildungsstandards geäußert (Deutsche Gesellschaft für Ökonomische Bildung, 2004, S. 2). Seeber, Remmele, Retzmann und Jongebloed bezeichnen eine empirisch abgesicherte Validierung für alle Bildungsstandards als wünschenswert, sehen jedoch in der Umsetzung verschiedene Schwierigkeiten[68] (Seeber et al., 2012, S. 79). Die intensive Diskussion innerhalb der Deutschen Gesellschaft für Ökonomische Bildung um die Bildungsstandards und Kompetenzen hält an. In dem Artikel zu ‚Kompetenzen und Standards ökonomischer Bildung' diskutiert Retzmann (2011) diese Konzepte und entwickelt sie fort. Die fachliche Diskussion wird in dem Gutachten von Jongebloed, Remmele, Retzmann und Seeber (2010) und der darauffolgenden Reaktion der Initiative für eine bessere ökonomische Bildung deutlich (Hedtke, Famulla, Fischer, Weber & Zurstrassen, 2010).

Im Rahmen dieser Arbeit dienen die Bildungsstandards und Kompetenzbereiche der Deutschen Gesellschaft für Ökonomische Bildung als Orientierung für die weitergehende Forschung. Ein wesentlicher Aspekt ist dabei die lebenspraktische Ausrichtung der Forschungsfrage auf konkrete Lebenssituationen im ambulant betreuten Wohnen. Diesbezüglich werden im Folgenden die Bildungsstandards

[67] Quelle: in Anlehnung an: Weitz (2005, 8ff)

[68] Eine entscheidende Schwierigkeit in der Entwicklung von validierbaren Bildungsstandards und Kompetenzbereichen stellt beispielsweise die inhomogene Bildungslandschaft in Deutschland dar. So wird Wirtschaft in den verschiedenen Bundesländern in unterschiedlichen Fächerkombinationen unterrichtet. Dies hat zur Folge, dass keine einheitlichen Lehrpläne oder Lernziele für das gesamte Bundesgebiet vorliegen Schlösser (2012, 586f).

und Kompetenzbereiche für den Grundschulbereich fokussiert betrachtet. Dabei ist anzumerken, dass innerhalb der Einzelbetreuung individuell darüber entschieden werden muss, welche akuten Bildungs- und Unterstützungsbedarfe vorliegen. Eine Aufgliederung der Bildungsstandards und Kompetenzbereiche nach Schulniveau ist in diesem Kontext nicht sinnvoll. In Bezug auf die Ausrichtung der Forschungsfrage sind die Kompetenzen für allgemeinbildende Schulen und Bildungsstandards für den Grundschulabschluss der Deutschen Gesellschaft für ökonomische Bildung besonders hilfreich.

Ausgangspunkt für die Kompetenzen für allgemeinbildende Schulen und Bildungsstandards für den Grundschulabschluss ist das Verständnis von Kindern als wirtschaftlich handelnde Subjekte, die als aktive Konsumenten und Konsumentinnen private und öffentliche Güter nutzen und mit Geld umgehen. Demnach sind Kinder als Betroffene ökonomischer Prozesse anzusehen, die gesellschaftliche Problemlagen bewusst miterleben so zum Beispiel fehlende soziale Gerechtigkeit oder Arbeitslosigkeit. Kinder sollen daher lernen die Folgen ökonomischer Prozesse einschätzen zu können und die Interessen der verschiedenen Akteure und Akteurinnen nachzuvollziehen. Sie sollen lernen, Entscheidungen eigenverantwortlich, rational und selbstbestimmt zu treffen und dabei ihre Handlungsspielräume und weitere Zusammenhänge zu berücksichtigen (Deutsche Gesellschaft für Ökonomische Bildung, 2006, S. 3).

Die Kompetenzbereiche der ökonomischen Bildung beziehen sich auf Orientierungs-, Urteils-, Entscheidungs- und Handlungsfähigkeit. Diese Kompetenzen sollen die Kinder befähigen, ihre Rollen als Konsumenten und Konsumentinnen, Berufswähler und Berufswählerinnen, Erwerbstätige und Wirtschaftsbürger sowie Wirtschaftsbürgerinnen selbstbestimmt gestalten zu können. Hierzu sind grundlegende Fähigkeiten notwendig, die ebenfalls für die Zielgruppe dieser Arbeit von wesentlicher Bedeutung für ihre Gestaltungmöglichkeiten ökonomisch geprägter Lebenssituationen sind. Bei der Zielgruppe dieser Arbeit handelt es sich um Personen mit unterschiedlichsten Voraussetzungen und Vorkenntnissen[69]. Als erwachsene Personen führen sie ein Leben in der eigenen Wohnung. Ihre Lebenssituationen sind durch sehr individuelle Lebenswelten, Lebenslagen, Lebensphasen und die verschiedenen Diversitätsdimensionen geprägt. Sowohl die vielschichtige Zielgruppe als auch deren individuell geprägte Lebenssituationen verursachen sehr unterschiedliche Bildungsbedarfe, die mit den Bildungsbedarfen

[69] Bereits die leichte Intelligenzminderung den IQ-Bereich von 50-69 umfasst und so das Intelligenzalter von 9 bis unter 12 Jahren betrifft (siehe Kapitel 2.3.1).

von Schulkindern nur bedingt vergleichbar sind. Für die Beantwortung der Forschungsfrage sind die Bildungsstandards und Kompetenzbereiche der ökonomischen Bildung ausschlaggebend, die sich auf lebenspraktische Fragestellungen beziehen, die sich im Alltag der zu betreuenden Personen wiederfinden. In Bezug auf die Vermittlung von Kompetenzen zur ökonomischen Bildung innerhalb des ambulant betreuten Wohnens müssen Theorien sowie Methoden der Sozialen Arbeit und der Erwachsenenbildung angewendet werden. Die Ausrichtung ökonomischer Bildung an einer konkreten Zielgruppe bietet die Möglichkeit, konkrete Bildungsziele hinsichtlich der individuellen Lebenssituation und der vorliegenden Kompetenzen sowie Bildungsbedarfe auszurichten. Hierzu müssen Bildungsstandards und Kompetenzbereiche losgelöst von Schultypen betrachten und an den individuellen Fähigkeiten und Vorkenntnissen der Lernenden ausgerichtet werden. Da es sich bei der Zielgruppe dieser Arbeit um Erwachsene handelt, werden im Folgenden Aspekte der ökonomischen Grundbildung für Erwachsene vorgestellt.

2.4.3 Ökonomische Grundbildung in der Erwachsenenbildung

Die Forschungsfrage zielt auf Lebenssituationen von Menschen mit geistiger Behinderung im ambulant betreuten Wohnen ab. Diese Personengruppe befindet sich zwischen dem 27. und 65. Lebensjahr. Demnach handelt es sich um Erwachsene. Somit muss ein Konzept zur ökonomischen Bildung für diese Zielgruppe Grundsätze der Erwachsenenbildung beachten. Auf der Grundlage der in Kapitel 2.1.4 formulierten Grundsätze und Konzepte von Inklusion wird in diesem Rahmen bewusst von der Idee Abstand genommen, eine segregierende Bildung für Erwachsene mit Behinderung zu konzipieren. Der Grundsatz von Inklusion erfordert die Berücksichtigung grundlegender Aspekte aus der Erwachsenenbildung für die Beantwortung der Forschungsfrage. Erwachsenenbildung definierte der Deutsche Bildungsrat bereits 1970 „als Fortsetzung oder Wiederaufnahme organisierten Lernens nach Abschluss einer unterschiedlich ausgedehnten ersten Bildungsphase“ (Deutscher Bildungsrat, 1970, S. 197). Auch von dieser Form der Bildung dürfen Menschen mit Behinderung gemäß der Konvention der Vereinten Nationen über die Rechte der Menschen mit Behinderung nicht ausgeschlossen werden. Die Begriffe der Erwachsenenbildung und Weiterbildung beziehen sich beide auf das lebenslange Lernen der Menschen ohne und mit Behinderung in modernen Gesellschaften und sind synonym zu verwenden (Tippelt, 2011, S. 11).

Als vielfältige Ziele von Erwachsenenbildung nennt Gudjons den Erwerb von Schulabschlüssen, Anpassung an berufliche Veränderungen und daraus resultierende Herausforderungen, politische Bildung, Informationen über verschiedene Interessensgebiete, Hilfestellungen für die Bewältigung von Krisen sowie Themen der Kommunikation oder Selbsterfahrung (Gudjons, 1999, S. 290). Nimmt man das Ziel einer möglichst weitreichenden Teilhabe von Menschen mit Behinderung am gesellschaftlichen Leben ernst, so müssen diese Ziele als Bildungsziele für die Zielgruppe anerkannt werden. Das Deutsche Institut für Erwachsenenbildung bestätigt die Vielfältigkeit dieser Bildungsziele in der Studie zu 'Benefits of lifelong learning' (Thöne-Geyer, Fleige, Kil, Manninen & Sgier, 2015). Danach umfasst Erwachsenenbildung freiwillig und aus persönlichem Interesse wahrgenommene Kurse, die in keinem direkten Zusammenhang zu der beruflichen Tätigkeit stehen (Thöne-Geyer et al., 2015, S. 3). Voraussetzung für die Wahrnehmung von Erwachsenenbildungsangeboten ist die Introspektionsfähigkeit der Person. Diese ist dafür notwendig, den eigenen Bedarf an weiterer Qualifikation zu erkennen (Remmele et al., 2013b, S. 131). In Bezug auf Erwachsenenbildung ist die Erkenntnis grundlegend, dass das Handeln des lernenden Subjekts in eigener Tätigkeit erfolgt und in Abhängigkeit zu der psychosozialen Entwicklung sowie zu den spezifischen Verhältnissen der Umwelt steht. Daher ist innerhalb der Erwachsenenbildung zwischen Anlässen, Bedürfnissen und Notwendigkeiten auf Seiten der Adressaten und Adressatinnen sowie den Anforderungen durch deren Umwelt zu unterscheiden (Rhein, 2013, S. 12). Nach Wittpoth lässt sich Erwachsenenbildung kaum realisieren, wenn keine Vorstellung von der Problemkonstellation vorhanden ist, an der die Adressaten und Adressatinnen Orientierung suchen. In Bezug auf die Zielgruppe bedeutet dies, dass sowohl die geänderten Rahmenbedingungen als auch die individuellen Voraussetzungen sowie Problemstellungen bei der Konzeption von Bildungsangeboten beachtet werden müssen.

Erwachsenenbildung lässt sich nach Wittpoth nur angemessen umsetzen, wenn man die Frage nach ihrer Funktion innerhalb der Gesellschaft einbezieht (Wittpoth, 2001, S. 7). Das Ziel der Erwachsenenbildung für die Zielgruppe begründet sich in den Ansätzen von Inklusion und den daraus resultierenden Anforderungen für die einzelne Person und die Gesellschaft (siehe Kapitel 2.1.4).

In Bezug auf die Forschungsfrage wird die Vermittlung von Grundbildungskompetenzen als Bestandteil allgemeiner Erwachsenenbildung fokussiert. Hiermit ist

der grundlegende Erwerb von Wissen und Fähigkeiten gemeint, der eine selbstständige Lebensgestaltung ermöglicht und zum aktiven Handeln innerhalb der Gesellschaft befähigt (Remmele et al., 2013b, S. 21).
Die Vermittlung von allgemeinen Kompetenzen innerhalb der Grundbildung zielt darauf ab, den Menschen dazu zu befähigen an unterschiedlichen Lebenssituationen partizipieren zu können (Weber et al., 2013, S. 13). Folgende Themenbereiche der allgemeinen Erwachsenenbildung wurden in der Studie ‚Benefits of lifelong learning' herausgearbeitet: Sprachen und Geisteswissenschaften, Informationstechnologie und Datenverarbeitung, Kultur und Kunst, Sozialkompetenz, Politik und Gesellschaft, Gesundheit und Sport sowie Grundbildungskompetenzen (Thöne-Geyer et al., 2015, S. 3).
Bereits 1991 wurde offiziell festgestellt, dass eine Grundbildung in Form von Lesen, Schreiben und Rechnen nicht mehr ausreichend ist. Weiterführende Fertigkeiten und Fähigkeiten sind insbesondere im Kommunikations- und Informationszeitalter in allen Lebensbereichen notwendig geworden (Abraham & Linde, 2011, S. 891).
Dies gilt gleichermaßen für die Zielgruppe der Erwachsenen mit geistiger Behinderung, die nach der Konvention der Vereinten Nationen nicht von Grundbildung ausgeschlossen werden dürfen (siehe Kapitel 2.3.1.2).
Im Rahmen der Erwachsenenbildung kommt der Sensibilisierung der Adressaten und Adressatinnen für spezifische Problemlagen und individuelle unbefriedigte Bedürfnisse eine besondere Bedeutung zu. Da Erwachsenenbildung auf Freiwilligkeit beruht, ist ihre Grundlage die Motivation der Adressaten und Adressatinnen. Diese kann gesteigert werden, wenn ein Verständnis dafür geweckt wird, dass bestimmte Problemlagen nach der Bildungsmaßnahme besser gelindert oder beseitigt werden können (Weber et al., 2013, S. 11).
Durch die Entwicklung weg von der stationären und hin zur ambulanten Versorgung gewinnt ökonomische Grundbildung als Voraussetzung für die Bewältigung ökonomisch geprägter Lebenssituationen an Bedeutung. Als Kern ökonomischer Grundbildung für Erwachsene wurden ökonomisch geprägte Lebenssituationen identifiziert, die Anforderungen an das Entscheiden, Urteilen und Handeln innerhalb der Demokratie und der sozialen Marktwirtschaft stellen (Weber et al., 2013, S. 13).
Hier besteht die Problematik, dass eine ökonomische Grundbildung Kenntnisse und Kompetenzen der allgemeinen Grundbildung voraussetzt. Das Dilemma von der Doppeldeutung von Grundbildung erlangt in Bezug auf die unterschiedlichen

Vorkenntnisse der Zielgruppe eine besondere Bedeutung. Auf der einen Seite bestehen die praxisbezogenen Anforderungen aus dem Alltag und auf der anderen Seite die lerntheoretischen Anforderungen hinsichtlich der allgemeinen Kompetenzentwicklung. Angesichts der Vielfalt möglicher Lerninhalte gewinnt die Vermittlung von Metakompetenzen an Bedeutung. In Bezug auf das Lesen und Rechnen kann von domänenverbundenen Kompetenzen gesprochen werden. Sie bilden die notwendige Grundlage, um überhaupt ökonomische Grundbildung vermitteln zu können. Daher stehen die domänenverbundenen Kompetenzen in enger Wechselbeziehung zu dem Domänenwissen ökonomischer Bildung (Remmele et al., 2013b, 121f).

Grundsätzlich befähigt ökonomische Grundbildung für Erwachsene diese dazu, ökonomisch geprägte Alltagssituationen bewältigen und gestalten zu können. Es ist nicht festgelegt, welche konkreten Inhalte ökonomische Grundbildung umfasst. Die Anforderungen an ökonomische Grundbildung unterliegen dem ständigen gesellschaftlichen Wandel. Strukturelle Prinzipien und Grenzen ökonomischer Grundbildung können hingegen benannt werden. Der Kern ökonomischer Grundbildung für Erwachsene ist die Verbraucherbildung, deren Kompetenzerwartungen sich auf alle Menschen beziehen. Hinzu kommt die Bildung für Erwerbstätige, deren Bedeutung grundlegend für Inklusion und Teilhabe an der Gesellschaft ist. Die Bildung für Wirtschaftsbürger und Wirtschaftsbürgerinnen ist Bestandteil schulischer Allgemeinbildung und geht stellenweise über die Gestaltung von Situationen des Alltags hinaus. Sie ist insoweit Bestandteil der ökonomischen Grundbildung für Erwachsene, als das sie grundlegende Wirtschaftskenntnisse vermittelt, die es Bürgern und Bürgerinnen ermöglicht, selbstbestimmt an der Demokratie teilzuhaben und Gesellschaft mitzugestalten. Durch Antworten auf konkrete Problemsituationen werden übergeordnete Kompetenzen vermittelt. Die Lernenden erkennen hierzu den Ordnungsrahmen, der ihre individuellen Handlungsoptionen eingrenzt (Remmele, Seeber, Speer & Stoller, 2013a, 42f.).

Insgesamt lässt sich aus den bisherigen Erkenntnissen zur ökonomischen Grundbildung für Erwachsene ein weiterer Forschungsbedarf zu verschiedenen Schwerpunkten ableiten. Hierzu gehören insbesondere die Ausrichtung der Bildung an den subjektiven Bildungsbedarfen, die Funktion nicht formaler Lernorte, die Wirksamkeit der Bildungsmaßnahme, Evaluation und Erstellung eines Indexes, Bestimmung der Inhalte und Kompetenzen sowie die Abgrenzung zu anderen Bereichen der Grundbildung (Remmele et al., 2013a, 49f.).

Die Ausrichtung ökonomischer Grundbildung an Lebenssituationen von Menschen mit geistiger Behinderung im ambulant betreuten Wohnen ist notwendig,

um die spezifischen Fähigkeiten sowie die unterschiedlichen Bildungsbedarfe der einzelnen Person berücksichtigen zu können. Insbesondere die vorliegenden Fähigkeiten, Unterstützungssysteme und daraus resultierende Einkommensverhältnisse sind zu beachten und können im Rahmen einer Einzelfallprüfung analysiert werden. Gleichzeitig kann in diesem Rahmen geprüft werden, welche Aufgaben die Person selbstständig oder mit Unterstützung ausführen kann und welche Aufgaben an das Unterstützungssystem delegiert werden müssen. Eine solche Analyse wird im Rahmen der Hilfeplanung durchgeführt. Gemäß § 58 SGB XII sind die Träger der Sozialhilfe verpflichtet, so früh wie möglich einen solchen Gesamtplan zu erstellen. Die Ausgestaltung dieser Bedarfsermittlung sowie der Hilfeplanung unterliegt den Vorgaben des SGB IX und des SGB XII.
Die Bedarfsermittlung und Hilfeplanung bezieht sich jedoch nur punktuell auf Teilaspekte ökonomischer Bildung. Hinsichtlich der Forschungsfrage und in Anlehnung an Rhein und Wittpoth werden daher in Kapitel 0 die Lebensumstände und das Lebensumfeld der Zielgruppe im Hinblick auf die Bedürfnisse an ökonomischer Grundbildung untersucht (Rhein, 2013; Wittpoth, 2001).

2.5 Zusammenfassung

In Kapitel 2 wurden die zentralen theoretischen Grundlagen aus den Sozial- und Wirtschaftswissenschaften für die Untersuchung der Forschungsfrage aufgezeigt und diskutiert. Als Grundlage für die gesamte Arbeit wurde ein spezifisches Verständnis von Inklusion entwickelt und aufgezeigt. Darauf aufbauend wurden Grundlagen aus der ökonomischen Bildung und der Sozialen Arbeit dargestellt, die für die Beantwortung der Forschungsfrage notwendig sind. Entsprechend ihrer theoretischen Herkunft wurden diese vorerst getrennt voneinander aufgezeigt und im weiteren Verlauf in Bezug auf die Forschungsfrage in Verbindung zueinander gestellt.

Inklusion
- Grundannahmen dieser Arbeit (Einleitung)
- Theoretische Grundlagen (Kapitel 2.1.4.1)
- Inklusionsdebatte - aktuelle Entwicklungen und Diskussion (Kapitel 2.1.4.2)
- Strategien zur Förderung von Inklusion (Kapitel 2.1.4.3)

Soziale Arbeit
- Behinderung in der Gesellschaft (Kapitel 2.1)
- Konzepte von Lebenslagen, Lebensphasen, Lebenswelt (Kapitel 2.2)
- Lebenslagen von Menschen mit Behinderung (Kapitel 2.3)
- ambulant betreutes Wohnen (Kapitel 2.3.3)

Erkenntnis: Lebenssituationen der Zielgruppe werden durch individuelle Lebenslagen, Lebensphasen und Lebenswelt beeinflusst. Konzepte zu ihrer Förderung müssen daran ausgerichtet werden.

Wirtschaftsdidaktik
- Didaktische Leitbilder (Kapitel 2.4.1)
- Bildungsstandards und Kompetenzbereiche (Kapitel 2.4.2)
- Ökonomische Grundbildung für Erwachsene (Kapitel 2.4.3)
- Ökomische Bildung zur Förderung von Inklusion (Kapitel 2.4.1.4)

Erkenntnis: Ökonomische Bildung umfasst die Qualifikation zur Bewältigung ökonomisch geprägter Lebenssituationen. Ökonomische Bildung zur Förderung von Inklusion bedarf komplexer didaktischer Leitbilder.

Zentrale Erkenntnis: Der Wandel der gesellschaftlichen Rahmenbedingungen macht Förderkonzepte zur ökonomischen Bildung der Zielgruppe notwendig, die zur Realisierung von Inklusion und Teilhabe am gesellschaftlichen Leben spezifische Handlungskompetenzen vermitteln. Hierzu werden komplexe didaktische Leitbilder benötigt, die Kenntnisse aus Sozialer Arbeit und Wirtschaftsdidaktik einbeziehen.

Abbildung 22: Zwischenstand - bisherige Erkenntnisse und Aussicht

In Kapitel 2.1 wurde verdeutlicht, dass Behinderung eine von verschiedenen Diversitätsdimensionen ist, die das Leben eines Menschen beeinflussen. Somit ist es wichtig immer auch die anderen Diversitätsdimensionen von Menschen zu sehen, die als behindert bezeichnet werden (siehe Kapitel 2.1.1). In Deutschland leben 9,6 Millionen Menschen mit Behinderung, deren Teilhabemöglichkeiten durch körperliche, seelische oder geistige Behinderung eingeschränkt sind (Pfaff, 2012, S. 232). Ihr Leben ist von der historischen Entwicklung im Umgang mit Menschen mit Behinderung geprägt und von dem daraus resultierenden Hilfesystem abhängig. Die historische Entwicklung der sogenannten Behindertenhilfe von der Versorgung über die Fürsorge hin zur Inklusion führt aktuell zu steigenden Anforderungen an die Lebensgestaltung der Zielgruppe und erfordert neue Konzepte zu ihrer Förderung und Unterstützung. Diese Entwicklung prägt ebenso das Rechtssystem in Deutschland, welches tiefgreifende Auswirkungen auf das Leben von Menschen mit Behinderungen hat (siehe Kapitel 2.1.2).
Insgesamt bringen Inklusion und Exklusion von Menschen mit Behinderung in der heutigen Gesellschaft eine Vielzahl von Risiken und Chancen für die einzelne Person mit sich und machen inklusive Bildungskonzepte notwendig. Solche Bildungskonzepte erfordern eine professionelle Grundhaltung, die mit verschiedenen Instrumenten in unterschiedlichen Anwendungsfeldern die Menschen hin zu mehr Selbstbestimmung über das eigene Leben fördert (siehe Kapitel 2.1).
Bildungskonzepte zur Förderung der selbstbestimmten Gestaltung von Lebenssituationen, basieren auf der Analyse eben dieser. In Bezug auf die Soziale Arbeit mit der Zielgruppe ist eine individuelle sowie ganzheitliche Betrachtung der konkreten Lebenssituationen notwendig. Um eine ganzheitliches Bild konkreter Lebenssituationen der Zielgruppe aufzeigen zu können, wurden in Kapitel 2.2 die Konzepte von Lebenssituationen, Lebenswelt, Lebenslage und Lebensphase dargestellt. Sie haben Einfluss auf die konkreten Lebenssituationen und sind daher im Rahmen der Sozialen Arbeit im ambulant betreuten Wohnen zu berücksichtigen. Hierzu wurde ein Modell entwickelt, welches Lebenssituationen im Rahmen von Lebenslage, Lebenswelt, Lebensphase sowie der Diversitätsdimension einzelner Personen darstellt. Ökonomische Bildung im Kontext des ambulant betreuten Wohnens kann auf der Lebenslage, Lebensphase und Lebenswelt der Adressaten und Adressatinnen aufbauen, um alltagsnah realisiert zu werden und nachhaltig zu wirken (siehe Kapitel 2.2).
Dabei wurden in Kapitel 2.2.1 Lebenssituationen als Ausschnitte aus der sozialen Wirklichkeit verstanden, die real erfahrbar und aufklärbar sind (Zimmer, 1973,

S. 33). Steinmann konkretisiert dies und bezeichnet Lebenssituationen als Beziehungen zwischen Menschen, die sich wiederholen und durch gesellschaftliche Normen, Entscheidungssysteme, gesellschaftliche Faktoren und Organisationsformen[70] geprägt werden (1997, S. 2). Lebenslagen wurden in Kapitel 2.2.2 in Anlehnung an Weisser als Spielraum eines Menschen verstanden, der für die Befriedigung der Bedürfnisse genutzt werden kann (Weisser, 1956, S. 986). In Anlehnung an Kraus bezieht sich das Konzept der Lebenslage auf die objektiven Umstände (Kraus, 2013, S. 150). Das Konzept der Lebensphase fokussiert den jeweiligen Zeitraum innerhalb eines Lebensverlaufes (Kapitel 2.2.3). Demzufolge werden die Dimensionen der Lebenslagen in den jeweiligen Lebensphasen unterschiedlich gewichtet (Bundesministerium für Arbeit und Soziales, 2013a, S. 25). Die Lebenswelt wurde in Kapitel 2.2.4 in Anlehnung an Husserl und Schütz thematisiert. Husserl beschreibt die Lebenswelt als die reine Erfahrung eines Subjektes von der Welt (Kraus, 2006, 118f.). Schütz und Luckmann betonen, dass die Lebenswelt von dem einzelnen Subjekt individuell konstruiert wird, was auf der Grundlage einer allgemeinen Grundstruktur geschieht, die wiederum intersubjektiv gleich ist (Schütz & Luckmann, 1979, S. 26). Unter Berücksichtigung dieser Aspekte ist die Betrachtung einzelner Lebenssituationen äußerst komplex. Im Rahmen Sozialer Arbeit ist es möglich eine solch intensive Analyse von Lebenssituationen einzelner Adressaten und Adressatinnen durchzuführen, um daraus entsprechende Ziele und Maßnahmen für die Soziale Arbeit mit der Zielgruppe ableiten zu können (Kapitel 2.2). Dazu müssen Lebenssituationen im Kontext von Lebenslage, Lebensphase und Lebenswelt der zu betreuenden Person betrachtet werden. Hierzu wurde das Modell entwickelt, welches die theoretischen

[70] In Anlehnung an Zapf sind hier Markt, Staat, private Haushalte und Assoziationen gemeint (1984, S. 266).

Konzepte von Lebenslage, Lebensphase und Lebenswelt in Zusammenhang zueinander und zu der jeweiligen Lebenssituation stellt.

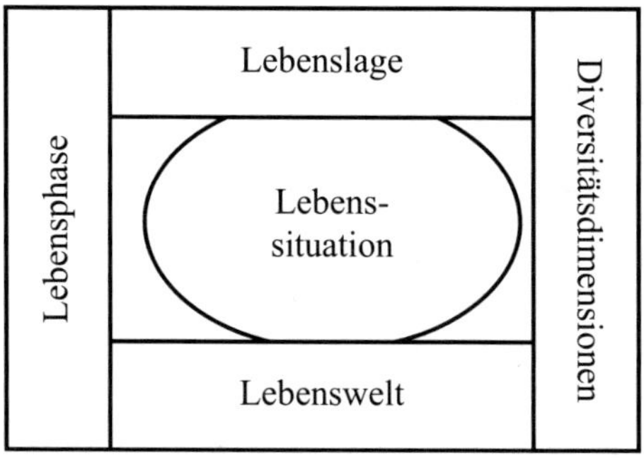

Abbildung 23: Modell der ganzheitlichen Betrachtung von Lebenssituationen

Die Lebenslage von Menschen mit Behinderung wurde in Kapitel 2.3 thematisiert und erweist sich dabei als umfangreich und vielfältig. Sie wird insbesondere von rechtlichen und sozialpolitischen Rahmenbedingungen geprägt, die Auswirkungen auf das alltägliche Leben der Zielgruppe haben (siehe Kapitel 2.3.1). Weltweite Veränderungen für das Leben von Menschen mit Behinderung bringt die Behindertenrechtskonvention der Vereinten Nationen mit sich, die im Jahr 2008 in Kraft trat und seither von 154 Staaten ratifiziert wurde. Die Umsetzung dieser Konvention in nationales Recht dauert in Deutschland weiter an. Erste Auswirkungen sind bereits spürbar. So wurde beispielsweise eine schrittweise Erhöhung des so genannten Schonvermögens von 2.600 € auf 50.000 € innerhalb des Bundesteilhabegesetzes umgesetzt (*Bundesgesetzblatt Teil I Nr. 66,* 2016, Kapitel 9). Insgesamt lässt sich feststellen, dass Lebensphasen von Menschen mit Behinderung in Deutschland wesentlich von denen der Menschen ohne Behinderung abweichen (Kapitel 2.3).

In Kapitel 2.4 wurde die Bedeutung ökonomischer Bildung für die Inklusion analysiert. Hierzu ist es notwendig die Grundlagen ökonomischer Bildung zu erläutern. Ökonomisch geprägte Lebenssituationen werden durch die Lebensphase, Lebenslage, Lebenswelt und Diversitätsdimensionen der einzelnen Person beeinflusst. Entsprechend unterschiedlich sind ökonomische Lebenssituationen und der damit verbundene Bildungsbedarf. Dies führt insoweit zu Schwierigkeiten, als das die bisherigen Konzepte ökonomischer Bildung nicht auf Lebenssituationen, Einschränkungen oder Fähigkeiten unterschiedlicher Zielgruppe ausgerichtet sind. Gleichwohl beinhalten die Leitbilder der Kategorialen, der Lebenssituativen und

der Alltags- und Lebensökonomischen Bildung grundlegende Aspekte, die für die Zielgruppe aufgrund gesellschaftlicher Entwicklungen im Kontext von Inklusion stark an Bedeutung gewonnen haben (siehe Kapitel 2.4.1). Sie müssen für die weitere Arbeit losgelöst von dem schulischen Kontext und der Zielgruppe der Schüler und Schülerinnen betrachtet werden.
Um das alltägliche Leben selbstbestimmt gestalten zu können, benötigt die Zielgruppe spezifische Handlungskompetenzen, die sich aus den Anforderungen von Inklusion, der Sozialen Arbeit und der ökonomischen Bildung ableiten lassen. Hierzu werden in Kapitel 2.4.2 Bildungsstandards und Kompetenzbereiche ökonomischer Bildung aufgezeigt. Hierzu werden Aspekte der ökonomischen Grundbildung für Erwachsene aufgezeigt (siehe Kapitel 2.4.3).

Kern von Kapitel 2 ist somit die Erkenntnis, dass der Wandel der gesellschaftlichen Rahmenbedingungen, der Hilfesysteme und der konkreten Lebenssituationen von Menschen mit geistiger Behinderung Förderkonzepte zur ökonomischen Bildung der Zielgruppe notwendig machen, die zur Realisierung von Inklusion und Teilhabe am gesellschaftlichen Leben spezifische Handlungskompetenzen vermitteln. Der Rahmen des ambulant betreuten Wohnens als Soziale Arbeit in konkreten Lebenssituationen bietet vielfältige Möglichkeiten zur diesbezüglichen Beratung, Begleitung und Reflexion der Adressaten und Adressatinnen. Zur Umsetzung dessen ist die Zusammenführung von Sozialer Arbeit und ökonomischer Bildung in Bezug auf die Forschungsfrage erforderlich. Dazu muss ökonomische Bildung von dem Kontext Schule und der Zielgruppe der Schüler und Schülerinnen losgelöst betrachtet und in den Kontext Sozialer Arbeit gestellt werden. Für die Zielgruppe der Personen mit geistiger Behinderung im ambulant betreuten Wohnen sind weitere spezifische Anforderungen an ökonomische Bildung zu beachten. Um diese Anforderungen zu ergründen, ist eine ganzheitliche Betrachtung von Lebenssituationen der Zielgruppe nach dem entwickelten Modell notwendig (siehe Abbildung 23). Um eine zielgruppenspezifische ökonomische Bildung in diesem leisten zu können, müssen die personenbezogenen, umweltbezogenen Rahmenbedingungen sowie der strukturelle Kontext des sozialrechtlichen Leistungsdreiecks sowie die Rahmenbedingungen des ambulant betreuten Wohnens berücksichtigt werden. Dieses komplexe Zusammenspiel wird in Abbildung 24 verdeutlicht.

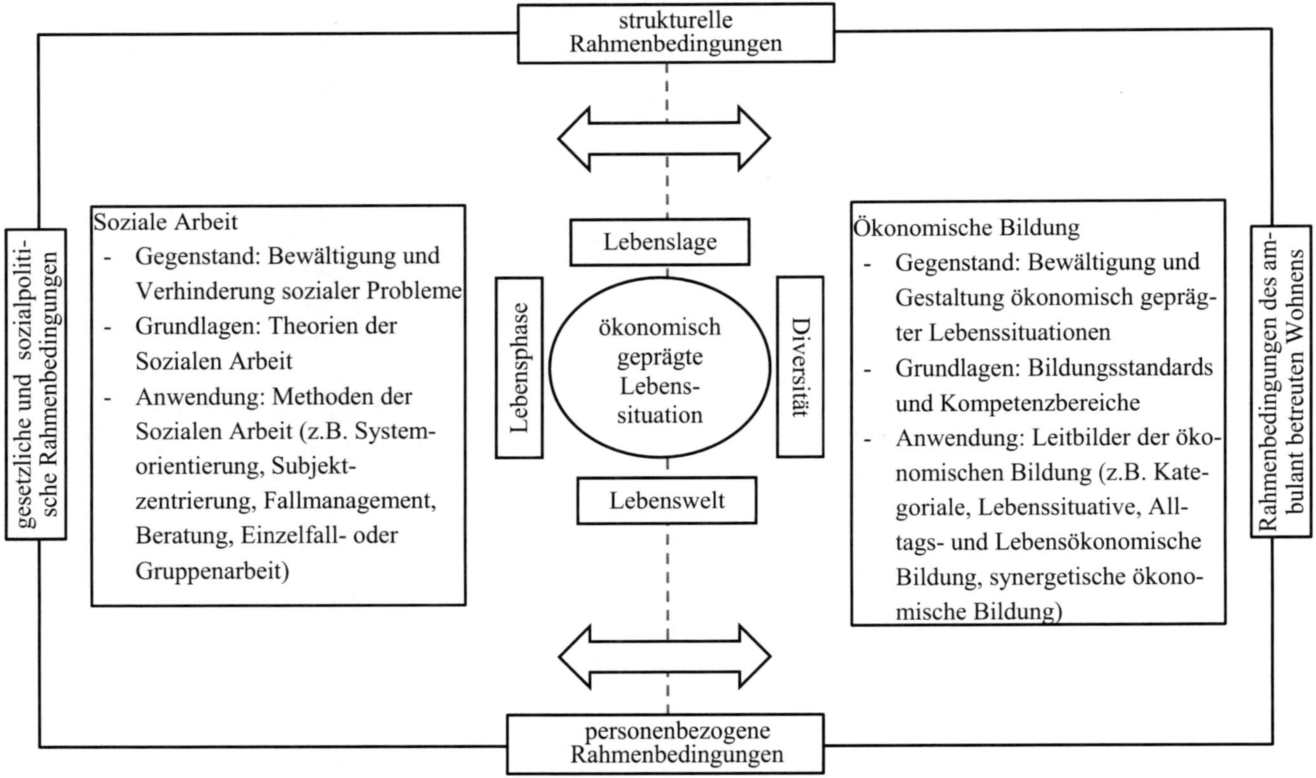

Abbildung 24: Lebenssituationsbezogene Zusammenführung von Sozialer Arbeit und ökonomischer Bildung

Das in Abbildung 24 dargestellte Modell zur Zusammenführung von Sozialer Arbeit und ökonomischer Bildung fokussiert ökonomisch geprägte Lebenssituationen. Der Wandel der Lebensbedingungen der Zielgruppe lässt vermuten, dass Bildungsbedarfe in Bezug auf ökonomisch geprägte Lebenssituationen bestehen. Um diese Bildungsbedarfe zu ermitteln, sind Einblicke in die Lebenslage und Lebenswelt der Zielgruppe notwendig. Hierzu wird in Kapitel 0 eine geeignete Methode hergeleitet und zur Datenerhebung angewendet. Diese empirische Untersuchung zielt darauf ab, die Bildungsbedarfe der Zielgruppe zu benennen und auf dieser Grundlage in Kapitel 0 Anforderungen an ökonomische Bildung für die Zielgruppe zu erstellen.

3. Untersuchung von Lebenssituationen im ambulant betreuten Wohnen

In dieser Arbeit werden die Ergebnisse der theoretischen Aufarbeitung des Forschungsstandes aus Kapitel 2 für die Entwicklung der Methoden zur Datenerhebung und -analyse genutzt. Das Forschungsdesign, die Erhebung sowie die Analyse der Daten werden in Kapitel 3 beschrieben. Auf dieser Grundlage wird in Kapitel 0 eine Konzeption zur ökonomischen Bildung in sozialpädagogischen Betreuungskontexten entwickelt (siehe Abbildung 25).

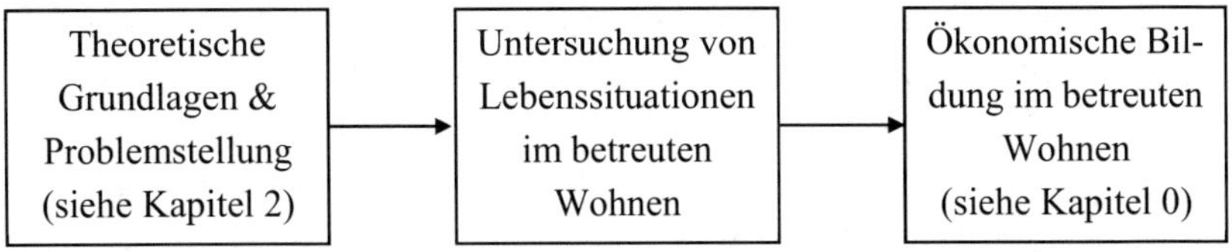

Abbildung 25: Vorgehen zur Beantwortung der Forschungsfrage

Die Forschungsfrage bezieht sich darauf, Ansprüche sich aus ökonomische geprägten Lebenssituationen der Zielgruppe für die ökonomische Bildung ergeben. Diese Zielgruppe ist sehr heterogen (siehe Kapitel 2). Ursache hierfür ist zum einen die Vielzahl verschiedener Behinderungsbilder und die damit in Verbindung stehenden Auswirkungen auf deren Lebenssituationen. Zum anderen ist diese Bevölkerungsgruppe durch sehr unterschiedliche Sozialisation und Vorkenntnisse geprägt. Zudem können in Bezug auf die Lebenslage und die Lebenswelt dieser Zielgruppe derzeit keine zuverlässigen Aussagen getroffen werden (siehe Kapitel 2.3). Um die notwendigen Informationen zur Beantwortung der Forschungsfrage zu erhalten, bedarf es daher eines sehr spezifischen Forschungsdesigns. Ausgangssituation für das Forschungsdesign ist die Heterogenität der Zielgruppe und die damit verbundene Vielseitigkeit der Bildungsbedarfe. Aufgrund der mangelnden Datenlage müssen dazu grundlegende Informationen über die Lebenslage, Lebenssituationen und die Lebenswelt der zu betrachteten Personen erfasst werden. Um diese Informationen von der Zielgruppe zu erlangen, ist ein spezifischer Zugang zum Feld notwendig.

Quantitative und qualitative Forschungsmethoden wurden lange Zeit nebeneinander oder in Konkurrenz zueinander betrachtet. Erst in den letzten Jahren wurde erkannt, dass empirische Forschung verschiedene Wege kennt, um zu Erkenntnissen zu gelangen. Für unterschiedliche Fragestellungen werden quantitative und qualitative Verfahren immer häufiger in Kombination zueinander verwendet (Kelle, 2007, S. 314; Mayring, 2015, S. 89).

Einblicke in die Lebenswirklichkeit von Personen lassen sich mit qualitativen Methoden gewinnen (Mey & Mruck, 2014, S. 300). Daher eignet sich in Bezug auf die Forschungsfrage ein qualitativ ausgerichtetes Forschungsdesign. Die qualitative Sozialforschung beschreiben Kelle und Kluge als ein Dach unter dem sich eine Vielzahl von Ansätzen[71] befinden, die unterschiedliche philosophische Ursprünge inne haben und sich auf verschiedene Konzepte sozialer Strukturen und Prozesse beziehen (Kelle & Kluge, 2008, S. 304). Die Wirklichkeit, mit der es Soziale Arbeit zu tun hat und die damit verbundene Komplexität sowie Widersprüchlichkeit erfordern eine entsprechende Methodenentwicklung, die dieser Situation stand hält (Engelke et al., 2009, S. 41). Einblicke in die Lebenswelt von Menschen mit geistiger Behinderung im ambulant betreuten Wohnen nach § 53 SGB XII können mit qualitativen Methoden erfasst werden. Qualitative Methoden ermöglichen einen „sinnverstehenden Zugang zu psychischen, sozialen und kulturellen Wirklichkeiten" (Mey & Mruck, 2014, S. 300). Ein zentrales Kennzeichen qualitativer Forschung ist die Gegenstandsangemessenheit (Flick, 2009a, S. 143). Sie gewinnt in Bezug auf die spezifischen Merkmale und Ansprüche des Forschungsfeldes an besonderer Bedeutung für die methodische Vorgehensweise bei der Untersuchung der folgenden Forschungsfrage:

Welche Anforderungen ergeben sich aus den ökonomisch geprägten Lebenssituationen von Menschen mit geistiger Behinderung im ambulant betreuten Wohnen nach § 53 SGB XII für die ökonomische Bildung im Kontext Sozialer Arbeit?

Die Komplexität dieser Forschungsfrage, die mangelnde Datenlage zu (ökonomischen) Lebenssituationen der Zielgruppe und die Diversität eben dieser machen die Wahl unterschiedlicher Methoden für die Datenerhebung und die Datenauswertung notwendig. In Kapitel 2.3 wurde im Wesentlichen die Perspektive von Menschen ohne Behinderung auf die Lebenslage und die Lebenswelt von Menschen mit geistiger Behinderung dargestellt. In Bezug auf ein solches Vorgehen betont Speck: „Dem Subjekt des Beobachtenden fehlen die Erfahrungen als Subjekt mit einer geistigen Behinderung" (Speck, 1999, S. 43). In dieser empirischen Untersuchung, wird daher die Perspektive der Zielgruppe möglichst genau einbezogen und herausgearbeitet, womit der Gegenstandsangemessenheit entsprochen

[71] Zu den Ansätzen und Methoden qualitativer Forschung siehe beispielsweise Bortz und Döring (2009, S. 309); Lamnek (2010); Mey und Mruck (2014).

wird. Ein entsprechender Zugang zum Feld bedarf einer spezifischen Vorgehensweise innerhalb der Vorbereitung und der Durchführung der Datenerhebung. Dementsprechend bietet sich ein methodisches Vorgehen im Sinne der partizipativen Forschung an. Partizipative Forschung (siehe Kapitel 3.2.1) im eigentlichen Sinne meint die Einbeziehung von Co-Forschern und Co-Forscherinnen als Teil eines Forschungsteams in den gesamten Forschungsprozess. Dies beinhaltet die gleichberechtigte Mitbestimmung und geteilte Entscheidungsmacht während des gesamten Forschungsprozesses. Ein solches Vorgehen ist abhängig von speziellen zeitlichen und monetären Rahmenbedingungen, die hier nicht gegeben sind. Um die Angemessenheit des Gegenstandes dennoch zu gewährleisten und Eindrücke in die Lebenswelt der Zielgruppe abbilden zu können, wird mit der Methode Photovoice eine Vorstufe zur Partizipation[72] gewählt. Hierbei werden die Teilnehmenden aufgefordert, wichtige Aspekte ihrer Lebenswelt im ambulant betreuten Wohnen zu fotografieren. So ist es möglich die Zielgruppe in das Forschungsvorhaben einzubeziehen. Als Abweichung zu dem klassischen Vorgehen der Methode Photovoice werden die Fotos im Rahmen von Interviews besprochen und reflektiert[73]. In diesen Interviews (siehe Kapitel 3.2.2) in der Wohnung der teilnehmenden Person ist es möglich auf deren individuelle Bedarfe und behinderungsspezifischen Erfordernisse einzugehen. Durch dieses Vorgehen wird Menschen mit einer schweren Behinderung oder Mehrfachbehinderung die Teilnahme an dem Forschungsprojekt ermöglicht. Die Inhaltsanalyse (siehe Kapitel 3.3) des erhobenen und transkribierten Datenmaterials erlaubt es, Rückschlüsse auf nichtsprachliche gesellschaftliche oder individuelle Phänomene zu ziehen. Durch die systematische sowie objektive Identifizierung und die Beschreibung des Textes können Schlussfolgerungen in Bezug auf nicht-sprachliche Eigenschaften getroffen werden (Lamnek, 2010, S. 434). Das typenbildende Verfahren (siehe Kapitel 3.3.2.9) verhilft zum einen bei der Strukturierung und Reduktion des Datenmaterials. Zum anderen kann die vielschichtige soziale Realität durch die Eingrenzung auf Gruppen in ihrer Breite und Tiefe anschaulich dargestellt werden (Kelle & Kluge, 2008, 10f).

---

[72] Zu den Stufen der Partizipation innerhalb der partizipativen Forschung siehe von Unger (2014, S. 40).

[73] Im Sinne der Methode Photovoice werden die Fotos innerhalb einer Gruppendiskussion vorgestellt und diskutiert. Aufgrund der äußeren Rahmenbedingungen ist diese Gruppendiskussion nicht Bestandteil dieser Ausarbeitung und wird zu einem späteren Zeitpunkt mit den Befragten innerhalb eines Workshops zum Thema Wohnen im Rahmen einer Fachtagung durchgeführt, zu der auch politische Entscheidungsträger eingeladen sind.

In Kapitel 3.1 wird das Forschungsdesign zur Beantwortung der Forschungsfrage theoretisch hergeleitet und in Bezug auf die Gütekriterien qualitativer Forschung diskutiert. Daraufhin werden Besonderheiten einer zielgruppenbezogenen qualitativen Forschung und die Grundannahmen dieser Untersuchung dargestellt. Forschungsethik und Datenschutz werden in Bezug auf die Zielgruppe thematisiert und deren Umsetzung für diese Untersuchung aufgezeigt.
Kapitel 3.2 ist der konkreten Durchführung des Forschungsvorhabens gewidmet. An dieser Stelle werden die konkreten Schritte beschrieben: partizipative Forschung und die Methode Photovoice, das narrativ orientierte leitfadengestützte Interview, die Entwicklung des Interviewleitfadens, das Sampling sowie der Untersuchungsverlauf.
In Kapitel 3.3 wird die Auswertung und Analyse der erhobenen Daten dargestellt und erläutert. Hierzu wird in die qualitative Inhaltsanalyse nach Mayring eingeführt. Das Ablaufmodell für die qualitative Inhaltsanalyse dieser Untersuchung wird vorgestellt und dessen Anwendung auf die erhobenen Daten beschrieben. Die Gütekriterien und deren Umsetzung werden aufgezeigt und die Ergebnisse der Datenauswertung abschließend zusammengefasst.
In Kapitel 3.4 wird als Ergebnis der Datenanalyse die Fall- und Typenbeschreibung durchgeführt. Besonderheiten sowie Auffälligkeiten werden aufgezeigt und die Ergebnisse dargestellt und diskutiert. Die Zusammenfassung von Kapitel 0 erfolgt in Kapitel 3.5 und leitet zu der Konzeptentwicklung in Kapitel 0 über.

3.1 Theoretische Herleitung des Forschungsdesigns

Als Grundlage für das qualitative Denken formulierten Mruck und Mey drei Postulate für die qualitative Forschung: Das Fremdheitspostulat, das Prinzip der Offenheit und das Prinzip der Kommunikation (Mruck & Mey, 2000). Mayring erweiterte diese Ausführung und benannte die 5 Postulate qualitativer Forschung. Sie stellen nach Mayring das „Grundgerüst qualitativen Denkens dar“ (Mayring, 2002). Zu den fünf Postulaten arbeitete er 13 Unterpunkte aus, die die Säulen des qualitativen Denkens abbilden. Sie stellen die Grundlage für die Entwicklung von Untersuchungsverfahren im qualitativen Bereich dar (Mayring, 2002):

1. Orientierung am Subjekt
   Ganzheitlichkeit, Historizität, Problemorientierung
2. Deskription als Ausgangspunkt
   Einzelfallbezug, Offenheit, Kontrolle
3. Interpretation
   Vorverständnis, Introspektion, Forscher-Gegenstands-Interaktion

4. Alltagsnähe
5. Schrittweise Verallgemeinerung
   Argumentative Verallgemeinerung, Induktion, Quantifizierung, Regelbegriff

Diese Postulate und die jeweiligen Säulen bilden die Grundlage und den Ausgangspunkt für die Entwicklung des Forschungsdesigns zur Beantwortung der Forschungsfrage. Dieses Forschungsdesign wird im Folgenden theoretisch hergeleitet und mit den Gütekriterien abgeglichen.

3.1.1 Theoretische Herleitung und Gütekriterien

Nach Flick, Kardorff und Steinke hat qualitative Forschung den Anspruch, die Lebenswelt aus Sicht des handelnden Menschen zu beschreiben (2009, S. 14). Dieser Blick ist für die Beantwortung der Forschungsfrage unabdingbar. Es gilt, die Lebenssituationen der Zielgruppe umfassend zu rekonstruieren. Lebenslage, Lebensphase und Diversitätsdimensionen lassen sich als Einflussfaktoren auf die Lebenssituationen abbilden. Wesentlich für die Beantwortung der Forschungsfrage ist die Orientierung an der Lebenswelt der Adressaten und Adressatinnen. Einen solchen sozialen Sachverhalt nachzubilden bedeutet nach Gläser und Laudel alle diesbezüglichen Informationen zu sammeln, um ihn verstehen und beschreiben zu können (Gläser & Laudel, 2010, S. 37). Innerhalb der qualitativen Forschung wurde eine Vielzahl von Verfahren entwickelt, die es ermöglichen sollen, differenzierte Einblicke in die Lebenswelt der zu untersuchenden Personen zu erlangen. Qualitative Forschung ist somit ein Überbegriff für verschiedene Forschungsansätze, die in ihrer Theorie, ihrem Gegenstand und Methodik differieren.

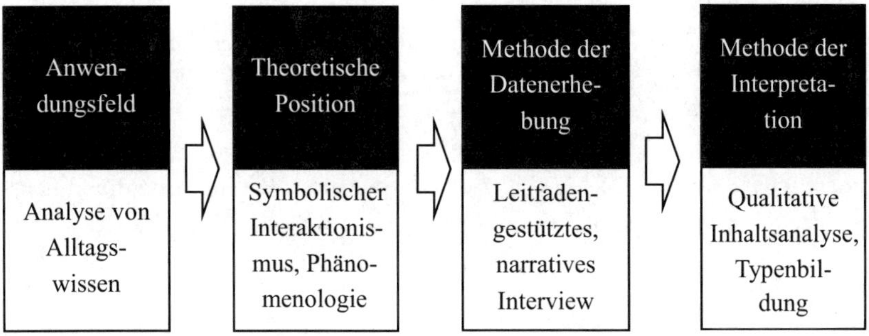

Abbildung 26: Zugang zu den subjektiven Sichtweisen der Zielgruppe

Sie lassen sich drei Forschungsperspektiven zuordnen[74]. Die Forschungsperspektive dieser Arbeit richtet den Fokus entsprechend der Forschungsfrage auf die Zugänge zu subjektiven Sichtweisen. Diese Perspektive wird typischerweise für die Analyse von Alltagswissen genutzt. Sie beinhaltet bestimmte theoretische Positionen, Methoden der Datenerhebung sowie Interpretation, die in Abbildung 26 dargestellt werden (Flick et al., 2009, S. 19).

Die einzelnen Aspekte dieses Zugangs zu den subjektiven Sichtweisen der Zielgruppe werden im Folgenden erläutert. Das Anwendungsfeld der Analyse von Alltagswissen bildet den Ausgangspunkt hierfür. Dahingehend werden die theoretische Position, die Methode der Datenerhebung und die Methode der Interpretation vorgestellt.
Die theoretische Position in Bezug auf die Zugänge zu subjektiven Sichtweisen für die Analyse von Alltagswissen ist eng mit dem sozialtheoretischen Ansatz des symbolischen Interaktionismus und dem wissenschaftstheoretischen Ansatz der Phänomenologie verbunden.
Der symbolische Interaktionismus entspricht in seiner soziologischen Theorie nach Lamnek am besten der Vorgehensweise der qualitativen Sozialforschung (Lamnek, 2010, S. 34). Diese Theorierichtung geht insbesondere auf die sozialpsychologisch orientierte Forschung der amerikanischen Anthropologin Margaret Mead zurück, die aus dem sozialen Prozess heraus individuelles Verhalten erklärt[75]. Symbolische Interaktion ist die wechselseitige Verwendung gemeinsamer Symbole von Personen und Gruppen. Dabei bezieht sich der Begriff symbolisch auf die sprachliche Ebene des Zusammenlebens, wobei mit Interaktion betont wird, dass Menschen in wechselseitiger Beziehung zueinander handeln (Denzin, 2009, S. 137). Der symbolische Interaktionismus ist ein wirklichkeitsverbundener Ansatz, der das menschliche Verhalten und Zusammenleben erforscht (Husserl & Ströker, 2009; Lamnek, 2010, S. 38). Margaret Mead reiste in verschiedene Länder, um dort mit den Menschen zusammenzuleben und so deren Verhalten zu dokumentieren (Mead, 1987, S. 331). Solch ausführliche Eindrücke in die Lebenswelt der Zielgruppe sind nicht Gegenstand und Ziel dieser Arbeit, dennoch ist es

[74] Zu unterscheiden sind erstens Ansätze, bei denen die subjektive Sichtweise im Vordergrund der Forschung steht, zweitens Ansätze, die es zum Ziel haben, Prozesse zur Herstellung sozialer Situationen, Milieus oder Ordnungen zu untersuchen und drittens Ansätze, die vorhandene Tiefenstruktur hermeneutisch zu analysieren Flick, Kardorff und Steinke (2009, S. 19).
[75] Zu Mead siehe auch Proske (1974, S. 176).

notwendig, entscheidende Faktoren aus der Lebenswelt der handelnden Personen zu erfassen, um daraus Rückschlüsse für ein Konzept zur ökonomischen Bildung schließen zu können. Dies wird mit der Wahl der Methode zur Datenerhebung realisiert.

Die Phänomenologie geht auf Husserl zurück, der sie als grundlegende Methode für alle Wissenschaften bezeichnet (Husserl & Ströker, 2009; Lamnek, 2010, S. 44). Betrachtet man Phänomenologie als eine theoretische Position, die qualitative Sozialforschung auf einer Metaebene behandelt, so besteht das Bemühen darin, die soziale Wirklichkeit unvoreingenommen zu erfassen. Es gilt die Sache an sich, frei von Vorurteilen, Vorwissen oder theoretischen Kenntnissen, zu betrachten. Das wesentliche Merkmal der Phänomenologie ist die Methode der Reduktion, die es ermöglichen soll, den Fokus auf das Wesentliche zu richten und störende Elemente zu beseitigen. Ziel ist es einen Gegenstand so objektiv wie möglich zu beschreiben. In Anlehnung an Lamnek kann Phänomenologie aufgrund des Bemühens um „vorurteilsfreie Aufdeckung von Wesensstrukturen" (Lamnek, 2010, S. 53) als kritische Wissenschaft bezeichnet werden. Als Hauptregel gilt die Zuwendung zu der Sache an sich (Lamnek, 2010, 44f).

Für den Begriff der Lebenswelt hat die Phänomenologie besondere Bedeutung. Wie in Kapitel 2.2.4 beschrieben, sind dessen phänomenologische Wurzeln bereits in dem Verständnis von Husserl zu sehen. Der folgenden Untersuchung der Lebenswelt der Zielgruppe anhand der Fotos und der transkribierten Interviews liegen beide Ansätze zugrunde. Durch die Methode Photovoice und die Art der Interviewführung soll dem phänomenologischen Gedanken gefolgt werden, um die soziale Wirklichkeit der Befragten möglichst unvoreingenommen zu erfassen. Entsprechend der Phänomenologie wird durch die Auswertung anhand der qualitativen Inhaltsanalyse die systematische Reduzierung auf das Wesentliche ermöglicht.

Als Methoden der Datenerhebung haben in Bezug auf den Zugang zu subjektiven Sichtweisen das leitfadengestützte und das narrative Interview besondere Bedeutung für das weitere methodische Vorgehen (Flick et al., 2009, S. 18).

Die gängigste Form des Interviews in der qualitativen Forschung ist das leitfadengestützte Interview. Der Leitfaden bildet das Grundgerüst für die Erhebung und Analyse der Daten (Bortz & Döring, 2009, S. 314). Leitfadengestützte Interviews eignen sich insbesondere für Forschungsfragen, die darauf abzielen, möglichst offen subjektives Alltagswissen zu rekonstruieren und gleichzeitig spezifische Themen abzufragen. Durch die Einführung von Themen kann strukturierend in das

Interview eingegriffen werden. Solche Eingriffe in den Gesprächsverlauf müssen durch das jeweilige Forschungsinteresse legitimiert werden (Helfferich, 2011, S. 159). Der Interviewleitfaden wurde in dieser empirischen Untersuchung genutzt, um wesentliche Aspekte mit besonderem Interesse für die Beantwortung der Forschungsfrage abzufragen. Die genauen Anforderungen und Optionen zur Anwendung eines leitfadengestützten Interviews werden in Abschnitt 3.2.2 dargestellt.

Das narrative Interview wurde von Fritz Schütze entwickelt (Schütze, 1983, S. 328). Bei dieser Methode möchten die Forscher und Forscherinnen Erfahrungen und Erlebnisse aus der Lebensgeschichte der Befragten erfahren[76]. Hierzu wird ein Erzählanstoß gegeben, der bei den Befragten erzählgenerierend wirken soll. Entscheidend ist dabei, dass das Thema für die befragte Person Relevanz besitzt und sie das Gefühl erhält, als Experte zu diesem Thema gehört zu werden (Bortz & Döring, 2009, 316f). Durch den erzählgenerierenden Anreiz wird eine spontane Erzählung der Befragten erzeugt, die das Kernelement des narrativen Interviews darstellt. Diese Haupterzählung soll autonom von den Befragten gestaltet werden. Dabei agiert die interviewende Person im Wesentlichen als Zuhörer oder Zuhörerin und erhält den Redefluss der befragten Person durch stärkende Gesten oder nicht-direktive Anmerkungen aufrecht. Im Anschluss daran kann die interviewende Person Nachfragen stellen und so das Interview aktiv mitgestalten. Dabei werden zunächst Fragen aufgegriffen, die sich aus der Erzählung ergeben haben. Sie werden so formuliert, dass sie wiederum erzählgenerierend wirken. Hierbei können bereits erste Annahmen in Bezug auf die Forschungsfrage überprüft werden. Fragen, die sich ausschließlich aus der Forschungsfrage und ihrer theoretischen Herleitung ergeben, werden am Ende des Interviews gestellt (Hopf, 2009, S. 360). Hierzu dient die Kombination aus dem leitfadengestützten und dem narrativen Interview. Auf diesem Wege soll eine möglichst weitgehende Haupterzählung der interviewten Person realisiert werden. Durch den Interviewleitfaden wird sichergestellt, dass alle relevanten Themen besprochen wurden. Erst im Anschluss an die Haupterzählung im Sinne des narrativen Interviews, werden die Fragen des Leitfadens thematisiert, die bis dahin noch nicht beantwortet wurden. Diese Kombination des narrativen und des leitfadengestützten Interviews in Bezug auf die Forschungsfrage wird in Kapitel 3.2.2 beschrieben.

---

[76] Aus diesem Grund wird das narrative Interview häufig auch in der Biographie Forschung eingesetzt.

Als Methoden zur Interpretation dieser Daten heben Flick, Kardorff und Steinke unter anderem die qualitative Inhaltsanalyse als Verfahren hervor (Flick et al., 2009, S. 18).
Die im Folgenden zur Anwendung kommende Inhaltsanalyse dient der Auswertung des erhobenen Materials (beispielsweise Briefe, Filme, Zeitungen, Transkripte). Dabei geht es darum, Material zu analysieren, welches soziales Handeln oder menschliches Verhalten repräsentiert. Inhaltsanalyse befasst sich im Wesentlichen mit der Analyse von Texten, kann aber auch zu der Auswertung von akustischem Material oder Filmen genutzt werden (Lamnek, 2010, S. 438). In Anlehnung an Schreier wird qualitative Inhaltsanalyse im Folgenden als ein Verfahren verstanden, welches der Beschreibung von bestimmten Textbedeutungen dient (Schreier, 2014, S. 3). Ausführungen zu der hier angewendeten Form der Inhaltsanalyse in Form der induktiven Kategorienbildung und der strukturierenden Typisierung werden in Kapitel 3.3 dargestellt.

In der quantitativen sowie in der qualitativen Forschung sind Kriterien notwendig, um die Qualität der Methoden feststellen zu können, die innerhalb eines Forschungsprozesses mit dem Ziel der Erkenntnisgewinnung angewendet werden.
Die Entwicklung unterschiedlicher Qualitätskriterien und Forschungsstandards im Rahmen von qualitativer und quantitativer Forschung führte dazu, dass sich beide nur schwer miteinander verbinden lassen (Kelle, 2007, S. 13). Wissenschaftstheoretisch betrachtet liegen die Wurzeln der Idee von Gütekriterien in der klassischen Theorie zum Messen und Testen der Psychologie. Nach Lamnek dienen sie als Zielvorgaben und Prüfkriterien, an denen das Maß der Wissenschaftlichkeit einer Methode gemessen werden kann (Lamnek, 2010, S. 127).
Im Kontext quantitativer Messungen im Sinne der Testtheorie finden die zentralen Gütekriterien der Validität, Reliabilität und Objektivität Anwendung. In der qualitativen Forschung werden sie in modifizierter Form verwendet. Dabei findet das Kriterium der Validität häufiger Verwendung, als die Kriterien der Objektivität und Reliabilität. Die unterschiedlichen Aspekte der Validität stellen sicher, dass die erhobenen Daten wirklich das zum Ausdruck bringen, was erfasst werden soll (Bortz & Döring, 2009, S. 326).
Wie qualitative Forschung bewertet werden kann und soll ist nicht abschließend geklärt. Diesbezüglich werden mehrere Lösungswege diskutiert. Eine diskutierte Vorgehensweise ist es, die klassischen Kriterien der Reliabilität, Validität und Objektivität auf die qualitative Forschung in angemessener Form anzuwenden. Eine zweite Möglichkeit wird darin gesehen, aus dem theoretischen Hintergrund

heraus und unter Berücksichtigung der Besonderheiten des Forschungsprozesses neue Gütekriterien zu entwickeln, die den Methoden qualitativer Forschung angemessen erscheinen. Eine dritte Richtung diskutiert, ob die Frage nach Gütekriterien in der qualitativen Forschung überhaupt gestellt werden kann. Eine vierte Option stellt die Suche nach Lösungen dar, ohne Kriterien zu formulieren (Flick, 2009a, S. 489).
Weil die anderen Ansätze bisher nicht ausreichend ausgearbeitet wurden, werden im Folgenden die klassischen Gütekriterien dargestellt und auf ihre Anwendbarkeit für die anschließende Untersuchung geprüft.

Validität

Inzwischen existieren mehrere Verfahren, um Validität zu messen. Diese werden jedoch innerhalb der qualitativen und quantitativen Forschung mit unterschiedlichen Begrifflichkeiten bei gleichem Inhalt oder mit gleichen Begriffen zu unterschiedlichem Inhalt bezeichnet. Insgesamt weisen Methoden zur Validierung mit quantitativer Orientierung eher messtechnische Eigenschaften auf. Die an qualitativer Forschung orientierten Methoden zur Validierung sind als interpretativ-kommunikativ zu verstehen. Um die Validität zu erhöhen, eignen sich nach Lamnek die folgenden Maßnahmen (2010, S. 144):

- Triangulation (mit Forschern, Datensorten oder Methoden)
- Peer Debriefing (Austausch mit Personen die nicht an der Forschung beteiligt sind)
- analytische Induktion (abweichende Fälle analysieren)
- Members Check (kommunikative Gültigkeitsprüfung an den Probanden)
- Angemessenheit (zwischen der Auswertung der Daten und deren Überprüfung)
- Auditing (Verlässlichkeit des Forschers am gesamten Forschungsprozess prüfen)

Im optimalen Fall bedeutet die erzielte Validität die Konstanz der ermittelten Ergebnisse bei maximaler Varianz der angewendeten Perspektiven (Lamnek, 2010, S. 144). Durch die Anwendung der Methode Photovoice in Kombination mit narrativ ausgerichteten Leitfadeninterviews wird die Methodentriangulation genutzt. Gleichzeitig findet die Datentriangulation Anwendung, da neben den auditiven und später transkribierten Daten die Fotos zur Auswertung vorliegen. Zum Peer Debriefing wurden die Kolloquien der Deutschen Gesellschaft für Ökonomische Bildung e. V. und der Deutschen Gesellschaft für Soziale Arbeit e. V. genutzt.

Des Weiteren konnte das Forschungsvorhaben im Rahmen des Mentoringprogramms mentoring[3] der Universitätsallianz Metropole Ruhr besprochen und reflektiert werden. Ein intensiver Austausch mit anderen Forschern aus dem Bereich der qualitativen Forschung fand kontinuierlich in den 14tägig stattfindenden Chats der Netzwerkstatt für qualitative Forschung der Internationalen Akademie Berlin statt. Das Vorgehen, die Durchführung und die Auswertung konnten hier intensiv thematisiert, diskutiert sowie reflektiert werden. Ein interpersonaler Konsens konnte so hergestellt werden. Die analytische Induktion fand in Form der Datenauswertung mit der qualitativen Inhaltsanalyse Anwendung. Der Members Check in Form der kommunikativen Validierung der Teilnehmenden wurde im direkten Kontakt mit den Teilnehmenden während der Interviews durchgeführt. In diesem kommunikativen Kontext konnte zudem die Angemessenheit der Planung des Forschungsvorhabens überprüft werden. Durch die genaue Beschreibung des gesamten Forschungsprozesses wird dieser nachvollziehbar gemacht. Eine Überprüfung dessen ist somit auch im Nachhinein durch ein Auditing möglich und die Verlässlichkeit der forschenden Person überprüfbar.

Objektivität

Lamnek benennt Objektivität als die „Basiskategorie jeglicher wissenschaftlicher Forschung“ (Lamnek, 2010, S. 154). In der Diskussion um die Beurteilung qualitativer Forschung wird Objektivität nur selten thematisiert (Flick, 2009a, S. 499). Eine personenunabhängige Zuverlässigkeit und Nachprüfbarkeit wird dadurch gesichert, dass verschiedene Forscher bei gleichen Bedingungen einer empirischen Erhebung zu denselben Ergebnissen gelangen. Da Objektivität innerhalb der Sozialwissenschaften kaum herzustellen ist, wird in diesem Rahmen immer häufiger von interindividueller Zuverlässigkeit gesprochen (Lamnek, 2010, S. 154). In Bezug auf die qualitative Forschung wird daher der Transparenz eines Forschungsprozesses eine besondere Bedeutung zugesprochen, da so die Nachvollziehbarkeit des Forschungsprozesses sichergestellt werden kann (Lamnek, 2010, S. 161). Dementsprechend wird in Kapitel 3.1 die theoretische Herleitung des Forschungsdesigns ausführlich beschrieben. Anschließend werden in Kapitel 3.2 sowohl das methodische Vorgehen der Untersuchung als auch dessen Umsetzung offengelegt.

Reliabilität

Reliabilität in der quantitativen Forschung umfasst die Zuverlässigkeit der Messinstrumente. Hierzu gehört die Genauigkeit und Stabilität der Erhebung, die Kon-

stanz der Bedingungen unter denen erhoben wird und die Zuordnung der Werte nach einem festen System (Lamnek, 2010, S. 149). Lamnek kommt zu dem Ergebnis, dass qualitative Forschung das Gütekriterium der Reliabilität für sich noch nicht ausreichend spezifizieren konnte (Lamnek, 2010, S. 151).
Um die Anwendbarkeit von Reliabilität als Kriterium für die qualitative Forschung zu prüfen, wurde sie in drei Richtungen aufgegliedert. Quichotische Reliabilität bildet ab, ob eine Methode kontinuierlich zu anderen Ergebnissen führen kann. Innerhalb der qualitativen Sozialforschung wäre es ein Indiz für eine Beeinflussung der Probanden, wenn sich Ergebnisse wiederholen würden. Kirk und Miller bezeichnen dieses Vorgehen daher als irreführend. Die diachrone Reliabilität bezieht sich darauf, gleichbleibende Ergebnisse im zeitlichen Verlauf zu erzielen, wobei das untersuchte Phänomen keinen Veränderungen unterliegen darf, damit dieses Kriterium erfüllt wird. Qualitative Sozialforschung untersucht jedoch in der Regel Phänomene, die einem solchen Wandel unterliegen. Die synchrone Reliabilität besagt, dass die Ergebnisse unterschiedlicher Erhebungsinstrumente zu einem gleichen Zeitraum stabil sind. Dieses Kriterium ist insofern für die qualitative Forschung interessant, als das nach den Gründen dafür gefragt werden muss, wenn dieses Kriterium nicht zutrifft (Kirk & Miller, 1986, 50f).
Flick, Kardorff und Steinke beschreiben verschiedene Wege, um die Reliabilität der Daten und ihrer Auswertung zu erhöhen. Sie bezeichnen die Aufzeichnung und Transkription der Daten als zentralen Ausgangspunkt, um deren Reliabilität prüfen zu können. Diese Form der Dokumentation ermöglicht eine Überprüfung und Reinterpretation der Daten durch andere Personen (Flick, 2009a, 489f).
Um dies gewährleisten zu können, wurden alle Interviews der folgenden Datenerhebung anonymisiert und von einem unabhängigen Transkriptionsbüro nach den vereinfachten Transkriptionsregeln von Dresing und Pehl transkribiert (Dresing & Pehl, 2011).

Ein weiterer Unterschied der qualitativen Forschung zu quantitativen Vorgehensweisen ist die Generalisierbarkeit bzw. Repräsentativität der Ergebnisse. Qualitative Forschungsstrategien sichern die Allgemeinheit durch rekonstruktive Verfahren. Statt quantifizierbarer Repräsentativität steht hier das sogenannte Typische im Vordergrund. In diesem Sinne soll das Allgemeine durch Formen der Typenbildung im Besonderen gefunden und herausgearbeitet werden. Generalisierbarkeit wird somit dadurch hergestellt, dass vom Besonderen durch Abstraktion auf das Wesentliche geschlossen wird (Lamnek, 2010, 166f). In Kapitel 3.3.2.9 er-

folgt in Bezug auf die empirische Untersuchung der Forschungsfrage die strukturierende Typisierung nach Mayring. Die Ergebnisse werden in Kapitel 3.4 vorgestellt.
Als übliches Verfahren zur inhaltsanalytischen Reliabilitätsbestimmung bezeichnet Mayring die Intercoderreliabilität. Hierbei wird so vorgegangen, dass Teile der Analyse von mehreren Personen analysiert und die Ergebnisse verglichen werden. Mayring verweist darauf, dass mit diesem Vorgehen eigentlich Objektivität und somit die Unabhängigkeit der Ergebnisse von der zu untersuchenden Person gemessen wird (Mayring, 2015, S. 124). Das konkrete Vorgehen zur Bestimmung der Intercoderreliabilität wird in Kapitel 3.3.2 beschrieben.

3.1.2 Zielgruppenbezogene qualitative Forschung

Der Wandel der sogenannten Behindertenhilfe führte zu einer Deinstitutionalisierung (siehe Kapitel 2.1.2), die wiederum dazu führte, dass vermehrt solchen Studien eine höhere Bedeutung zugesprochen wurde, in denen Menschen mit geistiger Behinderung befragt wurden. In den letzten Jahren wurden Menschen mit geistiger Behinderung in den deutschsprachigen Ländern als Auskunftsquelle entdeckt. Es liegen jedoch wenige Berichte über die Umsetzung und die Angemessenheit von Methoden zur Untersuchung subjektiver Theorien von Menschen mit geistiger Behinderung vor (Schäfers, 2008, S. 146).
In Bezug auf die Befragung von Menschen mit geistiger Behinderung nennt Schäfers drei Aspekte, die besondere Beachtung finden sollten. Diese beziehen sich zum einen auf die sprachlichen und inhaltlichen Gesichtspunkte der Fragen, zum zweiten auf die Formate der Fragen und die Tendenz der Antworten sowie zum dritten auf die Interviewsituation an sich:
Die sprachlichen und inhaltlichen Aspekte eines Interviews bedürfen der besonderen Aufmerksamkeit. Fragen sind beispielsweise so zu formulieren, dass sie in Bezug auf die kognitiven und kommunikativen Möglichkeiten der befragten Person angemessen und in ihrer Bedeutung verständlich sind. Die befragte Person muss den Sinngehalt der Frage verstehen und ihre diesbezüglichen Gedanken sprachlich ausdrücken können. Die Angemessenheit der gewählten Sprache und der Inhalte sind Voraussetzung für den Erfolg des Interviews als Forschungsmethode (Schäfers, 2008, 148f).
Abstrakte Inhalte müssen für das Interview auf eine verständliche Ebene gebracht und erst im Rahmen der Auswertung wieder abstrahiert werden. Werden abstrakte Inhalte in Form von Beispielen genannt, um eine bessere Verständlichkeit zu er-

zeugen, birgt dies die Gefahr, dass sich die Antworten der befragten Person ausschließlich auf diesen beispielhaft genannten Bereich beziehen. Dies gilt es zu vermeiden, indem im besten Fall im Vorfeld prägnante alltagsnahe Beispiele gewählt werden. Die notwendige Abstraktionsfähigkeit zum Verständnis eines Begriffes lässt sich jedoch nicht bestimmen. (Schäfers, 2008, 150f).
Da es in Bezug auf die Forschungsfrage um konkrete Themenbereiche aus dem Lebensumfeld der befragten Person geht, können hier direkte Beispiele aus diesem Umfeld herangezogen werden. Weitere Probleme können sich aus der vornehmlich sprachlichen Formulierung der Fragen ergeben. So ist beispielsweise mit dem Gebrauch von sprachlichen Modifikationen das Risiko verbunden, dass die Modifikation von der befragten Person nicht registriert wird (Schäfers, 2008, S. 152). So kann es vorkommen, dass die befragte Person bei der Frage nach Wünschen in Bezug auf die Wohnsituation lediglich die Frage nach Wünschen wahrnimmt und die Modifikation der Frage auf die Wohnsituation nicht bemerkt. Solche Verhaltensweisen und Reaktionen mussten innerhalb der Interviews bemerkt werden, um adäquat reagieren zu können und gegebenenfalls entsprechend richtungsweisende Rückfragen zu stellen. Das Verständnis der befragten Person wurde daher im Interview kontinuierlich anhand von Rückfragen oder am Gehalt der Antwort überprüft.
In der Erstellung des halb-standardisierten Interviewleitfadens spielt neben den genannten sprachlichen Aspekten die Wahl der Frageformate eine wichtige Rolle[77]. Dabei sind insbesondere die Beantwortbarkeit der Fragen, die Reliabilität der Antworten und die Freiheit von systemischen Antwortmustern zu beachten. Für Menschen mit geistiger Behinderung können offene Fragen eine große Herausforderung an verschiedene Kompetenzbereiche darstellen. Daher wurde innerhalb der Interviews beachtet, mit welchen Arten von Fragen die befragte Person gut zurechtkommt. Hierbei sind sowohl das Sprachverständnis als auch kognitive Fähigkeiten der Person zu beachten. Dementsprechend wurde in manchen Fällen bereits in der Interviewsituation eine Anpassung des geplanten Vorgehens vorgenommen. Schäfers verweist hier darauf, dass bisher wenige Erfahrungen mit der Durchführbarkeit qualitativer Befragungen mit Menschen mit geistiger Behinderung vorliegen. Widersprüchliche Berichte hierzu seien schwer einzuordnen, da die Methoden durch ihre Offenheit und Flexibilität insgesamt schwierig zu beurteilen sind (Schäfers, 2008, S. 160).

[77] Bei standardisierten Erhebungsinstrumenten sind zudem die zugehörigen Antwortmöglichkeiten entsprechend auszurichten (z.B. mit Veranschaulichungshilfen).

Insgesamt kommt der interviewenden Person innerhalb des Interviews mit Menschen mit geistiger Behinderung eine besondere Bedeutung zu. Um die Interviewsituation führen und Verständnisschwierigkeiten begegnen zu können, sind verschiedene soziale und kommunikative Kompetenzen unabdingbar. So können verzerrte Antworten vermieden und valide Resultate erzeugt werden. Gleichzeitig sind die Ergebnisse der Interviews dadurch von der Steuerung der Gesprächssituation durch die interviewende Personen und deren Interaktion mit der befragten Person abhängig (Schäfers, 2008, 168f). Die gewählte Methode des narrativ orientierten leitfadengestützten Interviews in Kombination mit der Methode Photovoice machte eine solche Vorgehensweise möglich. Die adäquate Gesprächsführung innerhalb der Interviewsituation bedarf einer entsprechenden Ausbildung und Vorerfahrung der Interviewer oder Interviewerin im Umgang mit Menschen mit verschiedenen Behinderungen. In dieser Erhebung konnte die Interviewerin aufgrund ihres Studiums der Sozialpädagogik, Berufserfahrung und Weiterbildung dieser Herausforderung gerecht werden. Das Interview und insbesondere die gewählte offene Form sind aufgrund der sprachlichen und kognitiven Anforderungen nicht für alle Zielgruppen geeignet. Bei der Gruppe der Menschen mit geistiger Behinderung, die im Rahmen des ambulant betreuten Wohnens nach § 53 SGB XII in der eigenen Wohnung leben, sind verschiedene Grundkompetenzen vorauszusetzen. Um die Teilnahme am Interview für alle Interessierten zu ermöglichen mussten einzelfallbezogen spezifische Rahmenbedingungen hergestellt werden. Die besondere Art der Kommunikation und Gesprächsführung im Interview (siehe Kapitel 3.2.2) ist in Bezug auf die Rollenungleichheit[78] zwischen dem Interviewer oder der Interviewerin und der befragten Person notwendig, welches durch die Eigenschaft als nicht-behinderter und behinderter Mensch bzw. als studierter und nicht-studierter Mensch verstärkt wird. Durch die gewählte Methode konnte dieses vorgegebene Rollenverständnis im vertrauensvollen Umgang in ein Verhältnis zwischen interviewender Person und Experten oder Expertinnen in eigener Sache gewandelt werden. So konnte es realisiert werden, dass die Befragten selbst zur Wort kommen und als Experte oder Expertin über die eigenen Sinngehalte berichten konnten (Mayring, 2002, S. 66). Dass Menschen ohne Behinderung über Menschen mit Behinderung berichten ohne die Erfahrung als Subjekt mit Behinderung zu haben, sollte so vermieden werden (Speck, 1999, S. 43).

[78] Zu der Rollenungleichheit zwischen Interviewer oder Interviewerin und befragter Person siehe Lamnek (2010, S. 301) und Helfferich (2011, 132f.).

3.1.3 Grundannahmen der Untersuchung

Inklusion (siehe Kapitel 2.32.1.4) ist im Rahmen der Datenerhebung zum einen für die Wahl der Methode und die Gestaltung des Interviews ausschlaggebend. Zum anderen ist die Zielsetzung der Inklusion für die Art und Weise der Betrachtung der Fähigkeiten der befragten Personen grundlegend.

Diese Auswahl und die Ausgestaltung der Methode dieser Untersuchung beziehen sich auf die Art und Weise, wie den Personen mit geistiger Behinderung im Sinne von Inklusion begegnet wird. In Anlehnung an Theunissen lassen sich hierzu fünf Leitlinien nennen. Grundlage aller Beziehungen ist die Zusammenarbeit auf Augenhöhe, die nicht darüber hinwegsehen darf, dass es im Betreuungskontext ein Machtgefällte zwischen der Betreuungsperson und der zu betreuenden Person gibt. Die Stärken-Perspektive ist die zweite Leitlinie. Ihr Ausgangspunkt ist die Aufdeckung von Stärken, die durch ein Ressourcen-Assessment strukturiert durchgeführt werden kann. In Bezug auf die Haltung gegenüber den Befragten beinhaltet dies die besondere Beachtung von Stärken und Fähigkeiten der einzelnen Person. Wie die Stärken-Perspektive beruht auch die dritte Leitlinie der Subjektzentrierung auf einem positiv-optimistischen Menschenbild. Die Subjektzentrierung beinhaltet die Anerkennung des Individuums und dessen Erfahrungen, Wirklichkeitsdeutungen, Gefühle, Wünsche und Bedürfnisse. Sie beinhaltet ebenso den Respekt vor dem Recht auf Einmaligkeit und Einzigartigkeit des Seins auch in Bezug auf unkonventionelle Lebensweisen (Theunissen, 2013, 61f). Die vierte Leitlinie betont die Kontextorientierung und lenkt den Blick auf die Interaktion innerhalb der Lebenswelt und analysiert einschränkende sowie förderliche Aspekte des Umfeldes der Person. Eine solche Perspektive findet sich in den Ansätzen der Sozialraumorientierung wieder. Die fünfte Leitlinie ist die solidarische Professionalität und Parteinahme, die darauf abzielt Menschen als Bürger und Bürgerinnen mit entsprechenden Rechten und Ansprüchen anzuerkennen, die sich in einer gesellschaftlich marginalen Lage befinden (Theunissen, 2013, 62f). Diese Haltung ist die Ausgangssituation für die Begegnung mit den Befragten, auf deren Grundlage eine Interviewsituation erzeugt wird, die die Befragten dazu auffordert und darin bestärkt, ihre eigenen Erfahrungen und Sichtweisen zu äußern.

Zum zweiten beinhaltet die konsequente Verfolgung des Inklusionsgedankens die Betrachtung der einzelnen Fähigkeiten der befragten Personen. Ziel einer solchen Betrachtung ist es, Bildungsbedarfe zu erkennen, um Fähigkeiten in Bezug auf gelingende Inklusion fördern zu können.

Des Weiteren liegen der Untersuchung zur Beantwortung der Forschungsfrage die drei folgenden Grundannahmen zugrunde. Sie dienen im weiteren Verlauf der Entwicklung des Interviewleitfadens (siehe Kapitel 3.2.3).

1. Menschen, die erfolgreich in einer eigenen Wohnung wohnen, verfügen über individuelle, soziale und materielle Ressourcen.
   - individuelle Ressourcen
     Individuelle Ressourcen, wie Intelligenz, das Selbstkonzept, physische und psychische Gesundheit und die Wahrnehmung der eigenen Selbstwirksamkeit können Bewältigungsstrategien positiv beeinflussen. Dies trifft ebenso auf materielle oder soziale Ressourcen zu (Tesch-Römer, Salewski & Schwarz, 1997, S. 4).
   - Soziale Ressourcen
     Soziale Unterstützung ist durch die Verfügbarkeit anderer Personen in Situationen gegeben, die der Unterstützung bedürfen. Sie kann in Form von unterstützendem Verhalten durch andere Personen, als Mittel zur Bedürfnisbefriedigung oder in kognitiver Form als reine Wahrnehmung von Unterstützung vorliegen (Laireiter, 2009, 85f.).
   - Materielle Ressourcen
     Die Wahrnehmung des eigenen sozialen Status ist in Bezug auf die eigene Wohnung maßgeblich von materiellen Ressourcen abhängig. Dies bezieht sich auf die Einrichtung und Ausstattung der Wohnung mit beispielsweise technischen Geräten oder mit Hilfsgegenständen, wie beispielsweise einen unterfahrbaren Herd für Rollstuhlfahrer. Diese wirken sich sowohl auf den sozialen Status, als auch auf die Gestaltung der Lebenslage aus (Michels, 2011, S. 107).
2. Menschen, die erfolgreich in einer eigenen Wohnung wohnen, verfügen über eine Grundbildung.

Zur Vermittlung von Grundkompetenz können allgemeine Zielvorstellungen in die folgenden drei Bereiche aufgeteilt werden:

- Grundbildung als Voraussetzung zum Aufbau von Spezialbildung
- Grundbildung als Alphabetisierung
- Grundbildung als Voraussetzung zur Lebensbewältigung (Remmele et al., 2013b, S. 17)

Die Grundbildung als Voraussetzung für den Aufbau von Spezialbildung wird in diesem Rahmen als Grundlage für den Erwerb ökonomischer Bildung betrachtet. Bisher gibt es wenig Informationen über die Grundkompetenzen der Erwachsenen in Deutschland und deren Auswirkungen (Woelfel, Christoph, Kleinert & Heineck, 2011, S. 4). In der Studie zu grundlegenden Kompetenzen Erwachsener wurden im Auftrag des Bundesministeriums für Bildung und Forschung die Lesekompetenz, die alltagsmathematische Kompetenz und die technologiebasierte Problemlösung im internationalen Vergleich untersucht. Im Vergleich zu den Ländern der Organisation für wirtschaftliche Zusammenarbeit und Entwicklung lag Deutschland bei der Lesekompetenz unter, in der alltagsmathematischen Kompetenz über und in der technologiebasierten Problemlösung im Durchschnitt (Rammstedt, 2013, 13f). Als Kern ökonomischer Grundbildung für Erwachsene wurden ökonomisch geprägte Lebenssituationen identifiziert, die Anforderungen an das Entscheiden, Urteilen und Handeln innerhalb der Demokratie und der sozialen Marktwirtschaft stellen (siehe hierzu Kapitel 2.4.3).

3. Menschen, die erfolgreich in einer eigenen Wohnung wohnen verfügen über Handlungskompetenz.

Nach Reetz ist Handlungskompetenz die Fähigkeit die eigene Handlung entsprechend der jeweiligen Situation neu auszugestalten und umzusetzen (Reetz, 2008, S. 299). Das soziale Handeln der Person ist somit im Kontext der aktuellen sozialen Situationen innerhalb von gesellschaftlichen Systemen zu betrachten[79]. Dies betrifft den Kompetenzbereich, Handlungssituationen ökonomisch zu analysieren (siehe Kapitel 2.4.2).

3.1.4 Forschungsethik und Datenschutz

In Bezug auf die Zielgruppe der Menschen mit geistiger Behinderung sind Forschungsethik und Datenschutz für diese Untersuchung von besonderer Bedeutung. Insbesondere der Ethikkodex der Deutschen Gesellschaft für Soziologie und des Berufsverbands deutscher Soziologen und Soziologinnen (2014) sowie das Bundesdatenschutzgesetz sind hierbei zu beachten. Forschungsethische Prinzipien beziehen sich nach Flick darauf, dass das Forschungsvorgehen (Ausgangspunkt, Ziele, Vorgehen) gegenüber der zu interviewenden Person verständlich gemacht, Schädigungen dieser Person vermieden und datenschutzrechtliche Regelungen berücksichtigt werden (Flick, 2009b, S. 282).

[79] Eine Übersicht über die Handlungstheorie findet sich bei Reis (1997).

Helfferich nennt in diesem Zusammenhang zwei zentrale Prinzipien. Dabei verweist sie als erstes auf das Prinzip der „informierten Einwilligung“ (Helfferich, 2011, S. 190). Dieses Prinzip steht in engem Zusammenhang mit dem Grundsatz der Freiwilligkeit der Teilnahme. Beides wird unter § 2 Absatz 3 im Ethikkodex der Deutschen Gesellschaft für Soziologie festgehalten, zu deren Umsetzung die Information der befragten Person über die Methode und die Ziele des Forschungsvorhaben erfolgen muss (Deutsche Gesellschaft für Soziologie & Berufsverband deutscher Soziologinnen und Soziologen, 2014). Als zweites Prinzip nennt Helfferich die „Nicht-Schädigung“ (Helfferich, 2011, S. 190). Dieser Grundsatz ist in § 2 Absatz 5 des Ethikkodexes geregelt. Dementsprechend muss dafür Sorge getragen werden, dass diesen Personen keine Nachteile entstehen oder sie in Gefahr geraten. Ebenso ist an dieser Stelle festgeschrieben, dass die Personen über jegliche Risiken aufzuklären sind und ihre Anonymität bewahrt werden muss.

Dementsprechend wurde für die Methode Photovoice sowie die Verwendung der Fotos und für die Verwendung der Daten aus den Interviews jeweils eine Einwilligungserklärung vereinbart und von den teilnehmenden Personen und gegebenenfalls von dem gesetzlichen Betreuer oder der gesetzlichen Betreuerin unterzeichnet. Um dabei den besonderen Ansprüchen der zu Befragten in unterschiedlichen Betreuungskontexten gerecht zu werden, erhielten diese im Informationsgespräch eine Informationsmappe. Diese Mappe enthielt zum einen ein Informationsblatt mit Angaben zu den Methoden und Zielen des Projekts, welches die Kontaktdaten der verantwortlichen Person enthielt. Zudem befanden sich in der Mappe die Einwilligungserklärungen zur Verwendung der Fotos und zur Verwendung der Daten aus dem Interview. Des Weiteren enthielt die Mappe ein Informationsblatt zur Durchführung der Photovoice-Aktion. Die Befragten erhielten die Mappe bereits im Informationsgespräch und wurden gebeten die Unterlagen gemeinsam mit einer Vertrauensperson bis zu dem Interviewtermin zu besprechen und sich bei Rückfragen bei der verantwortlichen Person zu melden. Diese umfangreichen Informationen ermöglichten es trotz der besonderen Bedarfe das Prinzip der informierten Einwilligung zu wahren und dem Prinzip der Nicht-Schädigung gerecht zu werden. So konnten die Probanden beispielsweise darüber entscheiden, ob ihre Fotos vollständig, teil-anonymisiert, vollständig anonymisiert oder gar nicht verwendet werden durften. Eine solche Einwilligung in die Verwendung der Daten musste von der Person getroffen werden, die hierfür kompetent ist. Dies kann die befragte Person selber oder eine gesetzlich bestellte Betreuungsperson sein. Diese Person sollte angemessen informiert sein und die Einwilligung freiwillig geben (Flick, 2009b, S. 283). Gesetzlich ist nicht festgelegt, ob eine gesetzliche Betreuungsperson der Teilnahme an einem Interview der betreuten Person zustimmen muss. Für die gesetzliche Betreuung wird von dem zuständigen Gericht ein Zuständigkeitsbereich festgelegt. Die Möglichkeit an Forschungsvorhaben teilzunehmen oder Interviews zu geben ist nicht Bestandteil der möglichen Zuständigkeitsbereiche. Somit verbleibt diese Entscheidung bei der Person selber. Es ist jedoch in den Fällen, wo ein Einwilligungsvorbehalt vorliegt ethisch als sinnvoll zu erachten, die gesetzliche Betreuungsperson auf diesem Wege in das Forschungsvorhaben einzubeziehen und eine Unterschrift einzufordern. In Fällen, in denen kein Einwilligungsvorbehalt vorlag, wurde in dieser Arbeit der befragten Person die Entscheidung darüber überlassen, ob sie ihre gesetzliche Betreuungsperson einbeziehen und auf der Einwilligungserklärung ergänzend unterschreiben lassen möchte. Die meisten Probanden nahmen dies in Anspruch, um sich abzusichern, dass die Teilnahme an dem Projekt in Ordnung ist (siehe Tabelle 6: Übersicht der Probanden und deren Einwilligungen).

Datenschutzgesetz

In § 40 Bundesdatenschutzgesetz (BDSG) wird die Nutzung personenbezogener Daten geregelt. § 40 BDSG findet nur Anwendung, wenn es sich um personenbezogene Daten handelt. Vom Datenschutzrecht nicht betroffen sind Daten ohne Personenbezug. Ein solcher Personenbezug liegt dann vor, wenn Angaben zu persönlichen oder sachlichen Verhältnissen bestimmbarer Personen gemacht werden (§ 3 Absatz 1 BDSG). Ist dies der Fall, so müssen die Daten gemäß § 40 Absatz 2 Satz 1 BDSG anonymisiert werden und dürfen nur veröffentlicht werden, wenn die Person zugestimmt hat oder die Angaben für die Darstellung geschichtlicher Ereignisse unerlässlich ist (§ 40 Absatz 3 Satz 2 BDSG). Anonymisierung bedeutet gemäß dem Bundesdatenschutzgesetz, dass die Daten derart verändert werden, dass ein Bezug zu einer Person gar nicht oder nur mit unverhältnismäßigem Aufwand herzustellen ist. Eine vollständige Anonymisierung der Daten ist in diesem Fall nicht möglich, da die Namen sowie Geburtsdaten der Person und gegebenenfalls der Name der gesetzlichen Betreuungsperson auf der Einwilligungserklärung erfasst sind. Es wurde daher eine formale und faktische Anonymisierung der Daten durchgeführt. Ohne das Vorliegen der Einwilligungserklärungen ist somit eine Wiederherstellung des Personenbezuges gemäß § 3 Absatz 6 BDSG nicht oder nur mit unverhältnismäßigem Aufwand möglich. Im Rahmen der formalen Anonymisierung werden dabei die direkten Identifikationsmerkmale voneinander getrennt. Zu diesem Zweck können Listen angefertigt

werden, deren Zusammenführung die Wiederherstellung des Personenbezuges ermöglicht. Eine solche Zusammenführung der Merkmale ist nur zum Zwecke der zur Erfüllung der Speicherung oder zu wissenschaftlichen Zwecken zulässig (§ 30 Absatz 1 BDSG).
Die faktische Anonymisierung meint die systematische Veränderung und Reduzierung schützenswerter Daten in den Interview Transkripten, wodurch eine Reidentifizierung unmöglich wird. Auch hier können die Daten gar nicht oder nur mit unverhältnismäßigem Aufwand wieder personifiziert werden (§ 3 Absatz 6 BDSG).
Zur Erfüllung des Datenschutzes wurde die formale Anonymisierung der Daten vorgenommen, indem die direkten Identifikationsmerkmale ersetzt wurden. Die faktische Anonymisierung wurde in den Transkripten der Interviews vorgenommen. Begriffe, die einen Orts- oder Personenbezug erkennbar machten, wurden systematisch entfernt und beispielsweise durch [Name] oder [Stadtteil] ersetzt.
Diese Ausarbeitungen wurden in Bezug auf das deutsche Bundesdatenschutzgesetz durchgeführt, da das Inkrafttreten der datenschutzrechtlichen Empfehlungen zur Gestaltung der europäischen Grundverordnung zum aktuellen Zeitpunkt nicht bekannt war. Die Arbeitsgemeinschaft Datenschutz vermisst in dem Entwurf zu der europäischen Grundverordnung entsprechende Regelungen und rechnet mit einer Verschlechterung der rechtlichen Position und damit einhergehenden Rechtsunsicherheit für die qualitativen Sozialforschung (Rat für Sozial- und Wirtschaftsdaten, 2014).

Tabelle 6: Übersicht der Probanden und deren Einwilligungen

Einrichtung	Proband	Geschlecht (M= männlich, W= weiblich)	Alter	Einwilligung unterschrieben	Einwilligung durch gesetzlichen Betreuung
E1	DE	M	56	ja	keine ges. Betreuung
	FG	M	44	ja	ja - per Mail
	RG	W	32	ja	kann selber entscheiden
	RK	M	57	ja	kann selber Entscheiden
E2	DP	M	33	ja	kann selber Entscheiden
	WB	M	52	ja	keine ges. Betreuung
	BB	W	41	ja	keine ges. Betreuung
	NW	M	51	ja	ja, per Mail
	RWS	W	47	ja	ja, per Mail
	MG	M	43	ja	kann selber Entscheiden
	DW	M	54	ja	keine ges. Betreuung
E3	FJU	M	61	ja	ja
	HH	M	64	ja	ja
	KS	M	58	ja	keine ges. Betreuung
	IA	W	58	ja	ja
	MS	M	49	ja	ja
E1/E3	FAB	W	32	ja	keine ges. Betreuung

3.2 Methodisches Vorgehen dieser Untersuchung

Ziel der Datenerhebung ist es, Einblicke in die Lebenswelt der Teilnehmenden zu erhalten, um Bildungsbedarfe der Zielgruppe aus dem Bereich der ökonomischen Bildung benennen und daraufhin ein adäquates Bildungskonzept entwickeln zu können. Um diese Einblicke in die Lebenswelt der Zielgruppe zu erhalten, ist aus zwei Gründen ein besonderes Vorgehen notwendig. Zum einen ist es grundsätzlich nur mit spezifischen Methoden möglich Einblicke in die Lebenswelt von Menschen zu erhalten, zum anderen verfügt die Zielgruppe über ganz eigene Ansprüche, die erfüllt werden müssen, um eine Teilnahme an der Datenerhebung zu ermöglichen. Um diese Anforderungen auf der Grundlage der theoretischen Herleitung der Methode zu realisieren mussten besondere Aspekte berücksichtigt werden, die im Folgenden aufgezeigt werden. Hierzu gehört die Wahl der Methode Photovoice, die um narrativ orientierte leitfadengestützte Interviews ergänzt wurde, um zu den Erkenntnissen zu gelangen, die für die Beantwortung der Forschungsfrage notwendig sind.

3.2.1 Partizipative Forschung und die Methode Photovoice

Partizipative Forschungsstrategien sind auf die gemeinsame Planung und Durchführung eines Forschungsvorhabens ausgerichtet. In den Forschungsprozess einbezogen werden sollen die Menschen, deren „soziale Welt und sinnhaftes Handeln als lebensweltlich situierte Lebens- und Arbeitspraxis untersucht wird“ (Bergold & Thomas, 2012, S. 2). Die Konsequenz daraus ist das Zusammentreffen der Perspektive der Praxis und der Forschung innerhalb des Erkenntnis-interesses und der Forschungsfragen. Dieses komplexe Vorgehen kann durch Begegnung, Kommunikation und Interaktion beider Perspektiven gemeinsam realisiert werden. Bergold und Thomas betonen, dass dieser Forschungsstil im Forschungshandeln umgesetzt wird, wobei vielfältige Forschungsstrategien genutzt werden können, um die Einbeziehung aller Co-Forscher und Forscherinnen in den Erkenntnisprozess zu verwirklichen. Die Co-Forscher und Forscherinnen sollen Gelegenheit erhalten ihre Perspektive in den Forschungsprozess einzubringen. Deshalb kommt der Gegenstandsangemessenheit und der Orientierung am Forschungsprozess eine besondere Bedeutung zu. Wenn es gilt die soziale Welt zu erforschen, stellt partizipative Forschung eine attraktive Variante qualitativer Forschung dar, die eine reichhaltige Erkenntnis generiert (Bergold & Thomas, 2012, 2f).

Gemeinsames Forschen mit Menschen mit geistiger Behinderung entstand primär in den USA und in Großbritannien aus der emanzipatorischen Forschung heraus. Der Fokus dieser Forschungsprojekte wurde oftmals auf die Verbesserung der Leistungen oder die Umsetzung leichter Sprache gerichtet. Erst in den 1990er Jahren wurde die Einbeziehung von Nutzern und Nutzerinnen sowie Adressaten und Adressatinnen zum Zwecke der Evaluation und Weiterentwicklung der Dienstleistungen der sogenannten Behindertenhilfe eingefordert. Ein häufiger Kritikpunkt lag darin, dass die Kontrolle und die strategische Planung im Forschungsprozess oftmals bei den Menschen ohne Behinderung verblieben. Auch heute sind Forschungsprojekte über Menschen mit Behinderung im deutschsprachigen Raum eher die Regel als Forschungsprojekte mit Menschen mit Behinderung (Buchner, König & Schuppner, 2011, 6f).

Nachdem entschieden wurde wer an dem Forschungsprozess partizipieren soll (in diesem Fall Personen der Zielgruppe) stellt sich die Frage danach, in welcher Form Partizipation stattfinden soll. Unger unterscheidet dazu in Anlehnung an Wright (Wright, 2010, S. 335) verschiedene Formen und Stufen der Beteiligung. Unterschieden wird zwischen der Nicht Partizipation, Vorstufen der Partizipation und der Partizipation, die in Abbildung 27 dargestellt werden. Über die Partizipation hinaus geht die Selbstorganisation eines Forschungsprojektes.

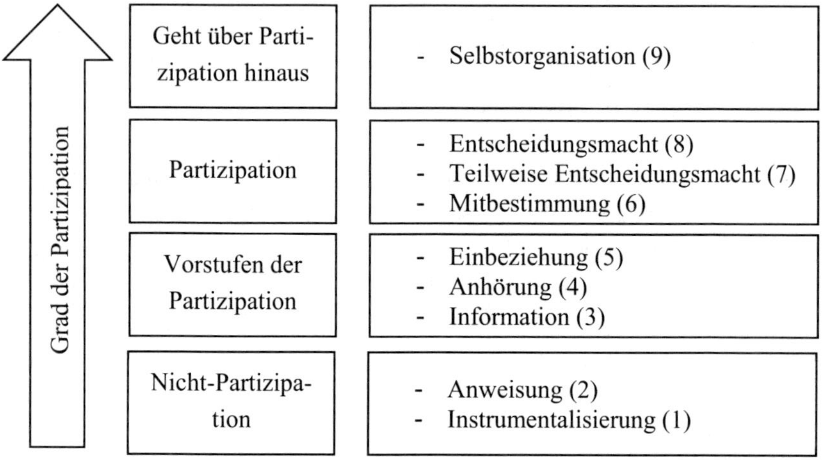

Abbildung 27: Möglichkeiten der Partizipation[80]

Aufgrund der strukturellen und zeitlichen Rahmenbedingungen wurde für die Untersuchung der Forschungsfrage die Vorstufe der Partizipation gewählt. So ist es möglich die Sichtweise der Adressaten und Adressatinnen in die Erhebung aufzunehmen und gleichzeitig den zeitlichen und monetären Rahmen zu beachten. Hierzu wird die Methode Photovoice in Kombination mit anschließenden narrativen Leitfadeninterviews genutzt. Die Teilnehmenden machen Fotos von ihrer Lebenswelt. Sie werten diese gemeinsam aus, um so zu Veränderungsprozessen beispielsweise auf politischer Ebene beitragen können.

> *„Photovoice is a process by which people can identify, represent and enhance their community through a specific photographic technique." (Wang & Burris, 1997, S. 369)*

[80] Quelle: in Anlehnung an: von Unger (2014, S. 40)

Damit verfolgt Photovoice mehrere Ziele. Zum einen soll es den Teilnehmer und Teilnehmerinnen ermöglicht werden, die Stärken und Belange ihres sozialen Umfeldes zu benennen und zu reflektieren. Zum anderen soll Photovoice den kritischen Dialog und das Wissen über wichtige Fragestellungen fördern sowie entscheidende Funktionsträger und Funktionsträgerinnen auf politischer Ebene erreichen (Wang & Burris, 1997, S. 172).

Nach der Planung und Vorbereitung werden die Teilnehmer und Teilnehmerinnen adäquat informiert und für die Fotografie-Phase geschult. Die Aufgabenstellung in Bezug auf die Phase der Fotografie kann offen oder auf bestimmte Aspekte fokussiert werden. Die Zeit dieser Phase und die Anzahl der Fotos kann eingegrenzt werden (von Unger, 2014, 71f).

Hinsichtlich der Forschungsfrage wurden die Teilnehmenden in einem Gespräch über das Vorhaben und die Methode informiert. Sie wurden gebeten 10 bis maximal 20 Fotos zu machen. Dabei sollten sie darstellen, was schwer und was leicht in Bezug auf das Leben in einer eigenen Wohnung ist. Zudem sollten sie das Besondere an einem Leben in der eigenen Wohnung abbilden.

Die anschließende Vorstellung, Diskussion sowie die Auswertung der Fotos und die Erarbeitung von Handlungsempfehlungen finden im klassischen Sinne der Methode Photovoice innerhalb der Gruppe statt (von Unger, 2014, S. 73). Aufgrund der besonderen Bedarfe und unterschiedlichen Voraussetzungen sowie Fertigkeiten wurde für die Auswertung der Fotos das Interview im geschützten Rahmen im Haushalt der teilnehmenden Personen gewählt. Zu diesem Termin konnten die Teilnehmer und Teilnehmerinnen unterstützend Personen dazu bitten. In diesem Rahmen konnte es allen Teilnehmer und Teilnehmerinnen ermöglicht werden die eigenen Fotos vorzustellen und mit eigenen Aussagen sowie Beschreibungen zu ergänzen.

Die Gruppenauswertung und Diskussion der Ergebnisse wurde im Sinne der Methode Photovoice auf der gemeinsamen Fachtagung der Anbieter von Hilfen für Menschen mit geistiger Behinderung im September 2016 durchgeführt. Hier bestand die Möglichkeit innerhalb eines Workshops die Ergebnisse zu diskutieren, Handlungsempfehlungen auszusprechen und weitere Schritte zu planen.

3.2.2 Das narrativ orientierte leitfadengestützte Interview

Die Methode des Interviews gewinnt innerhalb der qualitativen Forschung zunehmend an Bedeutung (Lamnek, 2010, S. 301). Innerhalb der qualitativen Forschung ist es wahrscheinlich die am häufigsten genutzte Methode zur Datenerhebung (Hussy, Schreier & Echterhoff, 2013, S. 224; Mey & Mruck, 2010, S. 423).

Das Wort Interview stammt aus dem Französischen entrevue ab und bedeutet eine kurze Begegnung oder Zusammenkunft. Das Interview ist eine kommunikative Situation, die bewusst herbeigeführt wird. Es ist durch eine Rollenungleichheit gekennzeichnet, da mindestens eine interviewende Person und eine erzählende Person beteiligt sind (Lamnek, 2010, S. 301). Diese Rollenungleichheit ist mit bestimmten Erwartungen an die Erzählperson verknüpft (Helfferich, 2011, S. 58). Inzwischen existiert eine Vielzahl unterschiedlicher Interviewvarianten, die in der Literatur nicht einheitlich dargestellt werden (Mey & Mruck, 2010, S. 423). Diese verschiedenen Varianten lassen sich nach sieben Kriterien differenzieren. Ausschlaggebend für die Wahl der Interviewvariante ist die Intention des Interviews. Diese bestimmt den Grad der Standardisierung, wovon wiederrum die Struktur der Befragung und die Form der Kommunikation abhängig sind. Die weiteren Kriterien zielen auf die konkrete Durchführung der Interviews ab. Diese lassen sich durch den Stil der Kommunikation, der Art der Fragen, dem Kommunikations- oder Versandmedium unterschiedlich gestalten (Lamnek, 2010, S. 303).

Differenzierungskriterium	**Form des Interviews**
Intention des Interviews	ermittelnd
Standardisierung	halb standardisiert
Struktur der Befragung	Einzel-Interview
Form der Kommunikation	mündlich
Stil der Kommunikation, Interview-Verhalten	weich
Art der Fragen	offen
Kommunikationsmedium	Face-to-Face, persönlich
Versandmedium (entfällt)	_

Tabelle 7: Art der Befragung

In Bezug auf die Forschungsfrage werden die in Tabelle 7 aufgezeigten Kriterien gewählt.

Die Intention des Interviews ist in der Forschungsfrage begründet. Um diese beantworten zu können, ist der Informationsfluss innerhalb des Interviews einseitig von der befragten Person auf die interviewende Person gerichtet. Somit handelt es sich um ein ermittelndes Interview (Lamnek, 2010, S. 304). In Bezug auf die Interessenlage und auf die besonderen Bedürfnisse der befragten Personen werden die Interviews halb-standardisiert durchgeführt. Durch dieses Vorgehen wird es ermöglicht, offene Erzählungen herbeizuführen und gleichzeitig strukturierend oder erzählgenerierend zu intervenieren. Das Einzel-Interview bietet zusätzliche Möglichkeiten auf behinderungsbedingte Anforderungen einzugehen und so den unterschiedlichen Personen eine Teilnahme an dem Forschungsprojekt zu ermöglichen. Die Form der mündlichen Kommunikation bietet hierzu direkte Reaktions- und Interventionsmöglichkeiten. Die weiche Art des Kommunikationsstils ermöglicht es Interviewer und Interviewerinnen ein Vertrauensverhältnis zu der befragten Person aufzubauen und im Interviewverlauf eine passive Rolle einzunehmen (Lamnek, 2010, S. 313). Offene Fragen haben den Vorteil, dass die Antwort nicht in ein vorgegebenes Schema eingeordnet werden muss. Die Befragten können für die Antwort ihnen gebräuchliche Formulierungen wählen (Lamnek, 2010, S. 315). Den interviewten Personen mit geistiger Behinderung kann so eine sprachliche Barriere genommen werden. Der personale Aspekt ist bei qualitativen Interviews besonders bedeutsam (Lamnek, 2010, S. 315). Der direkte Kontakt in der Face-to-Face Kommunikation ermöglicht es nonverbale Signale aufzunehmen und darauf zu reagieren. Dies ist in Bezug auf die Zielgruppe von besonderer Bedeutung.

Das halb-standardisierte Interview ist eine Weiterentwicklung des leitfadengestützten Interviews und bietet Vorschläge, um subjektive Theorien rekonstruieren zu können. Dabei wird unter subjektiver Theorie das umfangreiche Wissen der befragten Person zu dem Forschungsthema verstanden. Um diese subjektive Theorie in Bezug auf die Forschungsfrage zu ermitteln, wird ein Leitfaden nach speziellen Themenbereichen konstruiert, der offene Fragen beinhaltet. Diese offenen Fragen werden innerhalb des Interviews gestellt und bieten der befragten Person die Möglichkeit ihr implizites Wissen darzulegen[81]. Die interviewende Person kann dabei mit dem Fokus der Erzählgenerierung eingreifen und so die befragte Person darin bestärken, ihre subjektiven Theorien zu rekonstruieren (Flick, 2009a, S. 203). In diesem Rahmen hat die interviewende Person die Möglichkeit durch verschiedene Vorgehensweisen die Asymmetrie im Verhältnis zwischen Forscher und Forscherinnen und Befragten zu reduzieren. Hierzu kann die interviewende Person Empathie zeigen, auf das Gesagte der befragten Person eingehen und erzählgenerierend auf das Interview Einfluss nehmen. Durch die halb-standardisierte Vorgehensweise kann die interviewende Person zudem strukturierend in

[81] Um die spezifischen Kompetenzen der Menschen mit geistiger Behinderung anzusprechen wurden zusätzlich zu den offenen Fragen die Fotos erzählgenerierend für das Interview genutzt. Neben der verbalen Kommunikationsebene konnten so visuelle Reize angesprochen und das Abstraktionsniveau gesenkt werden.

den Interviewverlauf einwirken. In der vorliegenden Arbeit wurden sowohl die Fotos als auch der Leitfaden zur Strukturierung der Interviews genutzt.
Eine ebenfalls halb-standardisierte Form des Interviews ist das narrative Interview (siehe Kapitel 3.1.1). Es beginnt mit einer Eingangsfrage, die dem Thema der Untersuchung entspricht[82]. An die Erzählung schließt ein Nachfrageteil an. Die Bilanzierungsphase, in der die interviewende Person anderweitige Fragen stellt, bildet den Abschluss des narrativen Interviews.
Für die Beantwortung der Forschungsfrage wurde eine Kombination aus dem narrativen und dem leitfadengestützten Interview gewählt. Durch diese Vorgehensweise konnte den Bedarfen der Zielgruppe entsprochen werden. Nur so war es möglich Interviews mit Menschen mit unterschiedlichster Behinderung durchzuführen. Hierzu wurden die Interviews im Face-to-Face Kontakt in Form von Einzelinterviews durchgeführt, zu denen die zu interviewenden Personen unterstützend eine Vertrauensperson hinzu bitten konnten. Der Stil der Kommunikation und die Art der Fragestellung ergeben sich aus der Art des leitfadengestützten Interviews in denen Aspekte des narrativen Interviews genutzt wurden (siehe Kapitel 3.2.3). Die so erhobenen Daten wurden anschließend mit der Methode der qualitativen Inhaltsanalyse analysiert, die im Folgenden beschrieben wird.
Eine weitere Möglichkeit die Intercoderreliabilität festzustellen ist das Kodieren mit den gleichen Codes an unterschiedlichen Textstellen. Die Auswertungssoftware MAXQDA bietet hierzu eine gesonderte Funktion der Intercoderreliabilität (ICR) an, die für die Überprüfung der Intercoderreliabilität genutzt wird (siehe Kapitel 3.3.2.11). Eine Möglichkeit zur Darstellung von Cohens Kappa ist geplant. Eine Umsetzung dessen ist in der aktuellen Version MAXQDA 11 noch nicht realisiert worden[83].

3.2.3 Entwicklung des Interviewleitfadens

Nach Helfferich sind leitfadengestützte Interviews geeignet, wenn zum einen subjektive Theorien oder Alltagswissen rekonstruiert werden sollen und daher eine maximale Offenheit erforderlich ist. Zudem sind leitfadengestützte Interviews ge-

[82] Die Eingangsfrage dieser Forschungsarbeit bezieht sich auf die gemachten Fotos im Rahmen von Photovoice. Sie soll erzählgenerierend wirken und lautet daher: „Bitte erzählen Sie, was sie auf den Fotos sehen“.
[83] Weitere Informationen und aktuelle Entwicklungen werden auf der Homepage von MAXQDA präsentiert: www.maxqda.de, zuletzt abgerufen am 1.9.2016

eignet, wenn die zu interviewende Person selber Themen einführen und gleichzeitig die interviewende Person strukturierend in das Interview eingreifen soll (Helfferich, 2011, S. 179).
Entsprechend dem Verständnis von Inklusion muss die Frage nach dem Bildungsbedarf im Kontext der Lebenslage, Lebenswelt und des sozialen Umfeldes der befragten Person gesehen werden. Die Stärken-Perspektive und die Subjektzentrierung bilden die Grundlage für das Interview, das auf der Basis der freiwilligen Zusammenarbeit durchgeführt wird (siehe Kapitel 3.1.2). Um die eigenen Kompetenzen und den Bildungsbedarf beschreiben zu können, ist die Fähigkeit zur Introspektion notwendig (siehe Kapitel 2.4.3). Davon unabhängig können bestimmte Kompetenzen getestet und dadurch der Bildungsbedarf bestimmt werden. Dies kann jedoch nicht im Rahmen eines Interviews stattfinden.
Im Vorfeld zu dem Interview wurden die Befragten gebeten, Fotos von ihrem Alltag in der eigenen Wohnung zu machen. Diese Fotos dienten im Rahmen des Interviews als visuelle Erzählgenerierung. Sie bildeten den Ausgangspunkt für das narrativ orientierte Leitfadeninterview. Während der Erzählung zu den Fotos wurden lediglich Verständnisfragen, strukturierende oder erzählgenerierende Fragen gestellt. Erst nach der Erzählung zu den Fotos wurden gegen Ende des Interviews die Fragen aus dem Leitfaden genutzt, um wichtige Aspekte in Bezug auf die Forschungsfrage anzusprechen, die bis dahin noch nicht thematisiert wurden. Aus der Forschungsfrage[84] wurden Dimensionen generiert, die als Grundstruktur für den Leitfaden dienen: Wohnen, Bildung, ökonomische Lebenssituationen, Behinderung, Betreuung/Unterstützung.

Diese Dimensionen des Forschungsgegenstandes beinhalten Themengebiete, zu denen Informationen gesucht werden. Sie stellen das Grundgerüst für den Leitfaden dar.
Dimensionen des Forschungsgegenstandes:

- ökonomisch geprägte Lebenssituationen
  (Einkommensentstehung, Einkommensverwendung, Geldeinteilung)
- Bildung
  (Schul- und Ausbildung, Grundbildung, Teilhabe an Erwachsenenbildung)

[84] Dimensionen des Forschungsgegenstandes in der Forschungsfrage (unterstrichen): Welche Anforderungen ergeben sich aus den ökonomisch geprägten Lebenssituationen von Menschen mit geistiger Behinderung im ambulant betreuten Wohnen nach § 53 SGB XII für die ökonomische Bildung im Kontext Sozialer Arbeit?

- Wohnen
  (Wohnsozialisation, Haushaltsführung, Einkäufe, Finanzen, Ernährung)
- Behinderung
  (Chancen, Grenzen, Bedarfe)
- Betreuung/Unterstützung
  (Zuständigkeit, Aufgabenverteilung, Zufriedenheit, Bedarf, Koordination)

Zu diesen Dimensionen werden im Interview Erzählanreize gegeben, die die befragte Person anregen sollen, das Themengebiet aus der eigenen Perspektive und Priorisierung heraus darzustellen. In Abhängigkeit von dem Verlauf des Interviews und der Konzentrationsfähigkeit der befragten Person wurde zusätzlich das Thema Wünsche eingebracht. Der Leitfaden dient innerhalb des Interviews der Orientierung, um alle relevanten Fragestellungen zu den Dimensionen anzusprechen. Somit wird in dem Interview das Prinzip von einem offenen Vorgehen hin zu mehr Strukturierung verfolgt. Dabei gilt es das Kontinuum von Offenheit und Struktur dynamisch auszugleichen und dieses Vorgehen von Dimension zu Dimension zu wiederholen, um so die verschiedenen Themenfelder abzufragen. Die Offenheit und die Erzählfreiheit der befragten Person haben hierbei Vorrang (Kruse, 2014, S. 217).

Entsprechend dem narrativen Interview unterscheidet Helfferich zwischen dem Hauptteil, dem Nachfrageteil und dem Bilanzierungsteil eines Interviews. Im Hauptteil sollen Stegreif- und Spontanerzählungen generiert werden. Im anschließenden Nachfrageteil werden an diese Erzählungen anknüpfend Nachfragen gestellt. Erst im Bilanzierungsteil können neue Themen durch die interviewende Person eingebracht werden. Abhängig von der Forschungsfrage kann der Leitfaden stärker strukturiert oder offener gehalten werden (Helfferich, 2011, 178f).

In dem ersten Teil der Interviews werden die Fotos aus der Methode Photovoice als Erzählanregung genutzt. Diese Erzählung zu den Fotos wird durch die interviewende Person durch strukturierende sowie erzählgenerierende Fragen gesteuert. Verstärkende Inputs und Bestätigungen durch die Interviewerin dienen der Aufrechterhaltung der Erzählung der Befragten. Aufgrund der möglichen kognitiven Einschränkungen werden stellenweise Rückfragen in direktem Bezug zu der Erzählung gestellt und nicht erst im Nachgang zu diesem Hauptteil formuliert. Im Nachfrageteil werden weitergehende Rückfragen zu der Erzählung gestellt. Im direkten Anschluss daran werden die Themen eingebracht, die für die Beantwortung der Forschungsfrage von besonderer Bedeutung sind und im vorherigen Gesprächsverlauf noch nicht oder noch nicht ausreichend thematisiert wurden. Hierzu wird der folgende Leitfaden eingesetzt.

Dimension	Leitfrage	Unterfragen	Memo für Nachfragen	Muss gestellt werden
Bildung	- Welche Vorbildung haben Sie? - Wo haben Sie gelernt einen Haushalt zu führen? - Wie treffen Sie Entscheidungen?	- Wie gehen Sie beim Einkaufen vor? Fällt es Ihnen leicht sich zu entscheiden?	- Schule - Ausbildung - Grundkompetenzen - Entscheidungskompetenz	○ ⊗ ⊗
Wohnen	- Welche Wohnerfahrung haben Sie? - Was würden Sie Leuten empfehlen die gerne in eine eigene Wohnung ziehen möchten? - Was ist besonders wichtig, wenn man in einer eigenen Wohnung lebt?	- Wie wurde dort der Haushalt organisiert? -	- Finanzen - Einkäufe - Ernährung - Haushalt	⊗ ○ ⊗
Behinderung	- Was fällt Ihnen schwer?	- Wie holen Sie sich Unterstützung?		○
Betreuung	- Wer unterstützt Sie? - Wer übernimmt welche Aufgaben? - Wie koordinieren Sie die Unterstützung?	- Was machen Sie in der Zeit, wo ihr/e BeWo Betreuer_in da ist?	- BeWo - Gesetzliche Betreuung - weitere Unterstützung - Zeitplanung	⊗ ○ ○
Wünsche	- Haben Sie wünsche, was sie noch machen oder erreichen wollen?	- Was würden Sie gerne noch machen? - Haben Sie noch einen Wunsch in Bezug auf das Wohnen?	-	○

Tabelle 8: Leitfaden für die Interviews

Die Dimensionen wurden adäquat zu dem Gesprächsverlauf in das Interview eingebunden. Den kognitiven Fähigkeiten und den Bedürfnissen der Probanden entsprechen wurden die Fragen innerhalb des Interviews umformuliert oder an anderer Stelle platziert. Die Fragen wurden an den Gesprächsverlauf angepasst und im Nachfragteil gestellt, wenn sie zuvor nicht thematisiert wurden. Wenn der zeitliche Rahmen nicht eingehalten werden konnte, wurden Fragen weggelassen, die für die Beantwortung der Forschungsfrage als nicht relevant erachtet wurden. Beispielswiese leidet E2DP zusätzlich zu seiner geistigen Behinderung an einer psychischen Erkrankung. In dem Interview zeigte er eine eingeschränkte Konzentrationsfähigkeit und große Unruhe. Von den Themen des Leitfadens kam er immer wieder ab und berichtete von traumatischen Erlebnissen aus seiner Kindheit und Jugend. Aufgrund dieser Situation und der Länge des Interviews konnten nicht alle Dimensionen abgefragt werden. Die Erzählung der befragten Person hatte während des gesamten Interviews Vorrang. Der Leitfaden diente als Strukturierung, dem E2DP nur eingeschränkt folgen konnte.

3.2.4 Sampling

Die Fallauswahl spielt in der qualitativen Forschung eine besondere Rolle. Innerhalb des Samplings wird bei Interviews darüber entschieden, welche Personen befragt werden (Kruse, 2014, S. 241). Da oftmals nicht bekannt ist, wie sich die Grundgesamtheit zusammensetzt, ist Repräsentativität kein sinnvolles Kriterium für Stichproben in der qualitativen Forschung (Helfferich, 2011, S. 172). Ob ein Zufallsverfahren zu einer repräsentativen Stichprobe führt, ist von vielen Voraussetzungen abhängig. In der qualitativen Forschung findet die Fallauswahl gezielt statt, um möglichst reichhaltige Informationen zu der Forschungsfrage zu erhalten. Bei der Fallauswahl auf der Grundlage eines qualitativen Stichprobenplans handelt es sich um eine Auswahl nach bestimmten Kriterien (Schreier, 2010, S. 245).

In Bezug auf die Forschungsfrage wurde ein kombiniertes Verfahren aus einem qualitativen Stichprobenplan und der Zufallsstichprobe gewählt. So wurden innerhalb einer deutschen Großstadt Einrichtungen ausgewählt, die ausschließlich Hilfen für Menschen mit geistiger Behinderung anbieten. Hierbei wurde darauf geachtet die Grundgesamtheit abzubilden. So wurden eine evangelische, eine katholische und eine unabhängige Einrichtung gewählt. Diese gezielt herbeigeführte Heterogenität erschwert es bei der Auswertung voreilige Schlüsse auf die Allgemeinheit zu ziehen. Die evangelische und die katholische Einrichtung bieten seit mehr als 100 Jahren Hilfen für Menschen mit geistiger Behinderung an. Die in

Kapitel 2.1.2 beschriebene historische Entwicklung hat diese Einrichtungen geprägt und sie haben diese Entwicklung wesentlich mitgestaltet. Die ehemaligen Hauptgelände mit großen Wohneinheiten wurden aufgelöst, dezentralisiert und nun anderweitig genutzt. Inzwischen bieten beide Einrichtungen ambulant betreutes Wohnen nach § 53 SGB XII in kleinen Wohneinheiten oder in eigenen Wohnungen an.
Die dritte Einrichtung wurde in den 1980er Jahren gegründet und bietet seither gemeindeintegrierte Wohngruppen mit 6 bis 10 Bewohnern sowie das Einzel- und Paarwohnen im Rahmen des § 53 SGB XII an.

	Einrichtung 1	Einrichtung 2	Einrichtung 3
Gründungsjahr	1859	1884	1986
Ausrichtung	evangelisch	katholisch	unabhängig
Angebotspalette	Wohnheime; Außenwohngruppen, ambulant betreutes Wohnen, Kurzzeitwohnen	Wohnheime, Außenwohngruppen, ambulant betreutes Wohnen, Schule, Berufskolleg, Arbeitsstätten (Dienstleistungs-, Freizeit- und Servicebereich), Werk- und Tagestätten, Ambulante Hilfen, Beratungsstelle	ambulant betreutes Wohnen in Form von Wohngruppe, Einzel- und Paarwohnen, ambulante Pflege nach SGB XI, Beratungsstelle Integrationshilfen
Zahl der Betreuten Personen	92	670	166
Weitergehende Angebote für Kunden im ambulant betreuten Wohnen	Freizeitgestaltung	Arbeit & Beschäftigung Kontakt- und Beratungsstelle Freizeitengestaltung	Pflege Integrationshilfen Kontakt- und Beratungsstelle Freizeitgestaltung

Tabelle 9: Übersicht über die ausgewählten Einrichtungen E1, E2 und E3

Für die Interviews wurden Personen mit geistiger Behinderung ausgewählt, die sich im erwerbsfähigen Alter befinden und leistungsberechtigt für das ambulant betreute Wohnen nach § 53 SGB XII sind. Dies sind alle Menschen mit geistiger Behinderung im Alter von 27 bis 60 Jahren. Die Verteilung dieser Altersgruppe im ambulant sowie im stationär betreuten Wohnen wird in Tabelle 10 aufgezeigt.

Wohnform	27 bis unter 40	40 bis unter 50	50 bis unter 60
ambulant betreutes Wohnen	13,6	34,8	21,1
stationär betreutes Wohnen	28,8	26,1	24,1

Tabelle 10: Altersverteilung der Zielgruppe im ambulant und stationär betreuten Wohnen[85]

Den genannten Kriterien entsprechend sollten die Einrichtungen nach dem Schneeballsystem[87] Personen anfragen und hiervon möglichst viele Interessenten für die Teilnahme an dem Projekt gewinnen. Bestand Interesse an einer Teilnahme, wurde ein Termin zu einem Informationsgespräch vereinbart. Für die Beantwortung der Forschungsfrage wurde eine mittlere Stichprobengröße von 18 Teilnehmern und Teilnehmerinnen angestrebt. Diese Stichprobengröße wurde nach dem Saturierungsprinzip gewählt[88]. Es war jedoch nicht allen drei Einrichtungen möglich jeweils sechs interessierte Personen zu finden. So konnten in zwei Einrichtungen 5 Interviews und in einer Einrichtung vier Interviews durchgeführt werden. Vier dieser Interviews wurden mit Paaren durchgeführt, wobei eine Person am Tag des Interviews erkrankte und somit nicht teilnehmen konnte. Somit konnte die Zielgröße von 17 teilnehmenden Personen erreicht werden[89].
In Bezug auf solche Stichprobengrößen empfiehlt Helfferich rückwirkend zu überprüfen, welche Fallkonstellationen innerhalb der Stichprobe enthalten sind. Ihrer Ansicht nach können nur über diese Konstellationen Aussagen zu dem Sample getroffen werden. Eine solche Limitation kann als Gütekriterium für die qualitative Forschung angesehen werden (Helfferich, 2011, 173f).

---

[85] Quelle: in Anlehnung an: Bundesarbeitsgemeinschaft der überörtlichen Träger der Sozialhilfe (2014, S. 25)

[86] Quelle: in Anlehnung an: Bundesarbeitsgemeinschaft der überörtlichen Träger der Sozialhilfe (2014, S. 25)

[87] Das Schneeballverfahren wird in den Fällen zur Zusammenstellung der Stichprobe eingesetzt, in denen ganz spezielle Populationen untersucht werden, bei denen das Auffinden schwierig ist, deren Mitglieder jedoch gut untereinander vernetzt sind. Als nicht-probabilistische Stichprobe können Schneeballstichproben keine Repräsentativität beanspruchen Bortz und Döring (2009, S. 128).

[88] Wenn das Führen weiterer Interviews keine neuen Informationen erbringt, gilt die Stichprobe als saturiert Helfferich (2011, 174f.)

[89] Eine Person erkrankte in dem Zeitraum der Datenerhebung und konnte daher nicht teilnehmen.

3.2.5 Untersuchungsverlauf

Zur Vorbereitung auf die Interviews wurden neben dem Interviewleitfaden ein Informationsblatt und zwei Datenschutzerklärungen erstellt (siehe Anhang). Das Informationsblatt enthielt eine kurze Projektbeschreibung, Informationen zu der Vorgehensweise der Untersuchung und Kontaktdaten für mögliche Rückfragen. Zwei getrennte Vorlagen für die Datenschutzerklärung bezogen sich zum einen auf die gemachten Fotos und zum anderen auf die Daten aus dem Interview. Zudem wurde ein Aufgabenblatt mit drei Fragen zu der Photovoice-Aktion erstellt. Diese Informationen erhielten die interessierten Personen in Form einer Informationsmappe in dem Informationsgespräch. So sollte sichergestellt werden, dass die Teilnehmer und Teilnehmerinnen diese Informationen mit Vertrauenspersonen oder den Betreuer und Betreuerinnen besprechen und sich zusätzlich absichern konnten. Die Personen, die eine Einwilligung der gesetzlichen Betreuungsperson benötigten, konnten diese vor der Durchführung des Interviews einholen. Stellte sich in dem Informationsgespräch heraus, dass weiterhin Interesse an einer Teilnahme besteht, so wurden die technischen Voraussetzungen für die Durchführung der Photovoice-Aktion geschaffen. Im Vorfeld wurden hierfür Kameraspenden eingeholt. Die verschiedenen Kameras wurden auf ihre Funktionsweise geprüft und mit dem notwendigen Zubehör ausgestattet. Aufgrund der unterschiedlichen Vorerfahrungen, Fertigkeiten und technischen Ausstattung der Teilnehmer und Teilnehmerinnen, wurden ihnen vier verschiedene Optionen für die Durchführung vorgeschlagen. Zuerst konnten die Teilnehmer und Teilnehmerinnen entscheiden, ob sie eigenen Geräte oder die des Forschungsprojektes nutzen wollten. Hier wurden sowohl eigene Fotoapparate als auch Mobiltelefone zum Fotografieren genutzt. Durch das Forschungsprojekt wurden digitale und analoge Fotoapparate zur Verfügung gestellt, von denen sich die Teilnehmer und Teilnehmerinnen im Informationsgespräch bei Bedarf einen auswählen konnten.In der Photovoice Aktion wurden diese vier Optionen in Anspruch genommen, wohingegen niemand eine eigene analoge Kamera nutzte (siehe Tabelle 11: Rahmenbedingungen bei Photovoice und im Interview).

Tabelle 11: Rahmenbedingungen bei Photovoice und im Interview

Proband	Fotogerät
E1DE	gestellte digitale Kamera
E1FG	eigene digitale Kamera
E1RG	Mobiltelefon
E1RK	gestellte analoge Kamera
E2DP	Mobiltelefon
E2WB	eigene digitale Kamera
E2BB	eigene digitale Kamera
E2NW	eigene digitale Kamera
E2RWS	eigene digitale Kamera
E2MG	gestellte analoge Kamera
E2DW	gestellte digitale Kamera
E3FJU	gestellte digitale Kamera
E3HH	gestellte digitale Kamera
E3KS	gestellte digitale Kamera
E3IA	eigene digitale Kamera
E3MS	eigene digitale Kamera
E1/3FAB	eigene digitale Kamera

Den teilnehmenden Personen war es freigestellt zum Fotografieren Unterstützung hinzuzuziehen. Dies nahmen ebenfalls mehrere Personen in Anspruch, weil sie auf den Fotos selber zu sehen sein wollten oder weil sie aufgrund der eigenen Einschränkung nicht selber fotografieren konnten (zum Beispiel kann E3KS aufgrund seiner Spastik keine Kamera ruhig halten, E3FJU konnte die Funktionsweise der Kamera nicht verstehen). Mehrere Personen ließen sich so von ihren Vertrauenspersonen fotografieren oder erhielten von ihrer Betreuungsperson bei der Ideenfindung beziehungsweise beim Fotografieren Assistenz.
Nach der Phase des Fotografierens fand der Interviewtermin statt. Auch hierzu konnten die Teilnehmer und Teilnehmerinnen Vertrauenspersonen unterstützend hinzuziehen (siehe Tabelle 11: Rahmenbedingungen bei Photovoice und im Interview).

3.2.5.1 Umgang mit Besonderheiten bei der Durchführung

Dieser geplante Ablauf wurde in wenigen Fällen entscheidend beeinflusst.
Die Ehefrau von E2_DW konnte nicht an dem Interview teilnehmen, weil sie zu dem Zeitpunkt erkrankt war.

E1RG wollte mit ihrem Betreuer die Aufnahmen im Rahmen des Photovoice-Projekts machen. Nachdem der Betreuer für den Zeitraum von einem halben Jahr erkrankt war, geriet E1_RG in eine psychosoziale Krise, in deren Zeitraum die Durchführung des Interviews ebenfalls nicht möglich war. Das Interview konnte daher erst 1 Jahr und 3 Monate nach dem Informationstermin durchgeführt werden.

Eine Kamera musste ausgetauscht werden, weil sie eine Funktionsstörung aufwies.

3.3 Qualitative Inhaltsanalyse der Daten

Zur Auswertung der erhobenen Daten wird die qualitative Inhaltsanalyse nach Mayring angewendet. Ihre Wurzeln liegen in den USA, wo sie anfänglich insbesondere für die Analyse großer Textmengen genutzt wurde. Hierzu wurden primär quantitative Verfahren entwickelt (z. B. Häufigkeitsanalysen, Indikatorenanalysen, Valenz- und Intensitätsanalysen, Kontingenzanalysen). Kritisiert wurde, dass diese Analysen latente Sinnstrukturen ausblenden, den Textkontext ignorieren, wenig linguistisch fundiert seien und den eigenen Anspruch auf systematisches Vorgehen sowie die eigene Überprüfbarkeit nicht erfüllen. Daraufhin wurden zunehmend Verfahren der qualitativen Inhaltsanalyse entwickelt (Mayring, 2009, 469f). Heute gehört die qualitative Inhaltsanalyse zu den klassischen Vorgehensweisen in der Analyse von Texten, egal welchen Ursprungs (Flick, 2009a, S. 409).

3.3.1 Qualitative Inhaltsanalyse nach Mayring

Bereits 1983 erschien die erste Auflage des Buches „Qualitative Inhaltsanalyse - Grundlagen und Techniken“ von Mayring. Seither entwickelte er dieses Auswertungsverfahren weiter und prägte es wesentlich. In der aktuellen Auflage des Buches nimmt er weitere Differenzierungen vor, wobei es sein Ziel ist eine Interpretationsmethodik zu entwickeln, die durch die Anwendung fester Analyseschritte und Analyseregeln systematisierbar und überprüfbar ist (Mayring, 2015).

Ausgang und Schwerpunkt der Analyse bildet die qualitative Inhaltsanalyse, wobei betont wird, dass quantitative Schritte in ein solches Vorgehen integriert werden können (Mayring, 2015, S. 50). Mayring regt daher an, von qualitativ orientierter Inhaltsanalyse zu sprechen, die sowohl qualitative als auch quantitative Schritte enthalten kann (2015, S. 17). Hussy, Schreier und Echterhoff ordnen die Inhaltsanalyse als hybriden Ansatz zwischen qualitativer und quantitativer Forschung den Mixed-Methods-Ansätzen zu (2013, S. 256). Diesbezüglich verweist Mayring darauf, dass die qualitative Inhaltsanalyse ohne Quantifizierungen durchgeführt werden kann (2015, S. 17). Der Begriff der qualitativen Inhaltsanalyse wird in Anlehnung an Mayring unter Berücksichtigung dieser Aspekte genutzt. Dementsprechend ist die qualitative Inhaltsanalyse ein systematisches und datenreduzierendes Verfahren. Sie dient der Analyse von Kommunikation und wird zur Hypothesengenerierung, Theoriebildung, bei Pilotstudien, Vertiefungen, Prozessanalysen, Klassifizierungen, Einzelfallstudien sowie zur Hypothesen- und Theorieprüfung genutzt (Mayring, 2015, S. 22-25).

Die Stärke der qualitativen Inhaltsanalyse besteht nach Mayring darin, dass die Analyse in separate Interpretationsschritte aufgegliedert ist, die zuvor definiert werden. Somit erfüllt sie den Aspekt der Nachvollziehbarkeit und ist intersubjektiv nachprüfbar. Innerhalb der qualitativen Inhaltsanalyse wird theoriegeleitet, regelgeleitet und systematisch vorgegangen, um Rückschlüsse auf bestimmte Gesichtspunkte der Kommunikation ziehen zu können. Hierzu werden vorab Regeln festgelegt, an denen die Analyse ausgerichtet wird. Um den Bezug zum Forschungsgegenstand und der Forschungsfrage herzustellen, wird für jede Analyse ein separates Ablaufmodell definiert. Ein solches Ablaufmodell ist durch einzelne Schritte gekennzeichnet, die im Rahmen der qualitativen Inhaltsanalyse sukzessive durchgeführt werden. Dabei stellt das Kategoriensystem das zentrale Instrument der Analyse dar. Dieses hat insbesondere bei der quantitativen Inhaltsanalyse eine hohe Bedeutung. Im Rahmen der qualitativen Inhaltsanalyse soll angestrebt werden die Ziele der Analyse in Kategorien zu konkretisieren. Hierdurch soll die Nachvollziehbarkeit und Intersubjektivität der Analyse hergestellt werden. Daher liegt der Fokus bei der qualitativen Inhaltsanalyse auf der Konstruktion und Begründung dieser Kategorien (Mayring, 2015, S. 51). Hierzu können Techniken der qualitativen Inhaltsanalyse genutzt werden.

Für die Durchführung der Inhaltsanalyse benennt Mayring in dem allgemeinen inhaltsanalytischen Ablaufmodell (siehe Abbildung 28) die folgenden Schritte.

Zu Beginn ist es notwendig das Material festzulegen, die Entstehungssituation zu analysieren und formale Charakteristika zu beschreiben. Die Richtung der Analyse muss bestimmt werden. Die theoretische Differenzierung der Forschungsfrage stellt sicher, dass die Analyse an die bisherige Forschung zu diesem Gegenstand anknüpft. Zum Zweck der Analyse muss sie in einzelne Unterfragen differenziert werden. Die Festlegung des Ablaufmodells verläuft wiederum in mehreren Schritten. Am Anfang wird die angemessene Analysetechnik bestimmt, ein konkretes Ablaufmodell festgelegt und Kategorien oder ein Kategoriensystem definiert. Zur Präzisierung der Analyse werden die Analyseeinheiten festgelegt und in Kodier-, Kontext- und Auswertungseinheiten differenziert. Erst dann kann die eigentliche Analyse des Materials durchgeführt, rücküberprüft und gegebenenfalls korrigiert werden. Abschließend finden die inhaltsanalytischen Gütekriterien Anwendung (Mayring, 2015, S. 62).

Abbildung 28: Allgemeines Ablaufmodell der qualitativen Inhaltsanalyse[90]

[90] Quelle: in Anlehnung an Mayring (2015, S. 62)

3.3.2 Umsetzung der qualitativen Inhaltsanalyse

Die Gegenstandsangemessenheit der jeweiligen Technik steht in der qualitativen Inhaltsanalyse im Vordergrund. Um die Anforderungen an ökonomische Bildung für die Zielgruppe näher bestimmen zu können wird die Datenauswertung auf den in Kapitel 2.4 theoretisch fundierten Aspekten der ökonomischen Bildung und den in Kapitel 2.4 theoretisch hergeleiteten personenbezogenen Rahmenbedingungen aufgebaut. Im Fokus der Analyse steht die Identifizierung ökonomischer Lebenssituationen der Zielgruppe, die im Zusammenhang mit deren Lebenswelt und Lebenslage betrachtet werden.

Dementsprechend wird der allgemeine Ablauf der qualitativen Inhaltsanalyse für die konkrete Analyse in Bezug auf die Forschungsfrage und den Forschungsgegenstand angepasst (Mayring, 2015, S. 61). Mayring benennt hierzu drei Grundformen des Interpretierens, denen er sieben spezielle qualitative Techniken zuordnet (Mayring, 2015, 67f).

Diese Techniken werden für die Analyse der vorliegenden Daten in Anlehnung an das allgemeine Ablaufmodell (siehe Abbildung 28) wie folgt angewendet (siehe Abbildung 29). Die Schritte 1 bis 7 werden im Sinne des allgemeinen Ablaufmodells durchgeführt. Darauf folgen in Schritt 8 die Durchführung der induktiven Kategorienbildung und in Schritt 9 die strukturierende Typenbildung. Schritt 10 und 11 werden wiederum in Anlehnung an das allgemeine Ablaufmodell durchgeführt.

Festlegung des Materials

Analyse der Entstehungssituation

Formale Charakteristika des Materials

Richtung der Analyse (Autor, soziokultureller Hintergrund, Wirkung …?)

Theoretische Differenzierung der Fragestellung

- Bestimmung der dazu passenden Analysetechnik (Zusammenfassung, Explikation, Strukturierung?) oder einer Kombination
- Festlegung des konkreten Ablaufmodells

Definition der Analyseeinheiten (Kodier-, Kontext-, Auswertungseinheit)

induktive Kategorienbildung: Analyseschritte gemäß dem Ablaufmodell (Mayring 2015, 86)
- Gegenstand, Material und Ziel der Analyse bestimmen
- Selektionskriterium und Abstraktionsniveau festlegen
- Materialdurcharbeitung, Kategorienformulierung und ggf. Subsumption neuer Kategorien
- Revision der Kategorien nach ca. 10 - 50 % der Analyse
- Endgültiger Materialdurchgang

typisierende Strukturierung: Analyseschritte gemäß dem Ablaufmodell (Mayring 2015, 98, 105)
- Bestimmung der Analyseeinheiten
- Bestimmung der Typisierungsdimensionen
- Formulierung von Definitionen, Beispielen und Kodierregeln zu den einzelnen Kategorien, Fundstellenbezeichnung, Bearbeitung und Extraktion der Fundstellen
- Bestimmung der typischen Ausprägung
- Bestimmung der Prototypen

Zusammenstellung der Ergebnisse und Interpretation in Richtung der Fragestellung

Anwendung der inhaltsanalytischen Gütekriterien

Abbildung 29: Inhaltsanalytisches Ablaufmodell dieser Untersuchung

3.3.2.1 Festlegung des Materials

Das Material für die Analyse besteht aus 17 transkribierten Interviews mit Personen mit geistiger Behinderung, die im ambulant betreuten Wohnen nach § 53 SGB XII in der eigenen Wohnung betreut werden (n=17).

	Teilnehmende	Alter	Geschlecht (m=männlich, w=weiblich)	Einzel-/ Paarwohnen	gesetzliche Betreuung
Einrichtung 1	E1E3_FAB	32	w	e	nein
	E1_DE	56	m	e	ja
	E1_FG	44	m	e	ja
	E1_RG	32	w	e	ja
	E1_RK	57	m	e	ja
Einrichtung 2	E2_BB	41	w	p	nein
	E2_WB	52	m	p	nein
	E2_MG	43	m	e	ja
	E2_DP	33	m	e	ja
	E2_DW	54	m	p	nein
	E2_NW	51	m	p	ja
	E2_RWS	47	w	p	ja
Einrichtung 3	E3_IA	58	w	p	ja
	E3_FJU	61	m	e	ja
	E3_HH	62	m	e	ja
	E3_KS	59	m	e	nein
	E3_MS	49	m	p	ja

Tabelle 12: Übersicht der Befragten

Für die Durchführung der Methode Photovoice und der leitfadengestützten Interviews wurden drei Einrichtungen innerhalb einer Stadt mit ca. 600.000 Einwohner und Einwohnerinnen angefragt, die sich in unterschiedlicher Trägerschaft befinden. Die drei Einrichtungen wurden gebeten 4 bis 7 Personen mit geistiger Behinderung nach ihrem Interesse zur Teilnahme an dem Forschungsprojekt zu fragen, die im ambulant betreuten Wohnen betreut werden und sich im erwerbsfähigen Alter befinden. Diese Personen wurden nach den genannten Kriterien im Zufallsverfahren durch die Einrichtungen ausgewählt und zu einem Informationsgespräch eingeladen. Die Audiodateien aus den Interviews wurden vollständig transkribiert. Dies wurde durch ein Transkriptionsbüro durchgeführt, um die Neutralität der Daten zu gewährleisten und subjektive Einflüsse in Bezug auf die interviewten Personen zu vermeiden. Die Fotos der teilnehmenden Personen wurden im Interview erzählgenerierend genutzt. Im Rahmen der induktiven Kategorienbildung bleiben sie außen vor.

3.3.2.2 Analyse der Entstehungssituation

Die Teilnahme an dem Forschungsprojekt war freiwillig. Potentiell interessierte Personen wurden ausführlich zu dem Forschungsvorhaben informiert, bevor sie sich gegebenenfalls nach Rücksprache mit Betreuungs- oder Vertrauenspersonen zu einer Teilnahme entscheiden konnten. Die teilnehmenden Personen konnten zu jeder Zeit ihrer Teilnahme an dem Forschungsprojekt unterstützend Betreuungs- oder Vertrauensperson hinzuziehen. An der Entstehung des Materials waren daher neben der Interviewerin in Person der Autorin und den teilnehmenden Personen gesetzliche Betreuungspersonen oder Betreuungspersonen des ambulant betreuten Wohnens beteiligt. Auf Wunsch standen sie den Teilnehmenden assistierend bei der Durchführung der Methode Photovoice oder innerhalb der Interviews zur Verfügung. Um den Bedürfnissen der Teilnehmenden möglichst weitgehend gerecht zu werden, wurden die Interviews in deren privater Wohnung durchgeführt.

3.3.2.3 Formale Charakteristika des Materials

Die Interviews wurden gemäß der Beschreibung in Kapitel 3.2.2 durchgeführt und digital aufgezeichnet. Die so entstandenen 671 Minuten Audiodateien wurden nach den Transkriptionsregeln von Dresing und Pehl von einem unabhängigen Transkriptionsbüro transkribiert (Dresing & Pehl, 2015). Für die Analyse lagen somit 592 Seiten transkribierte Interviews sowie die Fotos der teilnehmenden Personen vor.

3.3.2.4 Fragestellung der Analyse - Richtung der Analyse

Gemäß dem inhaltsanalytischen Kommunikationsmodell von Mayring ist es das Ziel der Analyse durch den Text Aussagen sowohl über den emotionalen und kognitiven Hintergrund von Kommunikation und Handlung als auch über den Forschungsgegenstand treffen zu können (2015, S. 60). Hierzu wurden die teilnehmenden Personen anhand ihrer eigenen Fotos dazu angeregt über ihren Alltag im ambulant betreuten Wohnen zu Berichten. Im Anschluss an die Erzählung wurden die Fragen aus dem Interviewleitfaden gestellt, falls diese bis dahin noch nicht beantwortet wurden.

3.3.2.5 Theoriegeleitete Differenzierung der Fragestellung

Die Ausarbeitung des Forschungsstands hat ergeben, dass es zu Lebenssituationen der Ziel-gruppe der Menschen mit geistiger Behinderung im ambulant betreuten Wohnen nach § 53 SGB XII keine zuverlässigen Informationen gibt (siehe Kapitel 2.3). Gleichzeitig wurde herausgearbeitet, dass durch den Wandel der Lebenslage der Zielgruppe ein zusätzlicher Bedarf an ökonomischer Bildung entstanden ist. Dies ist auf den gesellschaftlichen Wandel und die daraus resultierenden gesetzlichen Änderungen zurückzuführen, welche das Wohnen in der eigenen Wohnung für Personen ermöglichen, die zuvor im elterlichen Haushalt oder einer stationären Einrichtung lebten (siehe Kapitel 2.1). Die Forschungsfrage für die Analyse lautet daher:

Welche Anforderungen ergeben sich aus den ökonomisch geprägten Lebenssituationen von Menschen mit geistiger Behinderung im ambulant betreuten Wohnen nach § 53 SGB XII für die ökonomische Bildung im Kontext Sozialer Arbeit?

3.3.2.6 Bestimmung der Analysetechnik, Festlegung des Ablaufs, Festlegung und Definition der Kategorien/ des Kategoriensystems

In Bezug auf die Forschungsfrage ist sowohl ein induktives als auch ein deduktives Vorgehen notwendig. Dieses wird durch die Anwendung der Zusammenfassung in Form der induktiven Kategorienbildung und der deduktiven Kategorienanwendung in Form der typisierenden Strukturierung realisiert. Die induktive Kategorienbildung beruht auf den Techniken der Zusammenfassung, die innerhalb der Psychologie der Textverarbeitung in einzelnen Schritten beschrieben wurden. Ergebnis dieser induktiven Kategorienbildung ist ein Kategoriensystem in Bezug auf die Forschungsfrage (Mayring, 2015, 69f).

Mit der typisierenden Strukturierung sollen besonders bedeutsame Aspekte herausgezogen, beschrieben und zu Typen zusammengefasst werden. Bei diesen Typen handelt es sich um bestimmte Merkmale mit unterschiedlich markanten Ausprägungen. Hierzu müssen Typisierungsdimensionen definiert und deren Ausprägungen beschrieben werden, um das Material mit diesen Kategorien durchzuarbeiten. Anhand dieser Ergebnisse wird bestimmt, welche Ausprägungen besonders markant sind und als typisch benannt werden können (Mayring, 2015, S. 103).

Im Rahmen des Ablaufs der allgemeinen qualitativen Inhaltsanalyse (siehe Abbildung 28) wird zuerst die induktive Kategorienbildung und anschließend die typisierende Strukturierung durchgeführt. Der Ablauf der gesamten Analyse wird in Abbildung 29 dargestellt.

Im Zentrum der Analyse steht vorerst die Entwicklung eines Kategoriensystems. Diese Kategorien werden in einem Wechselspiel zwischen Theorie und dem Material herausgebildet. Während der Analyse werden sie überarbeitet und überprüft (Mayring, 2015, S. 61).
Aus der theoretischen Ausarbeitung wurden in Bezug auf die Forschungsfrage folgende Kategorien definiert:

- ‚ökonomisch geprägte Situation'
- ‚Bildung'
- ‚Behinderung'
- ‚Wohnen'
- ‚Betreuung'

Diese theoretisch hergeleiteten Kategorien wurden innerhalb der Analyse aus dem Material heraus überprüft, erweitert und erneut überprüft.

3.3.2.7 Definition der Analyseeinheiten

Entsprechend der Inhaltsanalyse nach Mayring werden die Analyseeinheiten festgelegt. Dies sind die Kodiereinheit, die Kontexteinheit und die Auswertungseinheiten (Mayring, 2015). Die Kodiereinheit bestimmt die kleinste Einheit im Material, die ausgewertet werden. Für diese Untersuchung umfasst sie ein Wort. Die Kontexteinheit definiert den größten Textbestandteil, den eine Kategorie umfassen kann. Innerhalb dieser Analyse umfasst sie ein transkribiertes Interview. In der Definition der Auswertungseinheit wird festgelegt, welche Materialteile in welcher Reihenfolge ausgewertet werden. Um eine subjektive Beeinflussung auszuschließen wurden die Interviews in der alphabetischen und nummerischen Reihenfolge ihrer Bezeichnung analysiert. Dies ist die gleiche Reihenfolge in der die Dokumente in MAXQDA erfasst wurden.

- E1_DE
- E1_FG
- E1_RK
- E2_DP
- E2_WB_BB
- E2_MG
- E2_DW
- E3_KS
- E3_FJU
- E3_HH

- E3_IA_MS
- E1E3_FAB
- E1_RG

Aufgrund einer akuten Krisensituation der Person konnte das Interview E1_RG erst später geführt und analysiert werden.

3.3.2.8 Induktive Kategorienbildung

Gegenstand, Material und Ziel bestimmen

Gegenstand ist die Forschungsfrage, die auf das Material der transkribierten Interviews mit dem Ziel angewendet wird, ein Kategoriensystem zu entwickeln.

Festlegung der Selektionskriterien und des Abstraktionsniveaus

Ziel der induktiven Kategorienbildung ist es, anhand der Kategorien ein möglichst konkretes und umfangreiches Bild von Lebenssituationen der Zielgruppe zu erfassen. Als Selektionskriterien gelten demnach Lebenssituationen, die im Rahmen des ambulant betreuten Wohnens auftreten. Lebenssituationen werden gemäß Kapitel 2.4.1.2 als Beziehungen zwischen Menschen verstanden, die sich wiederholen. Sie werden durch gesellschaftliche Normen, Entscheidungssysteme, gesellschaftlichen Faktoren und Organisationsformen geprägt (Steinmann, 1997, S. 2). Diese Lebenssituationen sollen innerhalb des Kategoriensystems auf einem mittleren Abstraktionsniveau mit wenigen Worten erfasst werden. Als Beispiel gelten die aus der Forschungsfrage abgeleiteten Kategorien:

- ‚ökonomisch geprägte Situation'
- ‚Bildung'
- ‚Behinderung'
- ‚Wohnen'
- ‚Betreuung'

Materialdurcharbeitung, Kategorienformulierung und Subsumption bzw. neue Kategorienbildung

Die Transkripte wurden in alphabetischer und nummerischer Reihenfolgen durchgearbeitet. Nach der Analyse von 5 Interviews wurden die Kategorien entsprechend in das Kategoriensystem eingeordnet (Subsumption) und dieses ggf. um neue Kategorien ergänzt. In diesem Rahmen wurden die Kategorien in Haupt- und Unterkategorien aufgegliedert. So entstand das ausführliche Kategoriensystem (siehe Anhang 6.4).

Revision der Kategorien und endgültiger Materialdurchgang

Im Rahmen der Revision des entwickelten Kategoriensystems wurde überprüft, ob die Kategorien dem Ziel der Analyse entsprechen und ob das Selektionskriterium sowie das Abstraktionsniveau angemessen gewählt wurden. Daraufhin wurde das übrige Datenmaterial durchgearbeitet.

Interpretation der Analyse

Analysiert wurden 14 Interviews mit 17 Personen[91]. Auf diesem Wege wurde ein Kategoriensystem erarbeitet, welches aus 17 Kategorien besteht. Diesen 17 Kategorien und ihren Subkategorien wurden 1983 Codes zugeordnet. In Tabelle 13 wird dargestellt in welcher Häufigkeit Textstellen mit den Kategorien und ihre Subkategorien in den Interviews codiert wurden. Die Kategorien, die aus der Forschungsfrage heraus bestimmt wurden sind in unterschiedlicher Häufigkeit von den Befragten aufgegriffen worden. So wurden die Kategorien ‚Betreuung/Unterstützung', ‚ökonomisch geprägte Lebenssituationen' sowie ‚Wohnen' in 100 % der Interviews mit einem vergleichsweise hohen Anteil an Codes codiert. Mit 973 Codes umfassen diese drei Kategorien 49 % aller Codes. Die Kategorien ‚Bildung' (78,6 %) und ‚Behinderung' (64,3 %) wurden in weniger Interviews mit nur 120 Codes codiert. Ebenfalls in 100 % der Interviews traten die Kategorien ‚Freizeit' und ‚Gesundheit' auf, wurden jedoch innerhalb der Interviews seltener codiert (‚Freizeit' mit 8,9 % aller Codes und ‚Gesundheit' mit 5 % aller Codes). Diese Themen sind unabhängig von der Forschungsfrage für 100 % der Befragten in ihrem Alltag im ambulant betreuten Wohnen von Bedeutung. Die Kategorien ‚soziales Umfeld', ‚Arbeit' und ‚Emotion' wurden in 13 von 14 Interviews mit einem geringen Anteil an allen Codes codiert.

[91] Die Zahl von 14 Interviews kommt dadurch zustande, das 6 Personen gemeinsam mit ihren Partnern und Partnerinnen interviewt wurden.

	Kategorie	Codes	% aller Codes	Inter-views	% aller Inter-views
1	Wohnen	445	20,8	14	100
2	Betreuung/ Unterstützung	367	17,2	14	100
3	ökonomisch geprägte Lebenssituationen	212	9,9	14	100
4	Freizeit	175	8,2	14	100
5	Soziales Umfeld	147	6,9	14	100
6	Arbeit	124	5,8	14	100
7	Gesundheit	90	4,2	14	100
8	Emotion	117	5,5	13	92,9
9	Bildung	46	2,3	11	78,6
10	Zeitgestaltung	51	2,4	11	78,6
11	Zielfindung	85	4,0	10	71,4
12	Problem	98	4,6	10	71,4
13	Behinderung	67	3,1	10	71,4
14	Partizipation	52	2,4	10	71,4
15	Mobilität	41	1,9	10	71,4
16	Internet	12	0,6	6	42,9
17	Persönliche Haltung	9	0,4	6	42,9

Tabelle 13: Kategorien aus der induktiven Kategorienbildung[92]

Die Kategorien ‚Wohnen', ‚Betreuung/Unterstützung' und ‚ökonomisch geprägte Lebenssituationen', die aus der Forschungsfrage entwickelt wurden, umfassen 47,9 % aller Codes (1024 Codes).

Innerhalb der Kategorien ‚Wohnen' verteilen sich 71,5 % aller Codes auf die Subkategorien ‚Wohnerfahrung' (144 Codes), ‚Haushalt' (94 Codes) und ‚Wohnungseinrichtung' (80 Codes). Die Subkategorie ‚Wohnerfahrung' umfasst die Subkategorien ‚eigene Wohnung' (40 Codes), ‚(Außen-) Wohngruppe' (28 Codes), ‚Wohnheim' (27 Codes), ‚Auszug' (21 Codes) sowie ‚Umzug' (12 Codes) und ‚Eltern' (6 Codes). Die Subkategorie ‚Haushalt' (94 Codes) wird mit 74 % ihrer Codes durch die Subkategorien ‚Ernährung' (47 Codes) sowie ‚Aufräumen und Reinigen' (23 Codes) bestimmt. Die Subkategorie ‚Wohnungseinrichtung' umfasst die Subkategorien ‚Dekoration' (31 Codes), ‚technische Geräte' (14 Codes), ‚Sonstiges' (14 Codes) und ‚Mobiliar' (13 Codes)

[92] Die schwarz hinterlegten Kategorien wurden aus der Forschungsfrage herausgebildet.

Die Kategorie ‚Betreuung/Unterstützung' ist durch ein Interview (E3_FJU) geprägt, in dem 208 Codes der Subkategorie ‚BeWo/Bevormundung' zugeordnet wurden. Zieht man diese von der Gesamtzahl der Codes ab, so verbleiben lediglich 159 Codes in dieser Kategorie. Diese entfallen zu 55 % in die Subkategorie ‚BeWo (93 Codes). Die weiteren Codes verteilen sich auf die Subkategorien ‚gesetzliche Betreuung' (23), ‚Familie' (19), ‚Sonstiges' (17), ‚Freunde' (7). Neben der institutionellen Unterstützung spielen somit die ‚Familie' und ‚Freunde' eine wichtige Rolle.
Die Kategorie ‚ökonomisch geprägte Lebenssituationen' umfasst 212 Codes. Diese beziehen sich zu 56,6 % auf die Subkategorie ‚Finanzen' (120 Codes). Weitere wesentliche Aspekte beinhalten die Subkategorien ‚Einkaufen' (51 Codes), ‚Umgang mit Post' (16 Codes) und ‚Wissen in Bezug auf Finanzen'. Diese Kategorie wird im Rahmen der typisierenden Strukturierung in Bezug auf die Forschungsfrage weitergehend untersucht.
Die induktiv gebildeten Kategorien ‚Freizeit' (175 Codes), ‚Soziales Umfeld' (147 Codes), ‚Arbeit' (124) und ‚Gesundheit' (90 Codes) wurden ebenfalls in 100 % der Interviews codiert und beinhalten 25 % aller Codes. Ihnen wird daher eine besondere Bedeutung für die Befragten zugesprochen.
Die Kategorie ‚Freizeit' umfasst die Subkategorien ‚Hobby' (48 Codes), ‚Urlaub' (24 Codes) und ‚sonstige Aktivität' (15 Codes). Sie umfasst zudem die Subkategorien ‚innerhalb der Eingliederungshilfe' (38 Codes) und ‚außerhalb der Eingliederungshilfe' (20 Codes). Zusammenfassend lässt sich sagen, dass der Großteil der Freizeitaktivitäten innerhalb der Eingliederungshilfe stattfindet. Einen großen Teil der Freizeitaktivität bilden die Hobbies der Befragten. Von den 48 Codes in dieser Subkategorien entfallen 16 auf ‚Sport' und 10 auf ‚Fernsehen'.
In der Kategorie ‚soziales Umfeld' (147 Codes) sind die entscheidenden Subkategorien ‚Familie' (56 Codes) und ‚Freunde' (36 Codes). Die Subkategorien ‚Gruppen' (17 Codes) und ‚Partner und Partnerin' (15 Codes) wurden lediglich in 5 beziehungsweise 6 Interviews thematisiert.
Die Kategorie ‚Arbeit' umfasst 124 Codes. Entsprechend der Tätigkeit der Befragten beinhaltet sie die Subkategorien ‚Werkstatt' (27 Codes), 1.'Arbeitsmarkt (27 Codes), ‚Arbeitslosigkeit' (10 Codes) und ‚Quasi 1. Arbeitsmarkt innerhalb der Behindertenhilfe' (8 Codes). Weitere Subkategorien sind ‚Arbeitssuche' (6 Codes), ‚Arbeitsweg' (5 Codes) und ‚Zufriedenheit mit der Arbeitsstelle' (4 Codes).
Die Kategorie ‚Arbeit' umfasst 142 Codes. Entsprechend der Beschäftigungssituation der Befragten verteilen sich diese Codes auf die Bereiche ‚Werkstatt'

(60 Codes), ‚1. Arbeitsmarkt‘ (31 Codes), ‚Quasi erster Arbeitsmarkt‘ (31 Codes), ‚Arbeitslosigkeit‘ (10 Codes). Weitere Subkategorien sind ‚Arbeitssuche‘ (6 Codes), ‚Arbeitsweg‘ (5 Codes), ‚Zufriedenheit mit der Arbeitsstelle‘ (4 Codes).
Die Kategorie ‚Gesundheit‘ (90 Codes) umfasst verschiedene Subkategorien. 45 % umfasst die Subkategorie ‚Ernährung‘ (41 Codes). Die Subkategorien ‚Krankheit‘ und ‚Psyche‘ umfassen je 16 Codes dieser Kategorie. Hinzu kommen die Subkategorien ‚Bewegung‘ (6 Codes), ‚Therapie‘ (5 Codes) und ‚Hygiene‘ (2 Codes).
Die Kategorie ‚Bildung‘ wurde in 11 Interviews mit insgesamt 46 Codes codiert. Die Subkategorien teilen sich in ‚Wohntraining‘ (14 Codes), ‚Alltagspraktische Bildung‘ (10 Codes), ‚Schulische Bildung‘ (10 Codes) sowie ‚Ausbildung‘ (7 Codes), ‚Grundbildung‘ (3 Codes) und ‚Freizeit‘ (2 Codes) auf. Zusammenfassend lässt sich sagen, dass Bildung im Alltag der Befragten kaum eine Rolle spielt. Bildungserfahrungen beziehen sich in der Regel auf die Vergangenheit in der Schule, Werkstatt oder im stationären Wohnen. Allgemeine Bildungsangebote der Erwachsenenbildung außerhalb der Behindertenhilfe wurden von keinem der Befragten in Anspruch genommen.

Auffallend selten wurde die Kategorie ‚Internet‘ codiert. Sie umfasst 0,6 % aller Codes, die in von 6 Interviews codiert wurden. „Die Förderung von Medienkompetenz durch Medienbildung gewinnt bei der Gestaltung inklusiver Bildungs- wie Freizeitangebote zunehmend an Bedeutung“ (Bosse, 2015, S. 10). Von den vier Befragten, die Angaben das Internet zu nutzen, sind zwei Personen (E1_E3_FAB, E3_KS) aufgrund ihrer körperlichen Behinderung darauf angewiesen.
„In der Mediengesellschaft hängen gesellschaftliche Teilhabe und beruflicher Erfolg maßgeblich von den Fähigkeiten jedes einzelnen ab, sich in, mit und durch Medien zu artikulieren“ (Bosse, 2015, S. 10). Obwohl Medienkompetenz als wichtiger Bestandteil für Inklusion und Teilhabe in der Behindertenrechtskonvention gefordert wird, fehlen entsprechende Bildungsangebote ebenso, wie die Möglichkeit des Zugangs zum Internet. „Die Umsetzung von Angeboten zur Medienbildung und -nutzung scheint daher sinnvoll und notwendig, da so neue Teilhabemöglichkeiten entstehen bzw. bestehende erweitert werden können“ (Sonnenberg & Arlabosse, 2015, S. 75).

Tabelle 14: Codierungen zu der Kategorie ,Internet'

Interview	Zitat	Internetnutzung
E2_DW	„Nein. Ich habe zwar einen Laptop, aber Internet habe ich nicht.“ (Zeile 554)	keine
E2_NW_RWS	„Ja, Waschmaschine haben wir auch im Internet bestellt.“ (Zeile 499)	Ja
E2_MG	„Computer hat er mir auch geschenkt, aber den kann man wegschmeißen, denn der taugt nichts. (…) Mein Betreuer hat da irgendwie falsch rumgefummelt und dann war alles weg. Und sogar sein Foto, von meinem Freund, war drauf.“ (Zeile 241-245)	keine
E1_E3_FAB	„Meine Website. Das mache ich immer zu Hause, wenn ich nichts zu tun habe, dann arbeite ich gern an meiner eigenen Website.“ (Zeile 26)	Fortgeschritten
E3_KS	„Ich mache auch per online Banking.“ (Zeile 88)	Ja
E1_DE	„Das ist das Telefon und das ist die Internetbox. (…) Ich habe ja auch Internet.“ (Zeile 223-225)	Ja

Zusammenfassend lässt sich sagen, dass neben den aus der Forschungsfrage abgeleiteten Kategorien, die Lebenssituationen ,Arbeit', ,Soziales Umfeld', ,Freizeit' und ,Gesundheit' für die Befragten eine besondere Rolle spielen. Sie spiegeln Lebenslagen wider und sind mit den Teilhabedimensionen des ersten Teilhabeberichts der Bundesregierung vergleichbar (siehe Kapitel 2.2.2).

3.3.2.9 typisierende Strukturierung

Bestimmung der Typisierungsdimensionen

Ökonomische Bildung im ambulant betreuten Wohnen soll die Lernenden dahingehend fördern, in ökonomisch geprägten Lebenssituationen selbstbestimmt urteilen, entscheiden, handeln und gestalten zu können (siehe Kapitel 2.4).

In seinem Ansatz der Lebenssituationsorientierten Ökonomischen Bildung arbeitete Steinmann hierzu die Lebenssituationen Einkommensentstehung und -verwendung heraus. In Bezug darauf werden die Kategorie ,Einkommensentstehung' und die entsprechenden Subkategorien ,Berufswahl', ,Berufsbildung', ,Berufswechsel', ,Arbeitseinkommen' und ,Sozialeinkommen' analysiert. Der Kategorie ,Einkommensverwendung' werden entsprechend die Subkategorien ,Kauf',

‚Freizeit', ‚Sparen', ‚Versichern', ‚Vorsorgen', ‚Vermögensbildung', ‚Steuern zahlen' und ‚Nutzung öffentlicher Güter' zugeschrieben (siehe Kapitel 2.4.1.2). Piorkowsky entwickelte den Ansatz der Lebenssituationsorientierten Ökonomischen Bildung weiter. In dem Grundkurs zur Alltags- und Lebensökonomie nennt er Themen, die als weitere Kategorien sowie Subkategorien für die Analyse dienen (siehe Kapitel 2.4.1.3).

Bestimmung der Ausprägung
Um herausarbeiten zu können, welche ökonomische Bildung Menschen mit geistiger Behinderung im ambulant betreuten Wohnen benötigen, um ein möglichst selbstbestimmtes Leben führen zu können, wurden die folgenden Ausprägungen festgelegt:

1. ‚stellvertretende Ausführung'
2. ‚teils-teils'
3. ‚partielle Selbstständigkeit'
4. ‚teils-teils'
5. ‚erste Stufe der Selbstständigkeit'

Entsprechend dieser Ausprägungen werden die Kategorien und Subkategorien in MAXQDA gewichtet.
Das Kategoriensystem besteht somit aus fünf Kategorien:

1. ‚Einkommensentstehung'
2. ‚Einkommensverwendung'
3. ‚Ich bin ich'
4. ‚Ich gehöre zu den Anderen'
5. ‚Was mache ich in konkreten Problemsituationen?'

Formulierung von Definitionen. Beispielen und Kodierregeln zu den Kategorien
Diese Kategorien lassen sich anhand der theoretischen Grundlagen aus Kapitel 2.4.1 nach Steinmann und Piorkowsky über die jeweiligen Subkategorien konkretisieren und definieren:

1. ‚Einkommensentstehung'
    - ‚Berufswahl'
    - ‚Berufsbildung'
    - ‚Berufswechsel'
    - ‚Arbeitseinkommen'
    - ‚Sozialeinkommen'

2. ‚Einkommensverwendung‘
   - ‚Kauf‘
   - ‚Freizeit‘
   - ‚Sparen‘
   - ‚Versichern‘
   - ‚Vorsorgen‘
   - ‚Vermögensbildung‘
   - ‚Steuern zahlen‘
   - ‚Nutzung öffentlicher Güter‘
3. ‚Ich bin ich‘
   - ‚sich selbst als Akteur und Ressource wahrnehmen'
   - ‚Bedürfnisse erkennen und als Wünsche konkretisieren - Ziele setzen‘
   - ‚Zielbildungs-, Auswahl- und Entscheidungsprozesse‘
   - ‚Lebensformen und Versorgungssysteme im Alltag verstehen‘
   - ‚Langfristig denken, planen und kontrollieren - nachhaltig handeln‘
   - ‚Arbeit, Gelderwerb und Selbstverwirklichung organisieren‘
4. ‚Ich gehöre zu den Anderen‘
   - ‚Soziale Kontakte und Regeneration‘
   - ‚Haushalts- und Familiengründung, Führung des eigenen Haushalts‘
   - ‚Gesellschaftliche Mitbestimmung‘
   - ‚Ökologische Verantwortung‘
5. ‚Was mache ich in konkreten Problemsituationen? ‘
   - ‚Alltags- und Lebensrisiken kennen, erkennen und bewerten‘
   - ‚Prävention und Krisenmanagement von Alltags- und Lebensproblemen‘

Fundstellenbezeichnung
Den Kategorien und Subkategorien wurden all die Textstellen zugeordnet, die inhaltlich bedeutend hierfür sind und zur Einschätzung der Kategorien und Subkategorien beitragen können.
Entsprechend wurden die jeweiligen Textstellen den Kategorien und den Subkategorien zugeordnet. Eine ausführliche Übersicht über die entsprechenden Fundstellen innerhalb der Dokumente befindet sich im Anhang (siehe Kapitel 0).

Bearbeitung und Extraktion der Fundstellen
Nachdem den Kategorien bzw. Subkategorien die entsprechenden Codes zugewiesen wurden, ergab sich folgendes Bild: ‚Ich bin ich‘ (294 Codes), ‚Ich gehöre zu den Anderen‘ (293 Codes), ‚Einkommensverwendung‘ (164 Codes), ‚Umgang

mit konkreten Problemsituationen' (108 Codes) und ,Einkommensentstehung' 76 Codes. Hierbei ist auffällig, dass einzelne Subkategorie gar nicht oder in sehr geringer Anzahl angesprochen und codiert wurden.

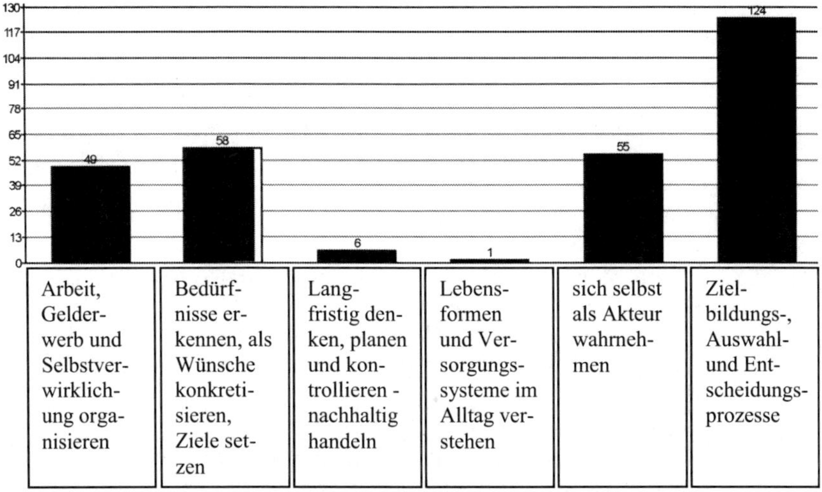

Abbildung 30: Kategorie ,Ich bin ich' - Verteilung der Codierungen

Das bedeutendste Thema innerhalb dieser Kategorie ist der Themenbereich ,Zielbildung-, Auswahl- und Entscheidungsprozesse'. Bei der Betrachtung der einzelnen Textstellen wird die Unterschiedlichkeit der Zielbildungs-, Auswahl- und Entscheidungskompetenz deutlich. So verdeutlicht das Textbeispiel aus dem Dokument E3_FJU die Einflussnahme von Betreuungspersonen in den Entscheidungsprozess. Das Textbeispiel aus dem Dokument E1_FG zeigt das Risiko der Entscheidungsfindung ohne das notwendige Wissen, wohingegen das Textbeispiel E3_KS die Möglichkeit zur eigenständigen Zielbildung aufzeigt. Das Textbeispiel E2_WB_BB weist Ausschnitte aus einem eigenständigen Zielbildungsprozess und dessen Einbeziehung in die Hilfeplanung für das betreute Wohnen aus. In dem Textbeispiel E2_DW wird deutlich, welche Schwierigkeiten eine neu erworbene Eigenständigkeit und die Informationsbeschaffung zur Entscheidungsfindung mit sich bringen kann.

Interview	Zitat
E3_FJU	„B1: Die war/ Erst war das [Einrichtung 2]. Mit [BeWo-Betreuerin B2] nach Nord hingefahren, da haben wir dann hinter da drüber geredet/ geredet. Sie hat zu mir gesagt, ich sollte eigentlich ganz weit weg wohnen. Nicht? Und da hat [BeWo-Betreuerin B2] gesagt, das geht nicht, du kannst ja nicht in [Stadt] wohnen. Du musst pünktlich bei der Arbeit sein. Das geht doch dann gar nicht. So weit weg." (Zeile 98)
E1_FG	„B1: Die ist schön. Da würde ich mal gerne wohnen. Aber kostet so viel Geld. Schön/ stelle mir jetzt schön einen Balkon vor oder Terrasse schön. I: Sind die Wohnungen so teuer da? B1: Oh, ich weiß gar nicht wie/ wie teuer da die sind. I: Nee weiß ich auch nicht. Aber ist schon sehr unterschiedlich. B1: Aber schön einen Balkon, schön. B2: Lange Warteschlagen, Wartelisten dort so, ne? I: Ach direkt bei den alten/ hat er bei den alten Häusern gewohnt direkt? B2: Ich weiß das nicht." (Zeile 402-409)
E3_KS	„B1: Das kam von einem drauf. Ich kam von einem drauf. I: Ach so, du hast das bei anderen gesehen und hast gedacht/ B1: Nee. I: Nee? Kamst von anderen drauf? B1: Im Fernsehen. I: Ach im Fernsehen kam das? B1: Ja. I: Ach. B1: Wo von Hunden senden. I: Das kam im Fernsehen und dann hast du gesagt, so was möchte ich auch gern machen. B1: Ja." (Zeile 995-1005)

Tabelle 15: Beispiel: Subkategorie ‚Zielbildungs-, Auswahl-, Entscheidungsprozesse'

Die zweithäufigste codierte Kategorie ist ‚Ich gehöre zu den Anderen' mit 293 Codes (siehe Abbildung 31). Die Subkategorien ‚Gesellschaftliche Mitbestimmung' und ‚Ökologische Verantwortung' wurden innerhalb der Dokumente nicht codiert. Daher teilt sich die Anzahl der Codes zwischen den Subkategorien ‚Haushalts- und Familiengründung, Führung des eigenen Haushalts' (179 Codes) und ‚Soziale Kontakte und Regeneration' (114 Codes) auf. Diese beiden Themen können als zentral für das Leben im ambulant betreuten Wohnen identifiziert werden.

Ihre zentrale Bedeutung für die Befragten überdeckt die Subkategorien ‚Gesellschaftliche Mitbestimmung' und ‚Ökologische Verantwortung', die innerhalb der Interviews keine Rolle spielten.

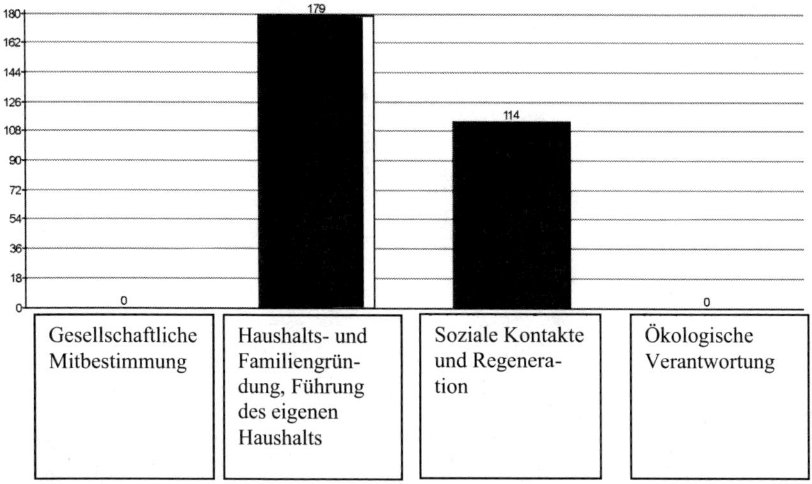

Abbildung 31: Kategorie ‚Ich gehöre zu den Anderen' - Verteilung der Codierungen

Die Kategorie der ‚Einkommensverwendung' (164 Codes) weist bereits eine weitere Verteilung der Codes auf die Subkategorien auf, jedoch beinhaltet sie nicht codierte Subkategorien.

Innerhalb der Kategorie ‚Einkommensverwendung' heben sich die Subkategorien ‚Freizeit' (68 Codes) und ‚Kauf' (56 Codes) stark von den übrigen Subkategorien ab. Es ist anzumerken, dass die Subkategorien ‚Sparen' (21 Codes), ‚Versichern' (10 Codes) und ‚Vorsorgen' (5 Codes) stellvertretend durch Betreuungspersonen übernommen werden können. Dies ist insbesondere dann der Fall, wenn eine gesetzliche Betreuung bestimmt wurde. Die Subkategorien ‚Steuern zahlen' und ‚Nutzung öffentlicher Güter' wurden in den Interviews nicht thematisiert und umfassen daher 0 Codes (siehe Abbildung 32).

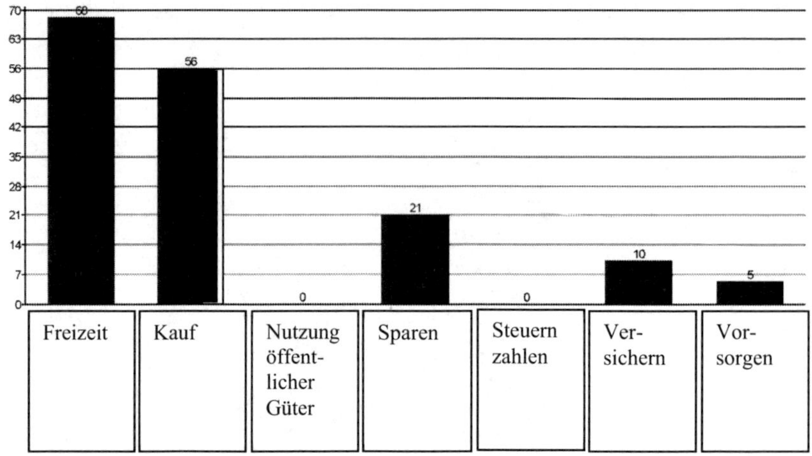

Abbildung 32: Kategorie ‚Einkommensverwendung' - Verteilung der Codierungen

Auf die Kategorie der ‚Einkommensentstehung' entfallen lediglich 76 Codes (siehe Abbildung 33). Die Befragten wussten in vielen Fällen nicht, welches Einkommen sie von welchen Stellen erhalten. Dies liegt insbesondere daran, dass die Mitarbeiter und Mitarbeiterinnen einer Werkstatt für Menschen mit Behinderung Sozialleistungen und ein zusätzliches Taschengeld erhalten, welches sie als Arbeitseinkommen wahrnehmen. Dieses Einkommen wird als Sozialeinkommen definiert. Das Arbeitseinkommen umfasst lediglich die Einnahmen aus einer beruflichen Tätigkeit/Nebentätigkeit. Es ist daher nicht verwunderlich, dass der Subkategorie ‚Berufswahl' in dieser Kategorie mit 31 Codes die größte Bedeutung zukommt. Dies ist insbesondere darauf zurückzuführen, dass 10 der Befragten in einer Werkstatt für Menschen mit Behinderung arbeiteten. Aufgrund hoher Unzufriedenheit in der Werkstatt haben drei Befragte ihre dortige Tätigkeit aufgegeben. Zwei von ihnen wechselten in die Arbeitslosigkeit, einer bezieht bereits Erwerbsminderungsrente. Vier Befragte arbeiten auf dem ersten Arbeitsmarkt.

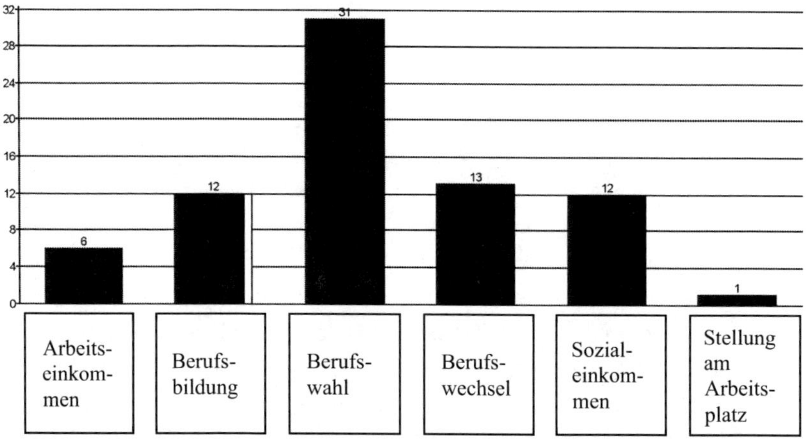

Abbildung 33: Kategorie Einkommensentstehung - Verteilung der Codierungen

Mit fast gleicher Anzahl an Codes folgen die Subkategorien ‚Berufswechsel' (13 Codes), ‚Berufsbildung' (12 Codes) und ‚Sozialeinkommen' (12 Codes). Entsprechend selten wurden die Subkategorien ‚Arbeitseinkommen' (6 Codes) und ‚Stellung am Arbeitsplatz' in den Interviews codiert.

Bestimmung der typischen Ausprägungen

Die Bestimmung der Ausprägungen erfolgt nach dem theoretischen Interesse. Daher wird hinsichtlich der Forschungsfrage der Grad der Selbstständigkeit in Bezug auf die genannten Kategorien und Subkategorien analysiert, um später den Bildungsbedarf an ökonomischer Bildung benennen zu können. Anhand des Materials wurden die Ausprägungen der stellvertretenden Ausführung, der partiellen Selbstständigkeit und der ersten Stufe der Selbstständigkeit wie folgt bestimmt.

1. ‚stellvertretende Ausführung'

   Die Person verfügt über eine gesetzliche Betreuung und die Betreuung durch das ambulant betreute Wohnen. Ökonomische Lebenssituationen werden stellvertretend durch andere Personen übernommen oder unterstützend mit den Befragten ausgeführt. Hierbei kann es sich zum einen um Betreuungspersonen handeln (z. B. gesetzliche Betreuungspersonen oder Betreuungspersonen aus dem ambulant betreuten Wohnen). Zum anderen können Personen aus dem sozialen Umfeld solche Tätigkeiten übernehmen (z. B. Familie, Nachbarschaft).

2. ‚partielle Selbstständigkeit'
   Die Person verfügt über die Betreuung durch das ambulant betreute Wohnen und kann zudem eine gesetzliche Betreuung haben. Teile von Lebenssituationen werden unter Anleitung, probeweise oder vollständig Selbstständig von den Befragten ausgeführt. Neben den Betreuungspersonen können Personen aus dem sozialen Umfeld unterstützend tätig sein (z. B. Familie, Nachbarschaft).
3. ‚erste Stufe der Selbstständigkeit'
   Sowohl die gesetzliche Betreuung als auch die Betreuung durch das ambulant betreute Wohnen wurden beendet. Die Person kennt die Rahmenbedingungen ökonomisch geprägter Lebenssituationen, verfügt jedoch nicht über das notwendige Wissen und die Gestaltungskompetenz, um in allen Lebenssituationen eigenverantwortlich und selbstbestimmt handeln zu können. Daher sucht sich die Person selbstständig Unterstützung, um in den verschiedenen Lebenssituationen handeln zu können. Es besteht ein hoher Bildungsbedarf insbesondere im Hinblick auf ökonomisch geprägte Lebenssituationen.

Für Fälle in denen eine eindeutige Zuordnung nicht möglich ist, werden die Zwischenstufen teils-teils geschaffen, in Folge dessen ein fünfstufiges System zur Bestimmung der Ausprägung gewählt wurde:

1. ‚stellvertretende Ausführung'
2. ‚teils-teils'
3. ‚partielle Selbstständigkeit'
4. ‚teils-teils'
5. ‚erste Stufe der Selbstständigkeit'

Bestimmung der Prototypen

Die Ausprägung der Kategorien und Subkategorien können nach dem Grad an Selbstständigkeit typisiert werden. Sowohl der Grundgedanke von Inklusion als auch ökonomische Bildung zielen darauf ab ein hohes Maß an Selbstbestimmung, Entscheidungs- und Gestaltungskompetenz zu erzielen und den Lernenden verantwortungsbewusste Teilhabe am gesellschaftlichen Leben zu ermöglichen.
Umso höher die Selbstständigkeit der Personen ist, umso niedriger ist der Bedarf an Unterstützung in den genannten Kategorien. Davon ausgenommen sind pflegerische Dienstleistungen, die aufgrund von körperlicher Behinderung notwendig sind.

Genaue Beschreibung der Prototypen

Prototypen sind besonders anschauliche Beispiele, die die genannten Ausprägungen verdeutlichen sollen. Die drei Typen der stellvertretenden Ausführung, partiellen Selbstständigkeit und der ersten Stufe der Selbstständigkeit werden im Folgenden anhand von drei Prototypen veranschaulicht.

1. E1_FG - ‚stellvertretende Ausführung'

Der Befragte erhält Unterstützung in Form des ambulant betreuten Wohnens und einer gesetzlichen Betreuung. Er arbeitet in einer Werkstatt für Menschen mit Behinderung. Die sozialen Kontakte konzentrieren sich auf die Arbeitskollegen und Arbeitskolleginnen in der Werkstatt, Betreuungspersonen sowie Familienangehörige in Person der Mutter und der Schwester. Freizeitangebote sowie Urlaubsreisen werden innerhalb der Eingliederungshilfe wahrgenommen. Die wöchentlichen Einkäufe und die Haushaltspflege werden mit den Mitarbeiter und Mitarbeiterinnen des ambulant betreuten Wohnens durchgeführt. E1_FG erhält ein wöchentliches Taschengeld in der Höhe von 20 €. Als „Junge für alles" (Interview E1_FG Zeile 171) verdient er sich am Wochenende in seinem ehemaligen Job an einer Tankstelle ab und an ein kleines Taschengeld dazu.

2. E1E3_FAB - ‚partielle Selbstständigkeit'

Die Befragte wird von zwei Einrichtungen im ambulant betreuten Wohnen betreut. Sie wohnt in einem Mehrparteienhaus, in dem sich ein Büro des ambulant betreuten Wohnens von E3 befindet. Gleichzeitig erhält sie Unterstützung durch Mitarbeitende des ambulant betreuten Wohnens von E1. Eine gesetzliche Betreuung besteht nicht. Wenn sie Fragen hat, kann sie sich an die Mitarbeiter und Mitarbeiterinnen in dem Büro von E3 im Haus wenden. Dies ist insbesondere in Bezug auf eingehende Post oder Krisenintervention der Fall. E1E3_FAB missfiel die Situation in der Werkstatt, weshalb sie von dort fernblieb und ihr gekündigt wurde. Sie erhält nun Arbeitslosengeld und bewirbt sich auf Stellen auf dem ersten Arbeitsmarkt. Am liebsten würde sie mit Kindern arbeiten. In der Zeit des Interviews absolvierte sie ein Praktikum in einer Kindertagesstätte. Aufgrund ihrer schlechten psychischen Situation konnte sie diese Tätigkeit nur gelegentlich ausführen. Da sie über einen Sprachcomputer (Talker) redet, fällt es ihr schwer auf andere Leute zuzugehen. Sie fühlt sich sehr einsam und kommuniziert viel über das Internet. Hierüber betreibt sie eine eigene Homepage zur Hilfe beim Umgang mit dem Talker. Am liebsten würde sie Lehrerin für unterstützte Kommunikation werden.

3. E2_DW - erste Stufe der Selbstständigkeit

Der Befragte hat die klassische Wohnhistorie vom Heim in eine Außenwohngruppe in die eigene Wohnung. Inzwischen konnte er seine gesetzliche Betreuung und die Betreuung durch das ambulant betreute Wohnen beenden. Bei Fragen zu Post, Versicherungen, Steuern oder Ähnlichem holt er sich selbstständig Rat bei unterschiedlichen Personen. In Sachen Versicherung erhalte er Hilfe durch das Finanzamt (E2_DW Zeile 436) und bei Fragen bezüglich der eingehenden Post wendet er sich an die Polizei (E2_DW Zeile 137). Er wohnt gemeinsam mit seiner Lebensgefährtin in einer Wohnung, die Unterstützung durch ambulant betreutes Wohnen von Einrichtung 2 erhält. Da er dort zuvor im ambulant betreuten Wohnen war, kann er die Freizeitangebote von Einrichtung 2 weiterhin wahrnehmen. Von der Werkstatt wechselte er auf den ersten Arbeitsmarkt und ist dort in einem festen Arbeitsverhältnis. Für seine Tätigkeit in Vollzeit verdient er nach eigenen Angaben mehr als 500,- €. Aus diesem Grund erhält er keine volle, sondern nur einen Teil der Erwerbsminderungsrente.

3.3.2.10 Zusammenstellung der Ergebnisse und Interpretation in Richtung der Fragestellung

Im Rahmen der induktiven Kategorienbildung wurde deutlich, welche Lebensbereiche für die Befragten eine wesentliche Rolle spielen. In Bezug auf die Forschungsfrage traten die Kategorien ‚Wohnen‘, ‚Betreuung/Unterstützung‘ und ‚ökonomisch geprägte Lebenssituationen‘ in den Vordergrund der Analyse. In allen Dokumenten wurden die Themen ‚Freizeit‘, ‚soziales Umfeld‘, ‚Arbeit und Gesundheit‘ codiert. Obwohl sie aus der Forschungsfrage heraus entwickelt wurden, wurden die Kategorien ‚Bildung‘ und ‚Behinderung‘ in weniger Interviews mit einer geringen Anzahl an Codes codiert[93]. Die Kategorien für die typisierende Strukturierung wurden aus den Ansätzen der Lebenssituativen Ökonomischen Bildung und der Alltags- und Lebensökonomischen Bildung hergeleitet. Innerhalb der typisierenden Strukturierung umfassten die Kategorien ‚Ich bin ich‘ (294 Codes) und ‚Ich gehöre zu den Anderen‘ (293 Codes) die meisten Codes und wurden in allen Dokumenten codiert. Ebenfalls in allen Dokumenten codiert wurde die Kategorie der ‚Einkommensverwendung‘. Sie umfasst jedoch lediglich 164 Codes. An dem Ergebnis der typisierenden Strukturierung ist besonders auffällig, dass bestimmte Subkategorien in sehr geringem Umfang oder gar nicht codiert wurden:

[93] Die Kategorie Bildung trat in 78,6% aller Interviews auf und wurde 46-mal codiert. Die Kategorie Behinderung wurde in 71,4% aller Interviews codiert und umfasst 67 Codes.

- ‚Gesellschaftliche Mitbestimmung' (0 Codes)
- ‚Ökologische Verantwortung' (0 Codes)
- ‚Steuern zahlen' (0 Codes)
- ‚Nutzung öffentlicher Güter' (0 Codes)
- ‚Lebensformen und Versorgungssysteme im Alltag verstehen' (1 Code)
- ‚Stellung am Arbeitsplatz' (1 Codes)
- ‚Vorsorgen' (5 Codes)
- ‚Arbeitseinkommen' (6 Codes)
- ‚Langfristig denken, planen und kontrollieren - nachhaltig handeln' (6 Codes)
- ‚Versichern' (10 Codes)
- ‚Berufsbildung' (12 Codes)
- ‚Sozialeinkommen' (12 Codes)
- ‚Berufswechsel' (13 Codes)

Eine ausführliche Zusammenfassung und Interpretation der Ergebnisse der qualitativen Inhaltsanalyse erfolgt in Kapitel 3.3.3.

3.3.2.11 Anwendung der inhaltsanalytischen Gütekriterien

In Kapitel 3.1.1 wurden bereits die Gütekriterien der Validität, Objektivität und Reliabilität vorgestellt und über ihre Anwendungsmöglichkeiten innerhalb der qualitativen Forschung diskutiert. In Bezug auf die Validität wurden in Anlehnung an Lamnek die Verfahren Triangulation, Peer-Debriefing, analytische Induktion, Members Check, Angemessenheit und Auditing angewendet. Da Objektivität in der qualitativen Sozialforschung insgesamt kaum herzustellen ist, wurde die individuelle Zuverlässigkeit durch die Transparenz und die damit verbundene Nachvollziehbarkeit des Forschungsprozesses sichergestellt. Lamnek kommt zu dem Ergebnis, dass das Gütekriterium der Reliabilität für die qualitative Forschung noch nicht hinreichend spezifiziert wurde (siehe Kapitel 3.1.1).
Mayring nennt als übliches Verfahren bei der inhaltsanalytischen Reliabilitätsbestimmung die Intercoderreliabilität (Mayring, 2015, S. 124). Für deren Umsetzung benennt er drei Stufen, wobei mindestens eine für die Prüfung der Intercoderreliabilität angewendet werden soll (Mayring, 2014, S. 114). Die Intercoderreliabilität dieser Inhaltsanalyse konnte in Zusammenarbeit mit einer Mitarbeiterin von Mayring durchgeführt werden. Sie führte die induktive Kategorienbildung unter den gleichen Voraussetzungen an 3 Interviews durch. Hierzu wurde ein Interview pro Einrichtung mit verschiedenen Schwierigkeitsgraden gewählt (E1_DE - leicht, E2_DP - schwierig, E3_FJU - unter Einfluss der Betreuerin).

In dem ersten Durchlauf wurde die nach Mayring stärkste Form der Prüfung der Intercoderreliabilität durchgeführt. Die Zweitcodiererin erhielt neben den entsprechenden Dokumenten nur Information über die Kategorien, die aus der Forschungsfrage heraus entwickelt wurden (ökonomisch geprägte Situation, Bildung, Behinderung, Wohnen, Betreuung). Informationen über das angewendete Kategoriensystem erhielt sie in diesem ersten Durchgang nicht. Die Analyse der Daten führte sie ebenfalls mit der Software MAXQDA durch, um die gleichen Voraussetzungen und die anschließende Auswertung der Intercoderreliabilität zu gewährleiten. Zur Überprüfung der Intercoder-Übereinstimmung stellt MAXQDA eine Funktion mit drei Varianten zur Verfügung. Die weitreichendste und für die qualitative Analyse typische Variante ist die Überprüfung der Übereinstimmung einzelner Segmente beider Codierer und Codiererinnen. Die Überprüfung der Übereinstimmung erfolgt dabei für jedes von den Codierer und Codiererinnen codierte Segment. Dabei wird zuvor festgelegt mit welchem Prozentsatz die Segmente übereinstimmen. Bei einer Übereinstimmung der Segmente mit 50 % der jeweiligen Textstellen ergeben sich die folgenden Ergebnisse:

- Dokument E1_DE: 16,88 % Übereinstimmung (gut)
- Dokument E2_DP: 7,12 % Übereinstimmung (moderat)
- Dokument E3_FJU: 2,44 % Übereinstimmung (moderat)

In dem zweiten Durchlauf zur Überprüfung der Intercoderreliabilität erhielt die Zweitcodiererin die gleichen Dokumente und zudem das vollständige Kategoriensystem. Hierbei ergab sich folgendes Ergebnis:

- Dokument E1_DE: 18,50 % Übereinstimmung (gut)
- Dokument E2_DP: 15,25 % Übereinstimmung (gut)
- Dokument E3_FJU: 30,29 % Übereinstimmung (sehr gut)

Bei dem Vergleich der Ergebnisse wird deutlich, dass die Intercoderreliabilität beider Vorgehensweisen bei E1_DE sehr ähnlich ist und von E2_DP sowie E3_FJU stark voneinander abweichen. Dies ist auf die Schwierigkeitsgrade der Interviews zurückzuführen: E2_DP zeigte im Interview große Konzentrationsschwierigkeiten durch erlebte Traumatisierungen. E3_FJU wurde während des Interviews stark von der anwesenden Betreuerin des ambulant betreuten Wohnens bevormundet. Beides führte zu Schwierigkeiten bei der Codierung in Bezug auf die Forschungsfrage. Mit dem bestehenden Kategoriensystem konnte daher durch die Zweitcodiererin sowohl bei E2_DP als auch bei E3_FJU eine sehr viel höhere Intercoderreliabilität erzielt werden. Im Interview E3_FJU codierte sie 126 von insgesamt 252 Codes auf die Kategorie ‚Bevormundung‘ und deren Subkategorien, was die sehr gute Übereinstimmung von 30,29 % erklärt.

Die dritte Möglichkeit der Prüfung der Intercoderreliabilität besteht darin, dass ein Zweitcodierer oder eine Zweitcodiererin die Dokumente, das Kategoriensystem und die entsprechende Codierung im Text erhält und diese auf Angemessenheit überprüft. Aufgrund der vorliegenden Prüfungsergebnisse der ersten beiden Vorgehensweisen wurden hiervon keine neuen Erkenntnisse erwartet.

3.3.3 Zusammenfassung und Interpretation der Ergebnisse

Die qualitative Inhaltsanalyse nach Mayring wurde für die Analyse in Bezug auf den Forschungsgegenstand und die Forschungsfrage angepasst. Ein spezifisches Ablaufmodell wurde entwickelt. In diesem Rahmen wurden zuerst die induktive Kategorienbildung und anschließend die typisierende Strukturierung in Anlehnung an Mayring durchgeführt (Mayring, 2015).

Ausgangspunkt der induktiven Kategorienbildung bildeten fünf Kategorien, die aus der Forschungsfrage und der theoretischen Ausarbeitung in Kapitel 2 entwickelt wurden. Auf dieser Grundlage wurde induktiv ein Kategoriensystem aus 17 Kategorien und dazugehörigen Subkategorien entwickelt, welches Einblicke in die Lebenswelt der Befragten ermöglicht. Diese Kategorien und Subkategorien wurden im Rahmen der Auswertung nach der Zahl der Codierungen und nach der Zahl der Interviews unterschieden, in denen die Kategorie codiert wurde (siehe Tabelle 13). Die aus der Forschungsfrage entwickelten Kategorien ‚Wohnen' (445 Codes), ‚Betreuung/Unterstützung' (367 Codes) und ‚ökonomisch geprägte Lebenssituationen' (212 Codes) wurden in allen 14 Interviews codiert. Ebenfalls in allen Interviews thematisiert und codiert wurden die Codes ‚Freizeit' (175 Codes), ‚Soziales Umfeld' (147 Codes), ‚Arbeit' (124 Codes) und ‚Gesundheit' (90 Codes). Da diese induktiv gebildeten Kategorien in allen Interviews mit einer hohen Anzahl an Codes codiert wurden, wird ihnen eine besondere Bedeutung für die Zielgruppe zugeschrieben. Aus den Textstellen wird erkennbar, dass sie eine aktuelle Bedeutung für das alltägliche Leben der Befragten haben und somit ihren Erfahrungsspielraum und die Lebenswelt prägen. Andere Kategorien erlangten in den Interviews nach den oben genannten Unterscheidungskriterien einen sehr viel geringeren Stellenwert. Beispielsweise wurde die Kategorie ‚Bildung' aus der Forschungsfrage herausgearbeitet. Sie wurde in 79 % aller Interviews mit insgesamt 46 Codes codiert. Dies ist unter anderem darauf zurückzuführen, dass die berufliche Tätigkeit der Befragten nicht in Zusammenhang mit dem Grad ihrer Bildung steht. So hat keine befragte Person eine abgeschlossene Berufsausbildung oder verfügt über anderweitige berufsbezogene Qualifikationen. Innerhalb dieser

Kategorie bilden die Subkategorien ‚Wohntraining' (14 Codes), ‚Alltagspraktische Bildung' (10 Codes) und ‚Schulbildung' (10 Codes) die ausschlaggebenden Themen. Die Kategorie ‚Behinderung' wurde ebenfalls aus der Forschungsfrage heraus entwickelt. Sie wurde in 71 % der Interviews mit 67 Codes codiert. Hiervon fallen 39 Codes auf die Subkategorie ‚Erfahrung mit Behinderung und ‚Haltung/ Einstellung zu Behinderung' (17 Codes). Die vier am seltensten codierten Kategorien sind ‚Partizipation' (52 Codes in 71 % der Interviews), ‚Mobilität' (41 Codes in 71 % der Interviews), ‚Internet' (12 Codes in 43 % der Interviews) und ‚Persönliche Haltung' (9 Codes in 43 % der Interviews). Diese Kategorien spielen im Alltag der Befragten aus unterschiedlichsten Gründen eine geringe Rolle, die in engem Zusammenhang mit der Lebenslage im ambulant betreuten Wohnen stehen (siehe Kapitel 2.3.2 und 2.3.3). Der Alltag aller Befragten ist stark durch die Institutionen und Strukturen der Eingliederungshilfe geprägt. Dies trifft insbesondere auf die Menschen zu, die in einer Werkstatt für Menschen mit Behinderung arbeiten. Auch im Bereich ‚Freizeit' überwiegt der Teil der Personen, die ihre Zeit ‚innerhalb der Eingliederungshilfe' verbringen (38 Codes). Die Subkategorie ‚Freizeit/Außerhalb der Eingliederungshilfe' umfasst hingegen 21 Codes. Dementsprechend selten wurden die Kategorien ‚Partizipation', ‚Mobilität' und ‚Persönliche Haltung' codiert.

Die Kategorie ‚Internet' wurde lediglich in 6 Interviews codiert und umfasst 12 Codes. Fünf von 17 Befragten verfügen über einen Zugang zum Internet. Insbesondere die Personen mit einer starken körperlichen Beeinträchtigung nutzen das Internet in ihrem Alltag (E3_KS und E3E1_FAB). Dies ist darauf zurückzuführen, dass die Zielgruppe wenig über den Umgang mit dem Computer und dem Internet informiert und geübt ist:

> „Computer und Internet haben noch lange keinen flächendeckenden Einzug in die Lebenswelten behinderter Menschen erhalten, eher im Gegenteil bleibt der Zugang zu neuen Medien bisher wohl eher die Ausnahme“ *(Römisch, 2015, S. 7)*

Innerhalb der typisierenden Strukturierung wurden Kategorien aus den theoretischen Grundlagen zur ökonomischen Bildung in Kapitel 2.4 erarbeitet. Zu der Lebenssituativen Ökonomischen Bildung wurden die Kategorien der ‚Einkommensentstehung' und der ‚Einkommensverwendung' mit den entsprechenden Subkategorien entwickelt. Diese umfassen bei der Kategorie der ‚Einkommensentstehung' (76 Codes) die Subkategorien ‚Berufswahl' (31 Codes), ‚Berufswechsel' (13 Codes), ‚Sozialeinkommen' (12 Codes), ‚Berufsbildung' (12

Codes), ‚Arbeitseinkommen' (6 Codes) und ‚Stellung am Arbeitsplatz' (1 Code). Die Kategorie ‚Einkommensverwendung' (164 Codes) umfasst die Subkategorien ‚Freizeit' (68 Codes), ‚Kauf' (56 Codes), ‚Sparen' (21 Codes) sowie ‚Versichern' (10 Codes), ‚Vorsorgen' (5 Codes), ‚Steuern zahlen' (0 Codes) und ‚Nutzung öffentlicher Güter' (0 Codes), wobei die letzteren beiden Subkategorien in den Interviews nicht codiert wurden.

Zu der Alltags- und Lebensökonomischen Bildung wurden Kategorien aus dem Grundkurs Alltags- und Lebensökonomie herausentwickelt. Daraus entstand das folgende Kategoriensystem.

- ‚Ich bin ich' (294 Codes)
  ‚Zielbildungs-, Auswahl- und Entscheidungsprozesse' (125 Codes)
  ‚Bedürfnisse erkennen, als Wünsche konkretisieren, Ziele setzen' (58 Codes)
  ‚Sich selbst als Akteur wahrnehmen' (55 Codes)
  ‚Arbeit, Gelderwerb und Selbstverwirklichung organisieren' (49 Codes)
  ‚Langfristig denken, planen und kontrollieren - nachhaltig handeln' (6 Codes)
  ‚Lebensformen und Versorgungssysteme im Alltag verstehen' (1 Code)
- ‚Ich gehöre zu den Anderen' (293 Codes)
  ‚Haushalts- und Familiengründung, Führung des eigenen Haushalts' (179 Codes)
  ‚Soziale Kontakte und Regeneration' (114 Codes)
  ‚Gesellschaftliche Mitbestimmung' (0 Codes)
  ‚Ökologische Verantwortung' (0 Codes)
- ‚Umgang mit konkreten Problemsituationen' (108 Codes)
  ‚Alltags- und Lebensrisiken kennen, erkennen und bewerten' (56 Codes)
  ‚Prävention und Krisenmanagement von Alltags- und Lebensproblemen' (52 Codes)

Auch hier ist auffällig, dass bestimmte Subkategorien gar nicht oder nur mit einer sehr geringen Anzahl an Codes codiert wurden. Dies trifft auf die Subkategorien ‚Langfristig denken, planen und kontrollieren' (6 Codes), ‚Lebensformen und Versorgungssysteme im Alltag verstehen' (1 Code) sowie die Subkategorien ‚Gesellschaftliche Mitbestimmung' (0 Codes) und ‚Ökologische Verantwortung' (0 Codes). Eine besondere Bedeutung kommt hingegen den Subkategorien ‚Zielbildungs-, Auswahl- und Entscheidungsprozesse', ‚Haushalts- und Familiengründung, Führung des eigenen Haushalts' sowie ‚Soziale Kontakte und Regeneration' zu.

Bereits an dieser Zusammenfassung der Ergebnisse wird deutlich, in welchem engen Zusammenhang die Lebenssituationen der Befragten mit ihrer Lebenslage und Lebenswelt stehen. Dies unterstützt die Schlussfolgerung aus Kapitel 2.4, wonach eine personenzentrierte Ausrichtung ökonomischer Bildung aufgrund der besonderen Merkmale und Bildungsbedarfe der Zielgruppe notwendig ist. Die Ergebnisse der qualitativen Inhaltsanalyse unterstützen ebenso den Ansatz, ökonomische Lebenssituationen in dem Zusammenhang von Lebensphase, Lebenslage und Lebenswelt der Lernenden zu setzen und dabei Aspekte der Diversität zu berücksichtigen (siehe Abbildung 13).

Betrachtet man die einzelnen codierten Textstellen, so wird deutlich, dass sich hier die einzelnen Personen in ihren Fertigkeiten und Fähigkeiten sowie ihren Bildungsbedarfen immens unterscheiden. Dennoch konnte eine Bestimmung von Typen und deren Ausprägungen vorgenommen werden. Hierzu wurde eine dreistufige Einteilung nach dem Grad der Selbstständigkeit vorgenommen. Dabei wird zwischen der niedrigsten Stufe der ‚stellvertretenden Ausführung', der mittleren Stufe der ‚partiellen Selbstständigkeit' und der obersten Stufe der ‚ersten Stufe der Selbstständigkeit' unterschieden. Um der Verschiedenheit und Komplexität der einzelnen Fälle gerecht werden zu können, wurden Zwischenstufen für die Fälle eingebaut, die nicht genau zugeordnet werden können. Daraus ergibt sich folgendes System:

1. ‚stellvertretende Ausführung'
2. ‚teils-teils'
3. ‚partielle Selbstständigkeit'
4. ‚teils-teils'
5. ‚erste Stufe der Selbstständigkeit'

Dementsprechend erfolgt in Kapitel 3.4 die Zuordnung der einzelnen Personen zu den Typen und die entsprechende Fall- und Typenbeschreibung. Das gemeinsame Ziel von Inklusion (siehe Kapitel 2.1.4) und ökonomischer Bildung (siehe Kapitel 2.4) ist es, den Grad an Selbstbestimmung zu erhöhen. Innerhalb einzelner Lebenssituationen drückt sich dies in dem Grad der Selbstständigkeit aus. Ziel der ökonomischen Bildung für diese Zielgruppe ist die Erhöhung des Grades an Selbständigkeit als Grundlage für Inklusion und Teilhabe am gesellschaftlichen Leben.

3.4 Fall- und Typenbeschreibungen

Die einzelnen Fälle wurden den jeweiligen Ausprägungen in Bezug auf ihren Grad der Selbstständigkeit zugeordnet. Die Fälle verteilen sich demnach über alle fünf Ausprägungen, wobei die Ausprägung ‚erste Stufe der Selbstständigkeit' aufgrund des Samplings lediglich auf E2_DW zutrifft. Dieser konnte in dem Zeitraum der Datenerhebung das ambulant betreute Wohnen beenden. Tabelle 16: Ausprägungen des Grads an Selbstständigkeit der Befragten zeigt die Verteilung der Fälle auf die jeweiligen Ausprägungen.

Tabelle 16: Ausprägungen des Grads an Selbstständigkeit der Befragten

Befragte Person	‚stell-vertretende Ausführung'	‚teils-teils'	‚partielle Selbstständigkeit'	‚teils-teils'	‚erste Stufe der Selbstständigkeit'
E1_DE			X		
E1_FG	X				
E1_RG			X		
E1_RK	X				
E1E3_FAB				X	
E2_BB				X	
E2_DP		X			
E2_DW					X
E2_MG		X			
E2_NW			X		
E2_RWS			X		
E2_WB				X	
E3_FJU	X				
E3_HH			X		
E3_IA		X			
E3_KS				X	
E3_MS		X			

Beispielhaft wird im Folgenden je Ausprägung ein Fall aus der Datenerhebung genau dargestellt. Diese Fall- und Typenbeschreibung erfolgt auf der Grundlage der Ergebnisse der induktiven Kategorienbildung. Hiernach haben die folgenden Lebenssituationen eine besondere Bedeutung für die Beantwortung der Forschungsfrage und den Alltag der Befragten:

1. Wohnen
2. Betreuung/ Unterstützung
3. ökonomisch geprägte Lebenssituationen
4. Freizeit
5. soziales Umfeld
6. Arbeit
7. Gesundheit

Diese Reihenfolge der Lebenssituationen entspricht der Rangfolge nach der Zahl der Codes und der Zahl der Interviews, in denen sie codiert wurden. Dem entsprechend wird die Fall- und Typenbeschreibung strukturiert.

3.4.1 E3_FJU - ‚stellvertretende Ausführung'

Abbildung 34: E3_FJU

> *„I: Ja. (....) Und wie ist dir das gefallen, als du in die eigene Wohnung gezogen bist? Es sind ja schon viele Aufgaben, die du dann selber machen musstest. Nicht?*
>
> *B1: Ja. Und die/ Habe ich immer gedacht, der liebe Gott hat das schwere Kreuz auf sich genommen. So gemacht wie der liebe Gott" (Interview E3_FJU, Zeile 122-123).*

Zum Zeitpunkt des Interviews ist E3_FJU 60 Jahre alt. Auf Wunsch seiner Großmutter ist er als Kind in Einrichtung E2 aufgenommen worden. Er ist dort aufgewachsen und in der Stadt geblieben. Seit 10 Jahren lebt er in seiner ersten eigenen Wohnung und wird hier von Einrichtung E3 im Rahmen des ambulant betreuten Wohnens betreut. Innerhalb von Einrichtung E3 verbringt er seine Freizeit und arbeitet in der Werkstatt für Menschen mit Behinderung der Einrichtung E2.

1. Wohnen

Aufgrund der psychischen Erkrankung seiner Mutter wuchs E3_FJU in der Kinderstation einer großen psychiatrischen Landesklinik auf (Interview E3_FJU Zeile 632 ff.). Seine Mutter befand sich in der gleichen Klinik auf der geschlossenen Station. E3_FJU durfte sie nicht besuchen. E3_FJU und seine Geschwister wurden später auf verschiedene Einrichtungen der Jugendhilfe verteilt. E3_FJU berichtet, dass eine Mitarbeiterin des Jugendamtes vorgab mit ihm einen Ausflug zu machen und ihn auf diesem Wege in einer anderen Klinik unterbrachte (Interview E3_FJU Zeile 675). Anschließend wurde er auf Wunsch der Großmutter in Einrichtung 2 untergebracht. Hier verbrachte er seine Jugend und berichtet von strengen Vorgaben und Regeln, die er hier einhalten musste. Später zog er in eine Außenwohngruppe von E2. Auch hier sah er sich mit Vorgaben konfrontiert, die er nicht immer einhalten wollte und konnte. In Bezug darauf fotografierte E2_FJU beispielsweise seinen eigenen Kühlschrank: „Im [E2] war ein Kühlschrank. Wir durften aber nicht selbst (…) dran. Selber aus dem Kühlschrank rausnehmen und essen wann ich will." (Interview E2_FJU Ziele 957-959). Aufgrund dieser Sozialisation ist er heute besonders froh darüber und stolz darauf in einer eigenen Wohnung leben und hier für sich entscheiden zu können.

2. Betreuung/Unterstützung

E3_FJU lebt in der eigenen Wohnung und wird hier im Rahmen des ambulant betreuten Wohnens unterstützt. Die BeWo Betreuerin verbringt 4,5 Stunden pro Woche mit ihm. In dieser Zeit wird er durch die Betreuerin und verschiedene Assistenten und Assistentinnen betreut. Für seine Freizeitgestaltung erhält E3_FJU zusätzlich Unterstützung durch Assistenten und Assistentinnen im Rahmen der Integrationshilfe. Ergänzend hierzu verfügt er über eine gesetzliche Betreuungsperson, die eng mit dem Anbieter des ambulant betreuten Wohnens zusammenarbeitet.

E3_FJU wurde nach eigenen Angaben in seiner Kindheit und Jugend stark durch die Vorgaben der Einrichtungen eingeschränkt. In dem Interview war seine BeWo-Betreuerin (B2) anwesend, die stark bevormundende Verhaltensweisen zeigte. Solche Verhaltensweisen differenziert E3_FJU sehr klar. Beispielsweise erklärt er in Bezug auf seinen Wochenplan, der in der Küche hängt „Den habe ich aber nicht gemacht, hat sie gemacht den Wochenplan." (Interview E3_FJU Zeile 494).

3. ökonomisch geprägte Lebenssituationen

Für seinen alltäglichen Bedarf erhält E3_FJU nach Absprache mit der gesetzlichen Betreuungsperson zwei Mal in der Woche ein Taschengeld, mit dem er selbstständig haushalten kann (Interview E3_FJU Zeile 111-112). Alle weiteren ökonomischen Lebenssituationen werden in enger Zusammenarbeit von der gesetzlichen Betreuungsperson und der BeWo-Betreuerin übernommen. E3_FJU geht jede Woche mit der BeWo-Betreuerin gemeinsam in den gegenüberliegenden Supermarkt, um seinen Wocheneinkauf zu erledigen (Interview E3_FJU Zeile 997-999). Die Wohnungseinrichtung wurde ebenfalls von E3_FJU gemeinsam mit seiner BeWo-Betreuerin und in Absprache mit der gesetzlichen Betreuungsperson angeschafft. Viele Möbel konnten gebraucht gekauft werden.

4. Freizeit

E3_FJU verbringt seine Freizeit im Rahmen von Einrichtung E3. Zum einen nimmt er Freizeitangebote der Einrichtung wahr (Kegeln, Schwimmen, Musizieren). Zum anderen erhält er Unterstützung in Form der Integrationshelfer und Integrationshelferinnen zur Gestaltung der Freizeit. Mit Unterstützung der Integrationshelfer und Integrationshelferinnen nimmt er auch Freizeitangebote außerhalb der Einrichtung wahr (Museumsbesuche, Café-Besuche etc.). Die verschiedenen Termine werden über den Kalender in der Küche von E3_FJU organisiert. Hier tragen sowohl die Integrationshelfer und Integrationshelferinnen als auch die BeWo-Betreuerin ihre Termine ein. E3_FJU nutzt diesen Kalender zur eigenen Orientierung und Strukturierung. Manchmal empfindet er die Termine als Freizeitstress: „Wir können das gar nicht, das ist alles viel zu komisch." (Interview E3_FJU Zeile 447).

5. soziales Umfeld

E3_FJU berichtet lediglich von sozialen Kontakten innerhalb der Einrichtung E3 oder der Werkstatt. Er wurde schon früh von seiner Mutter und den Geschwistern getrennt. Zu den Geschwistern hat er keinen Kontakt mehr (Interview E3_FJU Zeile 718). Seine Mutter ist verstorben (Interview E3_FJU Zeile 689).

6. Arbeit

„Weil die Schwester krank gewesen und dann mit 16 Jahren bin ich schon arbeiten gegangen. (…) Wo ich noch Schuljunge war." (Interview E3_FJU Zeile 888-890). Heute arbeitet E3_FJU in Teilzeit in einer Werkstatt für Menschen mit Behinderung. E3_FJU hat die Aufgabe Geschenkbänder einzupacken. Dies missfällt ihm, aber vielmehr stört es ihn, wenn auf der Arbeit nichts zu tun ist und er trotzdem anwesend sein muss. Mit Unterstützung seiner Betreuerin und der Zustimmung seines Arztes konnte E3_FJU seine Arbeitszeit in der Werkstatt reduzieren und arbeitet dort in Teilzeit (Interview E3_FJU Zeile 309-314).

7. Gesundheit

E3_FJU hat keine gesundheitlichen Schwierigkeiten. Themen aus dem Bereich Gesundheit spricht er in dem Interview nicht an. Er berichtet von seinen Ernährungsgewohnheiten und sagt, dass er manchmal zu viel esse (Interview E3_FJU Zeile 432-437)

3.4.2 E1_RG - ‚partielle Selbstständigkeit'

Abbildung 35: E1_RWS

> *„I: Was ist für dich das Wichtigste an der eigenen Wohnung?*
>
> *B: Kann ich machen, was ich machen kann, was ich will, weggehen, wann ich will, nach Hause kommen, Übernachten und so weiter, das ist schön. Habe ich nach meiner Arbeit meine Ruhe, wenn keiner kommt" (Interview E1_RG Zeile 282-283)*

Zum Zeitpunkt des Interviews ist E1_RG 32 Jahre alt. Sie wohnt in dem Stadtteil, in dem sie aufgewachsen ist und arbeitet in der dort ansässigen Werkstatt für Menschen mit Behinderung.

1. Wohnen

E1_RG hat bis zu ihrem 19. Lebensjahr bei ihrer Mutter gewohnt. Diese hat E1_RG in ihrem Wunsch unterstütz auszuziehen und ein möglichst eigenständiges Leben zu führen. E1_RG ist aus dem Elternhaus in eine ambulant betreute Wohngruppe von E1 gezogen. Dort hat sie ein eigenes Zimmer gehabt und Küche, Wohn- und Badezimmer mit 7 anderen Bewohnern geteilt. Sie berichtet, dass ihr die Zeit in der Wohngruppe als Vorbereitung auf das Leben in der eigenen Wohnung sehr geholfen hat, aber zurück möchte sie nicht (Interview E1_RG Zeile 540-542). Nach sieben Jahren in der Wohngruppe hat sie diese verlassen und ihre erste eigene Wohnung bezogen. Sie war sehr froh, aus der Wohngruppe ausgezogen zu sein, fühlte sich jedoch in dieser Wohnung noch nicht richtig wohl. Daher zog sie mit 30 in die aktuelle Wohnung, in der sie seit 2 Jahren lebt. Hier fühlt sie sich sehr wohl: „das ist mein Reich" (Interview E1_RG Zeile 278). Den Haushalt macht sie teilweise mit den Betreuer und Betreuerinnen des ambulant betreuten Wohnens zusammen und teilweise alleine (Interview E1_RG Zeile 242).

2. Betreuung/Unterstützung

E1_RG wird an zwei festen Tagen in der Woche von einem Betreuer und einer Betreuerin im Rahmen des ambulant betreuten Wohnens betreut. Je nach aktuellem Bedarf erhält sie unterschiedlichste Unterstützung beispielsweise im Haushalt, bei der Geldeinteilung, bei psychosozialen Problemen oder im Bereich Freizeit. Zusätzlich hat sie eine gesetzliche Betreuung, die sie selten sieht, die jedoch eng mit den Mitarbeiter und Mitarbeiterinnen des ambulant betreuten Wohnens zusammenarbeitet. E1_RG sucht sich ebenfalls Unterstützung in ihrem sozialen Umfeld und hilft im Gegenzug gerne mit (z. B. passt sie auf die Wohnung von Bekannten auf, wenn diese im Urlaub sind).

3. ökonomisch geprägte Lebenssituationen

Das Einkommen von E1_RG wird vollständig auf ihr Girokonto überwiesen. Sie bewahrt ihre Kontokarte in ihrer Geldkassette auf. Von diesem Konto werden alle Zahlungen abgebucht, wie z. B. Miete und Strom. Mit dem Betreuer des ambulant betreuten Wohnens sieht sie sich regelmäßig die Kontoauszüge durch und bespricht die finanzielle Situation auch im Hinblick auf geplante Anschaffungen. In diesem Gespräch legen sie fest, wieviel Geld sie abheben kann. E1_RG geht dann eigenständig zu der Bank, hebt das Geld ab und holt Kontoauszüge. Vor größeren Anschaffungen fragt E1_RG zusätzliche die gesetzliche Betreuerin (Interview E1_RG Zeile 378-379).

4. Freizeit

Die meiste Zeit verbringt E1_RG mit Freunden, die sie aus der Schule, der Wohngruppe oder der Werkstatt kennt. Teilweise nimmt sie Freizeitangebote von E1 wahr, teilweise trifft sie sich so mit Freunden, mit denen sie gerne gemeinsam etwas unternimmt (z. B. ins Kino gehen). Da E1 keine Urlaubsreisen mehr anbietet, musste sie sich diesbezüglich anderweitig Angebote suchen und fährt in diesem Jahr mit einer Gruppe nach Mallorca. Sie hört gerne Musik und geht gerne auf Konzerte.

5. soziales Umfeld

Das soziale Umfeld von E1_RG besteht im Wesentlichen aus Kontakten, die sie innerhalb der Eingliederungshilfe geknüpft hat. Aus diesem Freundeskreis heraus haben sie einen Fanclub gegründet und besuchen ab und an Konzerte. Einige Personen aus ihrem Freundeskreis sieht sie täglich auf der Arbeit. Hier kommt es immer wieder zu Konflikten, die sie psychisch sehr stark belasten. Am liebsten würde sie aus diesem Grund die Werkstatt verlassen (Interview E1_RG z. B. 657-682). E1_RG wohnt in dem Stadtteil in dem sie aufgewachsen ist und verfügt daher über verschiedene Kontakte (z. B. Nachbarn oder ehemalige Nachbarn). Von ihrer Familie berichtet sie lediglich in Bezug auf ihre Kindheit und den Auszug.

6. Arbeit

E1_RG besuchte drei Jahre die Erprobungswerkstatt und wechselte anschließend in die Werkstatt, in der sie bis heute Arbeitet. Dort hat sie die Aufgabe Schlösser zusammenzubauen, jedoch bemängelt sie, dass oftmals nichts zu tun ist: „scheiß Arbeit. Ich habe schon gehört, wir haben keine Arbeit, da sitzt man da, acht Stunden nur doof auf dem Popo“ (E1_RG Zeile 285). Hinzu kommt, dass E1_RG oftmals Streit mit Arbeitskollegen und Arbeitskolleginnen hat, worunter sie psychisch so sehr leidet, dass sie angibt in solchen Stresssituationen nichts essen zu können. Zu Schulzeiten hat sie ein Praktikum in einem Kindergarten gemacht. Mit Kindern zu arbeiten ist ihr größter Wunsch (Interview E1_RG Zeile 723-737).

6. Gesundheit

Der Streit in der Werkstatt belastet sie psychisch so sehr, dass sie eine ambulante Therapie macht (Interview E1_RG Zeile 766). Da sie das Essen in der Werkstatt nicht verträgt, konnte sie es arrangieren, dass sie anstelle des Essens Geld erhält und sich davon selber etwas kaufen oder Essen selber zubereiten kann (Interview E1_RG Zeile 451-466). Wegen ihrer Spastik erhält sie Physiotherapie. Sobald sie hier nicht kontinuierlich Termine vereinbart, nehmen die Schmerzen im Arm zu. In der Werkstatt hat sie ein Wärmekissen, welches sie bei Bedarf nutzen kann, um die Schmerzen im Arm zu lindern (Interview E1_RG Zeile 410-414).

3.4.3 E2_DW - ‚erste Stufe der Selbstständigkeit'

Abbildung 36: E2_DW

> *„I: (...)Das heißt, mit Geld und Versicherungen und sowas machst du auch alles alleine?*
>
> *B: Ja. Außer bei natürlich bei Versicherungen, da lasse ich noch die Hand weg, weil das läuft dann ja auch übers Finanzamt und so. Und da bin ich lieber froh, wenn da einer ist, der sich damit auskennt" (Interview E2_DW Zeile 435-436)*

E2_DW war zum Zeitpunkt des Interviews 53 Jahre alt. Er lebt mit seiner Lebensabschnittsgefährtin in einer gemeinsamen Wohnung. Beide kennen sich seit ihrer Kindheit, da sie gemeinsam in Einrichtung E2 aufgewachsen sind. E2_DW wurde im Alter von vier Jahren dort untergebracht. Später zogen beide in eine Außenwohngruppe von Einrichtung E2 und anschließend in ihre erste eigene gemeinsame Wohnung. Hier wohnen sie zum Zeitpunkt des Interviews seit sechs Jahren.

1. Wohnen

E2_DW wurde im Alter von vier Jahren im Haupthaus der Einrichtung E2 untergebracht. Im Erwachsenenalter erhielt er einen Platz in einer Außenwohngruppe. Hier lernte er viel für das Leben in der eigenen Wohnung und würde dies den Leuten weiterempfehlen, die planen in eine eigene Wohnung zu ziehen (Interview E2_DW Zeile 70). Zum Zeitpunkt des Interviews lebt er mit seiner Lebensgefährtin bereits seit sechs Jahren in der ersten gemeinsamen Wohnung.

2. Betreuung/Unterstützung

E2_DW wurde von Kind an durch Einrichtung E2 betreut. Nachdem er aus dem Haupthaus in eine Außenwohngruppe gezogen war, konnte er gemeinsam mit seiner Lebensabschnittsgefährtin eine eigene Wohnung beziehen. Inzwischen konnte er sowohl die Betreuung durch das ambulant betreute Wohnen als auch seine gesetzliche Betreuung beenden. Durch die Betreuung seiner Lebensabschnittgefährtin ist er weiterhin an Einrichtung E2 angebunden. Viele Dinge kann er eigenständig ausführen. Sobald er etwas nicht versteht, sucht er sich Unterstützung bei unterschiedlichen Stellen z. B. bei der Polizei (Interview E2_DW Zeile 133-137).

3. ökonomisch geprägte Lebenssituationen

E2_DW beendete sämtliche Betreuungsverhältnisse und sucht sich bei Bedarf eigenständig Unterstützung insbesondere für die Bewältigung ökonomisch geprägter Lebenssituationen. Als Beispiele dafür, wo er solche Unterstützung findet, nennt er im Interview die Polizei (Zeile 133-137), das Finanzamt (Zeile 436) oder seine Cousine (Zeile 141-143). Schwierigkeiten hatte er im Umgang mit dem Jobcenter, als er aufgrund einer Erkrankung nicht arbeiten konnte. Es war sehr mühsam und nervenaufreibend für ihn an entsprechender Stelle das notwendige Krankengeld zu beantragen (Interview E2_DW Zeile 456-462).

Insgesamt wird bei näherer Betrachtung seiner Vorgehensweise deutlich, dass er weitergehenden Unterstützungs- oder Bildungsbedarf hat. E2_DW ist dies in keiner Weise bewusst, was wiederum auf seinen mangelnden Kenntnisstand in Bezug auf ökonomisch geprägte Lebenssituationen zurückgeführt werden kann.

4. Freizeit

E2_DW verbringt viel Zeit auf der Arbeit und dem Weg dahin. Die verbleibende Zeit verbringt er mit seiner Lebensabschnittsgefährtin in und außerhalb der Eingliederungshilfe. Beispielsweise besuchen sie Freizeitangebote der Einrichtung E2 (Interview E2_DW Zeile 396) oder unternehmen Ausflüge mit seiner Cousine (Interview E2_DW Zeile 408).

5. soziales Umfeld

Sowohl Mutter als auch Vater von E2_DW sind bereits verstorben. Er hat einen engen Kontakt zu seiner Cousine, die sie ab und an besuchen oder mit ihr gemeinsam etwas unternehmen (Interview E2_DW Zeile 408). Viel Kontakt haben er und seine Lebensabschnittsgefährtin zur Einrichtung E2 und zu den von dort betreuten Menschen.

6. Arbeit

E2_DW hat zwei Jahre lang in einer Werkstatt für Menschen mit Behinderung gearbeitet. In dieser Zeit hat er eine Tätigkeit auf dem ersten Arbeitsmarkt gesucht und gefunden (Interview E2_DW Zeile 528-530). Nach eigenen Angaben arbeitet er seit 37 Jahren bei diesem Arbeitgeber (Interview DW Zeile 516). Zu seinem Vorgesetzten hat er ein sehr gutes Verhältnis. Von hier erhält er Unterstützung bei seiner beruflichen Tätigkeit (Interview E2_DW Zeile 514).

7. Gesundheit

E2_DW ist froh und stolz nun in Angelegenheiten seiner Gesundheit selber entscheiden und bestimmen zu können. Als Beispiel hierfür berichtet er von einer Operation im Krankenhaus, zu der nur er zustimmen musste (Interview E2_DW Zeile 540). Aufgrund einer Verletzung am Fuß war E2_DW drei Monate krankgeschrieben (Interview E2_DW Zeile 462-468). Ansonsten erwähnt er keine gesundheitlichen Schwierigkeiten.

3.4.4 Darstellung, Interpretation und Diskussion der Ergebnisse

Die Fall- und Typenbeschreibung anhand der Lebenssituationen Wohnen, Betreuung/Unterstützung, ökonomisch geprägte Lebenssituationen, Freizeit, soziales Umfeld, Arbeit und Gesundheit verdeutlicht, dass eine Aufteilung der Personen in bestimmte Typen noch nicht ausreichend ist. In den drei Fallbeschreibungen wird ersichtlich, dass die Fähigkeiten die verschiedenen Lebenssituationen zu bewältigen je nach Lebenssituation stark variieren. Auf der Grundlage der Informationen aus den Interviews kann lediglich eine grobe Einschätzung der Fähigkeiten zur Bewältigung einzelner Lebenssituationen aufgezeigt werden (siehe Tabelle 17: Bewältigung von Lebenssituationen von E3_FJU, Tabelle 18: Bewältigung von Lebenssituationen von E1_RG und Tabelle 19: Bewältigung von Lebenssituationen von E2_DW). Innerhalb der Betreuung im Rahmen des ambulant betreuten Wohnens ist eine intensivere Analyse der einzelnen Lebenssituationen und Bildungsbedarfe möglich und notwendig.

Lebenssituationen	‚stellvertretende Ausführung‘	‚partielle Selbstständigkeit‘	‚erste Stufe der Selbstständigkeit’
Wohnen		X	
Betreuung / Unterstützung	X		
ökonomische Lebenssituationen	X		
Freizeit	X		
Soziales Umfeld	X		
Arbeit	X		
Gesundheit	X		

Tabelle 17: Bewältigung von Lebenssituationen von E3_FJU

Lebenssituationen	‚stellvertretende Ausführung‘	‚partielle Selbstständigkeit‘	‚erste Stufe der Selbstständigkeit’
Wohnen		X	
Betreuung / Unterstützung		X	
ökonomische Lebenssituationen		X	
Freizeit			X
Soziales Umfeld			X
Arbeit	X		
Gesundheit		X	

Tabelle 18: Bewältigung von Lebenssituationen von E1_RG

Lebenssituationen	‚stellvertretende Ausführung‘	‚partielle Selbstständigkeit‘	‚erste Stufe der Selbstständigkeit’
Wohnen		X	
Betreuung / Unterstützung		X	
ökonomische Lebenssituationen		X	
Freizeit			X
Soziales Umfeld			X
Arbeit			X
Gesundheit			X

Tabelle 19: Bewältigung von Lebenssituationen von E2_DW

Eine intensive Analyse der Lebenssituationen Wohnen, Freizeit, soziales Umfeld und Arbeit findet im Rahmen des ambulant betreuten Wohnens innerhalb der kontinuierlichen Hilfeplanung statt (siehe Kapitel 2.3.3). Hier wird ebenfalls abgefragt, in welchen Bereichen die Person Schwierigkeiten hat, Unterstützung erhält oder eingeschränkt wird (Landschaftsverband Rheinland, 2012, S. 14). Der Umgang mit ökonomisch geprägten Lebenssituationen ist nicht explizit Bestandteil der Hilfeplanung des Landschaftsverbandes Rheinlands. Er beinhaltet jedoch die Möglichkeit Schwierigkeiten, Unterstützungsmöglichkeiten oder Einschränkungen einer Person auch in Bezug auf ökonomische Lebenssituationen zu benennen und entsprechend zielführende Maßnahmen vorzuschlagen.

- zielgruppengerechte Gestaltung der Rahmenbedingungen
- Berücksichtigung der Lebenslage, Lebensphase und Lebenswelt
- Berücksichtigung der Diversität der Zielgruppe
- angemessene Sprache und visuelle Darstellung
- praxisnahe und nützliche Lerninhalte
- Stärkung persönlichkeitsbildender Merkmale
- Angemessenheit der Methoden
- Angemessenheit der Medien

Abbildung 37: Kriterienkatalog für zielgruppenspezifische Bildungsangebote[94]

In Bezug auf die Zielgruppe und die Typen müssen für die Konzeptentwicklung in Kapitel 0 bestimmte Kriterien berücksichtigt werden. Hierzu wird in Anlehnung an Wiepcke (2006, S. 284) ein Kriterienkatalog für die Konzeptentwicklung eines Bildungsangebotes zur ökonomischen Bildung erstellt (siehe Abbildung 37), dessen Aspekte berücksichtigt werden müssen.

3.5 Zusammenfassung

Kern von Kapitel 0 stellt die Herleitung und Anwendung eines geeigneten Forschungsdesigns dar, um die Anforderungen an eine ökonomische Bildung entsprechend der Forschungsfrage aufzeigen zu können:
Welche Anforderungen ergeben sich aus den ökonomisch geprägten Lebenssituationen von Menschen mit geistiger Behinderung im ambulant betreuten Wohnen nach § 53 Sozialgesetzbuch (SGB) XII für die ökonomische Bildung im Kontext Sozialer Arbeit?
Hierzu ist es notwendig Einblicke in die Lebenslage und die Lebenswelt der Zielgruppe zu erhalten. Dies erfordert ein sehr spezifisches Forschungsdesign. Hierzu ist eine spezifische Vorgehensweise notwendig, die wie Folgt umgesetzt wurde: Qualitative Forschung umfasst die Möglichkeit Einblicke in die Lebenswelt von Personen zu erlangen. Um Einblicke in die Lebenswelt und Lebenssituationen der Zielgruppe zu erhalten, wurde der Angemessenheit der Methode besondere Bedeutung zugeschrieben. Personen der Zielgruppe sollten unabhängig von der schwere ihrer Behinderung an der Erhebung teilnehmen können und in den Forschungsprozess einbezogen werden. Dementsprechend wurde die Methode Pho-

[94] Quelle: in Anlehnung an Wiepcke (2006, S. 284)

tovoice angewendet und um narrativ orientierte leitfadengestützte Interviews ergänzt (siehe Kapitel 3.1). Insgesamt konnten 17 Menschen mit unterschiedlichster Behinderung teilnehmen, die im Rahmen des ambulant betreuten Wohnens in einem eigenen Haushalt leben. Ergebnis der Datenerhebung sind die Fotos der Teilnehmenden sowie die Audiodateien zu den Interviews (siehe Kapitel 3.2). Die Auswertung der Daten wurden mit der qualitativen Inhaltsanalyse nach Mayring (2015) anhand der induktiven Kategorienbildung und der typisierenden Strukturierung mit der Software MAXQDA durchgeführt (siehe Kapitel 3.3).
Die induktive Analyse der erhobenen Daten ergab, dass bestimmte Lebenssituationen für die Befragten von besonderer Bedeutung sind. Dies wurde zum einen an der Zahl der Interviews festgemacht, in denen eine Kategorie codiert wurde. Zum anderen war hierfür die Anzahl der codierten Textstellen der Codes ausschlaggebend. Dementsprechend konnten die Kategorien in eine Rangfolge gebracht werden, die die Grundlage für die Fall- und Typenbeschreibung bildete.

1. ‚Wohnen' (445 Codes)
2. ‚Betreuung/Unterstützung' (367 Codes)
3. ‚ökonomische Lebenssituationen' (212 Codes)
4. ‚Freizeit' (175 Codes)
5. ‚Soziales Umfeld' (147 Codes)
6. ‚Arbeit' (124 Codes)
7. ‚Gesundheit' (90 Codes)

Bei dieser Rangfolge ist zu beachten, dass die ersten drei Kategorien aus der Forschungsfrage heraus entwickelt und in den Interviews gezielt thematisiert wurden, wohingegen die übrigen vier Kategorien aus dem Material heraus entwickelt wurden.

Die typisierende Strukturierung der erhobenen Daten ergab eine Aufteilung der Fälle in drei Typen. Die ‚stellvertretende Ausführung' bezieht sich auf die Personen, die ökonomische Lebenssituationen stellvertretend durch Betreuungspersonen ausführen lassen. Die ‚partielle Selbstständigkeit' bezieht sich auf Personen, die über gesetzliche Betreuung sowie die Betreuung durch das ambulant betreute Wohnen verfügen. Sie führen Teile ökonomischer Lebenssituationen unter Anleitung, probeweise oder vollständig, selbstständig durch. Unterstützend können Personen aus dem sozialen Umfeld tätig sein. Die ‚erste Stufe der Selbstständigkeit' umfasst Personen, die weder eine gesetzliche Betreuung noch eine Betreuung durch das ambulant betreute Wohnen haben und einen hohen Bildungsbedarf in Bezug auf ökonomisch geprägte Situationen aufweisen.

Innerhalb der Fall- und Typenbeschreibung (siehe Kapitel 3.4) wurde deutlich, dass eine bloße Aufteilung der Personen in bestimmte Typen für die Konzeption eines Bildungskonzepts zur ökonomischen Bildung der Zielgruppe nicht ausreichend ist. Einem adäquaten Bildungskonzept für die Zielgruppe muss eine genaue Analyse der Fähigkeiten der einzelnen Personen in den jeweiligen Lebenssituationen zu Grunde liegen. Dabei ist zwischen den Lebenssituationen zu unterscheiden, die bereits fest definiert sind und den Fähigkeiten, die in unterschiedlichen Lebenssituationen angewendet werden können. Beide können nach den Typen der ‚stellvertretenden Ausführung', ‚partiellen Selbstständigkeit' und ‚ersten Stufe der Selbstständigkeit' den einzelnen Befragten zugeordnet werden. Klar definiert sind die Lebenssituationen der ‚Einkommensentstehung' und der ‚Einkommensverwendung' sowie ‚soziale Kontakte und Regeneration', ‚Haushalts- und Familiengründung, Führung eines eigenen Haushalts' und ‚Lebensformen und Versorgungssysteme im Alltag verstehen'. Situationsübergreifende Fähigkeiten für eine ökonomische Bildung ergeben sich aus dem Grundkurs Alltags- und Lebensökonomie (siehe Tabelle 20: Vorlage: situationsübergreifende Dimensionen für ökonomische Bildung).

Situationsübergreifende Dimensionen	‚stellvertretende Ausführung'	‚partielle Selbstständigkeit'	'erste Stufe der Selbstständigkeit'
Zielbildungs-, Auswahl- und Entscheidungsprozesse			
Bedürfnisse, Wünsche und Ziele			
Sich selbst als Akteur wahrnehmen			
alltags- und Lebensrisiken			
Prävention und Krisenmanagement			
langfristig denken, planen und kontrollieren- nachhaltig handeln			
ökologische Verantwortung			
gesellschaftliche Mitbestimmung			

Tabelle 20: Vorlage: situationsübergreifende Dimensionen für ökonomische Bildung

Dementsprechend können die Lernziele der Lernenden spezifisch auf ihre Fähigkeiten der einzelnen Person in ökonomisch geprägten Lebenssituationen ausgerichtet werden. Dieses Vorgehen ermöglicht eine personenzentrierte ökonomische Bildung, die im Rahmen des ambulant betreuten Wohnens umgesetzt werden könnte. Um solche Bildungskonzepte zu entwickeln, müssen die Punkte aus dem Kriterienkatalog in Abbildung 37 berücksichtigt werden. Konkrete Anforderungen an ökonomischen Bildung für die Zielgruppe und deren Anwendungsmöglichkeiten werden in Kapitel 0 erarbeitet und diskutiert.

4. Anforderungen an ökonomische Bildung im Kontext Sozialer Arbeit

Entsprechend der Erkenntnisse aus den Kapiteln 2 und 0 werden im Folgenden Anforderungen an eine ökonomische Bildung für die Zielgruppe benannt. Darauf aufbauend wird das Konzept der personenzentrierten ökonomischen Bildung entwickelt, welches diese Anforderungen umsetzt und für die ökonomische Bildung der Zielgruppe im Kontext des ambulant betreuten Wohnens angewendet werden kann. Für ein solches Bildungsmodell müssen die Grundlagen von Empowerment und Inklusion, der Erwachsenenbildung sowie der Ressourcenorientierung einbezogen werden (siehe Kapitel 4.2). Obwohl der Gedanke der Inklusion die Ausrichtung am Empowerment zeitlich betrachtet abgelöst hat, so finden Ansätze und Konzepte aus dem Empowerment weiterhin Anregung und Anwendung für die Soziale Arbeit mit der Zielgruppe. Auf den Grundlagen von Inklusion, Empowerment und der Erwachsenenbildung aufbauend werden in Kapitel 4.3 ausgewählte Konzepte der ökonomischen Bildung und der Sozialen Arbeit aufgezeigt, die in Teilen die entwickelten Anforderungen erfüllen. Aus den entwickelten Anforderungen (Kapitel 4.1 und 4.2) und der Analyse der Konzepte (Kapitel 4.3), werden in Kapitel 4.4 vorerst die theoretischen Grundlagen für das Modell zur personenzentrierten ökonomischen Bildung betrachtet. Anschließend wird ein didaktisches Design entwickelt. Zur methodischen Umsetzung durch die jeweiligen Mitarbeiter und Mitarbeiterinnen des ambulant betreuten Wohnens werden die Methode der lösungsorientierten sowie der systemischen Beratung erläutert. Anschließend und darauf aufbauend wird das didaktische Design in Kapitel 4.4.3 exemplarisch in einem Leitfaden zur personenzentrierten ökonomischen Bildung der Zielgruppe im Kontext des ambulant betreuten Wohnens umgesetzt.

4.1 Anforderungen an eine ökonomische Bildung im Rahmen Sozialer Arbeit

> *„Natürlich genügt es nicht, nur das Gefühl von Lebenskraft zu wecken, sondern ebenso wichtig sind Angebote und Lernhilfen zur konkreten Aneignung individueller und sozialer Empowerment-Fähigkeiten" (Theunissen, 2013, S. 73).*

Im Sinne des hier genutzten Verständnisses von Inklusion (siehe Kapitel 2.1.4) und der Behindertenrechtskonvention der Vereinten Nationen (siehe Kapitel 2.3.1) sollte es normal sein, dass keine Menschen aufgrund einer Behinderung von Bildung ausgeschlossen werden. Demnach ist es selbstverständlich, dass Menschen ökonomischer Bildung bedürfen, die neben allen anderen Diversitätsdimensionen auch über eine Behinderung verfügen. Insbesondere die ökonomische Grundbildung ist für Personen unabdingbar, die in einer eigenen Wohnung ein möglichst selbstbestimmtes Leben führen möchten. So werden Menschen mit Behinderung im ambulant betreuten Wohnen mit ökonomisch geprägten Lebenssituationen konfrontiert, für deren Bewältigung ökonomisches Denken und Handeln erforderlich sind. Dieses wird ihnen jedoch an vielen Stellen verwehrt (so zum Beispiel durch das segregierende Schulsystem - siehe Kapitel 2.3.2). Aufbauend und weiterführend zu den Ansätzen von Luhmann, Foucault und Sen sowie Nussbaum (siehe Kapitel 2.1.4), zielt diese Arbeit darauf ab, diese Zielgruppe dahingehend zu fördern, dass sie in ökonomisch geprägten Lebenssituationen eigenständig Entscheiden und Handeln können. Diese Lebenssituationen der Zielgruppe werden durch spezifische Aspekte der Lebenswelt, Lebensphase, Lebenslage sowie von verschiedenen Diversitätsdimensionen geprägt (siehe Kapitel 2.2). Somit ist eine Ausrichtung ökonomischer Bildung auf die spezifischen Lebenssituationen und deren Einflussfaktoren der Zielgruppe notwendig (siehe Kapitel 2). In Abbildung 38 wird das Erfordernis nach der lebenssituationsbezogenen Zusammenführung von ökonomischer Bildung und Sozialer Arbeit anhand der jeweiligen Themen aus Kapitel 2 verdeutlicht. Aus dieser Zusammenführung ergeben sich in Kapitel 2 weitere Anforderungen an eine personenbezogene ökonomische Bildung:

- Um ökonomische Bildung im Kontext Sozialer Arbeit leisten zu können, müssen beide Gebiete zusammengeführt werden. Soziale Arbeit dient der Vorbeugung und Bewältigung von Krisen ihrer Adressaten und Adressatinnen. Sie geschieht im Zusammenwirken mit den Adressaten und Adressatinnen. Hierzu stehen sämtliche Methoden der Sozialen Arbeit zur Verfügung (siehe Abbildung 24). Ökonomische Bildung zielt auf die Befähigung von Schülern und Schülerinnen zur Bewältigung und Gestaltung ökonomischer Lebenssituationen ab. Als didaktische Grundlage für ihre Vermittlung stehen die verschiedenen Leitbilder zur Verfügung (siehe Kapitel 2.4.1).
- Für die Umsetzung einer zielgruppenspezifischen ökonomischen Bildung ist eine professionelle Grundhaltung notwendig, die in den verschiedenen Zusammenhängen unterschiedliche Methoden nutzt, um Menschen hin zu mehr Selbstbestimmung über das eigene Leben zu fördern (siehe Kapitel 2.1).

- Soll ökonomische Bildung im Kontext der Sozialen Arbeit angewendet werden, so muss diese losgelöst von ihrem bisherigen Lernumfeld Schule und der Zielgruppe der Schüler und Schülerinnen betrachtet werden (siehe Kapitel 2.4). Stattdessen ist eine ganzheitliche Sicht von Lebenssituationen in Bezug auf die Adressaten und Adressatinnen notwendig. Hierbei müssen strukturelle, gesetzliche sowie sozialpolitische und personenbezogene Rahmenbedingungen Beachtung finden. In Bezug auf die Forschungsfrage sind ebenso die Rahmenbedingungen des ambulant betreuten Wohnens zu berücksichtigen (siehe Abbildung 38).

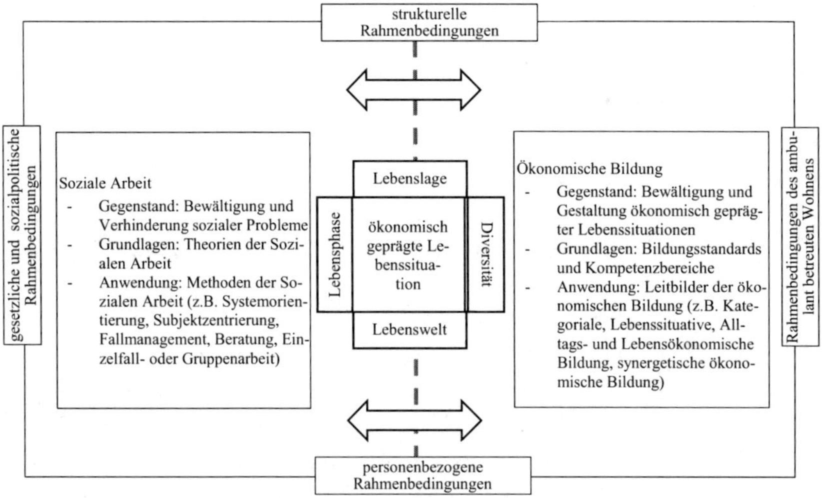

Abbildung 38: Kontext von Lebenssituationen[95]

Die Auswertung der erhobenen Daten in Kapitel 0 hat ergeben, dass die Lebenssituationen ‚Wohnen', ‚Betreuung/ Unterstützung', ‚ökonomisch geprägte Lebenssituationen', ‚Freizeit', ‚soziales Umfeld', ‚Arbeit' und ‚Gesundheit' für die Befragten eine besondere Rolle spielen. Um ökonomische Bildung von der Orientierung an Schultypen loszulösen, wurden die Daten innerhalb der typisierenden Strukturierung auf Bildungsbedarfe im Bereich der ökonomischen Bildung hin analysiert. Ergebnis dieser Erhebung ist die Erkenntnis, dass eine personenzentrierte ökonomische Bildung für die Zielgruppe nicht an Schultypen, sondern an den Vorkenntnissen, Fertigkeiten und Fähigkeiten der Adressaten und Adres-

[95] Quelle: Abbildung 24: Lebenssituationsbezogene Zusammenführung von Sozialer Arbeit und ökonomischer Bildung.

satinnen ausgerichtet werden muss. Als Ergebnis von Kapitel 0 wurden die Typen der ‚stellvertretenden Ausführung', ‚partiellen Selbstständigkeit' und der ‚ersten Stufe der Selbstständigkeit' entwickelt. Sie dienen als Grundlage für die personenzentrierte Anwendung ökonomischer Bildung im Kontext der Forschungsfrage. Eine lebenssituationsbezogene Zuordnung der Adressaten und Adressatinnen zu den genannten Typen ermöglicht eine entsprechend personenzentrierte Ausrichtung ökonomischer Bildung (siehe Tabelle 20: Vorlage: situationsübergreifende Dimensionen für ökonomische Bildung).

Diese Typen können im Einzelfall in Bezug auf die lebenssituationsübergreifenden Dimensionen betrachtet, analysiert und entsprechend gefördert werden (siehe Kapitel 0, insbesondere Tabelle 20: Vorlage: situationsübergreifende Dimensionen für ökonomische Bildung). Dieses Vorgehen ermöglicht eine personenzentrierte ökonomische Bildung, die wiederum eigene Anforderungen an ökonomische Bildung mit sich bringt:

- Für eine erfolgreiche Vermittlung ökonomischer Bildung im Kontext des ambulant betreuten Wohnens ist eine ganzheitliche Betrachtung von Lebenssituationen entsprechend dem entwickelten Modell notwendig (siehe Abbildung 39).
- Für eine ökonomische Bildung zur Förderung der Inklusion der Zielgruppe sind komplexere Leitbilder notwendig. Dementsprechend können Methoden der Sozialen Arbeit[96] genutzt werden, um ökonomische Bildung zielgruppenspezifisch zu vermitteln (Kapitel 2.4.1.4).
- Das Leitbild der Alltags- und Lebensökonomischen Bildung beinhaltet grundlegende inhaltliche Aspekte für die ökonomische Bildung der Zielgruppe und muss in Bezug auf die Forschungsfrage erweitert werden.
- In Anlehnung an das Dortmunder Modell synergetischer ökonomischer Bildung kann im Kontext des ambulant betreuten Wohnens das Verstehen der Wirtschaftszusammenhänge durch die konkrete Erfahrung im Alltag gefördert werden (Kapitel 2.4.1.4). Auch dieses Leitbild muss in Bezug auf die Forschungsfrage neu ausgerichtet werden.

[96] Zu den Methoden Sozialer Arbeit siehe auch Wendt (2017).

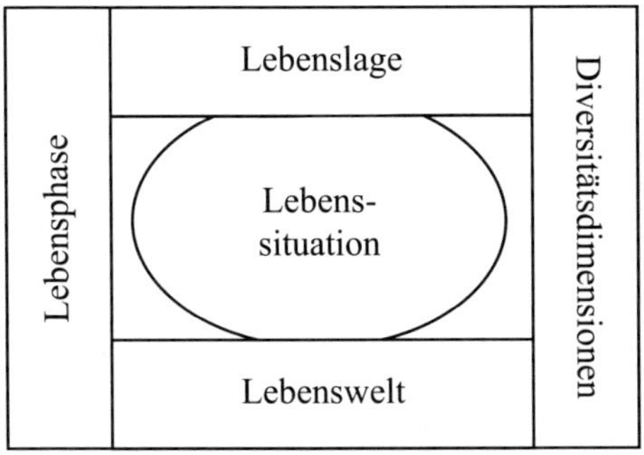

Abbildung 39: Modell der ganzheitlichen Betrachtung von Lebenssituationen[97]

Im Folgenden wird ein Modell zur ökonomischen Bildung der Zielgruppe entwickelt, welches diesen Anforderungen entspricht und eine personenzentrierte ökonomische Bildung im Kontext der Sozialen Arbeit ermöglicht. Das Modell der personenzentrierten ökonomischen Bildung wird entsprechend der Forschungsfrage für Menschen mit geistiger Behinderung entwickelt, die im Rahmen des ambulant betreuten Wohnens in einer eigenen Wohnung betreut werden.

4.2 Anforderungen an eine zielgruppenorientierte Erwachsenenbildung

Die ökonomische Bildung und die Soziale Arbeit vereint das Ziel, Menschen dahingehend zu fördern, dass sie ihr Leben selbstbestimmt gestalten können. Dieser Grundgedanke findet sich sowohl in den Ansätzen von Empowerment und Inklusion (siehe Kapitel 2.1) als auch in den Leitbildern der ökonomischen Bildung (siehe Kapitel 2.4) wieder. Das übergeordnete Ziel der selbstbestimmten Teilhabe am gesellschaftlichen wurde in der Konvention der Vereinten Nationen gesetzlich verankert. Hiernach darf niemand aufgrund von Behinderung von Bildung ausgeschlossen werden (siehe Kapitel 2.3). Inklusion hat für die allgemeine Erwachsenenbildung zum einen die Konsequenz, dass Menschen mit Behinderung als Zielgruppe von Erwachsenenbildung anerkannt werden müssen. Zum anderen bringt Inklusion die Herausforderung mit sich, die sich in den Bildungsbedarfen der Menschen mit Behinderung widerspiegelt. Diese Bildungsbedarfe sind durch die Lebenssituationen der Zielgruppe und die Einflüsse von Lebensphase, Lebenslage und Lebenswelt geprägt (siehe Kapitel 2.2). Dementsprechend muss thematisiert

[97] Quelle: Abbildung 23: Modell der ganzheitlichen Betrachtung von Lebenssituationen.

werden, wie den Bildungsbedarfen der Zielgruppe innerhalb der Erwachsenenbildung entsprochen werden kann. In Bezug auf die ökonomische Bildung der Zielgruppe bietet sich eine Einbindung ökonomischer Bildung in den bestehenden Betreuungskontext an. Die bisherige Ausarbeitung zeigt, dass entsprechende konzeptionelle Überlegungen auf der Grundlage von Erkenntnissen aus Empowerment und Inklusion, der Erwachsenenbildung und der Ressourcenorientierung angestellt werden müssen. Dabei werden die Kriterien aus Abbildung 37 mit einbezogen, die ebenfalls eine Grundlage für die konzeptionellen Überlegungen in Kapitel 0 darstellen.

4.2.1 Empowerment und Inklusion

> *„Es ist erklärtes Ziel der Empowerment-Philosophie, Menschen in marginaler Position zur Entdeckung und (Wieder-)Aneignung eigener Fähigkeiten, Selbstverfügungskräfte und Stärken anzuregen, sie zu ermutigen zu stärken sowie konsultativ und kooperativ zu unterstützen, Kontrolle, Kontrollbewusstsein und Selbstbestimmung über die eigenen Lebensumstände (zurück) zu gewinnen" (Theunissen, 2013, S. 58).*

Die Zielgruppe nach ihrer Lebenswelt zu befragen, diese Ergebnisse auf Bildungsbedarfe hin zu untersuchen und darauf aufbauend ein Konzept zur ökonomischen Bildung zu entwickeln, beruht bereits auf Grundgedanken von Inklusion und Empowerment, welche in Kapitel 2 vorgestellt wurden. Ökonomische Bildung entspricht in ihren Zielen insofern diesen Ansätzen, als dass sie das Ziel verfolgt die Lernenden dazu zu befähigen, ökonomisch geprägte Lebenssituationen selbstbestimmt gestalten zu können.

Empowerment und Inklusion im Rahmen der sogenannten Behindertenhilfe werden oftmals mit einem Paradigmenwechsel eben dieser in Verbindung gestellt, da es fürsorglich orientierte und helfende Leitbilder ablöst (siehe Kapitel 2.1). In diesem Sinne werden Konzepte des professionellen Handelns mit entsprechenden Grundwerten bevorzugt. Auf dieser Basis stellt Theunissen fünf Leitlinien vor, auf deren Grundlage die Soziale Arbeit im ambulant betreuten Wohnen gestaltet werden kann (Theunissen, 2013, 61ff.):

- Die Leitlinie der Zusammenarbeit beruht auf einem Verhältnis zwischen Adressaten und Adressatinnen und professionellen Personen, das auf Gleichberechtigung hin angelegt ist. Kritisch anzumerken ist, dass sich das gegebene Machtgefälle zwischen Adressaten und Adressatinnen und professionellen Personen eben nicht in allen Fällen zu Gunsten der Zusammenarbeit auflösen lässt.

- Ausgangspunkt der Stärken-Perspektive ist die Erfassung und Erschließung individueller Stärken. Solche Fähigkeiten können im Rahmen eines Resourcenassessments entdeckt werden (Herriger, 2014, 92ff.). In diesem Zusammenhang wird von Ressourcenorientierung oder -aktivierung gesprochen (Theunissen, 2013, S. 62).
- Die Subjektzentrierung baut auf der Stärken-Perspektive auf und hebt die Wertschätzung der Autonomie und Lebenssouveränität des Menschen hervor. Theunissen betont, dass im Respekt vor dem Anderen Grundwerte und Menschenrechte eingehalten werden müssen. Die Subjektzentrierung ermöglicht in allen anderen Fällen eine empathische, verstehende, anerkennende und nicht-wertende Haltung. Dementsprechend kann im Einzelfall gemeinsam mit den Adressaten und Adressatinnen ein Konzept zur Unterstützung entwickelt werden, welches auf den eigenen Stärken der Adressaten und Adressatinnen und den Stärken des Umfeldes aufbaut.
- Die Leitlinie der Kontextorientierung baut ebenfalls auf der Stärken-Perspektive auf und ergänzt diese um eine Analyse der Lebenslage und -welt in Bezug auf einschränkende und/oder fördernde Aspekte. Somit werden Personen in marginaler Position nicht als alleinige Adressaten und Adressatinnen von Hilfesystemen, sondern im Kontext ihres Umfeldes angesehen. Aufbauend auf diesem lebensweltlich orientierten Ansatz ist das Konzept der Sozialraumorientierung, welches sich in der sogenannten Behindertenhilfe wiederfindet (Seifert, 2010, 299ff.). Die Perspektive der Kontextorientierung findet sich ebenfalls in der ICF der Weltgesundheitsorganisation wieder (siehe Kapitel 2.3.1).
- Auf diesen vier Leitlinien baut die solidarische Professionalität und Parteinahme auf. Dabei sollen Menschen in marginaler gesellschaftlicher Position mit ihren Rechten sowie Ansprüchen wahr- und ernstgenommen sowie unterstützt werden. Theunissen betont, dass im Falle der Parteinahme die Beziehung nicht durch einen „paternalistisch-professionellen Aktionismus“ (2013, S. 64) bestimmt werden darf.

Diese Leitlinien geben einen Überblick über die Handlungsmöglichkeiten im Sinne von Empowerment und Inklusion. Die konkrete Ausgestaltung der Unterstützung ist immer vom Einzelfall abhängig und obliegt den darin agierenden Personen.

In Anlehnung an diese Leitlinien formuliert Theunissen zentrale Rollen und Aufgaben, um das entsprechende Profil in der Sozialen Arbeit zu erfassen[98]. Mit dieser konkreten Ausformulierung eines Helferprofils und den entsprechenden Aufgaben, zielt er darauf ab, eine neue Dienstleistungskultur auf den Weg zu bringen (Theunissen, 2013, S. 64). Dabei betont er, dass es gerade bei Menschen mit einer geistigen Behinderung nicht ausreichend ist, Assistenzleistungen von informellen Helfenden einzuholen. Kann eine Person aufgrund von schweren Behinderungen ihr Leben nicht autonom und selbstbestimmt führen, „gilt darüber nachzudenken, wie der Einzelne darin unterstützt werden kann, seine Autonomie und Zuständigkeit für sein Leben zu verwirklichen“ (Theunissen, 2013, S. 68). In Bezug auf ökonomisch geprägte Lebenssituationen wurde dies im Rahmen der Datenerhebung untersucht und darauf aufbauend Bildungsbedarfe der Befragten benannt.

4.2.2 Erwachsenenbildung für Menschen mit geistiger Behinderung

Erwachsenenbildung umfasst das institutionell sowie nicht institutionell organisierte Lernen und Lehren Erwachsener und beinhaltet sowohl die allgemeine Bildung als auch die berufliche Qualifizierung (Nolda, 2008, 16f.). Der Begriff der Erwachsenenbildung gewann in der Weimarer Republik an Bedeutung und ersetzte nach dem zweiten Weltkrieg den Begriff der Volksbildung. Mit dem Begriff der Erwachsenenbildung sollten die Bildungsbedarfe des einzelnen Erwachsenen in den Mittelpunkt gestellt werden. Das Konzept des lebenslangen Lernens gewann in den 1960er Jahren zunehmend an Bedeutung (Nolda, 2008, 10f.).
Seit Beginn der 1980er Jahre prägte das Thema der Lebensweltorientierung (siehe Kapitel 2.2.4) die Erwachsenenbildung. In Bezug darauf hat der Begriff der Lebenswelt zum einen die Begründung erwachsenenpädagogischen Handelns zum Thema, zum anderen ermöglicht er die Betrachtung sozialer Deutungsmuster, die innerhalb von Maßnahmen der Erwachsenenbildung berücksichtigt werden müssen (Barz & Tippelt, 2011, S. 120).
Die Zahl der Menschen mit geistiger Behinderung, die an allgemeinen Angeboten der Erwachsenenbildung teilnehmen ist nach wie vor gering. Erwachsenenbildung für Menschen mit Behinderung findet im Wesentlichen in Institutionen der

[98] Konkrete Helfer-Rollen und -Aufgaben sind nach Theunissen der Enabler, Biographie-Arbeiter sowie -Arbeiterin, Lebenswelt-Analytiker und -Analytikerin, kritische Lebensinterpreten und -interpretinnen, Facilitator, Mobilizar und Netzwerker und Netzwerkerinnen, Advocate, Sozialrefomer und Sozialreformerinnen, Mediatoren und Mediatorinnen, Ressourceninformanten und Ressourceninformantinnen, sowie Vertrauenspersonen oder Advitisor (Theunissen, 2013, 64f.)

Behindertenhilfe statt. Unabhängig von dem Anbieter solcher Bildungsangebote scheint es ein Ungleichgewicht in der Angebotsstruktur zu geben, die sich vornehmlich auf musisch-ästhetische Bildung oder den kommunikativen Bereich konzentriert. Theunissen vermutet, dass zum einen die Notwendigkeit weiterer Bildungsangebote zu wenig erkannt wird und musisch-ästhetische Bildung für diesen Personenkreis leichter vermittelbar erscheint (Theunissen, 2013, S. 291).
Im Sinne von Inklusion muss Erwachsenenbildung bei den Adressaten und Adressatinnen ansetzen, deren Bildungsbedarfe ermitteln und darauf aufbauend Bildungsangebote schaffen, die die einzelne Person dazu befähigen, ihr Leben selbstbestimmt gestalten zu können (siehe Kapitel 3.1.3). Das Ergebnis von Kapitel 2 und 0 ist es, dass Bildungsbedarfe der Zielgruppe aus dem Bereich der ökonomischen Bildung vorliegen, woraufhin im Folgenden didaktische Überlegungen zu einer zur ökonomischen Bildung im Rahmen des ambulant betreuten Wohnens angestellt werden.
Wichtige Aspekte in Bezug auf die didaktische Weiterentwicklung sieht Theunissen in Klafkis Konzept der Allgemeinbildung, welches als „Bildung in allen Grunddimensionen menschlicher Interessen und Fähigkeiten" (Klafki, 2007, S. 54) verstanden wird.

> *„Bildung wird also verstanden als Befähigung zu vernünftiger Selbstbestimmung, die die Emanzipation von Fremdbestimmung voraussetzt und einschließt, als Befähigung zur Autonomie, zur Freiheit eigenen Denkens und eigener moralischer Entscheidungen" (Klafki, 2007, S. 19).*

Auf dieser Aussage begründet Klafki, dass die selbstständige Tätigkeit der Lernenden die zentrale Form von Bildung darstellt. Insbesondere die Vernunft, Freiheit des Denkens sowie des Handelns und die Fähigkeit zur Selbstbestimmung erwirbt der Mensch nur in Prozessen zur Aneignung und Auseinandersetzung mit Inhalten, die nicht von ihm selber aus angeregt wurden. Diese Form der Bildung soll allen Menschen in Form von Allgemeinbildung zu Teil werden (Klafki, 2007, S. 21).
Innerhalb von Bildung wird der Zusammenhang von Selbstbestimmungsfähigkeit, Fähigkeit zur Mitbestimmung und Fähigkeit zur Solidarität selbsttätig und eigenverantwortlich erarbeitet (Klafki, 2007, S. 52). Dem entsprechend nennt Klafki als die wichtigste Aufgabe der Didaktik die „Aufklärung über und Hilfen zur Entwicklung von Selbstbestimmungs-, Mitbestimmungs- und Solidaritätsfähigkeit zu leisten" (Klafki, 2007, S. 110).

Für eine an Empowerment und Inklusion ausgerichtete, zielgruppenorientierte Erwachsenenbildung bedeutet dies, dass die Rahmenbedingungen von Bildungsangeboten so ausgerichtet werden müssen, dass die Lernenden in die Lage versetzt werden ihre Interessen zu vertreten und Selbstbestimmung zu verwirklichen. Hierzu benennt Theunissen eine Auswahl grundlegender Schlüsselqualifikationen als Inhalt lebenslanger Bildung für Menschen mit Lernschwierigkeiten (Theunissen, 2013, S. 298):

- Selbstannahme
- Akzeptanz eigener Stärken und Schwächen
- Vertrauen in die eigenen Ressourcen
- Fähigkeit zum Umgang mit der eigenen Behinderung
- Empathie
- Ambiguitätstoleranz
- Rollenflexibilität und Rollendistanz
- Selbstbewusstsein
- Kritikfähigkeit
- Entscheidungsfähigkeit
- Bewältigung von Alltag und Umwelt
- Artikulationsfähigkeit
- Durchsetzungsfähigkeit
- realistische Selbsteinschätzung
- Fähigkeit zur Selbsthilfe und zum Umgang mit Ängsten
- Fähigkeit Gruppeninteressen zu entwickeln und für die Belange einzutreten.

Für die Erwachsenenbildung mit Menschen mit unterschiedlichen kognitiven Beeinträchtigungen formuliert Theunissen fünf Lernzielebenen (siehe Abbildung 37). Diese Lernzielebenen und Lernziele begründet er mit dem Interesse „eines jeden Menschen nach Verfügung über die eigenen Lebensumstände und einer sinnerfüllten Daseinsgestaltung" (Theunissen, 2013, S. 300). Hiermit nimmt er eine Abgrenzung gegenüber normativen Konzepten vor, wie sie in der Heilpädagogik in paternalistischen Kulturen des Helfens heute noch zu finden sind (Theunissen, 2013, 300f.).

In Bezug auf Maßnahmen der Erwachsenenbildung für die Zielgruppe unterscheidet Theunissen verschiedene Phasen der Aneignung. Diese teilen sich auf in eine Phase der Motivierung, der Orientierung, der Durchführung, der sprachlichen Darstellung und des gedanklichen Arbeitens. Innerhalb dieser Phasen wird die Handlung zum Bestandteil des Denkprozesses und kann entsprechend der Bedarfe der Lernenden um sensomotorische Aspekte erweitert werden (Theunissen, 2013, S. 303).

Der Bereich der inklusiven Erwachsenenbildung wird derzeit entwickelt, weshalb noch keine empirischen Forschungsergebnisse darüber vorliegen (Heimlich & Behr, 2011, S. 813). Vereinzelt durchgeführte Projekte der inklusiven Erwachsenenbildung zeigen jedoch verschiedene positive Ansatzpunkte, da die individuellen Bedürfnisse aller Teilnehmenden berücksichtigt werden. Somit wird die Heterogenität der Gruppe zur Normalität. Für solche Bildungsmaßnahmen sind Rahmenbedingungen notwendig, die im Kontext von Bildungsmaßnahmen noch nicht standardmäßig vorhanden sind (Heimlich & Behr, 2011, S. 825).

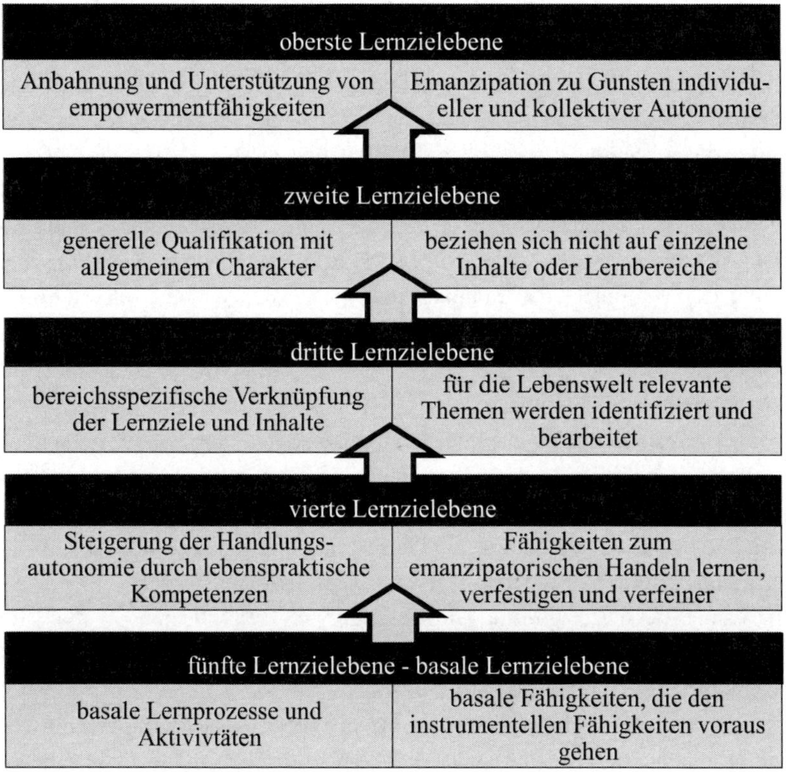

Abbildung 40: Lernzielebenen als Grundlage für personenzentrierte ökonomischen Bildung[99]

[99]Quelle: in Anlehnung an Theunissen (2013, S. 298-301)

Die Vermittlung von Fähigkeiten und Fertigkeiten zur Bewältigung ökonomisch geprägter Lebenssituationen stellt eine bereichsspezifische Verknüpfung von Lernzielen und Inhalten in Bezug auf relevante Themen für die Lebenswelt dar und bezieht sich somit auf die dritte Lernzielebene. Lernziele der ökonomischen Bildung können ebenso in Zusammenhang mit anderen Lernzielebenen gesetzt werden. So kann die Vermittlung basaler Fähigkeiten aus dem Bereich der ökonomischen Bildung aus didaktischen Gründen in den Lernprozess integriert werden.

Menschen mit einer geistigen Behinderung wurden bis in die 1960er Jahre als bildungsunfähig deklariert und von der Schulpflicht befreit (siehe Kapitel 2.1.2). Die Tatsache, dass dieser Personengruppe im weiteren zeitlichen Verlauf nur eine praktische Bildungsfähigkeit zugesprochen wurde, findet sich bis heute in den stark eingegrenzten Lehrplänen für den Förderschwerpunkt geistige Entwicklung und einer alltagspraktischen Ausrichtung der Erwachsenenbildung für die Zielgruppe wieder (Musenberg, 2016, S. 217). Die wachsende Bedeutung von Erwachsenenbildung und lebenslangem Lernen innerhalb der Gesellschaft erfordert eine intensivere Zusammenarbeit von der sogenannten Behindertenhilfe und dem Bildungssystem (Buscher, 2016, S. 292). Die Implementierung ökonomischer Bildung in den Kontext des ambulant betreuten Wohnens nach § 53 SGB XII stellt einen ersten Schritt in diese Richtung dar.

4.2.3 Ressourcenorientierung

Herringer kritisiert, dass Ansätze der Ressourcenorientierung von Einrichtungen oftmals zur positiven Außendarstellung genutzt werden, ohne das ein spezifisches Instrument zur Diagnostik von Ressourcen der Adressaten und Adressatinnen angewendet wird. Die Diagnostik sei in vielen Einrichtungen nach wie vor am Defizit orientiert. Eine ressourcenorientierte Diagnostik im Sinne des Empowerments kann in der Erstdiagnostik, Hilfeplanerstellung, als Reflexion innerhalb des Unterstützungsprozesses oder als Evaluation und Dokumentation der Qualität durchgeführt werden (Herriger, 2014, 92f.).

Der Ausgangspunkt hierzu ist die Frage danach, über welche Ressourcen Menschen für die Bewältigung von Lebenssituationen verfügen und welche sie benötigen. In Bezug auf die Soziale Arbeit definiert Herringer Ressourcen als personale und umweltbezogene Potentiale (siehe Tabelle 21: Personenressourcen und soziale Ressourcen), die zu der Bearbeitung spezifischer Herausforderungen einzelner Lebensphasen, zur Bewältigung belastender Alltagssituationen und Lebensereignissen oder zur biographischen Aufarbeitung von vergangenen Belastungen oder traumatischen Erlebnissen genutzt werden können (Herriger, 2014, S. 95).

personale Ressourcen	umweltbezogene Ressourcen
physische Ressourcen	soziale Ressourcen
psychische Ressourcen	ökonomische Ressourcen
kulturelle und symbolische Ressourcen	ökologische Ressourcen
relationale Ressourcen	professionelle (Dienstleistungs-)Ressourcen

Tabelle 21: Personenressourcen und soziale Ressourcen[100]

Zur Ermittlung der vorhandenen Ressourcen können verschiedene Verfahren angewendet werden (Schaller & Schemmel, 2013). Das Hilfeplanverfahren des Landschaftsverbandes Rheinland bezeichnet Herriger als geschlossenes Verfahren der Ressourcendiagnostik (Herriger, 2014, 102f.). Im Rahmen dieses Hilfeplanverfahrens werden Ressourcen und Fähigkeiten ebenso, wie die Einschränkungen und Störungen der Person erhoben (siehe Kapitel 2.3.1).

Für die Befragten sind entsprechend der Zahl der Codierungen folgende Lebenssituationen aus der Lebenssituativen Ökonomischen Bildung von besonderer Bedeutung:

- ‚Berufswahl'
- ‚Berufswechsel'
- ‚Freizeit',
- ‚Kauf'
- ‚Sparen'

Aus der Lebens- und Alltagsökonomischen Bildung wurden folgende Lebenssituationen besonders häufig thematisiert:

- ‚Zielbildung-, Auswahl- und Entscheidungsprozesse'
- ‚Bedürfnisse erkennen'
- ‚Wünsche konkretisieren und Ziele setzen'
- ‚sich selbst als Akteur oder Akteurin wahrnehmen'
- ‚Arbeit, Gelderwerb und Selbstverwirklichung organisieren'
- ‚Haushalts- und Familiengründung, Führung des eigenen Haushalts'
- ‚Soziale Kontakte und Regeneration'
- ‚Alltags- und Lebensrisiken kennen, erkennen und bewerten'
- ‚Prävention und Krisenmanagement von Alltags- und Lebensproblemen'

[100] Quelle: in Anlehnung an Herriger (2014, S. 96-99)

Für die gar nicht oder selten codierten Subkategorien wird ein besonders hoher Bildungsbedarf gesehen, da diese aus unterschiedlichen Gründen außerhalb des Blickfeldes der Befragten liegen. Dies kann zum einen dadurch begründet sein, dass Betreuungspersonen diese Bereiche stellvertretend betreuen. Zum anderen kann Unwissenheit die Ursache dafür sein, dass bestimmte Lebenssituationen nicht oder nur selten thematisiert wurden. In Bezug auf die ökonomische Bildung im Kontext des ambulant betreuten Wohnens kommt der Sensibilisierung der Adressaten und Adressatinnen hinsichtlich problematischer Lebenssituationen und den damit in Zusammenhang stehenden individuellen Bedürfnisse eine große Bedeutung zu. Die Motivation der Adressaten und Adressatinnen zur Teilnahme an Angeboten der Erwachsenenbildung kann dadurch gesteigert werden, dass ein Bewusstsein und Verständnis für solche problematischen Lebenssituationen geweckt wird, die anschließend gelindert oder beseitigt werden können. Im Rahmen des ambulant betreuten Wohnens kann in Bezug auf den Einzelfall geprüft werden, welche spezifischen Anforderungen an konkrete ökonomische Lebenssituation vorliegen und welche Bildungsbedarfe daraus resultieren. Anschließend muss geprüft werden, über welche Kompetenzen die einzelne Person verfügt, welche Fähigkeiten (re)aktiviert werden können und welche Aspekte an ein Unterstützungssystem delegiert werden können (siehe Kapitel 2.4.3).

4.3 Beispiele aus der ökonomischen Bildung und der Sozialen Arbeit

Ein Konzept zur ökonomischen Bildung der Zielgruppe muss durch die Fachkräfte im ambulant betreuten Wohnen flexibel einsetzbar sein. Ein System stellt sich daher als besonders geeignet dar, welches die verschiedenen Lernfelder[101] sowie Leitbilder ökonomischer Bildung einbezieht und unterschiedliche Methoden für den Einsatz im ambulant betreuten Wohnen zur Verfügung stellt. Die Fachkräfte erhalten eine Zusammenstellung dieser Informationen in Form eines „didaktischen Baukastens“ aus dem sie sich die passenden Werkzeuge für die ökonomische Bildung im Einzelfall heraussuchen können. Auf der Grundlage der Ergebnisse der Befragung sollen Themenfelder der ökonomischen Bildung ein-

[101] Lernfelder wurden in Abgrenzung zu Handlungsfeldern und Lernsituationen in Anlehnung an Liening in Kapitel 2.4.1.4 definiert als umfassende Aufgabenstellungen, die anhand von handlungsorientierten Lernarrangements bearbeitet werden. Sie sind durch die Formulierung von Zielen in Form von Kompetenzen und die Benennung der Inhalte erkennbar Liening (2015, 25f.).

bezogen und entsprechend didaktisch aufbereitet werden. Die wirtschaftswissenschaftlichen Kategorien nach May (siehe Abbildung 20) werden dabei auf der Metaebene mitgedacht und zu jeder Zeit in die Vermittlung ökonomischer Bildung einbezogen. Die Lebensbereiche der Einkommensentstehung und -verwendung[102] und des Grundkurses zur Alltags- und Lebensökonomie werden entsprechend der Ergebnisse der Befragung aufgenommen. Um den ‚didaktischen Werkzeugkoffer' entsprechend ausstatten zu können, werden im Folgenden drei bestehende Bildungskonzepte vorgestellt: das Kursbuch zur Armutsprävention der deutschen Gesellschaft für Hauswirtschaft (Piorkowsky & Münder, 2002), der Grundkurs Alltags- und Lebensökonomie der Universität Bonn (Piorkowsky, 2011) und das Angebot zur Erwachsenenbildung der Lebenshilfe (Bundesvereinigung Lebenshilfe e. V. & Lebenshilfe Landesverband Hessen e. V., 2015b). Die ersten beiden genannten Konzepte wurden ausgewählt, weil sie sich konkret auf Lebenssituationen in privaten Haushalten beziehen. Das Bildungsprogramm zur Erwachsenenbildung der Lebenshilfe dient als Beispiel für Möglichkeiten zur Erwachsenenbildung für die Zielgruppe sowie für die didaktische Aufbereitung der Lerninhalte.

4.3.1 Kursbuch zur Armutsprävention

Das Kursbuch „Armutsprävention ...und Milderung defizitärer Lebenslagen durch Stärkung von Haushalts- und Familienkompetenzen"(Piorkowsky & Münder, 2002) wurde von der Deutschen Gesellschaft für Hauswirtschaft herausgegeben und vom Bundesministerium für Familie, Senioren, Frauen und Jugend sowie dem Deutschen Sparkassen- und Giroverband gefördert. Die Konzeption und Redaktion oblag Piorkowsky und Münder (Piorkowsky & Münder, 2002).
Das Kursbuch stellt eine Handreichung für die Vorbereitung und Durchführung von Kursen zur „Sozioökonomische Stabilisierung und Milderung defizitärer Lebenslagen" (Piorkowsky & Münder, 2002, S. 1) dar. Hierzu werden nach einer Einführung die Grundlagen zu den Kursangeboten vorgestellt. Der vollständige Kurs umfasst 14 Module zu Themen der Haushaltsführung (Piorkowsky & Münder, 2002, S. 1):

1. Leben mit Kindern und ohne Kinder
2. Unterstützungsmöglichkeiten für Haushalte und Familien
3. Berufsplanung

[102] Weitere Ausführungen zur Einkommensentstehung und -verwendung wurden in Kapitel 2.4.1.2. aufgezeigt.

4. Konsumwünsche, Kaufentscheidungen, Konsumgütermärkte
5. Verbraucherberatung und Verbraucherrecht
6. Umgang mit Behörden
7. Finanzmanagement und Budgetverwaltung
8. Zeitmanagement und Arbeitsorganisation
9. Einkauf und Bevorratung
10. Wohnungspflege und Reparaturen
11. Textilpflege
12. Freizeitgestaltung und Urlaub
13. Feste feiern

Nach Möglichkeit soll die genannte Reihenfolge der Module innerhalb eines Kurses durchgeführt werden, da diese entsprechend aufeinander aufbauend konzipiert wurden. Es wird jedoch ausdrücklich drauf hingewiesen, dass es möglich ist, die einzelnen Module flexibel einzusetzen oder den Kurs um zusätzliche Module zu ergänzen. Ebenso wird darauf hingewiesen, dass die konkreten Ziele und Kursinhalte an den Bedürfnissen der Teilnehmenden ausgerichtet werden sollen.

Ausgangspunkt für das Konzept ist ein multidimensionaler Armutsbegriff, wonach Armut einen Mangel an mentalen, sozialen, ökonomischen oder physischen Ressourcen darstellt, der zu einer Einschränkung der Teilhabe am gesellschaftlichen Leben führen kann. Haushaltsführung wird als Prozess der Transformation von vorhandenen Ressourcen in Haushaltsendprodukte verstanden. Der wesentliche Faktor für diesen Produktionsprozess ist somit die hauswirtschaftliche Bildung, auf die das Konzept ausgerichtet ist. Um Armut vorzubeugen und Selbstbewältigungskompetenzen zu fördern, wurden entsprechend bedrohte Personen als Zielgruppe benannt. Hierzu gehören Haushalte einkommensschwacher Familien, Alleinerziehender, Personen mit Migrationshintergrund oder Alleinstehende. Ebenso richtet sich das Konzept an Personen mit besonderen Schwierigkeiten (z. B. Bewohner und Bewohnerinnen von Einrichtungen der Sucht- und Obdachlosenhilfe, Personen mit Bewährungsauflagen) (Piorkowsky & Münder, 2002, S. 2).

Das Programm hat für die Zielgruppe eine besondere Relevanz, weil die Armutsgefährdung der 30 bis 64-jährigen Menschen mit Behinderung im Vergleich zu gleichaltrigen Personen ohne Behinderung wesentlich erhöht ist (Bundesministerium für Arbeit und Soziales, 2013b, S. 159). In Bezug auf die Ergebnisse der qualitativen Inhaltsanalyse (siehe 3.3.2) haben für die Zielgruppe dieser Arbeit folgende Module eine besondere Relevanz:

- Berufsplanung
- Konsumwünsche, Kaufentscheidungen, Konsumgütermärkte
- Umgang mit Behörden
- Finanzmanagement und Budgetverwaltung
- Einkauf und Bevorratung
- Nahrungszubereitung
- Wohnungspflege und Reparaturen
- Freizeitgestaltung und Urlaub

Aufgrund der hohen Zahl der Codierungen der Kategorien ‚Zielbildungs-, Auswahl- und Entscheidungsprozesse' (125 Codes) und ‚Bedürfnisse erkennen, als Wünsche konkretisieren, Ziele setzen' (58 Codes), wird beispielhaft das Modul ‚Konsumwünsche, Kaufentscheidungen, Konsummärkte' aus dem Kursbuch Armutsprävention vorgestellt.

„Ich gehe immer da gerne einkaufen wo nette Leute sind und lustig ist." (Interview E1_FG Zeile 258)

Das Modul „Konsumwünsche, Kaufentscheidungen, Konsumgütermärkte" (Piorkowsky & Münder, 2002 Kapitel 3.4) soll den Lernenden vermitteln,

- zu erkennen, welche Faktoren ihre Kaufentscheidungen beeinflussen,
- Funktionsweisen von Werbung zu kennen und diese nachvollziehen zu können,
- weitere Instrumente eines Marketingmix und das Anbieterverhalten auf Märkten zu kennen,
- zu wissen, warum und wie konsumiert wird,
- zu wissen, wie Kaufentscheidungen vorbereitet werden können.

Das Modul beginnt mit der Frage „Wer oder was beeinflusst Ihre Kaufentscheidungen?" als Einstieg in das Themengebiet. Daraufhin wird verdeutlicht, dass Kaufentscheidungen von dem Marketing, der Werbung, den Konsumierenden oder durch Information und Beratung beeinflusst werden können. Darauf aufbauend werden die Themen ‚Grundlagen des Marketings', ‚Konsummuster' und ‚Überlegt Konsumieren: Planen, informieren, beraten lassen' bearbeitet. Ergänzend hierzu werden drei Abbildungen/Arbeitsblätter für die Durchführung des Moduls zur Verfügung gestellt (Piorkowsky & Münder, 2002 Kapitel 3.4).
Das Modul umfasst eine Vielzahl von Aspekten, die in Bezug auf die Datenauswertung für die Anwendung im ambulant betreuten Wohnen sinnvoll sind. Die Reihenfolge der zu bearbeitenden Themen und deren didaktische Aufarbeitung

müssen für die Zielgruppe gesondert aufgearbeitet und ergänzt werden. Dies gilt ebenfalls für die weiteren Module aus dem Kursbuch Armutsprävention.

4.3.2 Grundkurs Alltags- und Lebensökonomie

Der ‚Grundkurs Alltags- und Lebensökonomie - Ich bin meine Zukunft- Die Gestaltung der Lebenslage' ist für den Unterricht an allgemeinbildenden Schulen entwickelt worden (siehe Kapitel 2.4.1.3). Gefördert wurde die theoretische Ausarbeitung des Konzepts durch die Wissenschaftsförderung der Sparkassen-Finanzgruppe. Die weitere Entwicklung wurde von der Heinz Nixdorf Stiftung unterstützt. Das Projekt wurde mehrfach als offizielles Projekt der UN-Dekade ‚Bildung für eine Nachhaltige Entwicklung' ausgezeichnet. Hierbei handelt es sich um einen alltags- und lebensweltlich orientierten Grundkurs zur sozioökonomisch-ökologischen Bildung für alle Jahrgangsstufen an allgemeinbildenden Schulen. Dabei werden die privaten Haushalte als sozioökonomische Basisinstitutionen verstanden. Das Konzept beruht auf der Annahme, dass die Anforderungen an die Planung und Gestaltung des eigenen Lebens zunehmend eigenverantwortlich vorgenommen werden müssen. Aus diesem Grund stehen die Fähigkeit zum Handeln sowie die Fähigkeit sich selbstständig Wissen anzueignen, dies zu selektieren und zu bewerten im Mittelpunkt des Konzeptes. Ziel ist es, die Lernenden dahingehend zu befähigen verantwortungsvoll Lebensentscheidungen zu treffen. Der Fokus liegt auf wirtschaftlichen Aspekten, die sich in allen Lebenssituationen wiederfinden. Zur Bewältigung dieser Lebenssituationen soll die ökonomische Handlungskompetenz der Lernenden gestärkt werden[103].

Wirtschaften wird dabei als lebenslanges Alltagshandeln verstanden, welches in dem primären Kontext von Haushalt und Familie seinen Ausgangspunkt hat. Da Wirtschaft als Ergebnis individueller Entscheidungs- und Handlungsprozesse betrachtet wird, sind Personen die wirtschaften zugleich Unternehmer von ihrer eigenen Arbeitskraft. Wirtschaft wird im Kontext von Umwelt und Gesellschaft gesehen. Es soll das Verständnis dafür geweckt werden, dass Wirtschaft die Umwelt nutzt und dabei entwertet. Nachhaltigkeitsstrategien sollten von den entsprechenden Akteuren und Akteurinnen entwickelt und mitgetragen werden (Piorkowsky, 2011, S. 240). Der Grundkurs umfasst die in Kapitel 2.4.1.3 beschriebenen Module, die im Rahmen der typenbildenden Strukturierung wieder aufgenommen und als Kategorien in die qualitative Inhaltsanalyse integriert wurden (siehe 3.3.2.9).

---

[103] siehe auch: www.ich-bin-meine-zukunft.de, zuletzt abgerufen am 1.9.2016

Das Modul 1 des Grundkurses ‚Ich bin ich! ‘ umfasst die personalen Aspekte des Wirtschaftens. Das Modul 2 ‚Ich gehöre zu den anderen! ‘ vertieft die sozialen Aspekte im Umgang mit anderen Personen wohingegen Modul 3 besondere Risiken und Probleme des Wirtschaftens thematisiert (‚Was mache ich in konkreten Problemsituationen? ‘). Im schulischen Kontext kann der Grundkurs als Angebot zur ökonomischen Basisbildung oder ergänzend zu einem Fach Wirtschaft angeboten werden. Dabei können weitere Module ergänzt werden, wie z. B. ‚Handlungsfelder und Akteure im ökonomischen System‘ oder ‚Makroökonomie und Wirtschaftspolitik‘ (Piorkowsky, 2011, 242f.).
Zusätzlich wurde für die Primarstufe an allgemeinbildenden Schulen das ‚Planspiel Dorf - Kinder entdecken die lokale Ökonomie‘ für den Einsatz innerhalb einer Projektwoche entwickelt. Das Planspiel soll den Sinn ökonomischer Aktivitäten sowie Grundbegriffe der Ökonomie vermitteln, wobei es dem Grundkonzept der Alltags- und Lebensökonomie entspricht (siehe 2.4.1.3). Gefördert wurde die Entwicklung und Ausarbeitung des Planspiels durch die Wissenschaftsförderung der Sparkassen-Finanzgruppe (Piorkowsky & Buddensiek, 2014, 373f.).
Die Inhalte des Konzepts setzten an den Vorstellungen der Schüler und Schülerinnen für wirtschaftliches Handeln im Kontext des privaten Haushaltes an und vermitteln nach und nach ökonomische Grundlagen sowie Grundbegriffe. Ausgangspunkt hierzu sind die Bedürfnisse und Wünsche der Schüler und Schülerinnen sowie von deren sozialen Umfeld und die Frage danach, was in einem Dorf notwendig ist, um diese Bedürfnisse zu befriedigen. Das Ziel des Planspiels ist dementsprechend die Gestaltung eines Dorfes, wobei die Bedürfnisse aller Einwohner und Einwohnerinnen berücksichtigt werden sollen. Nachdem Bedürfnisse und Wünsche artikuliert wurden, soll eine Infrastruktur für das Dorf entwickelt werden, die sicherstellt, dass sich alle Haushalte versorgen können (Piorkowsky & Buddensiek, 2014, 379f.).
Lehr- und Lernmaterialien zu dem Grundkurs Alltags- und Lebensökonomie und zu dem Planspiel finden sich auf der Homepage zu dem Grundkurs[104].

4.3.3 Erwachsenenbildung am Beispiel der Lebenshilfe

Das Bildungsinstitut ‚inForm‘ ist eine Einrichtung der Bundesvereinigung Lebenshilfe. Sie bietet ein Bildungsprogramm für Menschen mit und ohne Behinderung an, welches an dieser Stelle als Beispiel für Erwachsenenbildung für Menschen mit Behinderung aufgezeigt wird. Ziel des Instituts ist es ein Programm zur

---

[104] http://www.ich-bin-meine-zukunft.de, zuletzt abgerufen am 1.9.2016

Weiter- und Fortbildung anzubieten, welches Fach- und Führungskräfte der Sozialen Arbeit, Ehrenamtliche, Menschen mit Behinderung sowie deren Eltern und Angehörige gleichermaßen ansprechen. Dementsprechend ist das Programm in die Kapitel ‚Menschen mit Behinderung', ‚Eltern, Familien, Angehörige', ‚Vereins- und Vorstandsarbeit' aufgeteilt. Daraufhin folgt die Einteilung in bestimmte Themenfelder[105]. Das Bildungsprogramm für 2016 nimmt dabei die Entwicklungen der letzten Jahre auf und betrachtet Menschen mit Behinderung als Experten in der eigenen Sache, die Unterstützung von Angehörigen und Fachkräften erhalten. Ein Schwerpunkt des Bildungsprogramms 2016 ist somit der persönliche Mix aus verschiedenen Hilfen und das damit verbundene individuelle Unterstützungssystem. (Bundesvereinigung Lebenshilfe e. V. & Lebenshilfe Landesverband Hessen e. V., 2015a).

Für die Personengruppe der Menschen mit Behinderung hält das Bildungsinstitut eine Version des Bildungsprogramms in leichter Sprache bereit, welches nur die Angebote für diese Personengruppe enthält. Ein wesentlicher Teil dieses Programms thematisiert die Möglichkeiten für Menschen mit Behinderung als Werkstatt- oder Heimbeirat in den Einrichtungen der sogenannten Behindertenhilfe mitzuwirken. Weitere Seminarangebote umfassen allgemeine Themen. Für die Zielgruppe dieser Arbeit könnten beispielsweise die Seminare zu den Themen ‚UN-Konvention für die Rechte von Menschen mit Behinderung', ‚Persönliche Zukunftsplanung' oder ‚Ich möchte wohnen und leben, wie ich will. Und das geht!' interessant sein (Bundesvereinigung Lebenshilfe e. V. & Lebenshilfe Landesverband Hessen e. V., 2015b).

Beispielhaft werden die Ausschreibung und die Inhalte zu dem Seminar ‚Persönliche Zukunftsplanung' in Abbildung 41 vorgestellt (Bundesvereinigung Lebenshilfe e. V. & Lebenshilfe Landesverband Hessen e. V., 2015b, S.22f.). In diesem Beispiel geht es um die Identifikation und Benennung von Wünschen, die eigene Ziel- und Entscheidungsfindung sowie die Planung und Umsetzung von Möglichkeiten zur Bedürfnisbefriedigung. Diese grundlegenden Aspekte für ein selbstbestimmtes Leben finden sich ebenso in den Leitbildern der ökonomischen Bildung wieder (siehe Kapitel 2.4).

[105] Neben der Aufteilung nach zielgruppenspezifischen Seminaren enthält das Bildungsprogramm einige Kapitel zu fachspezifischen Seminaren für Fachkräfte: ‚Fachliche Themen für Alle', ‚Sozialwirtschaftliches Management, Personal- und Organisationsentwicklung', ‚Recht', ‚Teilhabe und Sozialraum', ‚Gesundheit und Psyche', ‚Frühförderung, Kindertageseinrichtung, Schule', ‚Berufliche Bildung', ‚Wohnen' und ‚Ausbildung, Fachschule für Sozialwesen'.

Persönliche Zukunftsplanung
Ein Workshop für Menschen mit Behinderung und begleitende Personen
Die eigene Zukunft planen!
Wie ist mein Leben jetzt? Möchte ich
etwas verändern? Welche Vorstellungen
und Gedanken habe ich?
Wie möchte ich wohnen? Wo und wie
möchte ich arbeiten?
Gemeinsam lernen wir Methoden der Zukunftsplanung kennen. Wir lernen Wünsche und Ziele für unser Leben zu finden. Sie können lernen, Veränderungen in Ihrem Leben zu planen. Gemeinsam mit Ihrem Begleiter können Sie die ersten Pläne machen.
1. Seminartag
   - Die Persönliche Zukunftsplanung - was ist das?
   - Persönliche Zukunftsplanung - was kann ich damit erreichen?
   - Ich muss mich und meine Wünsche und Träume kennen:
   - Wer bin ich?
   - Was kann ich?
   - Was mag ich?
   - Was ist mein Traum?
   - Was wünsche ich mir?
2. Seminartag
   - Ziele finden und Pläne schreiben:

Abbildung 41: Ausschreibungstext zum Seminar ‚Persönliche Zukunftsplanung'[106]

Alle drei Konzepte thematisieren mitunter ähnliche Fragestellungen. Ihre Zielsetzungen überschneiden sich insofern, als dass sie die Lernenden dazu befähigen wollen ihr Leben selbstbestimmt gestalten zu können. Das Beispiel des Bildungsinstituts ‚inForm' der Bundesvereinigung Lebenshilfe verdeutlicht, wie eine zielgruppenspezifische Ausgestaltung von Bildungsangeboten aussehen kann. Dabei sind bereits bei der Ausschreibung die leichte Sprache und die Verdeutlichung mit Bildern hervorzuheben (Bundesvereinigung Lebenshilfe e. V. & Lebenshilfe Landesverband Hessen e. V., 2015b, 22f.). Beide Aspekte sind insbesondere dann

[106] Bundesvereinigung Lebenshilfe e. V. und Lebenshilfe Landesverband Hessen e. V. (2015b, S. 22)

grundlegend, wenn Bildungsangebote auf die Zielgruppe der Menschen mit geistiger Behinderung ausgerichtet sind.

4.4 Konzept zur personenzentrierten ökonomischen Bildung der Zielgruppe

In Kapitel 4.1 wurden, als Ergebnis aus den Kapiteln 2 und 0, Anforderungen entsprechend der Forschungsfrage formuliert. Hierbei handelt es sich um Anforderungen, die aus den verschiedenen Teilbereichen von ökonomischer Bildung und Sozialer Arbeit heraus in Bezug auf die Forschungsfrage entwickelt wurden. Diese Anforderungen wurden in Kapitel 4.2 entsprechend der Forschungsfrage um die Anforderungen an eine zielgruppenspezifische Erwachsenenbildung erweitert. In Abbildung 42 werden sie zusammengefasst und in Bezug zueinander gestellt. Diese Abbildung stellt eine Zusammenfassung der Beantwortung der Forschungsfrage dar und bildet zugleich die Voraussetzung für eine personenzentrierte ökonomische Bildung zur Förderung der Inklusion von Menschen mit geistiger Behinderung im ambulant betreuten Wohnen.

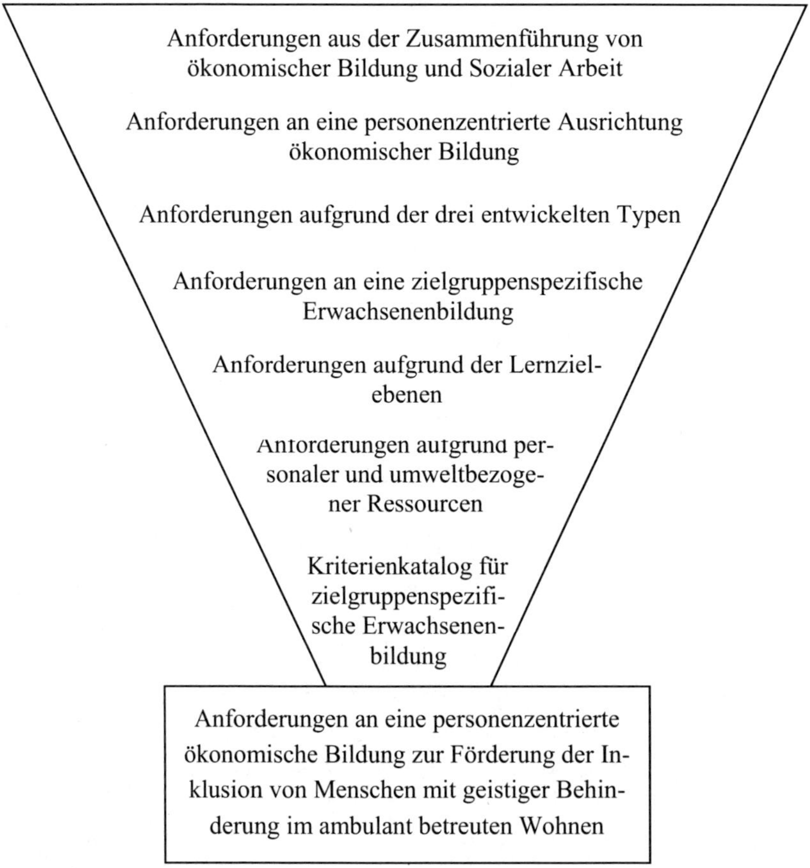

Abbildung 42: Übersicht der entwickelten Anforderungen zur Beantwortung der Forschungsfrage

Im Anschluss an die Darstellung der entwickelten Anforderungen wurden in Kapitel 4.3 ausgewählte Konzepte zur ökonomischen Bildung und zur Erwachsenenbildung der Zielgruppe aufgezeigt, die bereits in Teilen den genannten Anforderungen entsprechen. Darauf aufbauend wird im Folgenden das Konzept zur personenzentrierten ökonomischen Bildung für die Zielgruppe entwickelt. Dieses Konzept realisiert die oft benannte und geforderte Zusammenarbeit von ökonomischer Bildung und Sozialer Arbeit zur Förderung der Inklusion der Zielgruppe. Es stellt eine Anwendungsmöglichkeit ökonomischer Bildung im Kontext Sozialer Arbeit am Beispiel des ambulant betreuten Wohnens für Menschen mit geistiger Behinderung dar. Gleichzeitig wird durch die Darstellung der theoretischen

Hintergründe (Kapitel 4.4.1), des didaktischen Designs (Kapitel 4.4.2) und des dazugehörigen Leitfadens (Kapitel 4.4.3) aufgezeigt, wie eine personenzentrierte ökonomische Bildung realisiert werden kann, die der Komplexität der genannten Anforderungen entspricht. Dieses Konzept nutzt die auf der einen Seite die Wissenschaft der Soziale Arbeit und deren Methoden zur Förderung der Selbstbestimmung sowie Teilhabe und Inklusion der Adressaten und Adressatinnen. Auf der anderen Seite wird die ökonomische Bildung mit dem Ziel der Befähigung zur Bewältigung sowie Gestaltung ökonomischer Lebenssituationen der Adressaten und Adressatinnen in den Kontext der Soziale Arbeit übertragen. In diesem Kontext wird ökonomische Bildung im Sinne der Förderung der Inklusion der Zielgruppe personenzentriert ausgerichtet.

4.4.1 Theoretische Grundlagen

Die Entwicklung der sogenannten Behindertenhilfe in Richtung Inklusion führte zu steigenden Anforderungen an die Lebensgestaltung der Zielgruppe und erfordert neue Konzepte zu ihrer Förderung und Unterstützung. Im Sinne des hier genutzten Verständnisses von Inklusion bringen sowohl Inklusion als auch Exklusion eine Vielzahl von Risiken und Chancen für die einzelne Person mit sich. Diese Veränderungen des gesellschaftlichen Umgangs mit Menschen mit Behinderung haben Auswirkungen auf die konkreten Lebenssituationen der Zielgruppe, die eine vermehrte Konfrontation mit ökonomisch geprägten Lebenssituationen mit sich bringen (siehe Kapitel 2.1). Ökonomisch geprägte Lebenssituationen hingegen werden durch die Lebensphase, Lebenslage, Lebenswelt und Diversitätsmerkmale der einzelnen Person beeinflusst (siehe Kapitel 2.2). Die Ausgestaltung der Lernsituation zur ökonomischen Bildung der Zielgruppe muss daher im engen Zusammenhang mit den individuellen Lebenssituationen stehen. Dabei ist zu berücksichtigen, dass rechtliche und sozialpolitische Rahmenbedingungen die Lebenssituationen von Menschen mit geistiger Behinderung entscheidend prägen (siehe Kapitel 2.3). Um das alltägliche Leben unter diesen Voraussetzungen selbstbestimmt gestalten zu können, benötigt die Zielgruppe spezifische Handlungskompetenzen, die sich aus dem beschriebenen Ansatz von Inklusion und der ökonomischen Bildung ableiten lassen (siehe Kapitel 2.4). Hierzu ist es notwendig Soziale Arbeit und ökonomische Bildung miteinander in Verbindung zu stellen. Zusammenfassend lässt sich sagen, dass der Wandel der gesellschaftlichen Rahmenbedingungen, der Hilfesysteme und der konkreten Lebenssituationen von Menschen mit geistiger Behinderung Förderkonzepte zur ökonomischen Bildung

der Zielgruppe notwendig macht, die im Sinne des hier genutzten Verständnisses von Inklusion spezifische Handlungskompetenzen vermitteln.
Es ist das erklärte Ziel der Deutschen Gesellschaft für Ökonomische Bildung die Lernenden dazu zu befähigen,

- Entscheidungen ökonomisch zu begründen,
- Handlungssituationen ökonomisch zu analysieren,
- ökonomische Systemzusammenhänge zu erklären,
- Rahmenbedingungen der Wirtschaft zu verstehen und mitzugestalten sowie
- Konflikte perspektivisch und ethisch beurteilen (Deutsche Gesellschaft für Ökonomische Bildung, 2006).

Aufgrund ihrer Alltagsbezogenheit werden in Bezug auf die Zielgruppe die Bildungsstandards und Kompetenzbereiche für den Grundschulabschluss fokussiert. In der konkreten Lernsituation zur ökonomischen Bildung der Zielgruppe sind die zu vermittelnden Inhalte und Kompetenzen nicht an Schulformen sondern an den Anforderungen der konkreten Lebenssituation und bestehender Vorkenntnisse der Person auszurichten (siehe Kapitel 2.4).
Die Ausgestaltung der konkreten Lernsituation obliegt der Fachkraft. Die ökonomische Bildung findet in der aktuellen Situation im Zusammenspiel mit den jeweiligen Adressaten und Adressatinnen statt. Hierzu können Handlungsfelder genutzt werden, die in Lernfelder aufgearbeitet werden und als Zielformulierungen mit Angaben zu Inhalten und Kompetenzen Orientierung bieten (Liening, 2015, 25f.).
Diese Ausgestaltung der Lernsituation muss an den Grundsätzen von Empowerment und Inklusion, der Erwachsenenbildung und der Sozialen Arbeit ausgerichtet sein (siehe Kapitel 4.2).
Grundlage für die Vermittlung ökonomischer Bildung in den verschiedenen Tätigkeitsbereichen Sozialer Arbeit ist zudem das Bewusstsein über die Notwendigkeit ökonomischen Denken und Handelns auf Seiten von Kostenträger, Leistungserbringer und deren Mitarbeiter sowie Mitarbeiterinnen. Im Sinne der Erwachsenenbildung ist ebenfalls die Anerkennung der Notwendigkeit ökonomischer Bildungsbedarfe auf Seiten der Adressaten und Adressatinnen erforderlich, um die entsprechend intrinsische Motivation zu erzeugen (siehe Kapitel 2.4.3). Diese komplexe Ausgangssituation erfordert eine interdisziplinäre Vorgehensweise der Sozialen Arbeit und der Wirtschaftsdidaktik. Erste Grundlagen hierfür finden sich bei Weitzig und Wiepcke (2017). Zur Realisierung ökonomischer Bildung für die Zielgruppe wird im Folgenden ein didaktisches Design entwickelt, welches in

dem Leitfaden zur ökonomischen Bildung der Zielgruppe in Kapitel 4.4.3 umgesetzt wird.

4.4.2 Didaktisches Design

Zur Ressourcenorientierten Ausrichtung dieser Arbeit wurden innerhalb der Datenanalyse Bildungsbedarfe der Zielgruppe ermittelt. Das Ziel der Vermittlung ökonomischer Bildung im Kontext des ambulant betreuten Wohnens ist es somit, die notwendigen Ressourcen für die Bewältigung ökonomisch geprägter Lebenssituationen auszubilden. Ökonomische Bildung im Kontext des ambulant betreuten Wohnens fokussiert daher die bereichsspezifische Lernzielebene nach Theunissen (siehe Abbildung 40). Ein solches Konzept muss Erkenntnisse aus der Sozialen Arbeit und der ökonomischen Bildung vereinen, um nachhaltig wirken zu können. Es beruht zudem auf den Grundlagen von Inklusion und Empowerment, Erwachsenenbildung und Ressourcenorientierung (siehe Kapitel 4.2).

Die Ausgestaltung der jeweiligen Lernsituation obliegt dabei den Mitarbeitern und Mitarbeiterinnen des ambulant betreuten Wohnens. Hierzu ist es notwendig die individuellen Lernziele der Adressaten und Adressatinnen in Bezug auf konkrete ökonomisch geprägte Lebenssituationen aus den alltäglichen Situationen heraus zu ermitteln. Eine intensive Analyse dieser konkreten Lebenssituationen ist nur unter Berücksichtigung der jeweiligen Lebenslage, Lebensphase und Lebenswelt und unter Einbeziehung der verschiedenen Diversitätsdimensionen möglich. Sie bilden gleichzeitig die Rahmenbedingungen für die jeweilige Lernsituation, in der ökonomische Bildung angewendet und erprobt werden kann. Auf der Grundlage der ermittelten Lernziele können die Mitarbeiter und Mitarbeiterinnen Handlungsfelder nutzen und daraus die jeweiligen Lernfelder festlegen. Diese Lernfelder sind Zielbeschreibungen, die konkrete Lernziele und Kompetenzformulierungen umfassen (siehe Kapitel 2.4.1.4). Die konkreten Bildungsstandards und Kompetenzbereiche für die ökonomische Bildung lassen sich von denen der Deutschen Gesellschaft für Ökonomische Bildung ableiten (siehe Kapitel 2.4.2). Sie müssen im Sinne einer Grundbildung für Erwachsene aufgearbeitet und auf die konkrete Betreuungssituation angepasst werden (siehe Kapitel 2.4.3).

Die Rahmenbedingungen unter denen ökonomische Bildung im Kontext des ambulant betreuten Wohnens stattfinden soll, sind sehr spezifische (siehe 2.3.3). Für die Ausgestaltung der Lernsituation gelten ebenfalls die Grundlagen von Inklusion und Empowerment, der Erwachsenenbildung und der Ressourcenorientie-

rung. Die Vermittlung der notwendigen Fähigkeiten für die Bewältigung ökonomisch geprägter Lebenssituationen muss den Grundsätzen von Erwachsenenbildung entsprechen und auf freiwilliger Basis durch Anregung und Anleitung zum selbsttätigen Lernen auf Augenhöhe zwischen Betreuungsperson und Adressat oder Adressatin stattfinden (siehe Kapitel 4.2.2). Aufgrund der Betreuungssituation ist die Lernsituation im Unterschied zu schulischen Lernsituationen durch die Betreuungsperson und die zu betreuende Person geprägt. In einem kontinuierlichen Zusammenspiel gestalten sie miteinander die aktuelle Lernsituation immer wieder neu. Die Adressaten und Adressatinnen sind hierbei Konsumenten und Konsumentinnen des Betreuungs- und Bildungsangebotes. Zugleich sind sie Produzenten und Produzentinnen, indem sie die konkrete Lernsituation innerhalb des Betreuungskontextes mitgestalten. Dieses Zusammenspiel ist grundlegend für die methodische und didaktische Ausrichtung der Lernsituation durch die jeweiligen Mitarbeiter und Mitarbeiterinnen. Innerhalb dieser Lernsituationen werden die Lernziele kontinuierlich reflektiert und bei Bedarf auch kurzfristig auf die geänderte Situation oder auf neu entstandene Bildungsbedarfe durch die Mitarbeiter und Mitarbeiterinnen des ambulant betreuten Wohnens angepasst.
Für die Ausgestaltung dieser Lernsituationen stehen den Mitarbeitern und Mitarbeiterinnen sämtliche Methoden der Sozialen Arbeit zur Verfügung (Wendt, 2017). Eine Methode ist eine Handlungsweise, die ein bestimmtes Ziel verfolgt und geplant und bewusst eingesetzt und häufig wiederholt wird (Sickendiek, Engel & Nestmann, 2002, S. 133). In Bezug auf die Forschungsfrage erweisen sich verschiedene Ansätze der sozialen Beratung als besonders geeignet für die Vermittlung ökonomischer Bildung im Rahmen des ambulant betreuten Wohnens. Soziale Beratung sämtliche Hilfen, die sich auf Problemstellungen von einzelnen oder mehreren Personen beziehen, die im Zusammenhang mit deren sozialer Umwelt stehen (Sickendiek et al., 2002, S. 17). Beratung kann in Form alltäglicher sowie informeller Unterstützung, als halb formale Beratung verschiedener Berufe oder als formalisierte Beratung stattfinden. Bei letzterem handelt es sich um eine Beratung, die als solche ausgewiesen wurde und von Fachkräften mit entsprechender Ausbildung durchgeführt werden (Sickendiek et al., 2002, S. 23). Letzteres bildet den Rahmen beratender Tätigkeiten im ambulant betreuten Wohnen.
Ambulant betreutes Wohnen wird in diesem Zusammenhang nicht im klassischen Verständnis von Betreuung gesehen, die oftmals eine bevormundende Ausrichtung aufweist. Ambulant betreutes Wohnen wird im Sinne von Inklusion und dem Befähigungsansatz von Sen (siehe Kapitel 2.1.4.1) als Beratung und Begleitung

bei der Bewältigung von Lebenssituationen im Rahmen der Lebensphase, Lebenslage und Lebenswelt der Adressaten und Adressatinnen verstanden. Dieser Gedanke beruht auf dem hier vertretenen Ansatz von Inklusion. Die radikale Anwendung dieses Verständnisses von Inklusion verlangt die Anerkennung der Adressaten und Adressatinnen als Experten ihres eigenen Lebens und erfordert ein Verständnis von sozialer Arbeit als Beratung und Begleitung weg von klassischen Betreuungsansätzen. Insofern sind als Methode für die Vermittlung ökonomischer Bildung im Kontext des ambulant betreuten Wohnens Ansätze der sozialen Beratung hinzuzuziehen. Der Beratungszusammenhang innerhalb der Sozialen Arbeit umfasst neben den emotionalen und psychologischen Problemstellungen auch soziale und alltagspraktische Facetten. So zum Beispiel soziale Beziehungen, ökonomische Aspekte oder ökologische Facetten (Sickendiek et al., 2002, S. 134). Bildung findet insofern im Beratungsgespräch statt, als das sie dabei unterstützt mit Informationen sowie Orientierungen und Haltungen angemessen umzugehen. So liegt die Bedeutung der Pädagogik innerhalb der Beratung darin, dass sie aufklärend wirkt und durch die entsprechende Distanz der Inhalte eine objektive Betrachtung ermöglichen kann (Sickendiek et al., 2002, S. 19).
Für den Kontext des ambulant betreuten Wohnens haben die Beratungsmethoden der Lösungsorientierung und der Systemorientierung eine besondere Bedeutung, da sie im Sinne des hier genutzten Verständnisses von Inklusion mit der Lebenswelt- und Ressourcenorientierung in Einklang stehen. Sie bieten die Möglichkeit der Vermittlung ökonomischer Bildung durch die Fachkraft innerhalb der konkreten Lebenssituation, die gleichzeitig die Lernsituation darstellt. Gleichzeitig sollen sie die Vielfallt der Möglichkeiten zur Gestaltung von Lernsituationen im Kontext von Sozialer Arbeit aufzeigen. Dabei ist zu betonen, dass die letztendliche Wahl der Methode für die konkrete Lernsituation im ambulant betreuten Wohnen der jeweiligen Fachkraft obliegt. Beide Ansätze werden im Folgenden nur kurz vorgestellt, da sie innerhalb der Sozialen Arbeit als bekannt vorausgesetzt werden können und ihre Anwendung eine entsprechende Aus-/Weiterbildung der Mitarbeiter und Mitarbeiterinnen erfordert.

- Lösungsorientierte Beratung
  Ziel der lösungsorientierten Beratung ist es, Perspektiven für das Lösen von Problemen zu entwickeln und die Adressaten und Adressatinnen innerhalb des Lösungsprozesses Schritt für Schritt zu begleiten und zu unterstützen (Bamberger, 2015, S. 330). Der Begründer der lösungsorientierten Beratung de Shazer formuliert in seinem Buch Lehrsätze, die sich auf die vier Eckpfeiler von Beratung beziehen. Diese bestehen aus den Adressaten und

Adressatinnen, den Beratenden, dem Problem und der Lösung (Shazer & Dolan, 2016). Demnach sind die Adressaten und Adressatinnen Experten des eigenen Lebens, die über eine Reihe an Ressourcen verfügen. Zum alltäglichen Leben gehören Probleme als normaler Bestandteil hinzu, die jedoch nicht andauernd Bestand haben. Dabei gilt es die Handlungsweisen zu wiederholen, die erfolgreich sind und das zu lassen, was nicht funktioniert. Daraus entsteht häufig ein Entwicklungsprozess, der von sich aus verstärkend in Richtung der Lösung wirkt. Diese Eigenschaft nehmen die Beratenden innerhalb der lösungsorientierten Beratung auf und erweitern sie dahingehend, dass die Adressaten und Adressatinnen ihre eigenen Ressourcen erkennen und eigenständig zu nutzen wissen (Bamberger, 2015, S. 17).
Das Vorgehen entsprechend der lösungsorientierten Beratung fokussiert den Prozess der Problemlösung. Die Adressaten und Adressatinnen werden als Experten ihres eigenen Lebens betrachtet, die über vielfältige Ressourcen für die Problemlösung verfügen. Die Beratenden lassen den Adressaten und Adressatinnen genügend Raum, um die eigene Sichtweise und Wahrnehmung zu erläutern. Dabei wird davon ausgegangen, dass innerhalb von Systemen immer verschiedenen Wahrnehmungen vorliegen und Realitäten konstruiert werden. Innerhalb der lösungsorientierten Beratung werden Veränderungsprozesse angeregt, aus denen eine neue Situation erzeugt werden kann. So kann eine Lösung zu Veränderung von Gefühlen, Wahrnehmungen, Gedanken, Zukunftsperspektiven oder Verhalten führen. Innerhalb des Beratungsprozesses sollen die Adressaten und Adressatinnen die Erfahrung machen können, dass einseitige Selbstbilder und Sichtweisen durchbrochen und geändert werden können. Der Kern lösungsorientierter Beratung ist somit die Wirkungsweise von Veränderungserfahrungen und daraus entstehende Prozesse der Transformation. Ziel lösungsorientierter Beratung ist es entsprechend, Erfahrung von Veränderung herbeizuführen und für den Beratungsprozess zu nutzen. Dabei wird der Grundsatz verfolgt, nur soweit wie unbedingt notwendig zu intervenieren (Sickendiek et al., 2002, 86f.).
Lösungsorientierte Beratung verfolgt so das Ziel statische Problemsituationen aufzubrechen, Veränderungen zu bewirken und strukturierte Begleitung in Lösungsprozessen zu bieten. Im Rahmen von Lebenswelt- und Ressourcenorientierung bietet sie eine Erweiterung bisheriger Beratungsansätze (Sickendiek et al., 2002, S. 90).

- Systemorientierung
  Die Anwendungs- und Praxisfelder der systemischen Beratung und Therapie sind vielfältig (Schlippe & Schweitzer, 2003, S. 216). Die wesentliche Rolle innerhalb der Systemorientierung spielen die Person, die systemisch arbeitet und der Zusammenhang in dem systemisch gearbeitet wird. Dabei ist es das Ziel die Handlungsmöglichkeiten der Adressaten und Adressatinnen zu erweitern und Bisheriges zu hinterfragen sowie Unbeachtetes zu thematisieren. Hierzu können Hypothesen gebildet werden, die in Bezug auf ihre Nützlichkeit für die Ordnung und die Anregung geprüft werden. solche Hypothesen können Gewohntes in Frage stellen und neue sowie verblüffende Erkenntnisse hervorbringen (Schlippe & Schweitzer, 2003, S. 116). Um das Verhalten innerhalb von Prozessen zu verdeutlichen, soll das Denken in Zyklen verschiedene Elemente eines Systems und deren Verhalten in Regelkreisen verdeutlichen (Schlippe & Schweitzer, 2003, S. 118). Für die systemische Beratung und Therapie gelten die folgenden Grundprinzipien. So soll das soziale Umfeld einbezogen werden, indem Probleme und Störungen entstehen. Entstandene Symptome haben immer einen Sinn. Sie werden als misslungene Lösungsversuche für schwierige Situationen angesehen. Die vorhandenen Ressourcen der Adressaten und Adressatinnen stehen im Mittelpunkt der Betrachtungen. Ähnlich der lösungsorientierten Beratung liegt der Fokus hier auf der Lösungsfindung und hierfür die Ressourcen der Adressaten und Adressatinnen zu nutzen. Hiermit wird das Prinzip der Hilfe zur Selbsthilfe unter dem Aspekt verfolgt, dass die eigentliche Veränderung im Alltag der Adressaten und Adressatinnen stattfinden muss. Innerhalb der Beratung lernen diese, sich auf ihre eigenen Ressourcen zu verlassen und selbstständig zu handeln (Schwing & Fryszer, 2016, 11f.).
  Systemische Beratung kann in fünf Phasen absolviert werden. In einem ersten Schritt geht es darum eine Beziehung zwischen den Adressaten und Adressatinnen und den Beratenden herzustellen. Anschließend wird das Anliegen für die Beratung konkretisiert. In einem dritten Schritt geht es nun darum die Ebene festzulegen auf der die Bearbeitung und Lösung vorgenommen werden soll. Daraufhin werden verschiedene Impulse gegeben und das Gespräch daraufhin abgeschlossen (Brüggemann, Ehret-Ivankovic & Klütmann, 2014, S. 14). Impulse können insofern gegeben werden, als das die Adressaten und Adressatinnen dazu angeregt werden etwas zu Verändern und dazu Dinge in Bewegung zu bringen, zu unterscheiden, Veränderung zu ermitteln oder weitere Ideen zu entwickeln (Brüggemann et al.,

2014, S. 83). Innerhalb der Beratung werden Impulse gegeben und Angebote gemacht. Dabei ist es zu beachten, dass es nicht in der Hand der Beratenden liegt, welchen Nutzen die Adressaten und Adressatinnen aus der Beratung für sich mitnehmen (Schlippe & Schweitzer, 2003, S. 291).
Die Systemorientierung trägt zur Abkehr von psychologisch-medizinischen Modellen bei, indem sie individuelle ‚Störungen' als Symptome zwischenmenschlicher Konflikte aufzeigt und wie solche ‚Störungen' entstehen können. Als Beispiel hierfür sind Verhaltensauffälligkeiten bei Kindern zu nennen. Für die praktische Arbeit im Beratungskontext ist die systemische Beratung trotz ihrer Komplexität eine anwendbare Hilfe. An dem Ansatz wird kritisiert, dass Machtgefüge und Umweltbedingungen vernachlässigt werden. Dies ist beispielsweise dann der Fall, wenn sich die Beratung ausschließlich auf das innerfamiliäre System konzentriert und außerfamiliäre Bedingungen ausblendet. So können soziale Netzwerke, sozioökonomische Verhältnisse oder gesellschaftliche Einflüsse als Randeffekte in den Hintergrund geraten (Sickendiek et al., 2002, S. 191).

Beide Methoden sind dazu geeignet im Rahmen des ambulant betreuten Wohnens eingesetzt zu werden. Für die Ausgestaltung der konkreten Lernsituation stehen den Mitarbeitern und Mitarbeiterinnen des ambulant betreuten Wohnens weitaus mehr Methoden sowohl aus der Sozialen Arbeit als auch aus der Wirtschaftsdidaktik zur Verfügung. Für die inhaltliche Ausgestaltung der konkreten Lernsituation werden auf der Grundlage der eruierten Bildungsbedarfe der Befragten in Kapitel 4.4.3 Themen modularisiert ausgearbeitet, die von den Fachkräften des ambulant betreuten Wohnens kontextuell und subjektbezogen eingesetzt werden können.

4.4.3 Leitfaden zur ökonomischen Bildung von Menschen mit kognitiven Beeinträchtigungen im Kontext Sozialer Arbeit

Die bisher entwickelten Konzepte ökonomischer Bildung bieten eine Vielzahl von Aspekten, die im Rahmen des ambulant betreuten Wohnens zur ökonomischen Bildung der Zielgruppe genutzt werden können (siehe Kapitel 2.4). Diese Inhalte, Kompetenzbereiche und methodischen Ansätze müssen jedoch auf den Kontext angepasst und in Bezug auf die Bedürfnisse der Zielgruppe überarbeitet werden. Hierzu werden die Punkte aus dem Kriterienkatalog in Abbildung 37

Abbildung 43: Symbol für leichte Sprache

angewendet. Dabei ist es für die Zielgruppe dieser Arbeit besonders grundlegend, dass ein Bildungskonzept die leichte Sprache sowie entsprechende visuelle Anreize berücksichtigt[107]. Hierzu werden im Folgenden Abbildungen der Lebenshilfe Bremen genutzt[108]. Die Stellen, die beispielhaft in leichter Sprache ausgearbeitet wurden, sind mit dem Symbol aus Abbildung 43 gekennzeichnet.
Das modulare System aus dem Grundkurs zur Alltags- und Lebensökonomischen Bildung wurde beibehalten. Es unterstützt den Ansatz des ‚Werkzeugkoffers', durch den individuelle Einsatzmöglichkeiten geschaffen und den jeweiligen Bildungsbedürfnissen der Adressaten und Adressatinnen entsprochen werden können. Dementsprechend bieten die Module (siehe 4.4.3.1 bis 4.4.3.4) Anreize für die Arbeit im ambulant betreuten Wohnen und müssen für den jeweiligen Einsatz in Bezug auf den konkreten Kontext entsprechend vorbereitet werden. Vorteil dieses ‚Werkzeugkoffers' sind die zielgruppenspezifischen Einsatzmöglichkeiten der jeweiligen Module und Methoden. Sie können beispielsweise in Einzel- sowie in Gruppenarbeit durchgeführt werden. Die Einzelbetreuung im Face-to-Face Kontakt ist im ambulant betreuten Wohnen die gängige Form der Betreuung. Eine Gruppensituation bietet sich insbesondere dann an, wenn bei einem Anbieter des ambulant betreuten Wohnens mehrere Personen mit vergleichbaren Kenntnissen sowie Fähigkeiten und ähnlichen Bildungsbedürfnissen in Bezug auf die ökonomische Bildung betreut werden.
Die Adressaten und Adressatinnen verfügen in der Regel über Grundkompetenzen beispielsweise in den Bereichen Kommunikation, Rechnen, Lesen und Schreiben. Wenn dennoch Lücken in der Grundbildung vorliegen, müssen die notwendigen Kenntnisse oder Fähigkeiten anderweitig erworben werden. Das folgende Konzept setzt Grundkompetenzen voraus, kann jedoch auch an die Bedürfnisse von Personen mit einer defizitären Grundbildung angepasst werden, indem einzelne Module spezifisch ausgearbeitet und eingesetzt werden. Dies ist in Bezug auf die jeweiligen Typen (siehe Kapitel 3.4) absolut notwendig, um eine nachhaltige Wirkung der Bildungsangebote sicherzustellen. Hierzu ist des Weiteren

[107] Mehr Informationen zu der leichten Sprache und den visuellen Anreizen sind auf der Homepage vom Büro für leichte Sprache der Lebenshilfe Bremen zur zu finden: www.leichte-sprache.de, zuletzt abgerufen am 1.9.2016

[108] © Lebenshilfe für Menschen mit geistiger Behinderung Bremen e. V. (2013): Abbildung 43, Abbildung 44, Abbildung 45, Abbildung 47, Abbildung 48, Abbildung 50, Abbildung 51, Abbildung 52, Abbildung 54, Abbildung 55, Abbildung 56, Abbildung 57, Abbildung 58, Abbildung 59, Abbildung 61, Abbildung 62, Abbildung 63, Abbildung 64, Abbildung 65, Abbildung 66, Abbildung 68, Abbildung 69, Abbildung 72, Abbildung 73, alle Rechte vorbehalten

ein direkter Zusammenhang ökonomischer Bildung zu dem Alltag der Adressaten und Adressatinnen herzustellen, wobei das Lösen von Problemsituationen im Vordergrund steht.
Um den personenbezogenen Einsatz der Module zu unterstützen wurden diese Basis-, Vertiefungs- und Erweiterungsmodul benannt. Dies drückt zum einen aus, dass die Module aufeinander aufbauen. Zum anderen soll diese Bezeichnung den typenbezogenen Einsatz fördern, wonach beispielsweise Personen mit der Typisierung ‚erste Stufe der Selbstständigkeit' das Basismodul auslassen können. Ergänzend hierzu werden Wahlmodule zu den Lebensbereichen der Einkommensentstehung und -verwendung vorgestellt, die je nach Bedarf genutzt werden können. Jedes Modul kann in Abhängigkeit von den Bedürfnissen der zu betreuenden Person ganz oder in Teilen genutzt werden. Der Einsatz und die Ausgestaltung der jeweiligen Module obliegen der verantwortlichen Betreuungsperson, die sowohl mit den Adressaten und Adressatinnen als auch mit deren Lebens- und Alltagssituationen vertraut ist. Da die theoretischen Grundlagen der Lebenssituativen Ökonomischen Bildung und der Alltags- und Lebensökonomischen Bildung bereits beschrieben wurden und bei Steinmann bzw. Piorkowsky nachzulesen sind (siehe Kapitel 2.4), wird der Fokus im Folgenden auf die zielgruppenspezifische didaktische Ausgestaltung der Module gelegt.

4.4.3.1 Basismodul ‚Ich bin ich'

Dieses Modul ist eine Erweiterung des gleichnamigen Moduls im Grundkurs zur Alltags- und Lebensökonomie, welches die Bedarfe der Zielgruppe fokussiert. Es richtet sich im Wesentlichen an die Gruppe der Befragten, die dem Typ ‚stellvertretende Ausführung' oder ‚partielle Selbstständigkeit' zugeordnet wurden und somit über einen entsprechenden Unterstützungsbedarf in alltäglichen Angelegenheiten verfügen. Aspekte daraus können in Bezug auf bestimmte Lebenssituationen und Fragestellungen immer wieder auch für Personen mit weitergehenden Vorkenntnissen genutzt werden.

Ausgangspunkt

In diesem Modul steht die Selbstwahrnehmung der Adressaten und Adressatinnen als Akteure und Akteurinnen im Mittelpunkt.
Grundlage hierfür ist die Wahrnehmung der unterschiedlichen Eigenschaften der Person. In Bezug auf die Individualität des Einzelnen, dessen Identität, Ressourcen und Entwicklungspotentiale werden die jeweiligen Teilmodule im konkreten Zusammenhang zur Lebenslage, Lebensphase und Lebenswelt angewendet. Dies

bedarf einer personen- und situationsorientierten Anwendung der Module, die bedarfsbezogen auch unabhängig voneinander eingesetzt werden können.

Zielsetzung

In diesem Modul sollen die Adressaten und Adressatinnen Gestaltungsmöglichkeiten erwerben, um die eigene Individualität unter den sozialen und materiellen Rahmenbedingungen ihrer Lebenswelt verwirklichen zu können. Das Modul wird hierzu in Anlehnung an den Grundkurs zur Alltags-und Lebensökonomie in folgende Teilmodule gegliedert:

- Zielbildungs-, Auswahl- und Entscheidungsprozesse
- Bedürfnisse erkennen, Wünsche konkretisieren und Ziele setzen
- Arbeit, Gelderwerb und Selbstverwirklichung organisieren

'Zielbildung-, Auswahl- und Entscheidungsprozesse'

Die Auseinandersetzung mit der eigenen Person soll dazu führen Ziele bilden und Entscheidungen treffen zu können.

Übung: Wer bin ich?

Gemeinsam wird von dem Adressat oder der Adressatin eine Übersicht über die verschiedenen Rollen oder Eigenschaften der Person erstellt. Dies kann eine reine Auflistung sein, ein Mindmap oder eine Kollage. Dabei kann mit unterschiedlichen Materialien am Tisch oder auf dem Boden gearbeitet werden. Fotos oder andere Gegenstände mit einer besonderen Bedeutung für die Person können in die Darstellung integriert werden. Dies ist am besten möglich, wenn eine Kollage auf einem großen Papier oder Karton erarbeitet wird. Rollen der Person können unter anderem sein: Mitarbeitende in einem Betrieb, Schwester/Bruder, Onkel/Tante, Freund/Freundin, Betreute, Kontoinhaber/Kontoinhaberin, Kunde/Kundin. Eigenschaften könnten unter anderem sein: Geschlecht, Nationalität, Charaktereigenschaften (z. B. stark, aufgeschlossen, freundlich).

Abbildung 44: Ich

In diesem Zusammenhang wird auch aufgezeigt, dass die Diversitätsdimension Behinderung im Kontext der in Abbildung 3 dargestellten Dimensionen eines Individuums steht und alle Dimensionen ihre Daseinsberechtigung und Bedeutung für das Leben der Person haben.

Eine weitere Vertiefung des Themas ist die Betrachtung weiterer Aspekte der Person, die diese lieber ‚hinter einer Maske' versteckt. Diese Symbolik kann als Inhalt für eine weitere Übung genutzt werden, indem eine Maske gemalt oder gebastelt wird, die dann auf der Rückseite mit Inhalten befüllt wird, die lieber keiner sehen soll.

Übung: Meine Stärken und Schwächen
Eine weitere Einheit kann die Analyse von Stärken und Schwächen der Person umfassen. Diese können ebenfalls bildlich aufbereitet und beispielsweise in einer Kollage dargestellt werden. Um das positive Selbstbild der Person zu stärken können die Stärken der Person auf ihrem Spiegel dargestellt werden, in dem sie sich tagtäglich betrachtet.
Anschließend ist es möglich eine Auseinandersetzung darüber anzuregen, wie sich die Person selber wahrnimmt und wie andere sie wahrnehmen. Der erste Punkt kann von der Person selber erarbeitet werden. Für den zweiten Aspekt ist ein Austausch mit anderen notwendig. Dabei kann die Person selber entscheiden, ob und mit welcher Person sie sich darüber austauschen möchte. Ein solch partnerschaftlicher Austausch beruht auf der Freiwilligkeit beider Personen. Wenn die zu betreuende Person einen solchen Austausch mit einer anderen Person wünscht, sollten Möglichkeiten hierzu geschaffen werden. Hierzu können beispielsweise Freunde, Arbeitskollegen und Arbeitskolleginnen, Familienangehörige oder Bekannte angefragt werden.

Übung: Was will ich?
Die betreute Person wird befragt, ob sie bereits Wünsche hat und wie diese aussehen. Diese Wünsche können in der Vorlage ‚Meine Traumwolke' (siehe Abbildung 46) erfasst und ausformuliert werden. Als Anregung können die Themenbereiche Freizeit, Bildung, Wohnen, Arbeiten, Gesundheit gelten, die im Rahmen der induktiven Kategorienbildung erzeugt wurden (siehe Kapitel 3.3.2.8). Sie können in Bezug auf mögliche Wünsche und Ziele in jeweils einzelnen Traumwolken betrachtet werden.

Abbildung 45: wünschen

Abbildung 46: Meine Traumwolke

Um weitergehende Wünsche und Ziele zu erarbeiten, kann die Person danach gefragt werden, wie sie sich ihr Leben in 1, 3, 5 oder sogar in 10 Jahren vorstellt. Hierzu kann ebensfalls eine Traumwolke wie in Abbildung 46 als Vorlage für die Darstellung und Ausformulierung der Wünsche und Ziele genutzt werden. Fragen für diese Aufgabenstellung könnten sein:

- Wie lebe ich dann? Wo oder mit wem lebe ich?
- Was arbeite ich dann?
- Wie sieht mein Alltag aus?
- Was werden meine Lieblingsbeschäftigungen sein?

Übung: Was kann ich erreichen?

Aufbauend auf den zuvor bearbeiteten Fragestellungen können nun Fragen dazu gestellt werden, wie Ziele verfolgt, Wünsche realisiert und Entscheidungen getroffen werden können:

- Wie kann ich meine Ziele erreichen?
- Welche einzelnen Schritte muss ich dazu gehen?
- Welche Unterstützung brauche ich dazu?
- Bis zu welchem Zeitpunkt möchte ich das Ziel erreichen?

Abbildung 47: Ziel

‚Bedürfnisse erkennen, Wünsche konkretisieren und Ziele setzen‘

Aufbauend auf dem ersten Themenbereich wird die Unterscheidung zwischen Bedürfnissen, Bedarfen und Zielen vorgenommen:

Übung: Was brauche ich?

In Bezug auf diese Frage können konkrete Bedürfnisse für eine Woche oder einen Monat zusammengefasst werden. Eine solche Aufstellung kann in Anlehnung an die Kategorien der Bedürfnispyramide von Maslow erstellt werden:

Abbildung 48: einkaufen

- Physiologische Bedürfnisse (Maslow, 1981, 62ff.)
  z. B. Schlafen, Ernährung, Sexualität
- Sicherheitsbedürfnisse (Maslow, 1981, 66ff.)
  z. B. Stabilität, Schutz, Ordnung
- Bedürfnisse nach Zugehörigkeit und Liebe (Maslow, 1981, 70ff.)
  z. B. in der Familie, im Freundeskreis
- Bedürfnisse nach Achtung (Maslow, 1981, 72f.)
  z. B. Stärke, Kompetenz, Ruhm, Einfluss
- Bedürfnisse nach Selbstverwirklichung (Maslow, 1981, 73f.)
  z. B. Realisierung der persönlichen Fähigkeiten

Übung: Wovon denke ich nur, dass ich es brauche?

Die Lernenden sollen hinterfragen, welche von Ihren genannten Bedürfnissen wirklich ihre eigenen Bedürfnisse sind und welche sie durch den Einfluss von anderen übernommen haben. Bedürfnisse entstehen aus der Person heraus. Die Person kann dabei von ihrem sozialen Umfeld oder durch Beratung, durch Marketing oder Werbung beeinflusst werden. Abbildung 49 zeigt Beispiele dafür, wodurch Kaufentscheidungen beeinflusst werden können. Sie dient als Übung zu der Frage ‚Was beeinflusst meine Kaufentscheidungen? ‘. Hierzu können die leeren Felder in der Abbildung ausgefüllt und die Abbildung um weitere Felder/Grafiken ergänzt werden.

Abbildung 49: Was beeinflusst meine Kaufentscheidung?[109]

Werbung zielt darauf ab, das Verhalten von Menschen in eine bestimmte Richtung zu beeinflussen, um den Absatz eines Produkts zu steigern. Wenn etwas in Mode ist oder einen Trend darstellt, ist der Wunsch größer dies haben zu wollen. Umso häufiger man einen Werbeslogan hört, sieht oder liest, umso stärker prägt er sich in unser Gedächtnis ein. Um sich der Werbung bewusst zu werden ist es eine Möglichkeit, zu erfassen wo man Werbung begegnet. Hierzu dient die Vorlage in Tabelle 22: Wo treffe ich auf Werbung? .

Werbung	Medium
Beispiel: Werbespots	Fernsehen

Tabelle 22: Wo treffe ich auf Werbung? [110]

Sowohl bei dem Thema Werbung als auch Medienkonsum kann eine weitergehende Sensibilisierung der einzelnen Person erforderlich sein. Darüber ist im Einzelfall zu entscheiden.

[109] Quelle: in Anlehnung an Piorkowsky und Münder (2002, Kapitel 3.4 S.1)
[110] Quelle: in Anlehnung an Piorkowsky und Münder (2002, Kapitel 3.4 S.3)

Übung: Was sind meine Ziele?

Aus den bisher erarbeiteten Bedürfnissen, Wünschen und Zielen werden drei bis maximal vier Ziele für die Zukunftsplanung ausgewählt. Ziele sollen spezifisch, messbar, attraktiv, realistisch und terminierbar formuliert werden, entsprechend gut kann bei der Einhaltung dieser Kriterien die Zielerreichung überprüft werden. Für jedes Ziel wird anschließend überlegt, welche Schritte vorgenommen werden müssen, um es zu erreichen. Dabei ist zu bedenken, welche Schritte die Person von sich heraus bewältigen kann und wobei sie von wem Unterstützung benötigt. Eine Vorlage für die notwendige Zielplanung findet sich in Abbildung 50.

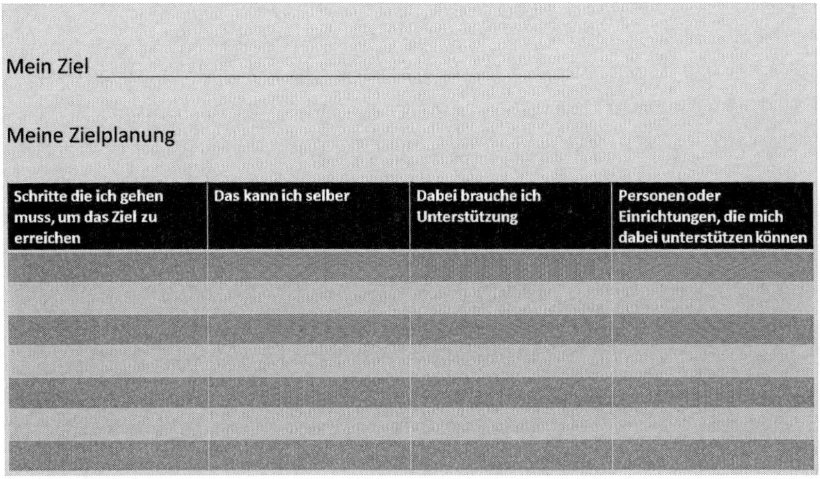
Mein Ziel ______________________

Meine Zielplanung

Schritte die ich gehen muss, um das Ziel zu erreichen	Das kann ich selber	Dabei brauche ich Unterstützung	Personen oder Einrichtungen, die mich dabei unterstützen können

Abbildung 50: Zielplanung

‚Arbeit, Gelderwerb und Selbstverwirklichung organisieren'

Abbildung 51: Werkstatt für behinderte Menschen

Der Bereich ‚Arbeit und Beschäftigung' ist in Nordrhein-Westfalen Bestandteil der Hilfeplanung zum ambulant betreuten Wohnen. In diesem Rahmen werden bereits grobe Ziele und Maßnahmen festgelegt. In der Betreuungssituation gilt es diese Ziele und Maßnahmen feiner auszuformulieren und in konkrete Umsetzungsschritte auszuarbeiten. In Bezug auf die Ergebnisse der Datenerhebung ist die Arbeitszufriedenheit für die Befragten ein wichtiges Thema. Aspekte, die diesbezüglich angesprochen wurden, waren

- die auszuführende Tätigkeit
- Arbeitsauslastung

- Verhältnis zu den Arbeitskollegen und Arbeitskolleginnen
- Weg zur Arbeit
- Aufwendungen vom Arbeitseinkommen für Sozialleistungen

Dementsprechend sollte erarbeitet werden, welche Möglichkeiten es gibt, um die Arbeitssituation zu verbessern. In Abhängigkeit von der jeweiligen Situation kann ein Abstimmungsgespräch mit den verantwortlichen Personen notwendig sein. Hierzu sollten bereits Probleme, Wünsche und Ziele benannt und ggf. Vorschläge zur Verbesserung der Situation erarbeitet werden.

4.4.3.2 Vertiefungsmodul ‚Ich gehöre zu den Anderen'

Innerhalb der typenbildenden Strukturierung wurden die Kategorien ‚Soziale Kontakte und Regeneration' (114 Codes) und ‚Haushalts- und Familiengründung, Führung des eigenen Haushalts' (179 Codes) sehr häufig codiert, wohingegen die Kategorien ‚Gesellschaftliche Mitbestimmung' und ‚Ökologische Verantwortung' gar nicht codiert wurden. Den erstgenannten Kategorien wird daher eine hohe Bedeutung für das Leben im ambulant betreuten Wohnen zugeschrieben. In Bezug auf die ‚Gesellschaftliche Mitbestimmung' und ‚Ökologische Verantwortung' wird ein hoher Bildungsbedarf gesehen. Blickt man in die historische Entwicklung (Kapitel 2.1.2), so wird deutlich, dass diese Themenbereiche für die Befragten bisher keine hohe Relevanz hatten. Unter dem Aspekt des Empowerments ist eine Auseinandersetzung mit diesen Themen unabdingbar, um eine ehrliche Teilhabe der Zielgruppe am gesellschaftlichen Leben zu ermöglichen und die entsprechende Mitbestimmung zu realisieren. Aufgrund ihrer inhaltlichen Ferne zu der Forschungsfrage werden diese beiden Themen im Folgenden außen vor gelassen. Für eine spätere Umsetzung des Vertiefungsmoduls und dessen Anwendung im ambulant betreuten Wohnen sind beide Bereiche unbedingt einzubeziehen.

Ausgangspunkt

Dieses Modul bezieht sich auf die Gestaltungsmöglichkeiten des Umgangs mit anderen Personen im sozialen Umfeld. Es baut somit auf dem Basismodul auf, welches die Eigenschaften der einzelnen Person thematisierte. Bezugspunkte für das Vertiefungsmodul sind die Bereiche Freizeit, soziale Beziehungen sowie Haushaltsgründung, Haushaltsführung und Haushaltserhalt als Mittelpunkt des alltäglichen Lebens.

Zielsetzung

Das Vertiefungsmodul fördert die Wahrnehmung von Handlungsmöglichkeiten in Bezug auf die Freizeit, den Haushalt und die sozialen Beziehungen. Die Adressaten und Adressatinnen lernen die eigene Situation wahrzunehmen und hinsichtlich der eigenen Bedürfnisse und Wünsche zu reflektieren. Das Vertiefungsmodul umfasst aus den genannten Gründen die Teilmodule ‚Soziale Kontakte und Regeneration' sowie ‚Haushalts- und Familiengründung, Führung des eigenen Haushalts'. Im Anschluss daran können die Vorlagen aus Abbildung 46 und Abbildung 50 genutzt werden, um eine konkrete Zielplanung für diese Bereiche zu erarbeiten.

‚Soziale Kontakte und Regeneration'

Das Themengebiet hat mit 114 Codes eine hohe Bedeutung für die Befragten (siehe Abbildung 31). Innerhalb der Kategorie ‚Soziales Umfeld' (147 Codes) wurden die Subkategorien ‚Familie' (56 Codes), ‚Freunde' (36 Codes), ‚Gruppe' (17 Codes) und ‚Partner oder Partnerin' (15 Codes) am häufigsten benannt (siehe Kapitel 3.3.2.8).

Abbildung 52: soziale Kontakte & Regeneration

Übung: Welche Personen sind für mich wichtig?

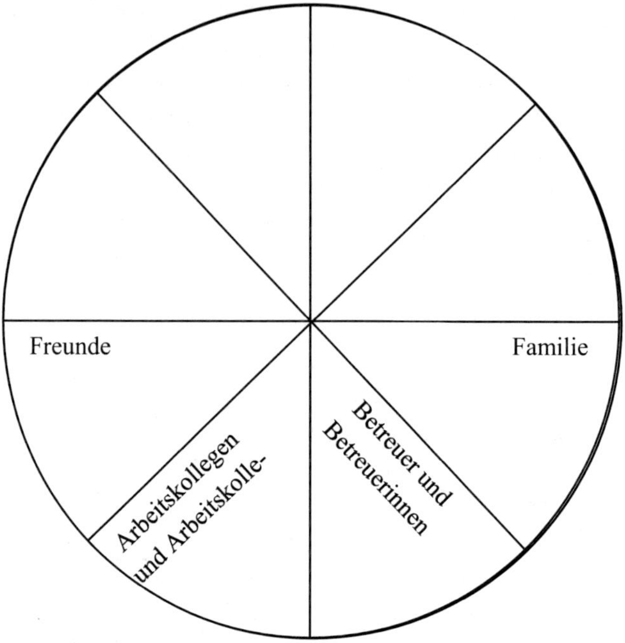

Abbildung 53: Netzwerkkarte

Um das eigene soziale Netzwerk zu verdeutlichen kann die Vorlage für eine Netzwerkkarte in Abbildung 53 genutzt werden. Die Hälfte der Felder sind mit Vorschlägen für eine Einteilung des sozialen Umfeldes gekennzeichnet. Hier können die Namen der dazugehörigen Personen eingetragen werden. Die Felder, die noch nicht bezeichnet wurden können frei benannt und ausgefüllt werden. Sollte ein Feld für die Namen nicht ausreichen, kann ein zweites mit der gleichen Bezeichnung ergänzt werden.

Übung: Welche Erfahrungen habe ich mit Freundschaft gemacht?
Um das Thema Freundschaft zu vertiefen, Erfahrungen mit Freundschaft und Umgangsmöglichkeiten zu reflektieren, können positive und negative Aspekte von Freundschaft beschriftet bzw. gekennzeichnet werden. Dies kann mit Bildern oder worten ausgedrückt werden.

Feiern

- Freude
- Spaß

Fremdbestimmung

- Hilflosigkeit
- Ärger

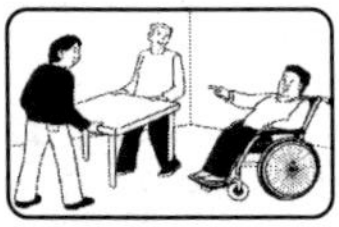

Unterstützung

- tut gut
- gegenseitige Hilfe

Gemeinschaft

- Zusammenhalt
- gibt Kraft

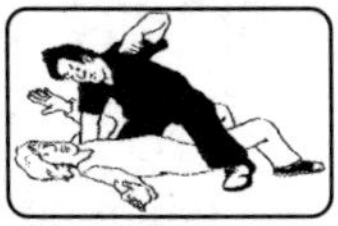

Gewalt

- Wut
- Trauer

Abbildung 54: Erfahrungen mit Freundschaft

Übung: Welche Gruppen sind mir wichtig?
Neben den Freundeskreisen und damit verbundenen Erfahrungen, verbringen die Befragten ihre Freizeit in Gruppen in- und außerhalb der Eingliederungshilfe. Daran anknüpfend kann eine Aufstellung darüber erarbeitet werden, welche Gruppen für die Person wichtig sind und warum sie dort gerne dazu gehört.

Gruppe	Warum ich gerne dazu gehöre
Sportgruppe	Es macht Spaß mit den anderen Sport zu machen.
Stammtisch	Hier treffe ich meine Freunde und Betreuungspersonen

Tabelle 23: Gruppenzugehörigkeit

‚Haushalts- und Familiengründung, Führung des eigenen Haushalts'

Die Kategorie wurde an 179 Stellen in den erhobenen Daten codiert. Dies ist zum einen darauf zurückzuführen, dass der Bereich ‚Wohnen' Bestandteil des Interviewleitfadens war. Zum anderen spielt der private Haushalt im Leben der Befragten eine besondere Rolle. Hier verbringen sie einen großen Teil ihrer Freizeit. Einen eigenen Haushalt zu führen bedeutet zudem einen ersten Schritt aus der Eingliederungshilfe oder dem elterlichen Haushalt heraus in die Selbstständigkeit zu gehen.

Übung: Wie möchte ich wohnen?

Um sich darüber bewusst zu werden, was an der eigenen Wohnung wichtig ist, erhält die betreute Person die Aufgabe ihre Traumwohnung zu malen oder anderweitig darzustellen. Wichtige Eigenschaften dieser Traumwohnung können ebenso in einer Aufzählung erfasst werden. Fragen für diese Übung könnten sein:

Abbildung 55: Wohnung

- Wo möchte ich wohnen (z. B. Stadt, Land, Arbeitsnähe, Herkunftsort)?
- Was gibt es in der Nähe (z. B. öffentliche Verkehrsmittel, Einkaufsmöglichkeiten)?
- Welche Zimmer brauche ich (z. B. Wohn- und Schlafzimmer, große Küche, Keller)?
- Wie ist die Wohnung ausgestattet (z. B. ohne Stufen, Badewanne, große Fenster)?

Übung: Was sollte ich können, um einen eigenen Haushalt zu führen?

An dieser Stelle können individuelle Fähigkeiten und Unterstützungsbedarfe der Person für die Führung eines Haushaltes erfasst werden. Hierzu ist es empfehlenswert gemeinsam eine möglichst vollständige Auflistung der zu erledigenden Aufgaben zu erstellen und darauf aufbauend Überlegungen für ein mögliches Unterstützungssystem anzustellen.

Abbildung 56: Stress

In Anlehnung an das Kursbuch Armutsprävention können folgende Aufgaben als mögliche Themen für diese Übung genannt werden (Piorkowsky & Münder, 2002):

- Konsum
- Umgang mit Behörden
- Finanzen
- Einkaufen
- Ernährung
- Wohnungspflege
- Reparaturen

In dem Kursbuch Armutsprävention werden diese Themen ausführlich erläutert. Die Lebensbereiche der Einkommensentstehung und -verwendung werden in Kapitel 4.4.3.4 weiterführend aufgearbeitet.

Ergebnis dieser Überlegungen kann eine konkrete Umsetzung der Ziele und Maßnahmen aus dem Hilfeplan zu dem Bereich Wohnen in ein System aus Selbständigkeit und Unterstützung sein.

Übung: Welche Unterstützung brauche ich um einen Haushalt führen zu können?

Um das individuelle Unterstützungssystem zur Führung eines eigenen Haushalts zu erarbeiten, ist die Beantwortung folgender Fragen notwendig:

- Welche Aufgaben fallen bei der Haushaltsführung an?
- Was kann ich alleine machen?
- Wobei brauche ich Unterstützung?
- Wer unterstützt mich bisher?
- Wer könnte mich sonst noch unterstützen?

Abbildung 57: Selbstbestimmung, Assistenz

Aufgaben der Haushaltsführung	Was ich selber kann	Wobei ich Unterstützung brauche	Wer mich unterstützt

Tabelle 24: Individuelle Unterstützungssystem zur Führung eines Haushalts

4.4.3.3 Erweiterungsmodul ‚Umgang mit konkreten Problemsituationen‘

In Anlehnung an den Grundkurs zur Alltags- und Lebensökonomie thematisiert das Modul Problemsituationen, diesbezügliche Umgangsmöglichkeiten und Unterstützungsangebote für die Bewältigung solcher Situationen.

Ausgangspunkt

Inhalt des Moduls sind konkrete Problemstellungen und Krisensituationen im Alltag. Als Ausgangspunkt für dieses Modul können reale Erfahrungen mit Alltags- und Lebensrisiken sein. Alternativ kann der Umgang mit spezifischen Risiken anhand von Fallstudien erarbeitet und reflektiert werden. Hierzu muss die Betreuungsperson zuvor abschätzen, inwieweit eine Auseinandersetzung mit bestimmten Problemsituationen und Krisenerfahrung angemessen und der zu betreuenden Person zuzumuten ist.

Zielsetzung

Die Auseinandersetzung mit konkreten Problemsituationen dient der Reflexion von Bewältigungsstrategien. Die Arbeit mit Fallstudien ermöglicht dabei die Reflexion von Krisensituationen und Bewältigungsstrategien in einem geschützten Rahmen, sie erfordert jedoch ein Abstraktionsvermögen. Die Auseinandersetzung mit Alltags- und Lebensrisiken, kann Ängste oder Vermeidungsstrategien eingrenzen und eine realistische Einschätzung in Bezug auf die eigene Lebenswelt fördern.

‚Alltags- und Lebensrisiken kennen, erkennen und bewerten‘

Das Leben jeder Person kann durch Probleme und Risiken beeinflusst und verändert werden. Eine plötzliche Krankheit kann beispielsweise dazu führen, dass das eigene Leben nie mehr so sein wird, wie gewohnt.

Übung: Was kann unser Glück beeinflussen?

Anhand eigener Erfahrungen der zu betreuenden Person oder anhand von Fall-

Abbildung 59: glücklicher Mann

Abbildung 58: glückliche Frau

Abbildung 60: Alltags- und Lebensrisiken

beispielen sollen Alltags- und Lebensrisiken erfasst werden. Diese können in der Vorlage ‚Risiko-Wolke' gesammelt werden (siehe Abbildung 60).
Alltags- und Lebensrisiken können beispielsweise Krankheit, Unfall, Ver-/Überschuldung, Tod, Arbeitslosigkeit, Sucht, Armut oder Trennung sein. Menschen reagieren sehr unterschiedlich auf das Eintreten solcher Risiken.

Übung: Brainstorming - Was mache ich, wenn ich traurig bin?

Abbildung 62: traurige Frau

Abbildung 61: trauriger Mann

‚Prävention und Krisenmanagement von Alltags- und Lebensproblemen'
In diesem Abschnitt wird der Fokus auf den Umgang mit Alltags- und Lebenskrisen gelegt. Hierzu soll eine Auseinandersetzung mit Handlungsmöglichkeiten stattfinden, um die Person auf problematische Situationen vorzubereiten. Dabei

muss zwischen der akuten Krisensituation, in der es im Wesentlichen darum geht, nicht unüberlegt zu handeln, und der nachhaltigen Krisenbewältigung unterschieden werden. Hierzu können die folgenden Fragen bearbeitet werden:

Übung:

Was kann ich in Problemsituationen selber tun, damit es mir wieder gut geht?

Abbildung 63: stark

Wer oder was kann helfen solche Erfahrungen zu verarbeiten?

Abbildung 64: Netzwerk

4.4.3.4 Wahlmodul zur Einkommensentstehung

Der Lebensbereich der Einkommensentstehung wurde in den Interviews nur bedingt angesprochen. In dem Lebensbereich lag der Fokus der Befragten auf den Lebenssituationen Berufswahl, Berufswechsel und Berufsbildung. Dies ist mit der hohen Unzufriedenheit mit der Berufstätigkeit in einer Werkstatt für behinderte Menschen zu erklären. Ihre Einkommenssituation ist den Befragten nur teilweise bekannt. Die 12 codierten Textstellen zum Sozialeinkommen beziehen sich darauf, ob die Personen Rente, Sozialhilfe oder Arbeitslosengeld erhalten. Die Unwissenheit in Bezug auf das Einkommen wird insbesondere im Interview mit E2_DW deutlich (Zeile 456 - 504). Die Lebenssituation ‚Stellung am Arbeitsplatz' wurde lediglich an einer Textstelle codiert und daher im Folgenden außen vor gelassen (siehe Abbildung 33).

Ausgangssituation

Häufig wird die Lebenssituation der Einkommensentstehung unterstützend oder stellvertretend von den Betreuungspersonen übernommen, wodurch für die Befragten kein akuter Handlungsbedarf vorliegt. Aufgrund der aktuellen Entwicklungen hin zu mehr Teilhabe und Selbstbestimmung steigt die Bedeutung dieser Lebenssituationen für die Zielgruppe an.

Zielsetzung

Die Adressaten und Adressatinnen sollen ein Grundwissen in Bezug auf ihre Einkommensentstehung erlangen, um diese einschätzen zu können. Dies ist die Voraussetzung dafür, diese Lebenssituationen im Sinne von Empowerment selbstbestimmt gestalten zu können. Weitere wichtige Aspekte der Einkommensentstehung sind neben dem Arbeits- und Sozialeinkommen die Lebenssituationen Berufswahl, Berufsausbildung und Berufswechsel. Sie finden sich in den folgenden Teilmodulen wieder.

Arbeits- und Sozial-Einkommen

Einkommen sind alle Geldbeträge, Waren oder Dienstleistungen, die einer Person innerhalb eines bestimmten Zeitraumes zukommen (May & Wiepcke, 2012, S. 199). Die Befragten konnten ihre Einkommenssituation nicht darstellen, die teilweise stellvertretend durch Betreuungspersonen geregelt wird. Ihr Einkommen ist sehr individuell und teilt sich in der Regel in verschiedene Einkommensformen auf. So kann zwischen Arbeits- und Sozialeinkommen unterschieden werden. Das Arbeitseinkommen der Mitarbeiter und Mitarbeiterinnen einer Werkstatt für Menschen mit Behinderungen ist jedoch ebenfalls ein Sozialeinkommen. Neben der Grundsicherung im Alter und bei Erwerbsminderung (SGB XII) können sie bei Vorliegen der Voraussetzungen beispielsweise Pflegegeld oder Opferentschädigungszahlungen erhalten. Beispielhaft wird dieses Teilmodul in leichter Sprache ausformuliert (siehe Abbildung 67).

Abbildung 65: leichte Sprache

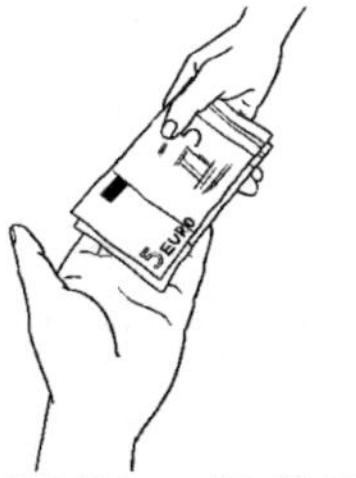

Abbildung 66: Geld bekommen

Einkommen kann in Form von Geld oder in Form von Waren oder Dienstleistungen geleistet werden. Viele Menschen mit Behinderung erhalten Dienst-Leistungen, wenn sie Unterstützung im Alltag brauchen. Eine Dienstleistung kann zum Beispiel die Betreuung oder Beratung durch das ambulant betreute Wohnen sein. Hilfe bei der Pflege ist auch eine Dienstleistung. Menschen im ambulant betreuten Wohnen können Geld für ihre Arbeit bekommen. Sie können auch Geld vom Amt bekommen. Manche Personen erhalten Geld vom Arbeits-Amt und andere vom Sozial-Amt.

Menschen auf dem ersten Arbeits-Markt erhalten Geld für ihre Arbeit, das Gehalt. Dieses Geld ist das Brutto-Gehalt. Davon müssen sie unter anderem Steuern oder Versicherungen bezahlen. Das macht meistens der Arbeitgeber. Was dann übrig bleibt ist das Netto-Gehalt. Wenn dieses Geld nicht genug ist, können sie zusätzliches Geld vom Arbeits-Amt bekommen. Mitarbeitende einer Werkstatt für behinderte Menschen erhalten Geld von der Werkstatt und vom Sozial- oder Arbeits-Amt.

Wenn man Geld von einem Amt bekommen möchte, muss hierzu ein Antrag bei dem Amt gestellt werden. Das Sozial-Amt zahlt auch zusätzliches Geld, wenn Menschen mit Behinderung das wegen ihrer Behinderung brauchen.

Übung: Mein Einkommen

Manche Banken bieten Informationen und Materialien zum Einkommen an. Das kann dabei helfen, sich einen Überblick über das eigene Einkommen zu machen. Als erstes kann eine Übersicht über das eigene Einkommen erstellt werden. Hierzu kann die Vorlage in Tabelle 25: Mein Einkommen genutzt werden.

Abbildung 67: Erweiterungsmodul ‚Arbeits- und Sozialeinkommen' in leichter Sprache

Mein Einkommen	Geld in Euro
Arbeits-Einkommen	
Sozial-Einkommen	
Sonstiges Einkommen	
Summe	

Tabelle 25: Mein Einkommen

Berufswahl und Berufswechsel

Abbildung 68: Berufe

Nach Artikel 12 GG haben alle Menschen in Deutschland das Recht auf freie Berufswahl. Demzufolge können auch Menschen mit Behinderung ihren Beruf frei wählen. In den Interviews E1_RG, E1E3_FAB, E2_MG, E3_FJU, E1_FG wurde Unzufriedenheit mit den Arbeitsbedingungen in den Werkstätten für behinderte Menschen und der damit verbundene Wunsch zu einem Berufswechsel geäußert. In Deutschland haben 77 % der Mitarbeiter und Mitarbeiterinnen in den Werkstätten für behinderte Menschen eine geistige Behinderung (siehe Kapitel 2.3.2). Die Lebenssituationen Berufswahl und -wechsel sind demnach für die Zielgruppe von besonderer Bedeutung.

Die wesentlichen Fragen in Bezug auf die Berufswahl und einen möglichen Berufswechsel sind eng mit den eigenen Bedürfnissen und Wünschen verbunden. Um diese Fragen beantworten zu können, können Teile aus dem Basismodul ‚Ich bin ich' genutzt werden (siehe Kapitel 4.4.3.1).

Um eine eigene Berufswahl treffen zu können, müssen die verschiedenen Chancen und Risiken betrachtet werden, die bei der Berufswahl wichtig sind. Dabei ist es essenziell sowohl die persönlichen Voraussetzungen (Fähigkeiten, Neigungen und Einschränkungen), das Risiko der Benachteiligung am Arbeitsplatz als auch die Fördermöglichkeiten zur Integration in den ersten Arbeitsmarkt zu prüfen. Zudem sollten ökonomische Aspekte der Berufswahl erkannt und im Prozess bedacht werden (May & Wiepcke, 2012, S. 109).

Übung: Was will ich wo arbeiten?

In Bezug auf die Zielgruppe sind hierzu verschiedene Fragestellungen zu bearbeiten:

- Was kann ich gut und was fällt mir schwer?
- Welche Tätigkeiten machen mir Spaß?
- Welche Berufe gibt es?
- Gibt es die Möglichkeit Praktika oder eine Weiterbildung zu absolvieren?
- Habe ich die Möglichkeit einen Schulabschluss oder eine Ausbildung zu machen?
- Welche Voraussetzungen muss eine mögliche Arbeitsstelle erfüllen, damit ich dort arbeiten kann?

Der Lebensbereich Arbeiten ist bereits Bestandteil der Hilfeplanung für das ambulant betreute Wohnen in Nordrhein-Westfalen. Dem entsprechend kann der Prozess der Berufswahl und eines möglichen Berufswechsels durch die entsprechenden Fachkräfte begleitet und unterstützt werden.

4.4.3.5 Wahlmodul zur Einkommensverwendung

In den Interviews wurde deutlich, dass in den Lebensbereichen der Einkommensentstehung und Einkommensverwendung ein hoher Bildungsbedarf der Zielgruppe vorliegt (siehe Kapitel 0). In dem Lebensbereich der Einkommensverwendung wurden die Situationen ‚Freizeit' und ‚Kauf' häufig angesprochen und ausführlich thematisiert. Die übrigen Lebenssituationen wurden hingegen nur an wenigen oder gar keinen Textstellen codiert (siehe Abbildung 32).

Ausgangspunkt

Für ein selbstbestimmtes Leben im ambulant betreuten Wohnen ist es bedeutsam, einen Überblick über die finanzielle Situation zu haben. Hierzu gehört neben der Einkommensentstehung auch die Einkommensverwendung. Diese Kenntnisse sind für die Zielplanung in Bezug auf die Realisierung von Bedürfnissen und Wünschen wichtig.

Zielsetzung

Die Auseinandersetzung mit der eigenen Einkommensverwendung und damit verbundenen ökonomisch geprägten Lebenssituationen ermöglicht die Reflexion der eigenen Situation, aufgrund derer Handlungsmöglichkeiten erarbeitet werden sollen. Die Adressaten und Adressatinnen sollen sich in diesem Modul über ihre eigene Situation bewusst werden und in die Lage versetzt werden Gestaltungsmöglichkeiten in Bezug auf reale ökonomische Lebenssituationen kontinuierlich wahrzunehmen und zu reflektieren. Das ambulant betreute Wohnen bietet die Rahmenbedingungen dazu, den Umgang mit diesen Lebenssituationen im Alltag zu erproben sowie zu reflektieren und so nachhaltiges Lernen zu realisieren.

Freizeit

Beispielhaft wird dieses Teilmodul in leichter Sprache ausformuliert (siehe Abbildung 70).

Abbildung 69: leichte Sprache

Freizeit ist die Zeit außerhalb der Arbeitszeit, über die jeder selber bestimmen kann. Freizeit kann unter der Woche oder am Wochenende stattfinden. Außerdem gibt es Freizeit, die seltener stattfindet zum Beispiel Urlaub oder Ferien. Viele Menschen verdienen ihr Geld damit, anderen Menschen Angebote zur Freizeitgestaltung zur Verfügung zu stellen so zum Beispiel der Bademeister, Spielzeugverkäufer oder der Betreiber eines Freizeitparks. Sie verdienen ihr Geld damit Freizeitgüter zu verkaufen, Dienstleistungen im Bereich Freizeit anzubieten oder die notwendigen Dinge für Freizeitangebote bereitzustellen (zum Beispiel Räume, Busse oder Bahnen, Plätze). Die Menschen geben für ihre Freizeit viel Geld aus und zwar am liebsten für folgende Dinge:

- in einem Restaurant essen gehen
- Mobiltelefon
- Zeitungen
- Musik oder Filme
- Bücher
- Ausflüge
- ein Besuch im Kino
- Sport
- den Urlaub
- Computer

Genauso wie das Geld kann auch die Zeit knapp sein, die für Freizeit genutzt werden kann. Daher muss überlegt werden, welche Wünsche in der knappen Zeit oder mit dem knappen Geld in der Freizeit erfüllt werden können (May & Wiepcke, 2012, 260f.).

Übung: Was mache ich in meiner Freizeit?

Um die Ausgaben für die Freizeit benennen zu können, muss man wissen, welche Freizeitaktivitäten gemacht werden. Hierzu kann die Vorlage aus Abbildung 71 genutzt werden.

Übung: Wofür gebe ich in meiner Freizeit Geld aus?

Danach kann überlegt werden, wie viel Geld für einzelne Freizeitaktivitäten ausgegeben wird. Hierzu kann die Vorlage in Tabelle 26: Meine Freizeit verwendet werden.

Abbildung 70: Wahlmodul ‚Freizeit' in leichter Sprache

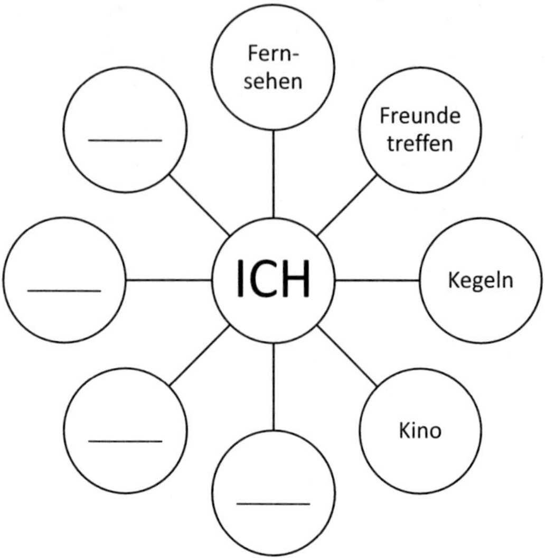

Abbildung 71: Meine Freizeit

Meine Freizeit	Ausgaben in Euro pro Monat
DVDs	
Kino	

Tabelle 26: Meine Freizeit

Kaufen und Sparen

Die Lebenssituationen Kaufen und Sparen sind für die Zielgruppe bislang durch die Vermögensfreigrenze von 2.600€ stark eingeschränkt (siehe Kapitel 2.3.1). Beide Lebenssituationen sind daher auf einen entsprechenden geringen Kostenumfang begrenzt, beispielsweise auf die Anschaffung von Möbeln oder das Sparen für einen Urlaub. Diese Vermögensfreigrenze wird gemäß dem aktuellen Gesetzesentwurf zum Bundesteilhabegesetz ab dem Jahr 2017 auf 25.000 € und zum Jahr 2020 auf 50.000 € angehoben. Ab dem Jahr 2017 haben hiernach Menschen mit Behinderung, die Leistungen der Eingliederungshilfe beziehen die Möglichkeit größere Summen zu sparen sowie aus-

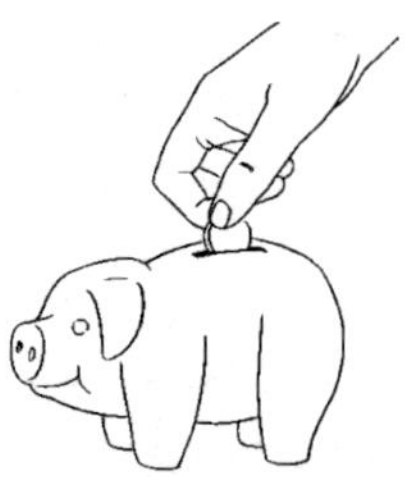

Abbildung 72: sparen

zugeben. Wird das BHTG entsprechend dem vom Bundeskabinett verabschiedeten Gesetzesentwurf im Jahr 2016 verabschiedet, so soll es zum 1.1.2017 in Kraft treten, wodurch der Bildungsbedarf der Zielgruppe in Bezug auf ökonomisch geprägte Lebenssituationen rasant ansteigen würde. Es ist daher empfehlenswert hierzu frühzeitig weitergehende Informationsmaterialien zur Verfügung zu stellen.

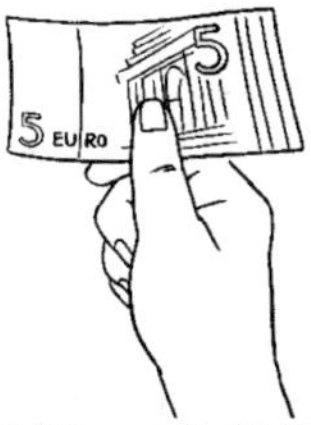

Abbildung 73: Geld bezahlen

Die Lebenssituation ‚Kaufen' ist für die Befragten besonders wichtig. Hier stehen knappe Ressourcen den konkreten Bedürfnissen und Wünschen gegenüber. Die Möglichkeiten des Einkaufens können durch die Einrichtung einer gesetzlichen Betreuung gemäß § 1896 BGB insbesondere dann stark beeinflusst werden, wenn ein Einwilligungsvorbehalt gemäß § 1903 BGB vorliegt. Unter den Befragten war keine Person, bei der ein Einwilligungsvorbehalt vorlag, allerdings verfügten 12 der 17 Befragten über eine gesetzliche Betreuung, mit der sie ihre Ein- und Ausgaben absprechen. Als Beispiel hierfür ist die beschriebene Vorgehenswese aus dem Interview mit E2_NW und E2_RWS zu nennen. Ihre Wünsche bespricht das Paar zuerst mit den Betreuungspersonen des ambulant betreuten Wohnens. Gemeinsam prüfen sie Möglichkeiten, wie die Wünsche realisiert werden könnten. Diese Ergebnisse werden der gesetzlichen Betreuungsperson vorgestellt und final mit ihr besprochen. Um Einkäufe tätigen zu können, sind Entscheidungen unabdingbar. Es ist daher empfehlenswert zuvor das Basismodul ‚Ich bin ich' zu absolvieren.

Übung: Was kann und will ich wofür sparen?
Um die Wünsche realisieren zu können, kann ein entsprechender Spar-Plan erstellt werden. Hierzu kann die Vorlage in Tabelle 27: Spar-Plan genutzt werden.

Wünsche	Sparziel 1	Sparziel 2	Sparziel 3	Wann soll das Ziel erreicht sein?
Urlaub	100,-€	250,-€	400,-€	30. September
Handy	50,-€	100,-€	150,-€	1. November

Tabelle 27: Spar-Plan

Versichern und Vorsorgen

Die Lebenssituation ,Versicherung' wurde in 2 Interviews von der befragten Person aus angesprochen. In allen Interviews wurde sie lediglich an 10 Stellen codiert. Selbst die Person, die zum Zeitpunkt des Interviews sowohl die Betreuung durch das ambulant betreute Wohnen als auch die gesetzliche Betreuung beendet hatte brachte ihre Unwissenheit in Bezug auf die Lebenssituation Versicherung in dem Interview deutlich zum Ausdruck:

> *„bei Versicherungen, da lasse ich noch die Hand weg, weil das läuft dann ja auch übers Finanzamt und so. Und da bin ich lieber froh, wenn da einer ist, der sich damit auskennt" (Interview E2_DW Zeile 436).*

Die Lebenssituation wurde an 5 Textstellen codiert, allerdings wurde das Thema an diesen Textstellen von der Interviewerin angesprochen, ohne dass eine Reaktion der Befragten hierauf erfolgte. Die geringe Auseinandersetzung mit den Lebenssituationen ,Versichern' und ,Vorsorgen' steht in Zusammenhang mit der gesetzlichen Betreuung, die in 12 Fällen vorlag und diese Lebenssituationen stellvertretend übernimmt. Besonders dringender Bildungsbedarf wird daher bei den Personen gesehen, die über keine gesetzliche Betreuung verfügen oder diese beenden wollen.

Ein weiteres Indiz für die geringe Auseinandersetzung mit den Lebenssituationen besteht darin, dass auf der Homepage des Büros für leichte Sprache kein Symbol für Versicherung oder Vorsorge zu finden ist (Büro für leichte Sprache, ohne Jahr).

4.4.4 Fazit

Dieses Kapitelt dient der Benennung von Anforderungen in Bezug auf die Forschungsfrage:

Welche Anforderungen ergeben sich aus den ökonomisch geprägten Lebenssituationen von Menschen mit geistiger Behinderung im ambulant betreuten Wohnen nach § 53 Sozialgesetzbuch (SGB) XII für die ökonomische Bildung im Kontext Sozialer Arbeit?

Diese Anforderungen aus Kapitel 4.1 und 4.2 sind in Abbildung 74 zusammengefasst und in Bezug zueinander gestellt. Das dargestellte Konzept zur ökonomischen Bildung der Zielgruppe im Kontext Sozialer Arbeit soll aufzeigen, dass eine Realisierung dieser Anforderungen innerhalb eines Bildungskonzeptes möglich ist. In Kapitel 4.4 ist es gelungen den Anforderungen aus der ökonomischen Bildung sowie der Sozialen Arbeit und den daraus resultierenden Anforderungen an eine personenzentrierte ökonomische Bildung zu entsprechen. In diesem Konzept wurde durch das modulare System ein personenzentrierte und lebenssituationsorientierter Einsatz der einzelnen Bestandteile ökonomischer Bildung ermöglicht. Hierdurch kann den Anforderungen durch die entwickelten Typen der ‚stellvertretenden Ausführung', ‚partielle Selbständigkeit' und ‚erste Stufe der Selbstständigkeit' gerecht werden. Durch dieses Vorgehen ist es möglich ökonomische Bildung ausgerichtet an den Vorkenntnissen und Fähigkeiten einzelner Personen anzuwenden. Gleichzeitig werden in dem Konzept die Anforderungen berücksichtigt, die aus einer zielgruppenorientierten Erwachsenenbildung resultieren. Diese spiegeln sich unter anderem in den Lernzielebenen und den Anforderungen durch personale und umweltbezogene Ressourcen wider. Das gesamte Konzept übergreifend, wurden die Kriterien für eine zielgruppenspezifische Erwachsenenbildung berücksichtigt. Nur so konnte ein Konzept entwickelt werden, welches den Anforderungen an eine personenzentrierte ökonomische Bildung in Bezug auf konkrete Lebenssituationen der Zielgruppe gerecht wird. Gleichzeitig haben die Anforderungen und deren Umsetzung die Komplexität der Thematik verdeutlicht.

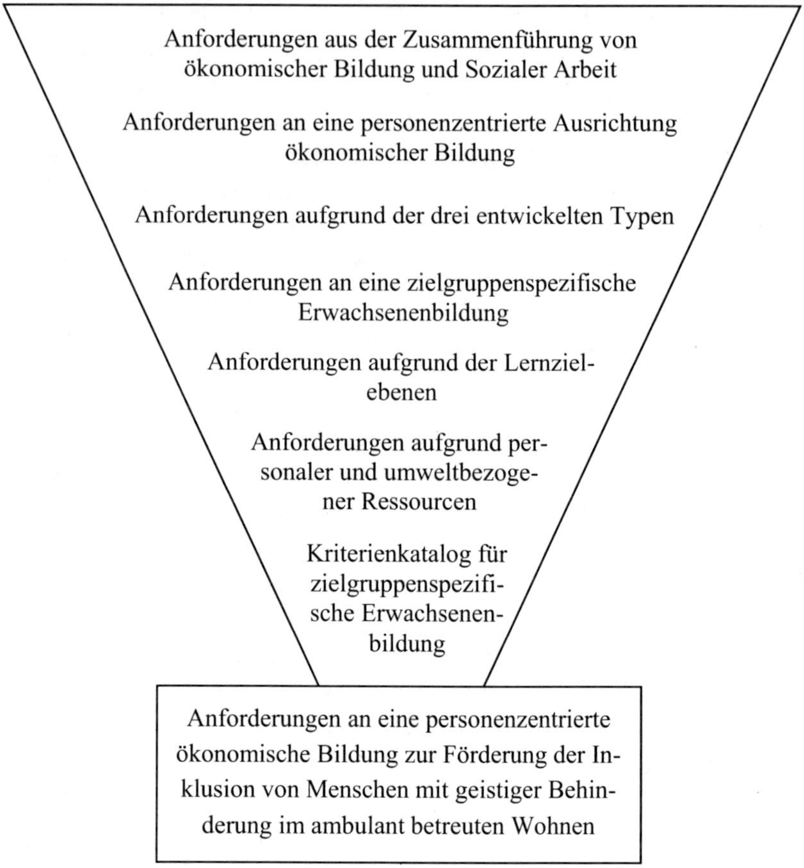

Abbildung 74: Anforderungen entsprechend der Beantwortung der Forschungsfrage [111]

In den einzelnen Modulen konnten wichtige Aspekte der ökonomischen Bildung für die Zielgruppe ausgearbeitet und Beispiele für die Umsetzung in leichter Sprache gegeben werden. In Bezug auf die konkrete Umsetzung und weitere Verbreitung des Bildungskonzepts müssen weitergehende Fragen beantwortet werden, deren Betrachtung nur im Zusammenhang mit den gegebenen Rahmenbedingungen sinnvoll ist. Folgende Fragen bleiben daher vorerst unbeantwortet:

- Welchen Nutzen hat die Einrichtung von der Umsetzung des Konzepts?

[111] Quelle: Abbildung 42: Übersicht der entwickelten Anforderungen zur Beantwortung der Forschungsfrage

- Kann das Konzept auf bestimmte Bedürfnisse der Einrichtung angepasst werden?
- Was kann die Einrichtung leisten, um die Umsetzung des Konzepts zu unterstützen?
- Werden die Mitarbeiter und Mitarbeiterinnen für die Umsetzung des Konzepts geschult?
- Welche Materialien werden für die Umsetzung zur Verfügung gestellt?
- Wie sieht die konkrete Umsetzung in der praktischen Arbeit aus?
- Welche (Teil-)Module sind in welchen Situationen anzuwenden?
- Wie kann der Einsatz des Konzepts reflektiert werden?

Für die Themenbereiche der Einkommensentstehung und -verwendung ist es notwendig weitergehende Informationen mit Bezug auf die Lebenssituationen von Menschen mit Behinderung und unter der Berücksichtigung der spezifischen Bildungsbedürfnisse der Zielgruppe zur Verfügung zu stellen. Diese Themenbereiche erlangen durch das BTHG eine neue Bedeutung für alle Menschen, die Leistungen der Eingliederungshilfe beziehen. Wird es verabschiedet, so gelten erhöhte Vermögensfreigrenzen für diese Personengruppe, die ihnen neue Möglichkeiten zur Gestaltung ökonomischer Lebenssituationen bieten. Um diese neu errungenen Chancen nutzen und diese ökonomischen Lebenssituationen gestalten zu können, sind weitergehende Kenntnisse in den Lebensbereichen der Einkommensentstehung und -verwendung zu fördern. Es ist daher wünschenswert Informationsbroschüren in leichter Sprache für die Zielgruppe zur Verfügung zu stellen. Dies kann beispielsweise in Anlehnung an die Informationsbroschüren der Sparkassen-Finanzgruppe erfolgen (Beratungsdienst Geld und Haushalt, ohne Jahr):

- Kompaktwissen Girokonto
- Kompaktwissen Versichern
- Kompaktwissen Finanzieren
- Kompaktwissen Geldanlage

Auf der Homepage des Beratungsdienstes Geld und Haushalt stehen des Weiteren Lernvideos zu den verschiedenen Themenfeldern zur Verfügung, die jedoch Grundkompetenzen der Allgemeinbildung voraussetzen, die bei der Zielgruppe nicht immer vorhanden sind (Beratungsdienst Geld und Haushalt, ohne Jahr). Für eine Ausarbeitung von Informationsmaterialien für Menschen mit Behinderung werden daher Kooperationsmöglichkeiten mit dem Beratungsdienst Geld und Haushalt geprüft.

Ebenfalls soll eine Weiterentwicklung des vorgestellten Konzepts angeregt und an den entsprechenden Stellen beantragt werden. Ein möglicher Kooperationspartner hierfür ist die Diakonie Rheinland-Westfalen-Lippe, die bereits in ersten Gesprächen ein großes Interesse an einem solchen Projekt zeigte. Gemeinsam mit diesem Träger kann ein Antrag zur Projektförderung, beispielsweise zur Erstellung von Lehr-Lernmaterialien, gestellt werden. Angedacht ist es hierzu zum einen Informationsbroschüren und Leitfäden zur praktischen Umsetzung des Konzepts für die Betreuungspersonen auszuarbeiten und zum anderen Informationsbroschüren in leichter Sprache für die Personen mit Behinderung zur Verfügung zu stellen.

5. Schlussbetrachtung

Ausgangspunkt dieser Arbeit war die Frage danach, welche Anforderungen sich aus den ökonomisch geprägten Lebenssituationen von Menschen mit geistiger Behinderung im ambulant betreuten Wohnen nach § 53 SGB XII für die ökonomische Bildung im Kontext Sozialer Arbeit ergeben.

Es ist dem gesellschaftlichen Wandel der letzten Jahrzehnte geschuldet, dass diese Frage heute gestellt werden kann und muss (siehe Kapitel 2.1.2). Sie steht in enger Verbindung mit dem dargestellten Verständnis von Inklusion und daraus resultierenden Anforderungen an ein möglichst selbstbestimmtes Leben innerhalb der Gesellschaft (siehe Kapitel 2.1.4). Rechtliche Grundlage für die Forschungsfrage bildet die Behindertenrechtskonvention der Vereinten Nationen, die besagt, dass Menschen mit Behinderung nicht von Bildung ausgeschlossen werden dürfen (siehe Kapitel 2.3.1). Um die Forschungsfrage beantworten zu können, sind Kenntnisse aus der Wirtschaftsdidaktik und der Sozialen Arbeit unabdingbar. Dementsprechend wurde die erforderliche Theorie aus der Wirtschaftsdidaktik und der Sozialen Arbeit aufgezeigt und zusammengeführt (siehe Abbildung 75). Die daraus resultierende zentrale Erkenntnis ist die, dass die Lebensbedingungen der Zielgruppe eine ökonomische Bildung erforderlich macht, die individuell ausgerichtet werden kann und entsprechend spezifische Fähigkeiten vermittelt (siehe Abbildung 75).

In diesem übergeordneten Rahmen fokussiert die Forschungsfrage konkrete Lebenssituationen aus dem Alltag der Adressaten und Adressatinnen. Um diesem komplexen Gegenstand gerecht zu werden wurde ein Modell entwickelt, welches Lebenssituationen in den Kontext von Lebenslage, Lebensphase, Lebenswelt und den Diversitätsdimensionen stellt und so eine ganzheitliche Betrachtung der Lebenssituationen ermöglicht (siehe Kapitel 2.2 und Abbildung 76).

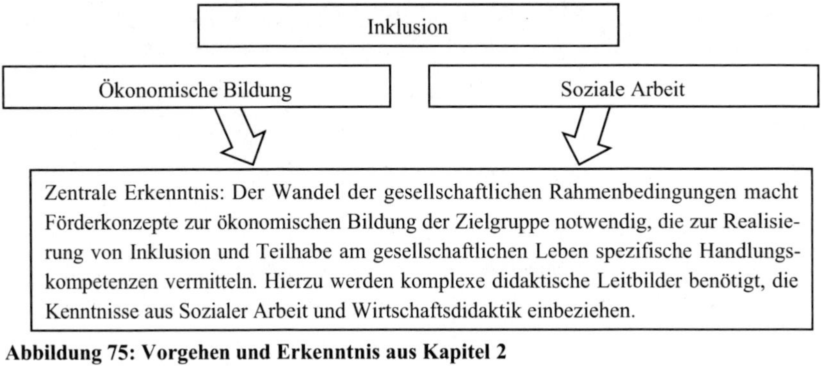

Abbildung 75: Vorgehen und Erkenntnis aus Kapitel 2

Um die Anforderungen an ein solches Konzept zur ökonomischen Bildung gemäß der Forschungsfrage zu benennen, wurde in Kapitel 0 ein sehr spezifisches Forschungsdesign entwickelt und angewendet. Mit diesem Forschungsdesign wurde zugleich das entwickelte Verständnis von Inklusion aus Kapitel 2.1.4 umgesetzt. Daraus resultiert die Anforderung an ökonomische Bildung, dass ein entsprechendes Bildungskonzept für die Zielgruppe unabhängig von Schultypen ausgerichtet und an den Vorkenntnissen und Fähigkeiten der Adressaten und Adressatinnen ausgerichtet werden muss (siehe Kapitel 0). Aus dieser Erkenntnis resultieren wiederum weitere Anforderungen an eine ökonomische Bildung, die sich an den Voraussetzungen und Vorkenntnissen einzelner Personen orientiert. Die Komplexität des Gegenstandes wird durch die Benennung der Anforderungen an ein Konzept zur personenzentrierten ökonomischen Bildung der Zielgruppe und dessen Realisierung innerhalb eines Leitfadens deutlich. Als Grundlage dienen die entwickelten Typen der ‚stellvertretenden Ausführung', der ‚partiellen Selbständigkeit' und der ‚ersten Stufe der Selbstständigkeit', die in Bezug auf die Lebenssituationen den Rahmen für eine personenzentrierte ökonomische Bildung darstellen.

Im Folgenden wird dieses Vorgehen zur Beantwortung der Forschungsfrage ausführlicher zusammengefasst (Kapitel 5.1) und anschließend kritisch reflektiert (Kapitel 5.2).

5.1 Zusammenfassung

Zur Beantwortung der Forschungsfrage wurden in Kapitel 2 theoretische Grundlagen aus den Wirtschafts- und Sozialwissenschaften aufgearbeitet. So konnten die historischen Hintergründe und gesellschaftlichen Rahmenbedingungen für ein Leben mit Behinderung in Deutschland dargestellt werden. Hier wurde deutlich, dass die Lebensbedingungen der Zielgruppe wesentlich von denen der Menschen ohne Behinderung abweichen. In Bezug darauf wurden Erkenntnisse und Leitbilder ökonomischer Bildung betrachtet. Dadurch wurde die Notwendigkeit einer zielgruppenspezifischen ökonomischen Bildung verdeutlicht und die Möglichkeiten der zielgruppenspezifischen Anwendung der Leitbilder diskutiert. Eine zielgruppenspezifische ökonomische Bildung bezieht sich auf konkrete Lebenssituationen einzelner Menschen. Als Grundlage für eine solch individuelle und umfassende Betrachtung von Lebenssituationen wurde ein Modell entwickelt, welches Lebenssituationen im Rahmen von Lebenslage, Lebensphase, Lebenswelt sowie der Diversitätsdimensionen einzelner Menschen darstellt. So wurde es möglich, individuell geprägte Lebenssituationen ganzheitlich zu betrachten und in den empirischen Teil einzubeziehen. Sie bilden den Rahmen für eine nachhaltige und zielgruppenspezifische ökonomische Bildung. Kern von Kapitel 2 ist somit die Erkenntnis, dass der Wandel der gesellschaftlichen Rahmenbedingungen Förderkonzepte zur ökonomischen Bildung der Zielgruppe notwendig macht, die zur Realisierung von Inklusion und Teilhabe am gesellschaftlichen Leben spezifische Handlungskompetenzen vermitteln. Hierzu ist es notwendig Lebenssituation im Kontext von Lebenslage, Lebenswelt, Lebensphase und der Diversitätsdimension der Person zu betrachten sowie weiterführende Rahmenbedingungen einzubeziehen (siehe Kapitel 2).

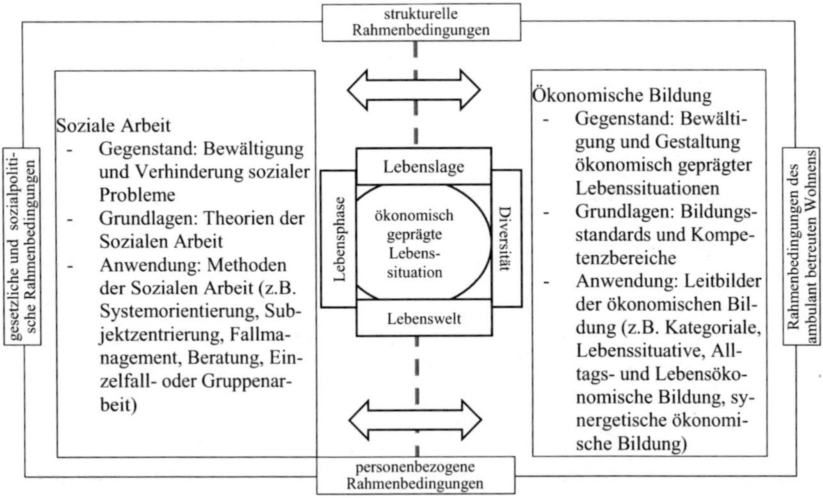

Abbildung 76: Lebenssituationsbezogenen Zusammenführung ökonomischer Bildung und Sozialer Arbeit[112]

Die Erkenntnis aus den theoretischen Grundlagen hat zur Folge, dass für den empirischen Teil zur Beantwortung der Forschungsfrage in Kapitel 0 ein spezifisches Forschungsdesign entwickelt werden musste, um die entsprechenden Daten erlangen zu können. Hierbei mussten sowohl die Kriterien der qualitativen Forschung sowie die Zugangsmöglichkeiten zum Feld bedacht werden. Die intensiven Erkenntnisse über die Zielgruppe, die Methoden qualitativer Forschung und die psychologische Gesprächsführung ermöglichten die Herleitung einer solch spezifischen Vorgehensweise, welche dem Kriterium der Gegenstandsangemessenheit

[112] Quelle: Abbildung 24: Lebenssituationsbezogene Zusammenführung von Sozialer Arbeit und ökonomischer Bildung

entspricht (siehe Kapitel 3.1). Diese Methodentriangulation aus partizipativer Forschung, narrativ orientiertem sowie leitfadengestütztem Interview ermöglichte 17 Personen mit unterschiedlichen Behinderungsbildern zwischen dem 27. und 65. Lebensjahr die Teilnahme an der Datenerhebung. Dabei wurde der Zugang zum Feld über drei Einrichtungen der sogenannten Behindertenhilfe realisiert. Der Einfluss der Einrichtungen auf die Datenerhebung wurde dadurch gemindert, dass drei Einrichtungen ausgewählt wurden, die sich in ihrem Ursprung und Leitbild möglichst unterschieden. Nach einem Informationsgespräch mit den Teilnehmenden wurde die Methode Fotovoice und das narrativ orientierte, leitfadengestützte Interview durchgeführt. Dabei mussten zu jedem Zeitpunkt die unterschiedlichen Bedürfnisse und Fähigkeiten der Teilnehmenden berücksichtigt werden (siehe Kapitel 3.2). Anschließend wurden die Interviews von einem unabhängigen Transkriptionsbüro transkribiert. Diese Daten wurden in MAXQDA analysiert und ausgewertet (siehe Kapitel 3.3). Hierzu wurden die induktive Kategorienbildung und die typisierende Strukturierung nach Mayring angewendet. Das Ergebnis dieser induktiven Analyse sind Informationen zu der Lebenslage und Lebenswelt sowie zu den Lebensphasen und den konkreten Lebenssituationen der Zielgruppe. Die typisierende Strukturierung ergab zudem, dass die Kompetenzen in Bezug auf ökonomisch geprägte Lebenssituationen sehr unterschiedlich ausgeprägt waren. So wurde ersichtlich, dass eine Anforderung zur Realisierung ökonomischer Bildung für die Zielgruppe darin besteht, den unterschiedlichen Personen mit ihren Vorkenntnissen und Einschränkungen unabhängig von Schultypen gerecht zu werden. Dem entsprechend wurden die Typen ‚stellvertretende Ausführung', ‚partielle Selbstständigkeit' und ‚erste Stufe der Selbstständigkeit' erarbeitet und in Bezug auf die Angaben der Teilnehmenden gesetzt. Ein weiteres Ergebnis der Auswertung ist zudem ein Kriterienkatalog für die Konzeptentwicklung eines Bildungsangebotes zur ökonomischen Bildung (siehe Abbildung 37). Die empirische Untersuchung ergab somit wesentliche Grundlagen für weiteren Ausarbeitungen entsprechend der Forschungsfrage (siehe Kapitel 3.4).
Basierend auf den theoretischen Grundlagen aus Kapitel 2 und der empirischen Forschung in Kapitel 0 wurden bezugnehmend auf die Forschungsfrage in Kapitel 0 konzeptionelle Überlegungen angestellt und ein entsprechendes Grundkonzept entwickelt. Hierzu wurden in Kapitel 4.4.1 die theoretischen Grundlagen aufgezeigt und in 4.4.2 ein didaktisches Design entwickelt. Dabei ist zu betonen, dass die Ausgestaltung der konkreten Lernsituation den Mitarbeiter und Mitarbeiterinnen des ambulant betreuten Wohnens in Zusammenarbeit mit den Adressaten und

Adressatinnen obliegt. Anschließend wird ein Leitfaden für die Anwendung ökonomischer Bildung im Rahmen des ambulant betreuten Wohnens entwickelt und in Kapitel 4.4.3 dargestellt. Dieses Konzept dient als ‚Werkzeugkoffer' für den Einsatz im ambulant betreuten Wohnen, dass an den spezifischen ökonomisch geprägten Lebenssituationen sowie den individuellen Bildungsbedürfnissen ausgerichtet und subjektbezogen eingesetzt werden. Diese zielgruppenorientierte Erweiterung der Alltags- und Lebensökonomischen Bildung eröffnet neue Anwendungsgebiete für die ökonomischer Bildung und ermöglicht so eine stärkere Förderung der Inklusion im menschenrechtlichen Sinne.

Die Anforderungen an eine ökonomische Bildung für die Zielgruppe ergeben sich aus dem hier angewendeten Verständnis von Inklusion. Daraus entstehen wiederum Anforderungen an eine interdisziplinäre Zusammenarbeit von Sozial- und die Wirtschaftswissenschaften. Diese Arbeit zeigt, dass interdisziplinäres Denken und Handeln zur Förderung von Inklusion eine intensive, fallbezogene Analyse von ökonomisch geprägten Lebenssituationen ermöglicht. Grundlegend ist dabei die individuelle Ausrichtung ökonomischer Bildung an den Fähigkeiten und Fertigkeiten der Adressaten und Adressatinnen. Daraus ergibt sich die Notwendigkeit ein Leitbild ökonomischer Bildung zu entwickeln, welches sich nicht an den Schultypen sondern an den Vorkenntnissen und Fähigkeiten der Lernenden ausrichtet. In Bezug auf die Zielgruppe ist eine Ausrichtung ökonomischer Bildung an den Typen der ‚stellvertretenden Ausführung', der ‚partiellen Selbstständigkeit' und der ‚Erste Stufe der Selbstständigkeit' unabdingbar. gleichzeitig müssen in Bezug auf die Zielgruppe Aspekte der Erwachsenenbildung berücksichtigt werden, um ökonomische Bildung entsprechend der Forschungsfrage nachhaltig vermitteln zu können. Um eine solche personenzentrierte ökonomische Bildung zu realisieren wurde ein Modell entwickelt, welches Lebenssituationen im Rahmen von Lebenslage, Lebensphase, Lebenswelt und unter Berücksichtigung der Diversitätsdimensionen ganzheitlich betrachtet. Auf dieser Basis wurde es ermöglicht, ökonomische Bildung individuell und an den konkreten Bedarfen und Lernzielen der Person orientiert auszurichten. Weitere personale und umweltbezogene Rahmenbedingungen müssen dabei Berücksichtigung finden (siehe Abbildung 76). Für die Anwendung ökonomischer Bildung und die Ausgestaltung konkreter Lernsituationen können Methoden aus der Wirtschaftsdidaktik und der Sozialen Arbeit einzeln oder in Kombination miteinander genutzt werden. Exemplarisch wurden hierzu in Bezug auf die Zielgruppe die lösungs- und die systemorientierte Beratung aufgezeigt. Bei der Umsetzung dessen sollte der Kriterienkatalog für zielgruppenspezifische Bildungsangebote berücksichtigt werden (siehe Abbildung

37) Diese Anforderungen dienen der Beantwortung der Forschungsfrage und werden in Abbildung 77 zusammenfassend aufgezeigt. Das Konzept zur personenzentrierten ökonomischen Bildung wird den Mitarbeitern und Mitarbeiterinnen des ambulant betreuten Wohnens als Leitfaden zur Verfügung gestellt. Dieser Leitfaden stellt die Realisierung der genannten Anforderungen innerhalb eines Bildungskonzepts dar.

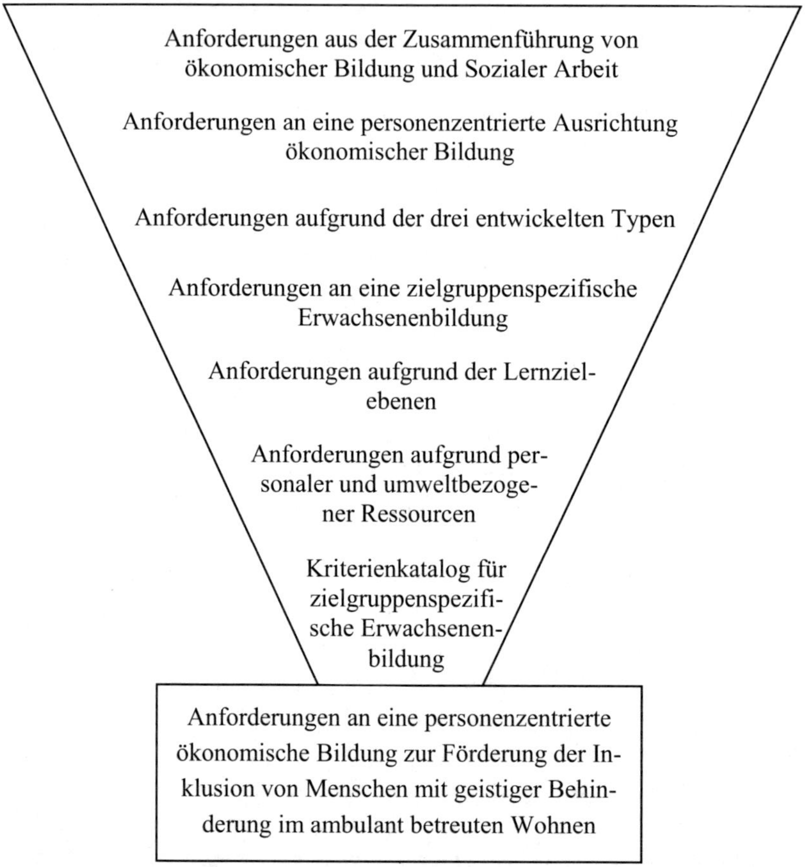

Abbildung 77: Anforderungen an eine ökonomische Bildung entsprechend der Forschungsfrage[113]

Für die Anwendung auf konkrete ökonomisch geprägte Lebenssituationen der Zielgruppe wurde das Konzept um die Wahlmodule zur Einkommensverwendung

---

[113] Quelle: Abbildung 74: Anforderungen entsprechend der Beantwortung der Forschungsfrage

und -entstehung ergänzt. Dies ist aufgrund aktueller Entwicklungen auf bundespolitischer Ebene notwendig geworden, die die finanziellen Handlungsmöglichkeiten der Zielgruppe massiv erweitern.

5.2 Kritische Reflexion

Im Sinne des hier verwendeten Verständnisses von Inklusion ist die Vermittlung ökonomischer Bildung die Basis für eine erfolgreiche Inklusion in verschiedene Systeme der Gesellschaft (siehe Kapitel 2.1.4). Es ist das Recht aller Menschen mit Behinderung an (ökonomischer) Bildung teilhaben zu können (Degener, 2009, S. 266). Demzufolge ist es im Sinne von Inklusion notwendig, entsprechende Bildungsangebote vorzuhalten (Degener & Mogge-Grotjahn, 2012, S. 61).

Nicht selten taucht die Frage danach auf, wie das Thema für diese Forschungsarbeit entstanden ist. Oft wird diese Frage damit kommentiert, dass die Anwendung von Wirtschaftswissen in der Sozialen Arbeit ungewöhnlich und neu ist. Dabei erscheint es offensichtlich, dass alle Menschen einer grundlegenden ökonomischen Bildung bedürfen, die ein möglichst selbstbestimmtes Leben in einer eigenen Wohnung führen wollen. Schließlich ist ökonomische Bildung Bestandteil der Allgemeinbildung und notwendig, um Lebenssituationen bewältigen und das eigene Leben gestalten zu können (May, 2011).

Die rechtlichen Grundlagen aus der UN-Behindertenrechtskonvention verpflichten in letzter Konsequenz die Soziale Arbeit und die Wirtschaftsdidaktik dazu, Angebote zur ökonomischen Bildung entsprechend der Bildungsbedürfnisse von Menschen mit Behinderung auszubauen und in das Bildungssystem zu implementieren (siehe Kapitel 2.3.1.2). Es ist erstaunlich, dass es bisher nur wenige Berührungspunkte von Sozialer Arbeit und ökonomischer Bildung gibt, obwohl der Bedarf in verschiedenen Tätigkeitsbereichen Sozialer Arbeit offensichtlich ist. Die Ursachen hierfür sind bisher nicht erforscht worden. Vermutet werden kann, dass die Geschichte sowie Struktur der Eingliederungshilfe und die Grenzen der wissenschaftlichen Disziplinen hierbei eine Rolle spielen.

Die vorliegende Arbeit bildet die Grundlage und den Ausgangspunkt für eine solche interdisziplinäre Zusammenarbeit der Wirtschaftsdidaktik und der Sozialen Arbeit im Sinne der UN-Behindertenrechtskonvention. Grundlage hierfür ist die Anerkennung der Adressaten und Adressatinnen als gleichberechtigte Personen und als Co-Forschende. Dementsprechend wurden ihre Bildungsbedarfe im Rah-

men der Wirtschaftsdidaktik[114] erforscht, um Anforderungen an ökonomische Bildung zu benennen. Es ist deutlich geworden, dass hierzu ein Blick über die bestehenden Grenzen von wissenschaftlichen Disziplinen hinweg notwendig ist. Aus diesem Grund wurden im Sinne des genutzten Verständnisses von Inklusion erstmalig Leitbilder ökonomischer Bildung mit den Theorien zur Lebenslage, Lebensphase, Lebenswelt sowie Diversität verknüpft und in Bezug auf die Lebenssituation der Adressaten und Adressatinnen gestellt.
Innerhalb der vorliegenden Arbeit konnte der Bedarf der Zielgruppe an ökonomischer Bildung sowohl theoretisch als auch empirisch nachgewiesen werden. Die spezifischen Lebensbedingungen von Menschen mit Behinderung wurden sowohl theoretisch als auch empirisch nachgewiesen und belegen die Notwendigkeit einer personenzentrierten ökonomischen Bildung. Bisherige Konzepte ökonomischer Bildung fokussieren die ökonomische Bildung an allgemeinbildenden Schulen. Sie umfassen ausführliches Fachwissen und didaktische Konzepte, welche für eine zielgruppenorientierte ökonomische Bildung im Kontext Sozialer Arbeit unabdingbar sind. Gleichwohl ist eine Loslösung der Ausrichtung an den Schultypen unabdingbar, um ökonomische Bildung an den individuellen Fähigkeiten und Vorkenntnissen der Adressaten und Adressatinnen ausrichten zu können. Durch diese interdisziplinäre Kombination von Fachwissen und pädagogischen Konzepten konnten konzeptionelle Überlegungen zur ökonomischen Bildung der Zielgruppe ausgearbeitet werden, die den Einsatz ökonomischer Bildung im Kontext des ambulant betreuten Wohnens ermöglichen. Hierzu wurden im Rahmen der typisierenden Strukturierung drei Typen entwickelt, die unterschiedliche Fähigkeiten und Fertigkeiten voraussetzen. Diese Typen wurden in Bezug zu Lebenssituationen gestellt und bilden so ein Raster, an dem ökonomische Bildung personenzentriert ausgerichtet werden kann (siehe Tabelle 28).

Situationsübergreifende Dimensionen	‚stellvertretende Ausführung‘	‚partielle Selbstständigkeit‘	‘erste Stufe der Selbstständigkeit’
Zielbildungs-, Auswahl- und Entscheidungsprozesse			
Bedürfnisse, Wünsche und Ziele			
Sich selbst als Akteur wahrnehmen			

[114] und bewusst nicht in der Sonder-, Heilpädagogik oder Rehabilitationswissenschaft

alltags- und Lebensrisiken	
Prävention und Krisenmanagement	
langfristig denken, planen und kontrollieren - nachhaltig handeln	
ökologische Verantwortung	
gesellschaftliche Mitbestimmung	

Tabelle 28: Raster für eine lebenssituations- und personenbezogene ökonomische Bildung[115]

In diesem Zusammenhang können die notwendigen Rahmenbedingungen geschaffen werden, um der Zielgruppe ökonomische Bildung alltags- und lebenssituationsorientiert zu vermitteln.

Hierbei müssen die entwickelten Anforderungen an die ökonomische Bildung beachtet werden (siehe Abbildung 77):

- Anforderungen aus der Zusammenführung von ökonomischer Bildung und Sozialer Arbeit (siehe Kapitel 2 und Kapitel 4.1)
- Anforderungen aufgrund der drei entwickelten Typen (siehe Kapitel 0)
- Anforderungen an eine personenzentrierte Ausrichtung ökonomischer Bildung (siehe Kapitel 4.4)
- Anforderungen an eine zielgruppenspezifische Erwachsenenbildung (siehe Kapitel 4.2)
- Anforderungen aufgrund personaler und umweltbezogener Ressourcen (siehe Kapitel 4.4)
- Anforderungen aus dem Kriterienkatalog für zielgruppenspezifische Bildungsangebote (siehe Abbildung 78).

[115] Quelle: Tabelle 20: Vorlage: situationsübergreifende Dimensionen für ökonomische Bildung

- zielgruppengerechte Gestaltung der Rahmenbedingungen
- Berücksichtigung der Lebenslage, Lebensphase und Lebenswelt
- Berücksichtigung der Diversität der Zielgruppe
- angemessene Sprache und visuelle Darstellung
- praxisnahe und nützliche Lerninhalte
- Stärkung persönlichkeitsbildender Merkmale
- Angemessenheit der Methoden
- Angemessenheit der Medien

Abbildung 78: Kriterien für eine zielgruppenspezifische Erwachsenenbildung[116]

Für die Umsetzung eines entsprechenden Bildungskonzeptes ist es zudem ratsam die verschiedenen Lernzielebenen in Bezug auf die Adressaten und Adressatinnen zu berücksichtigen (siehe Abbildung 79).

[116] Quelle: Abbildung 37

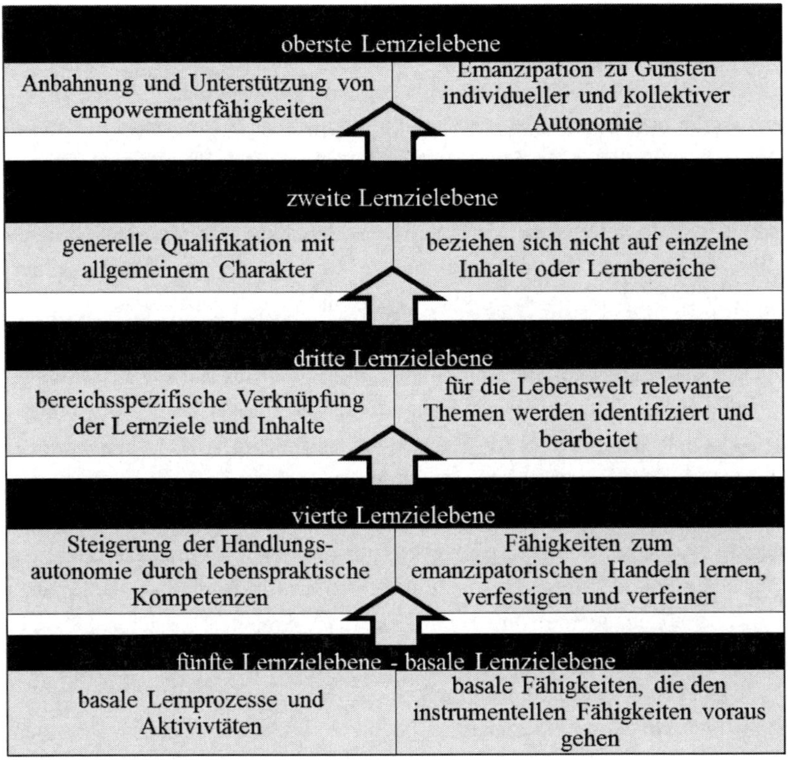

Abbildung 79: Lernzielebenen[117]

Innerhalb der vorliegenden Arbeit ist deutlich geworden, dass eine Zusammenarbeit zwischen der Wirtschaftsdidaktik und der Sozialen Arbeit notwendig ist, jedoch hohe Anforderungen für die Akteure und Akteurinnen beider Disziplinen mit sich bringt. Eine solche interdisziplinäre Forschungsrichtung kann äußerst gewinnbringend sein, wenn die entsprechenden theoretischen sowie sprachlichen Hürden überwunden werden. Hierzu ist eine gemeinsame theoretische Basis wesentlich. Die notwendigen Grundlagen hierfür wurden in der vorliegenden Arbeit geschaffen und müssen langfristig weiter ausgebaut werden. Diese Arbeit stellt somit die Basis für die Implementierung ökonomischer Bildung in die Soziale Arbeit dar. Auf der Metaebene dient sie den allgemeingesellschaftlichen Visionen von Inklusion oder sozialer Gerechtigkeit (siehe hierzu Becker, 2015). Die vorliegende Arbeit ist zugleich ein Beispiel dafür, welche Gestaltungsmöglichkeiten

[117] Quelle: Abbildung 40 in Anlehnung an Theunissen (2013, S. 298-301)

es gibt, wenn man diese Visionen ernst nimmt und auf der Ebene des Individuums anwendet.
Am 30.12.2016 wurde das Bundesteilhabegesetz verabschiedet. Dieses Gesetz wurde von Selbsthilfeorganisationen, Einrichtungen der Behindertenhilfe und in den Parteien stark diskutiert. Er sieht vor, die Vermögensfreigrenze bis 2020 von aktuell 2.600 € auf 50.000 € anzuheben (Bundesgesetzblatt Teil I Nr. 66, 2016). Verbände und Vertreter sowie Vertreterinnen der behinderten Menschen kritisieren diese Erhöhung der Vermögensfreigrenze, da sie immer noch eine Beschränkung der Möglichkeiten zur Gestaltung ökonomisch geprägter Lebenssituationen darstellt. Unabhängig davon entstand mit Inkrafttreten des Gesetzes ein akuter Bildungsbedarf von Menschen mit Behinderung in Bezug auf die Gestaltungsmöglichkeiten von ökonomisch geprägten Lebenssituationen, weil sie nun in einem gewissen Rahmen Vermögen aufbauen und nutzen dürfen. Durch diese rechtlichen Änderungen wurde erneut der Bildungsbedarf der Zielgruppe beeinflusst. Zu den Anforderungen an eine ökonomische Bildung kommt somit die zeitliche Dringlichkeit, die aus den neu errungenen Chancen und den dazugehörigen Risiken für den Alltag der Zielgruppe resultiert. Um diesem Bildungsbedarf zeitnah begegnen zu können werden im Anschluss an diese Arbeit Kooperationsmöglichkeiten für die weitere Ausarbeitung und Implementierung des in dieser Arbeit entwickelten Konzeptes gesucht. Die ‚Diakonie Rheinland-Westfalen-Lippe' hat bereits ihr Interesse daran erklärt. Ein möglicher Kooperationspartner wäre zudem der ‚Beratungsdienst Geld und Haushalt' der Sparkassen-Finanzgruppe. Diese und weitere Möglichkeiten der Kooperation zur praktischen Umsetzung des hier entwickelten Konzepts werden aktuell geprüft.
Um die Vermittlung ökonomischer Bildung als festen Bestandteil des ambulant betreuten Wohnens zu implementieren, sind vor der Umsetzung der erzielten Ergebnisse und entwickelten Ansätze weitergehende Forschungs- und Praxisprojekte notwendig. Hierbei sollten folgende Aspekte bedacht werden:

- Nicht abschließend beantwortet wurde die Frage danach, warum Konzepte zur ökonomischen Bildung bisher nicht in den Kontext Sozialer Arbeit implementiert wurden. Die Gründe hierfür können Ablehnungsgründe gegenüber dem entwickelten Konzept darstellen, daher sollten sie weiterführend untersucht werden.
- Für die Etablierung ökonomischer Bildung im Rahmen des ambulant betreuten Wohnens ist es notwendig konkrete Materialien, sowohl für die Zielgruppe als auch für die Mitarbeiter und Mitarbeiterinnen, zu erstellen. Eine solche Ausarbeitung des entwickelten Konzepts in konkrete Lehr-

Lernmaterialen war nicht Bestandteil dieser Arbeit. Zur praktischen Umsetzung der gewonnenen Erkenntnisse in Lehr-Lernmaterialien sollten Kooperationspartner mit ihrem Fachwissen und Praxiskenntnissen einbezogen werden. Hierbei ist zu beachten, dass das beschriebene Verständnis von Inklusion nicht generell als Grundhaltung vorausgesetzt werden kann, sondern in enger Abhängigkeit zu der Haltung der jeweiligen Einrichtung zu sehen ist.

- Im Hinblick auf eine mögliche Implementierung ökonomischer Bildung in den Kontext Sozialer Arbeit sind die Erprobung entsprechender Lehr-Lern-Materialien und eine entsprechende Wirksamkeitsmessung unabdingbar. Ein besonderer Fokus könnte dabei die Wirkung ökonomischer Bildung auf die Kompetenzen und damit verbundene Inklusionsmöglichkeiten der Zielgruppe sein. Hierzu sollte das Material durch Betreuungspersonen nach Möglichkeit in konkreten Betreuungssituationen getestet werden.
- Weiterführend gilt es zu erforschen, inwieweit ökonomische Bildung im Kontext des ambulant betreuten Wohnens aufgrund der Wirksamkeit im Einzelfall zu einer langfristigen Reduzierung der notwendigen Fachleistungsstunden und somit zur Reduzierung der Sozialausgaben führt.
- Es ist außerdem zu untersuchen, inwieweit Konzepte zur ökonomischen Bildung als Maßnahmen in die Hilfeplanung einbezogen, durch die Kostenträger vergütet und auf diesem Wege strukturell in das ambulant betreute Wohnen implementiert werden können.

Zu dem in dieser Arbeit entwickelten Leitfaden können auf der Basis dieser Aspekte zukünftig Gespräche mit den entsprechenden Kostenträgern geführt werden, um ökonomische Bildung großflächig innerhalb der Sozialen Arbeit im ambulant betreuten Wohnen zu etablieren. Um dieses Ziel zu verfolgen ist es notwendig, neben der interdisziplinären Zusammenarbeit von Wirtschaftsdidaktik und Sozialer Arbeit, auch die Perspektive der Leistungserbringer frühzeitig in die Planung einzubeziehen. Gelingt in Zukunft eine solche Implementierung ökonomischer Bildung in das ambulant betreute Wohnen, so können die genutzte Vorgehensweise, die gewonnenen Erkenntnisse sowie das entwickelte Bildungskonzept aus dieser Arbeit auf weitere Tätigkeitsfelder der Sozialen Arbeit übertragen und angewendet werden.

Unabhängig von der Forschungsfrage stellen sich in Bezug auf die personenzentrierte ökonomische Bildung folgende weiterführenden Forschungsbedarfe heraus:

- Was sind die konkreten Einflüsse von Lebenslage, Lebensphase, Lebenswelt und Diversitätsdimensionen auf ökonomisch geprägte Lebenssituationen?
- Ist das Bildungskonzept zur personenzentrierten ökonomischen Bildung wirksam?

Diese Arbeit hat gezeigt, dass es sinnvoll und möglich ist, Wirtschaftsdidaktik im Kontext Sozialer Arbeit anzuwenden. Aus dieser Erkenntnis entsteht ein neues Forschungsgebiet innerhalb dessen unterschiedlichste Ausrichtungen von Forschungsvorhaben entwickelt werden können. Grundlegend hierzu ist eine gemeinsame Basis, zu deren Entwicklung vorerst folgende Fragen untersucht und beantwortet werden müssen:

- Was sind Gemeinsamkeiten und Unterschiede von Sozialer Arbeit und Wirtschaftsdidaktik?
- Was sind die gemeinsamen Ziele von Wirtschaftsdidaktik und Sozialer Arbeit?
- Welches sind die theoretischen Grundlagen für eine interdisziplinäre Zusammenarbeit?
- Welche Tätigkeitsfelder der Sozialen Arbeit stellen Lernorte für die Wirtschaftsdidaktik dar?
- Wie können Leitbilder und Methoden aus beiden Bereichen sinnvoll kombiniert und im Sinne der Lernenden angewendet werden?
- Ist eine Ausweitung der Zielgruppe auf andere Gruppen von Adressaten und Adressatinnen der Wirtschaftsdidaktik oder der Sozialen Arbeit sinnvoll und notwendig?

Abschließend lässt sich resümieren, dass eine interdisziplinäre Forschung und Entwicklung aus Wirtschaftsdidaktik und Sozialer Arbeit sowohl für beide Wissenschaftsbereiche als auch für deren Adressaten und Adressatinnen gewinnbringend ist und weiter ausgebaut werden sollte.

6. Anhang

6.1 Vereinbarung zur Inklusion der Thyssen Krupp AG

Gemeinsame Erklärung

des Vorstands, des Konzernbetriebsrats und der Konzernschwerbehindertenvertretung

der ThyssenKrupp AG

zur Inklusion

im ThyssenKrupp Konzern

Präambel

Inklusion zielt auf die gleichberechtigte Teilhabe und Zugehörigkeit aller Menschen am gesellschaftlichen Leben. Niemand soll wegen einer Behinderung vom selbstbestimmten Leben ausgeschlossen sein, was das Recht auf Bildung und das Recht auf Arbeit beinhaltet.

ThyssenKrupp sieht die Inklusion in der Arbeitswelt, d. h. die selbstbestimmte und gleichberechtigte Teilhabe von Menschen mit Behinderung am Arbeitsleben, als besondere unternehmerische Verpflichtung an.

Bei ThyssenKrupp sollen alle Mitarbeiter[1], ob mit oder ohne Behinderung, optimal in die Arbeitsprozesse einbezogen werden. Ihre individuellen Kenntnisse, Fähigkeiten und Leistungen sollen dabei berücksichtigt und entwickelt werden. Wir fördern den wertschätzenden Umgang miteinander und arbeiten an der Beseitigung möglicher vorhandener Barrieren, um die Inklusion zu sichern. Von unseren Partnerfirmen erwarten wir dieselben Standards.

Durch die vorliegende gemeinsame Erklärung von Vorstand, Konzernbetriebsrat und Konzernschwerbehindertenvertretung der ThyssenKrupp AG sollen die Bedeutung der Inklusion und der vorgenannten Ziele konzernweit hervorgehoben und alle Mitarbeiter für das Thema Inklusion sensibilisiert werden. Wir wollen gemeinsam überlegen und Ideen einbringen, wie alle Mitarbeiter gleichermaßen selbstverständlich in Anerkennung ihrer Stärken und Potenziale am Arbeitsleben teilhaben und auch neue Mitarbeiter effektiv in die Abläufe des Unternehmens einbezogen werden können.

Alle Mitarbeiter, insbesondere Führungskräfte mit Personalverantwortung, sind aufgefordert, ihr eigenes Handeln zu überprüfen und ihre eigene Haltung und persönliche Einstellung zu reflektieren, um durch fairen Umgang miteinander eine erfolgreiche Umsetzung von Inklusion in ihrem Arbeits- und Verantwortungsbereich sicherzustellen.

[1] Der Begriff „Mitarbeiter" umfasst hier und im Folgenden stets die weibliche und männliche Form.

/...

Zielsetzungen

Zur Umsetzung der Inklusion an den deutschen Standorten des ThyssenKrupp Konzerns streben Vorstand, Konzernbetriebsrat und Konzernschwerbehindertenvertretung daher folgende wesentliche Ziele an:

- Inklusion bedeutet mehr als die störungsfreie Integration von Menschen mit Behinderung. Mit Inklusion wird vielmehr ein Kulturwandel bezweckt, der die Einbeziehung von Mitarbeitern mit Behinderung in alle betrieblichen und unternehmerischen Überlegungen von vorneherein als Selbstverständlichkeit wahrnimmt.

- Menschen mit Behinderung erhalten wertschätzende Aufgaben, in denen sie ihre Stärken optimal einsetzen und ihre Potenziale ausbauen können sowie Anerkennung für die erbrachte Leistung erfahren.

- Jungen Menschen mit Behinderung soll verstärkt die Möglichkeit geboten werden, eine Ausbildung im ThyssenKrupp Konzern zu absolvieren. Mögliche Barrieren im Bewerbungsprozess werden abgebaut.

- In gemeinsamen Projekten sollen weitere Fortschritte bei der Inklusion erzielt werden. Die an diesen Projekten Beteiligten werden von Vorstand und Arbeitnehmervertretern unterstützt.

Bei der Umsetzung der Ziele wird in Betracht gezogen, dass die Rahmenbedingungen zur Umsetzung von Inklusion für die verschiedenen Gesellschaften und Standorte des ThyssenKrupp Konzerns unterschiedlich sind. Vielfach sind bereits gesetzliche Vorgaben zu beachten, insbesondere die Beteiligungsrechte der Schwerbehindertenvertretungen gemäß SGB IX in allen Angelegenheiten, die die Beschäftigung schwerbehinderter Menschen berühren.

Darüber hinaus sind im ThyssenKrupp Konzern bereits betriebliche Regelungen vorhanden, die vorbildliche Praxisbeispiele von Inklusion darstellen. Die nachfolgenden möglichen Handlungsfelder gelten – soweit nicht ohnehin gesetzlich vorgegeben – daher exemplarisch und werden gegebenenfalls durch vorhandene Regelungen konkretisiert.

Handlungsfelder

1. Beschäftigung von Menschen mit Behinderung

- Die jeweils zuständige Schwerbehindertenvertretung wird über Bewerbungen von schwerbehinderten Menschen informiert und entsprechend den Vorgaben des SGB IX beteiligt.

- Interne und externe Bewerber um Arbeits- und Ausbildungsstellen sind hinsichtlich ihrer Bedürfnisse im Bewerbungsverfahren zu unterstützen, bei Bedarf auch unter Beteiligung des Integrationsamtes. Bei der Planung von Vorstellungsgesprächen werden die individuellen Bedürfnisse der behinderten Bewerber berücksichtigt.

/...

- Bei allen Maßnahmen, die den einzelnen oder die Gruppe der schwerbehinderten Menschen berühren, ist die zuständige Schwerbehindertenvertretung unverzüglich und umfassend durch den Arbeitgeber zu unterrichten.

2. Arbeitsplatzgestaltung/-anpassung/-organisation und Barrierefreiheit

- Wir streben ein barrierefreies Arbeitsumfeld für alle Mitarbeiter an. Ziel ist es, konzernweit einen freien Zugang zu den Betriebsstätten ohne bauliche Hindernisse zu ermöglichen.

- Jeder Mitarbeiter ist aufgefordert, mögliche Missstände an seinen Vorgesetzten/Arbeitsschutzbeauftragten oder an den betriebsärztlichen Dienst zu melden. Gemeinsam mit der Mitbestimmungsseite (zuständige Schwerbehindertenvertretung und Betriebsrat vor Ort) sollen gemeinsam Lösungen für ein inklusives Arbeitsumfeld besprochen werden.

3. Ausbildung/Bildung/Qualifizierung

- ThyssenKrupp fördert die berufliche Ausbildung und bildet Jugendliche mit und ohne Behinderung aus. Die Möglichkeiten zur Ausbildung behinderter Menschen werden jeweils vor Ort geprüft und gegebenenfalls mit Unterstützung des Integrationsamtes oder anderer staatlicher Stellen angepasst. Die Auszubildenden mit Behinderung erhalten alle notwendigen Hilfsmittel, die sie zur Bewältigung des Arbeitsalltags benötigen.

- Mitarbeiter mit Behinderung sollen bevorzugt bei innerbetrieblichen Bildungsmaßnahmen zur Förderung der beruflichen Entwicklung berücksichtigt werden. Eine Teilnahme an außerbetrieblichen Maßnahmen soll im zumutbaren Umfang erleichtert werden.

4. Gesundheitsmanagement/Prävention/Rehabilitation

   Der lokale Personalbereich sowie der an den jeweiligen Standorten zuständige Betriebsärztliche Dienst unterstützen die TK-Mitarbeiter hinsichtlich Gesundheitsprävention und Wiedereingliederung und bieten gegebenenfalls Hilfe im Krankheitsfall.

Entwicklung einer „Toolbox"/Ideenbörse

Im Rahmen der Umsetzung von Inklusion im ThyssenKrupp Konzern werden auf Basis von im Konzern vorhandenen guten Beispielen und Aktionen („Best Practice") geeignete Maßnahmen/Instrumente in einer „Toolbox"/Ideenbörse zusammengestellt.

Als kurzfristiges Ziel wird angestrebt, durch den Ideenaustausch den Bekanntheitsgrad dieser Best Practice Beispiele und Aktionen zu erhöhen, um in der weiteren Entwicklung eine entsprechende Umsetzung in anderen Konzernunternehmen zu ermöglichen.

Die genauen Maßnahmen werden gemeinschaftlich von den jeweiligen betrieblichen Akteuren (SBV, BR, Arbeitgeberbeauftragte(r), HR etc.) entwickelt und besprochen und bzgl. Umsetzungsmöglichkeiten auf lokaler Ebene, auch in wirtschaftlicher Hinsicht, geprüft.

/...

Koordinierende(r) Arbeitgeberbeauftragte(r)

Es wird ein(e) koordinierende(r) Arbeitgeberbeauftragte(r) als Ansprechpartner(in) für die Themen der Konzernschwerbehindertenvertretung, insbesondere Inklusion, benannt.

Die Rolle der/des Arbeitgeberbeauftragten ist mit der Aufgabe versehen, jährlich im Rahmen der Konferenz der Vertrauensleute der Schwerbehinderten im Konzern über den Stand der Inklusion im Unternehmen zu berichten, gute Umsetzungsfälle als Best Practice aufzuzeigen und bei groben Missständen oder Konflikten im Themenkontext Inklusion zu vermitteln.

Umsetzung auf lokaler Ebene

Es wird sichergestellt, dass die Inklusion betreffende Themen auf betrieblicher Ebene jeweils in geeigneten Fachgremien von Arbeitnehmer- und Arbeitgebervertretern gemeinsam behandelt werden (z. B. im lokalen Arbeitsschutzausschuss).

Aufgrund der Unterschiedlichkeit der lokal geltenden Regelungen und Gremienstrukturen ist die Festlegung der Zuständigkeit jeweils vor Ort sachgerecht zwischen Schwerbehindertenvertretung und Arbeitgeberseite vorzunehmen.

Inklusion als ein Element von „Diversity und Inclusion Global"

2014 wurde im Ressort des Personalvorstands der ThyssenKrupp AG die Abteilung „Diversity and Inclusion – Global" etabliert. **Diversity** (wörtlich: Vielfalt) hat zum Ziel, weltweit die vielfältigen Charakteristika unserer Mitarbeiter zu fördern und wertzuschätzen. Reines Vorhandensein von Vielfalt reicht nicht aus.

Zielsetzung von **Inclusion** (wörtlich: Einbeziehung, Zugehörigkeit) ist es, ein Umfeld dafür zu bilden, dass jede Mitarbeiterin und jeder Mitarbeiter das volle Potenzial ihrer/seiner Einzigartigkeit entfalten kann und die Interaktion der unterschiedlichen Menschen optimal gefördert wird. Die Inklusion von Mitarbeitern mit Behinderung ist insofern ein Element unseres Inclusion-Ansatzes.

Inklusion ist für uns daher weltweit im gesamten Konzern von Bedeutung. Wir handeln dabei in Übereinstimmung mit der am 03.05.2008 in Kraft getretenen Behindertenrechtskonvention der Vereinten Nationen (Convention on the Rights of Persons with Disabilities), welche die gleichberechtigte Teilhabe/Zugehörigkeit aller Menschen am gesellschaftlichen Leben (=Inklusion) fordert und Inklusion als Menschenrecht festschreibt.

Die außerhalb Deutschlands tätigen Beschäftigten, insbesondere Führungskräfte mit Personalverantwortung, sind daher aufgefordert, die in dieser Erklärung definierten Ziele unter Beachtung der jeweils geltenden gesetzlichen Bestimmungen und unter Berücksichtigung der lokalen Besonderheiten im fairen Umgang miteinander vor Ort umzusetzen.

/...

Kommunikation

Die gemeinsame Erklärung gilt als Leitlinie für alle Konzernunternehmen und wird im ThyssenKrupp Konzern in geeigneter Weise kommuniziert. Insbesondere erfolgt eine direkte Kommunikation an die Personalverantwortlichen der einzelnen Business Areas.

Essen, 12.6. 2015

ThyssenKrupp AG

Heinrich Hiesinger   Oliver Burkhard

Konzernbetriebsrat ThyssenKrupp AG

Wilhelm Segerath   Susanne Herberger   Martin Dreher

Konzernschwerbehindertenvertretung ThyssenKrupp AG

Udo Petrack   Frank Lang   Petra Schäpermeier

6.2 Modulübersicht Grundkurs Alltags- und Lebensökonomie „Ich bin meine Zukunft! - Gestaltung der Lebenslage“

Modul 1 ‚Ich bin ich‘

- sich selbst als Akteur oder Akteurin wahrnehmen
- Bedürfnisse erkennen und als Wünsche konkretisieren, Ziele setzen
- Zielbildungs-, Auswahl- und Entscheidungsprozesse
- Lebensformen und Versorgungssysteme im Alltag verstehen
- Langfristig denken, planen und kontrollieren, nachhaltig handeln
- Arbeit, Gelderwerb und Selbstverwirklichung organisieren

Modul 2 ‚Ich gehöre zu den anderen‘

- Soziale Kontakte und Regeneration
- Haushalts- und Familiengründung, Führung des eigenen Haushalts
- Gesellschaftliche Mitbestimmung
- Ökologische Verantwortung

Modul 3 ‚Was mache ich in konkreten Problemsituationen‘

- Alltags- und Lebensrisiken kennen, erkennen und bewerten
- Prävention und Krisenmanagement von Alltags- und Lebensproblemen

6.3 Material zur Interviewführung

6.3.1 Informationsblatt

Projekt Selbstständig Wohnen lernen

Vielen Dank, für Ihr Interesse an dem Projekt.
Wir freuen uns, dass Sie daran teilnehmen möchten!

Bisher leben vielen Menschen mit Behinderung in Wohnheimen, die vielleicht auch in einer eigenen Wohnung leben könnten. Wir haben uns gefragt, was Menschen mit einer Behinderung brauchen, damit der Einstieg in das ambulant betreute Wohnen in einer eigenen Wohnung leichter wird.

Dazu möchten wir wissen, was Ihnen im ambulant betreuten Wohnen besonders leicht fällt und wo sie Unterstützung benötigen.

Hierzu haben wir folgendes vor:

1. Sie erhalten einen Fotoapparat, mit dem Sie Fotos von Ihrem Alltag machen können. So können Sie zeigen, was Ihnen in Ihrem Alltag besonders wichtig ist.
2. Wenn die Fotos entwickelt sind, möchten wir ein kurzes Interview mit Ihnen führen.

Wie läuft die Teilnahme an dem Projekt ab?

- Sie erhalten einen Fotoapparat, mit dem Sie eine Woche lang Fotos von Ihrem Alltag machen können. Fotografieren Sie, was Ihnen besonders wichtig ist.
- Anschließend werden die Fotos entwickelt.
- Dann treffen wir uns zu einem Interview wieder. Das Interview dauert in etwa 40 Minuten.

Was passiert mit meinen Daten?

Die Fotos und die Tonaufnahme werden verschlüsselt. Das heißt, dass Ihr Name nicht genannt wird. So kann man später nicht mehr erkennen, von wem sie sind. Die Ergebnisse werden nur verschlüsselt präsentiert und veröffentlicht (zum Beispiel in einem Buch oder einer Zeitschrift).

Wo kann ich Fragen stellen?

Ihr Betreuer_in vom ambulant betreuten Wohnen kann die Fragen an mich weitergeben.
Sie können sich auch direkt an mich wenden.

6.3.2 Fragen für Fotovoice

Fragen für die Fotoaktion:

1. Was ist das Besondere am selbstständigen Wohnen?
2. Was ist besonders leicht, wenn man in einer eigenen Wohnung lebt?
3. Was ist schwer, wenn man in einer eigenen Wohnung lebt?

6.3.3 Datenschutzerklärung zu den Interviews

Einverständniserklärung für die Befragung
(ggf. von der gesetzlichen Betreuung auszufüllen)

Ich habe die Information über die Befragung erhalten und wurde über darüber aufgeklärt. Den Inhalt dieser Informationen habe ich verstanden und habe zu diesem Zeitpunkt keine weiteren Fragen. Ich hatte Gelegenheit, dazu Fragen zu stellen und konnte meine eigene Entscheidung treffen.

☐ **An der Befragung möchte ich teilnehmen.**

Name: ....

Geburtsdatum: ....

Ich bin damit einverstanden, dass die erhobenen Daten in verschlüsselter Form gesammelt und zu Studienzwecken ausgewertet werden. Die Daten dürfen nur verschlüsselt präsentiert und veröffentlicht werden. Eine Kopie dieser Einwilligungserklärung und die Information zu dem Projekt habe ich erhalten. Diese Einwilligung kann ich jeder Zeit widerrufen. Dafür muss ich keinen Grund angeben.

Essen, den ..../

Unterschrift Teilnehmer_in / ggf. Unterschrift gesetzl. Betreuer_in

6.3.4 Datenschutzerklärung zu den Fotos

Einverständniserklärung für die Fotos
(ggf. von der gesetzlichen Betreuung auszufüllen)

Im Rahmen des Projekts werde ich Fotos von meinem Alltag im Betreuten Wohnen machen. Die Fotos sollen zeigen, wie Menschen im ambulant betreuten Wohnen leben. Hierzu werden die Fotos präsentiert und veröffentlicht.

☐ **Ich bin damit einverstanden, dass die Fotos für den oben genannten Zweck verwendet werden.**

Die Fotos dürfen nur unter folgender Bedingung für den oben genannten Zweck verwendet werden:

- ☐ **mein Gesicht darf nicht zu erkennen sein.**
- ☐ **die Fotos müssen vollständig verschlüsselt werden.**
- ☐ ______________________________________

  ____

...., den ....

______________________ / ______________________

Unterschrift Teilnehmer_in / ggf. Unterschrift gesetzl. Betreuer_in

6.4 Liste der Codes der induktiven Kategorienbildung

Kategorie	Subkategorie 1	Subkategorie 2	Subkategorie 3	Subkate-gorie 4	Zahl der Codes 2138
Internet					12
Problem					8
	Familie				8
	Mobilität				1
	Gesundheit				12
	Wohnung				13
	Arbeit				17
	Wohnheim				14
	BeWo				11
	Finanzen				3
	Trauma				11
Persönliche Haltung					4
	Identität				5
Soziales Umfeld					5
	Kindheit				6
	Stadtteil				2

	Anbindung				3
	Gruppen				4
		Pfadfinder			2
		Kirche			1
		Rockerclub			2
		politische Gruppierung			8
	Allgemeine Erfahrungen				2
	Arbeitskollegen und Arbeits- kolleginnen				5
	Freunde				8
		Enttäuschung			14
		Freundeskreis			10
		Mit gehangen mit gefangen			4
	Partner_in				15
	Familie				33
		Geschwister			6
		Eltern			13
		Eigene Ehe/Partnerschaft			3
			Hochzeit		1
Gesundheit					4

	Ernährung				41
	Psyche				16
	Krankheit				16
	Bewegung				6
	Therapie				5
	Hygiene				2
Zielfindung					0
	Zukunftsplanung				4
	Problemlösung				23
		Beratung			4
	Wünsche				23
	Entscheidungen treffen				31
Mobilität					14
	Behindertenfahrdienst				1
	Fußgänger				5
	Auto				3
	Fahrrad				1
	Öffentliche Verkehrsmittel				16
	Führerschein				1

Arbeit					0
	Werkstatt				53
		Berufsvorbereitung Werkstatt			7
	1. Arbeitsmarkt				31
	Arbeitslosigkeit				10
	Quasi 1. Arbeitsmarkt innerhalb der Behindertenhilfe				8
	Arbeitssuche				6
	Arbeitsweg				5
	Zufriedenheit mit der Arbeitsstelle				4
Zeitgestaltung					31
	Tagesgestaltung				20
Partizipation					0
	Einschränkung der Selbstbestimmung				15
	Selbstbestimmung				27
	Freizeitaktivität außerhalb der Eingliederungshilfe				8
	Politische Identität				1
	politische Einstellung				1

Emotion					9
	Trauer				9
	Stolz				17
	Zufriedenheit				16
	Bindungsverhalten				0
		Stärkende Bindungserfahrung			5
		Verlust			8
		Enttäuschung durch Mitmenschen			11
	Unsicherheit				5
	Medikamente				1
	Sicherheit				4
	Angst				6
	Erleichterung				2
	Wut				7
	Gewalt				0
		Gewaltandrohung			2
		Gewaltvorstellung			4
		Gewalterfahrung			8
		Gewaltanwendung			3

Freizeit					29
	Hobby				0
		aus gehen			2
		Computer und Handy			8
		Fernsehen			10
		Malen			2
		Musik machen			3
		Sammeln			2
		Sport			13
			Leistungssport		3
		Tiere			5
	Urlaub				24
	Sonstige Aktivität				15
	Innerhalb der Eingliederungshilfe				38
	Außerhalb der Eingliederungshilfe				21
Betreuung/ Unterstützung					0
	Sonstiges				17

	Freunde				7
	Familie				19
	gesetzliche Betreuung				23
	BeWo				93
		Bevormundung			2
			bewertet das Gesagte der befragten Person		17
			wiederholt das Gesagte		4
			redet dazwischen		22
			bespricht andere Themen mit der befragten Person		8
			trifft/traf Entscheidungen für den Befragten		3
			Spricht über die befragte Person		37
			antwortet für die befragte Person		55
			stellt Rückfragen		33
			korrigiert/verbessert/ergänzt das Gesagte		27
Wohnen					6

	Vermieter_in				6
	Entscheidung für eigenständiges Wohnen				11
	Information, Austausch und Beratung				16
	Haushalt				3
		Reparaturen			7
		Einkaufen			5
		Aufräumen und Reinigung			23
		Wäsche waschen			9
		Ernährung			13
			Ernährungsgewohnheiten		10
			Kochen		24
	Vorteile einer eigenen Wohnung				20
	Wohnung				22
	Wohnerfahrung				10
		Eigene Wohnung			40
		(Außen-)Wohngruppe			28
		Wohnheim			27

		Auszug			21
		Umzug			12
		Eltern			6
	Wohnungspflege				9
		Probleme			4
		Renovierung			11
	Wohnort				3
		Wohnumfeld			7
		Nachbarn			12
	Wohnungseinrichtung				8
		Dekoration			12
			Figuren, Kuscheltiere etc.		8
			Pflanzen		1
			Bilder		10
		Technische Geräte			7
			Computer, Musikanlage, Internet, Telefon etc.		3
			Haushaltsgeräte		4
		Sonstiges			14
		Mobiliar			13

Behinderung					4
	Selbsthilfe				2
	Diagnostik				5
	Erfahrungen mit Behinderung				2
		Ausgrenzung wegen Behinderung			5
		Einschränkungen			2
			Anderweitige Einschränkungen		2
			Einschränkung wegen der Behinderung		25
		Vorteile durch die Behinderung			3
	Haltung/Einstellung zu Behinderung				1
		Darstellung der eigenen Behinderung			7
		sprachliche Nutzung von Behinderungen			5
		Eigene Darstellung von Behinderung			4
Bildung					0

	Wohntraining				14
	Alltagspraktische Bildung				10
	Schulische Bildung				10
	Ausbildung				7
	Grundbildung				3
	Freizeit				2
Ökonomisch geprägte Situation					13
	Unternehmung				1
	Persönliches Budget				1
	Wissen in Bezug auf Finan-zen				10
	Umgang mit Post				7
		Verwaltung der Post			1
		Wichtige Unterlagen			4
		Inkassoschreiben			4
	Finanzen				7
		Eigenes Konto			8
		Sozialisation im Umgang mit Geld			10

		Finanzierung der eigenen Wohnung			3
		Einkommen			10
		Sparen			12
		Unsicherheit/Täuschung			11
		Ausgaben			11
			Betreuung		2
			Fernsehen		2
			Nebenkosten		2
				Strom	5
			Telefon und Internet		3
			Versicherung		4
		Geldeinteilung			30
	Einkaufen				9
		Kauf: Konsumgüter			0
		Hobby			8
		Einrichtungsgegenstände			6
			Mobiliar		6
			Technische Geräte		6

			Gebrauchte Einrichtungsgegenstände		6
		Wocheneinkauf			10

7. Literaturverzeichnis

Abraham, E. & Linde, A. (2011). Alphabethisierung/Grundbildung als Aufgabengebiet der Erwachsenenbildung. In R. Tippelt & A. von Hippel (Hrsg.), *Handbuch Erwachsenenbildung, Weiterbildung* (5., durchgesehene Auflage, S. 889). Wiesbaden: VS Verlag für Sozialwissenschaften.

Aktion Menschenstadt. (2017). *Aktion Menschenstadt,* Behindertenreferat im Kirchenkreis Essen. Zugriff am 20.01.2017. Verfügbar unter http://www.aktion-menschenstadt.de/

Albers, H.-J. (1987). *Allgemeine sozio-ökonomisch-technische Bildung. Zur Begründung ökonomischer und technischer Elemente in den Curricula allgemeinbildenden Unterrichts* (Wirtschafts- und Berufspädagogik in Forschung und Praxis, Bd. 7). Köln: Böhlau.

Albers, H.-J. (2008). Bildung und Weiterbildung. Technischer Fortschritt und Qualifikation. In H. May (Hrsg.), *Handbuch zur ökonomischen Bildung* (9. Auflage, S. 223). München: Oldenbourg Wissenschaftsverlag.

Albers, H.-J. (2012). Deutsche Gesellschaft für ökonomische Bildung e. V. (DEGÖB). In H. May & C. Wiepcke (Hrsg.), *Lexikon der ökonomischen Bildung* (8., völlig überarbeitete und erweiterte Auflage, S. 178). München: Oldenbourg Wissenschaftsverlag.

Allemann-Ghionda, C. & Bikow, W.-D. (2011). Orte der Diversität.

Anhorn, R., Bettinger, F. & Stehr, J. (Hrsg.). (2007). *Foucaults Machtanalytik und soziale Arbeit. Eine kritische Einführung und Bestandsaufnahme* (Lehrbuch, Band 1, 1. Auflage). Wiesbaden: VS, Verlag für Sozialwissenschaften.

Arndt, H. (2015). *Methodik des Wirtschaftsunterrichts* (UTB, 8520 : Schulpädagogik, Wirtschaftswissenschaften). Opladen [u.a.]: Budrich.

Atteslander, P. (2010). *Methoden der empirischen Sozialforschung* (13. Aufl.). Berlin: Schmidt.

Backes, G. (1997). Lebenslage als soziologisches Konzept zur Sozialstrukturanalyse. *Zeitschrift für Sozialreform, 43* (9), 704-727. Zugriff am 1.9.2016. Verfügbar unter http://www.z-sozialreform.de/ccm/cms-service/stream/asset/43_09_03%20Backes.pdf?asset_id=907020

Balz, H. J., Benz, B. & Kuhlmann, C. (2012). *Soziale Inklusion: Grundlagen, Strategien und Projekte in der Sozialen Arbeit:* VS Verlag für Sozialwissenschaften. Verfügbar unter https://books.google.de/books?id=yFDSO0RUkhQC

Bamberger, G. G. (2015). *Lösungsorientierte Beratung. Praxishandbuch ; mit E-Book inside und Arbeitsmaterial* (5., überarbeitete Auflage). Weinheim: Beltz. Verfügbar unter http://sub-hh.ciando.com/book/?bok_id=1826660

Bartz, E., Hauschild, I. & Bartz, G. (2015). Ratgeber für behinderte Arbeitgeberinnen und Arbeitgeber und solche, die es werden wollen. Dazu Hinweise und Beispiele rund um Verwaltung und Abrechnung von AssistentInnen. Zugriff am 22.08.2016. Verfügbar unter http://www.forsea.de/tipps/RATGEBER.pdf

Barz, H. & Tippelt, R. (2011). Lebenswelt, Lebenslage, Lebensstil und Erwachsenenbildung. In R. Tippelt & A. von Hippel (Hrsg.), *Handbuch Erwachsenenbildung, Weiterbildung* (5., durchgesehene Auflage, S. 117-136). Wiesbaden: VS Verlag für Sozialwissenschaften.

Baumgart, E. & Bücheler, H. (Hrsg.). (1998). *Lexikon Wissenswertes zur Erwachsenenbildung. Fragen, nachschlagen, anwenden: 750 Definitionen zur Erwachsenenbildung unter besonderer Berücksichtigung von geistiger Behinderung*. Neuwied: Luchterhand.

Becker, U. (2015). *Die Inklusionslüge. Behinderung im flexiblen Kapitalismus:* transcript Verlag.

Becker, U., Wacker, E. & Banafsche, M. (Hrsg.). (2013). *Inklusion und Sozialraum. Behindertenrecht und Behindertenpolitik in der Kommune* (Studien aus dem Max-Planck-Institut für ausländisches und internationales Sozialrecht, Bd. 59, 1. Auflage). Baden-Baden: Nomos.

Bendl, R., Hanappi-Egger, E. & Hofmann, R. (2011). *Diversität und Diversitätsmanagement* (UTB, 3519 : Wirtschaftswissenschaften, Sozialwissenschaften, 1., neue Ausgabe). Wien: Facultas.

Benz, B. (2012). Politik sozialer Inklusion in formaler, inhaltlicher und prozeduraler Perspektive. In C. Kuhlmann, B. Benz & H.-J. Balz (Hrsg.), *Soziale Inklusion als Grundlage Sozialer Arbeit* (1., neue Ausgabe, 115 bis 140). Wiesbaden: VS Verlag für Sozialwissenschaften.

Beratungsdienst Geld und Haushalt (Sparkassen Finanzgruppe, Hrsg.). (ohne Jahr). *Ratgeber.* Zugriff am 22.08.2016. Verfügbar unter http://www.geldund-haushalt.de/Ratgeber/index.html

Bergold, J. & Thomas, S. (2012). Partizipative Forschungsmethoden. Ein methodischer Ansatz in Bewegung. *Forum Qualitative Sozialforschung, 13* (1), 30. Zugriff am 22.08.2016. Verfügbar unter http://www.qualitative-research.net/index.php/fqs/article/view/1801/3332

Binding, K., Hoche, A. & Naucke, W. (2006). *Die Freigabe der Vernichtung lebensunwerten Lebens. Ihr Mass und ihr Ziel (1920)* (Juristische Zeitgeschichte. Taschenbücher, Band 1). Berlin: Berliner Wissenschafts-Verlag.

Boban, I., Kruschel, R. & Wetzel, A. (2013). Doing Inclusion - radikal und ‚expansiv'! In C. Dorrance & C. Dannenbeck (Hrsg.), *Doing inclusion. Inklusion in einer nicht inklusiven Gesellschaft* (72 bis 84). Bad Heilbrunn: Klinkhardt.

Bommes, M. & Scherr, A. (1996). Soziale Arbeit als Exklusionsvermeidung, Exklusionsvermittlung und/oder Exklusionsverwaltung. In R. Merten (Hrsg.), *Sozialarbeitswissenschaft. Kontroversen und Perspektiven* (93 bis 119). Neuwied [u.a.]: Luchterhand.

Bortz, J. & Döring, N. (2009). *Forschungsmethoden und Evaluation. Für Human- und Sozialwissenschaftler; mit 87 Tabellen* (Springer-Lehrbuch Bachelor, Master, 4., überarbeitete Auflage, Nachdruck). Heidelberg: Springer Medizin Verlag.

Bosse, I. (2015) Medienbildung mit Erwachsenen mit Behinderungen: Herausforderung und Chance für gelingende Teilhabe. In K. Sonnenberg & A. Arlabosse (Hrsg.), *Soziale Inklusion und Lebenslange Bildung. Abschlussbericht des Forschungsprojektes* (45 Stück) (S. 10-25). Bochum.Evangelische Fachhochschule Rheinland-Westfalen-Lippe (Soziale Inklusion von Menschen mit mehrfachen Behinderungen Computergestützte Schreibwerkstatt als Teil Lebenslangen Lernens).

Bourdieu, P. (1983). Ökonomisches Kapital, kulturelles Kapital, soziales Kapital. *Soziale Welt* (Sonderband 2), 183 bis 198. Originalbeitrag, übersetzt von Reinhard Kreckel. Zugriff am 29.12.2016. Verfügbar unter http://unirot.blogsport.de/images/bourdieukapital.pdf

Breloer, G. (2000). Altenbildung und Bildungsbegriff. In S. Becker, L. Veelken & K. P. Wallraven (Hrsg.), *Handbuch Altenbildung. Theorien und Konzepte für Gegenwart und Zukunft* (Handbücher, 38 bis 49). Opladen: Leske + Budrich.

Brüggemann, H., Ehret-Ivankovic, K. & Klütmann, C. (2014). *Systemische Beratung in fünf Gängen. Ein Leitfaden: Praxiskarten* (5., unveränderte Auflage). Göttingen: Vandenhoeck & Ruprecht.

Buba, H.-P. (1980). *Situation. Konzepte u. Typologien zur sozialen Situation u. ihre Integration in d. Bezugsrahmen von Rolle u. Person* (Sozialwissenschaftliche Abhandlungen der Görres-Gesellschaft, Bd. 4). Berlin: Duncker und Humblot.

Buchner, T., König, O. & Schuppner, S. (2011). Gemeinsames forschen mit Menschen mit intellektueller Beeinträchtigung. Geschichte, Status quo und Möglichkeiten im Kontext der UN-Behindertenrechtskonvention. *Teilhabe - Die Fachzeitschrift der Lebenshilfe, 50* (1), 4-10.

Budde, B. (2008). *50 Jahre Lebenshilfe. Aufbruch - Entwicklung - Zukunft : 1958-2008*. Marburg: Bundesvereinigung Lebenshilfe für Menschen mit Geistiger Behinderung.

Buddenberg, K. & Grotlüschen, A. (2013). Funktionale Analphabetinnen und Analphabeten im Fokus der Diskussion um Exklusion. In R. Burtscher, E. J. Ditschek, K.-E. Ackermann, M. Kil & M. Kronauer (Hrsg.), *Zugänge zu Inklusion. Erwachsenenbildung, Behindertenpädagogik und Soziologie im Dialog* (Theorie und Praxis der Erwachsenenbildung, 135 bis 144). Bielefeld: Bertelsmann.

Bukow, W.-D., Heck, G., Schulze, E. & Yildiz, E. (2011). *Neue Vielfalt in der urbanen Stadtgesellschaft* (Interkulturelle Studien). Wiesbaden: VS Verlag für Sozialwissenschaften / Springer Fachmedien Wiesbaden, Wiesbaden.

Bundesarbeitsgemeinschaft der überörtlichen Träger der Sozialhilfe. (2011). *Kennzahlenvergleich der überörtlichen Träger der Sozialhilfe. 2010* (Bundesarbeitsgemeinschaft der überörtlichen Träger der Sozialhilfe, Hrsg.). : Bundesarbeitsgemeinschaft der überörtlichen Träger der Sozialhilfe; con_sens - Consulting für Steuerung und soziale Entwicklung GmbH. Zugriff am 22.08.2016.

Bundesarbeitsgemeinschaft der überörtlichen Träger der Sozialhilfe. (2014). *Kennzahlenvergleich der überörtlichen Träger der Sozialhilfe. 2013* (Bundesarbeitsgemeinschaft der überörtlichen Träger der Sozialhilfe, Hrsg.). Münster:

Bundesarbeitsgemeinschaft der überörtlichen Träger der Sozialhilfe; con_sens - Consulting für Steuerung und soziale Entwicklung GmbH. Zugriff am 22.08.2016.

(2016). Bundesgesetzblatt Teil I Nr. 66. *Bundesgesetzeblatt, 2016.* Zugriff am 08.03.2017. Verfügbar unter http://www.bmas.de/SharedDocs/Downloads/DE/PDF-Meldungen/2016/bundesteilhabegesetz.pdf?__blob=publicationFile&v=7

Bundesministerium für Arbeit und Soziales. (2010). Übereinkommen der Vereinten Nationen über Rechte von Menschen mit Behinderungen. Erster Staatenbericht der Bundesrepublik Deutschland. Zugriff am 22.08.2016. Verfügbar unter http://www.bmas.de/SharedDocs/Downloads/DE/staatenbericht-2011.pdf;jsessionid=42A285717DF6110DED81018DF36DAEAB?__blob=publicationFile

Bundesministerium für Arbeit und Soziales. (2013a). *Lebenslagen in Deutschland. Der vierte Armtus- und Reichtumsbericht der Bundesregierung* (Bundesministerium für Arbeit und Soziales, Hrsg.), Bonn. Zugriff am 21.03.2013.

Bundesministerium für Arbeit und Soziales. (2013b). *Teilhabebericht der Bundesregierung über die Lebenslage von Menschen mit Beeinträchtigungen. Teilhabe - Beeinträchtigung - Behinderung* (Bundesministerium für Arbeit und Soziales, Hrsg.), Bonn.

Bundesministerium für Arbeit und Soziales. (2017). *Bundesteilhabegesetz verabschiedet.* Zugriff am 01.02.2017. Verfügbar unter http://www.bmas.de/DE/Leichte-Sprache/einzelheiten-zum-bundesteilhabegesetz/einzelheiten-zum-bundesteilhabegesetz-artikel.html

Bundesministerium für Bildung und Forschung. (2017). *Bildung im Schulalter. PISA - internationale Schulleistungsstudie.* Zugriff am 10.05.2017. Verfügbar unter https://www.bmbf.de/de/pisa-programme-for-international-student-assessment-81.html

Bundesvereinigung Lebenshilfe e. V. & Lebenshilfe Landesverband Hessen e. V. (2015a). *Bildungsprogramm 2016* (Bildungsinstitut inForm der Bundesvereinigung Lebenshilfe e.V. & Lebenshilfe Landesverband Hessen e.V., Hrsg.). Zugriff am 22.08.2016. Verfügbar unter https://www.lebenshilfe.de/de/fortbildung/institut-inform/index.php

Bundesvereinigung Lebenshilfe e. V. & Lebenshilfe Landesverband Hessen e. V. (2015b). *Jetzt will ich,s wissen 2016. Angebote der Erwachsenen-Bildung für Menschen mit und auch ohne Behinderung* (Bildungsinstitut inForm der Bundesvereinigung Lebenshilfe e.V. & Lebenshilfe Landesverband Hessen e.V., Hrsg.). Zugriff am 22.08.2016. Verfügbar unter https://www.lebenshilfe.de/de/fortbildung/institut-inform/index.php

Büro für leichte Sprache (Lebenshilfe Bremen e.V., Hrsg.). (ohne Jahr). *Leichte Sprache.* Zugriff am 22.08.2016. Verfügbar unter http://www.leichte-sprache.de/

Burtscher, R. (2013). Erwachsenenbildung inklusive? Die Werkstatt für behinderte Menschen zwischen Exklusion und Inklusion. In R. Burtscher, E. J. Ditschek, K.-E. Ackermann, M. Kil & M. Kronauer (Hrsg.), *Zugänge zu Inklusion. Erwachsenenbildung, Behindertenpädagogik und Soziologie im Dialog* (Theorie und Praxis der Erwachsenenbildung, 105 bis 115). Bielefeld: Bertelsmann.

Burtscher, R., Ditschek, E. J., Ackermann, K.-E., Kil, M. & Kronauer, M. (Hrsg.). (2013). *Zugänge zu Inklusion. Erwachsenenbildung, Behindertenpädagogik und Soziologie im Dialog* (Theorie und Praxis der Erwachsenenbildung). Bielefeld: Bertelsmann.

Buscher, R. (2016). Erwachsenenbildung. In I. Hedderich, J. Hollenweger, G. Biewer & R. Markowetz (Hrsg.), *Handbuch Inklusion und Sonderpädagogik* (utb-studie-e-book, Bd. 8643, S. 288-293). Bad Heilbrunn: Klinkhardt.

Cechura, S. (2015). *Inklusion: Die Gleichbehandlung Ungleicher. Recht zur Teilhabe an der Konkurrenz* (MV-Wissenschaft). Münster: Monsenstein und Vannerdat.

Cechura, S. (2016). *Inklusion: Ideal oder realistisches Ziel? Eine Kritik von Suitbert Cechura* (Soziale Arbeit kontrovers, Bd. 14). Freiburg im Breisgau: Lambertus.

Cloerkes, G. (2007). *Soziologie der Behinderten. Eine Einführung* (3. Aufl.). Heidelberg: Winter.

Dahme, H.-J. & Wohlfahrt, N. (2012). *Ungleich gerecht? Kritik moderner Gerechtigkeitsdiskurse und ihrer theoretischen Grundlagen*. Hamburg: VSA; Verlag.

Dauenhauer, E. (1970). *Kategoriale Didaktik* (Wirtschafts- und sozialpädagogische Bücherei, 2. verbesserte und erweiterte Auflage). Rinteln: Merkur-Lehrmittel-Verlag.

Dauenhauer, E. (1978). *Didaktik der Wirtschaftslehre* (Uni-Taschenbücher, Bd. 834, 1. Auflage). Paderborn: Ferdinand Schöningh.

Dauenhauer, E. (2001). *Kategoriale Wirtschaftsdidaktik, Band II. Anregungen zur curricularen Neugestaltung* (Beruf - Wirtschaft -Humankapital, Bd. 27). Münchweiler an der Rodalb: Walthari.

Dederichs, M. (2013). Inklusionsbarrieren im Sozialraum. In U. Becker, E. Wacker & M. Banafsche (Hrsg.), *Inklusion und Sozialraum. Behindertenrecht und Behindertenpolitik in der Kommune* (Studien aus dem Max-Planck-Institut für ausländisches und internationales Sozialrecht, Bd. 59, 1. Auflage, 61 bis 67). Baden-Baden: Nomos.

Degener, T. (2009). Die neue UN Behindertenrechtskonvention aus der Perspektive der Disability Studies. *Behindertenpädagogik, 48* (3), 263 bis 282.

Degener, T. & Mogge-Grotjahn, H. (2012). „All inclusive"? Annäherungen an ein interdisziplinäres Verständnis von Inklusion. In C. Kuhlmann, B. Benz & H.-J. Balz (Hrsg.), *Soziale Inklusion als Grundlage Sozialer Arbeit* (1., neue Ausgabe, 59 bis 77). Wiesbaden: VS Verlag für Sozialwissenschaften.

Denzin, N. K. (2009). Symbolischer Interaktionismus. In U. Flick, E. v. Kardorff & I. Steinke (Hrsg.), *Qualitative Forschung. Ein Handbuch* (Rororo, 55628 : Rowohlts Enzyklopädie, 6., durchgesehene und aktualisierte Auflage, S. 136-150). Reinbek bei Hamburg: Rowohlt Taschenbuch-Verlag.

Deutsche Gesellschaft für Ökonomische Bildung. (2004). *Kompetenzen der ökonomischen Bildung für allgemein bildende Schulen und Bildungsstandards für den mittleren Schulabschluss.* Zugriff am 22.08.2016. Verfügbar unter http://degoeb.de/uploads/degoeb/04_DEGOEB_Sekundarstufe-I.pdf

Deutsche Gesellschaft für Ökonomische Bildung. (2006, 17. Mai). *Kompetenzen der ökonomischen Bildung für allgemeinbildende Schulen und Bildungsstandards für den Grundschulabschluss.* Zugriff am 22.08.2016. Verfügbar unter http://degoeb.de/uploads/degoeb/06_DEGOEB_Grundschule.pdf

Deutsche Gesellschaft für Ökonomische Bildung. (2009). *Kompetenzen der ökonomischen Bildung für allgemein bildende Schulen und Bildungsstandards für den Abschluss der gymnasialen Oberstufe.* Zugriff am 22.08.2016. Verfügbar unter http://degoeb.de/uploads/degoeb/09_DEGOEB_Abitur.pdf

Deutsche Gesellschaft für Soziologie & Berufsverband deutscher Soziologinnen und Soziologen (Hrsg.). (2014). *Ethik-Kodex_(2014-01-24).* Zugriff am 22.08.2016. Verfügbar unter http://www.soziologie.de/fileadmin/_migrated/content_uploads/Ethik-Kodex_2014-06-14.pdf

Deutscher Bildungsrat. (1970). *Empfehlungen der Bildungskommission. Strukturplan für das Bildungswesen* (1. Aufl.) (Deutscher Bildungsrat, Hrsg.), Bonn.

Deutscher Bundestag. (2011). *Von Ausgrenzung zu Gleichberechtigung. Verwirklichung der Rechte von Menschen mit Behinderungen. Ein Handbuch für Abgeordnete zu dem Übereinkommen über die Rechte von Menschen mit Behinderungen und seinem Fakultativprotokoll.* Deutsche Übersetzung des Handbuches der Vereinten Nationen (Deutscher Bundestag, Hrsg.). Genf: Deutscher Bundestag.

Deutscher Kinderschutzbund Ortsverband Münster. Unsere Kinderschutzbund-arbeit in Münster. Schwerpunktthema Inklusion - auf dem Weg zu einer Gesellschaft für alle. Zugriff am 14.01.2017. Verfügbar unter http://kinder-schutzbund-muenster.de/wp-content/uploads/2012/11/jb_2011.pdf

Deutsches Institut für medizinische Dokumentation und Information (Hrsg.). (2005). *ICF. Internationale Klassifikation der Funktionsfähigkeit, Behinderung und Gesundheit* (DIMDI-Klassifikationen). Neu-Isenburg: MMI, Medien-Informations-GmbH.

Deutsches Institut für medizinische Dokumentation und Information. (2016). *Internationale statistische Klassifikation der Krankheiten und verwandter Gesundheitsprobleme. German Modification* (10. Revision). Zugriff am 22.08.2016. Verfügbar unter http://www.dimdi.de/static/de/klassi/icd-10-gm/kodesuche/onlinefassungen/htmlgm2016/

Deutsches Institut für Menschenrechte. (2015). *Parallelbericht an den UN-Fachausschuss für die Rechte von Menschen mit Behinderungen - Monitoring-Stelle zur UN-Behindertenrechtskonvention. anlässlich der Prüfung des ersten Staatenberichts Deutschlands gemäß Artikel 35 der UN - Behindertenrechtskonvention.* Berlin: Monitoringstelle zur UN-Behindertenrechtskonvention. Zugriff am 22.08.2016. Verfügbar unter http://www.institut.fuer-menschenrechte.de/fileadmin/user_upload/PDF-Dateien/Parallelberichte/Parallelbericht_an_den_UN-Fachausschuss_fuer_die_Rechte_von_Menschen_mit_Behinderungen_150311.pdf

Dorrance, C. & Dannenbeck, C. (Hrsg.). (2013). *Doing inclusion. Inklusion in einer nicht inklusiven Gesellschaft*. Bad Heilbrunn: Klinkhardt.

Dresing, T. & Pehl, T. (2011). Vereinfachtes Transkriptionssystem nach Dresing & Pehl. Zugriff am 22.08.2016. Verfügbar unter https://www.audiotranskription.de/audiotranskription/upload/VereinfachteTranskription30-09-11.pdf

Dresing, T. & Pehl, T. (2015). *Praxisbuch Interview, Transkription & Analyse. Anleitungen und Regelsysteme für qualitativ Forschende* (6. Aufl.). Marburg: Eigenverlag. Zugriff am 22.08.2016. Verfügbar unter https://www.audiotranskription.de/Praxisbuch-Transkription.pdf

Dworschak, W. (2004). *Lebensqualität von Menschen mit geistiger Behinderung. Theoretische Analyse, empirische Erfassung und grundlegende Aspekte qualitativer Netzwerkanalyse* (Klinkhardt Forschung, 1. Auflage). Bad Heilbrunn: Klinkhardt.

Engelke, E., Borrmann, S. & Spatscheck, C. (2009). *Theorien der Sozialen Arbeit. Eine Einführung* (5. Aufl.). Freiburg: Lambertus.

Engels, D. (2006). Lebenslagen und Soziale Exklusion. Thesen zur Reformulierung des Lebenslagenkonzepts für die Sozialberichterstattung. *sozialer Fortschritt, 55* (5), 109-116.

Esser, H. (1999). *Soziologie. Spezielle Grundlagen* (Bd. 1, 3. Auflage). Band 1: Situationslogik und Handeln. Frankfurt/Main: Campus.

Esser, H. (2000). *Soziologie. Spezielle Grundlagen* (Bd. 3, 3. Auflage). Band 3: Soziales Handeln. Frankfurt/Main: Campus.

Felder, M. & Schneiders, K. (2016). *Inklusion kontrovers. Herausforderungen für die Soziale Arbeit* (Grundlagen Sozialer Arbeit). Schwalbach: Wochenschau Verlag.

Feuser, G. (2011). Advokatorische Assistenz. In G. Feuser (Hrsg.), *„Ich fühle mich wie ein Vogel, der aus seinem Nest fliegt". Menschen mit Behinderungen in der Erwachsenenbildung* (Behindertenpädagogik und Integration, Band 6, 203 bis 218). Frankfurt am Main: Peter Lang.

Flick, U. (2009a). *Qualitative Sozialforschung. Eine Einführung* (Rororo Rowohlts Enzyklopädie, 2. Auflage). Reinbek bei Hamburg: Rowohlt Taschenbuch Verlag.

Flick, U. (2009b). *Sozialforschung. Methoden und Anwendungen* (Rororo Rowohlts Enzyklopädie, Bd. 55702). Ein Überblick für die BA-Studiengänge. Reinbek: Rowohlt Taschenbuch.

Flick, U., Kardorff, E. v. & Steinke, I. (Hrsg.). (2009). *Qualitative Forschung. Ein Handbuch* (Rororo, 55628 : Rowohlts Enzyklopädie, 6., durchgesehene und aktualisierte Auflage). Reinbek bei Hamburg: Rowohlt Taschenbuch-Verlag.

Foucault, M. (1994). *Überwachen und Strafen. Die Geburt des Gefängnisses* (Suhrkamp-Taschenbuch, Bd. 2271, 1. Auflage). Frankfurt am Main: Suhrkamp.

Foucault, M. & Sennelart, M. (2004). *Geschichte der Gouvernementalität* (1. Auflage). Frankfurt am Main: Suhrkamp.

Friebe, J. & Schmidt-Hertha, B. (2013). Bildungspartizipation und Lernen im Alter. Individuelle Voraussetzungen und organisationale Handlungsanforderungen. In R. Burtscher, E. J. Ditschek, K.-E. Ackermann, M. Kil & M. Kronauer (Hrsg.), *Zugänge zu Inklusion. Erwachsenenbildung, Behindertenpädagogik und Soziologie im Dialog* (Theorie und Praxis der Erwachsenenbildung, 183 bis 192). Bielefeld: Bertelsmann.

Fuchs, M. (2007). Diversity und Differenz. Konzeptionelle Überlegungen. In G. Krell, B. Riedmüller, B. Sieben & D. Vinz (Hrsg.), *Diversity Studies. Grundlagen und disziplinäre Ansätze* (S. 17-34). Frankfurt am Main: Campus.

Gardenswartz, L. & Rowe, A. (2010). *Managing diversity. A complete desk reference and planning guide* (3. ed.). Alexandria, Va: Society for Human Resource Management.

Gläser, J. & Laudel, G. (2010). *Experteninterviews und qualitative Inhaltsanalyse. Als Instrumente rekonstruierender Untersuchungen* (Lehrbuch, 4. Auflage). Wiesbaden: VS Verlag für Sozialwissenschaften.

Glatzer, W. (1997). Lebenslage. In Deutscher Verein für öffentliche und private Fürsorge (Hrsg.), *Fachlexikon der sozialen Arbeit* (4., vollständig überarbeitete Auflage, S. 607-608). Stuttgart: W. Kohlhammer.

Glatzer, W. & Zapf, W. (Hrsg.). (1984). *Lebensqualität in der Bundesrepublik. objektive Lebensbedingungen und subjektives Wohlbefinden* (Sonderforschungsbereich 3 der Universitäten Frankfurt und Mannheim ‚Mikroanalytische Grundlagen der Gesellschaftspolitik', Band 10 der Schriftenreihe des Sonderforschungsbereiches 3). Frankfurt: Campus Verlag.

Goethe, J. W. v. (2009). *Wilhelm Meisters Lehrjahre. Ein Roman* (Insel-Taschenbuch, Bd. 3550, 1. Auflage). Frankfurt am Main: Insel-Verlag.

Graebsch-Wagener (2012). Zur Bedeutung kommunaler Sozialberichterstattung und Sozialplanung für Inklusionsprozesse. In C. Kuhlmann, B. Benz & H.-J. Balz (Hrsg.), *Soziale Inklusion als Grundlage Sozialer Arbeit* (1., neue Ausgabe, 227 bis 238). Wiesbaden: VS Verlag für Sozialwissenschaften.

Grasshoff, G. (Hrsg.). (2013). *Adressaten, Nutzer, Agency. Akteursbezogene Forschungsperspektiven in der Sozialen Arbeit* (SpringerLink: Bücher). Wiesbaden: Springer Fachmedien Wiesbaden; Imprint: Springer VS.

Gudjons, H. (1999). *Pädagogisches Grundwissen. Überblick-Kompendium-Studienbuch* (6., durchgesehene und ergänzte Auflage). Bad Heilbrunn: Klinkhardt.

Halfar, B. & Fuchs, P. (2000). Die verzögerte Ankunft des Systembegriffes in der Sozialen Arbeit. *Blätter der Wohlfahrtspflege, 147* (3), 56-58.

Häussler, M., Wacker, E. & Wetzler, R. (1996). *Lebenssituation von Menschen mit Behinderung in privaten Haushalten. Bericht ... im Forschungsprojekt „Möglichkeiten und Grenzen selbständiger Lebensführung"* (Schriftenreihe des Bundesministeriums für Gesundheit, Bd. 65). Bericht zu einer bundesweiten Untersuchung im Forschungsprojekt „Möglichkeiten und Grenzen selbstständiger Lebensführung". Baden-Baden: Nomos.

Heck, M. (2013). Ambulant betreute Wohnformen für Menschen mit Behinderung. Der Erfolg einer Betreuungsform unter fiskalischen Gesichtspunkten. *Nachrichtendienst des Deutschen Vereins für öffentliche und private Fürsorge, 2013,* 5-7. Zugriff am 22.08.2016. Verfügbar unter http://www.lwl.org/spur-download/bag/heck_02.2013.pdf

Hedderich, I., Hollenweger, J., Biewer, G. & Markowetz, R. (Hrsg.). (2016). *Handbuch Inklusion und Sonderpädagogik* (utb-studie-e-book, Bd. 8643). Bad Heilbrunn: Klinkhardt.

Hedtke, R. (2008). Sozialwissenschaftliche Bildung. In R. Hedtke & B. Weber (Hrsg.), *Wörterbuch ökonomische Bildung* (S. 296-299). Schwalbach/Taunus: Wochenschau Verlag.

Hedtke, R. (2011). *Konzepte ökonomischer Bildung* (Politische Bildung). Schwalbach/Taunus: Wochenschau Verlag.

Hedtke, R., Famulla, G.-E., Fischer, A., Weber, B. & Zurstrassen, B. (2010). *Für eine bessere ökonomische Bildung! Kurzexpertise zum Gutachten „Ökonomische Bildung an allgemeinbildenden Schulen Bildungsstandards und Standards für die Lehrerbildung im Auftrag des Gemeinschaftsausschusses der Deutschen Gewerblichen Wirtschaft“.* : Initiative für eine bessere ökonomische Bildung. Zugriff am 22.08.2016. Verfügbar unter http://www.iboeb.org/uploads/media/Bessere_oekonomische_Bildung_02.pdf

Hedtke, R. & Weber, B. (Hrsg.). (2008). *Wörterbuch ökonomische Bildung*. Schwalbach/Taunus: Wochenschau Verlag.

Heimlich, U. & Behr, I. (2011). Inklusion von Menschen mit Behinderungen in der Erwachsenenbildung/Weiterbildung. In R. Tippelt & A. von Hippel (Hrsg.), *Handbuch Erwachsenenbildung, Weiterbildung* (5., durchgesehene Auflage, S. 813-826). Wiesbaden: VS Verlag für Sozialwissenschaften.

Helfferich, C. (2011). *Die Qualität qualitativer Daten. Manual für die Durchführung qualitativer Interviews* (4. Auflage). Wiesbaden: VS Verlag für Sozialwissenschaften.

Hentig, H. v. (2004). *Bildung. Ein Essay* (Beltz-Taschenbuch, 158 : Essay, 5., leicht überarbeitete Auflage). Weinheim: Beltz.

Herder, J. G. (2013). *Ideen zur Philosophie der Geschichte der Menschheit* (Berliner Reihe, Vollständiger, durchgesehener Neusatz mit einer Biographie des Autors bearbeitet und eingereicht von Michael Holzinger).

Herriger, N. (2014). *Empowerment in der sozialen Arbeit. Eine Einführung* (Sozialpädagogik, 5. aktualisierte Auflage). Stuttgart: Kohlhammer.

Hilligen, W. (1985). *Zur Didaktik des politischen Unterrichts. Wissenschaftliche Voraussetzungen, didaktische Konzeptionen, Unterrichtspraktische Vorschläge* (UTB. Grosse Reihe, 4. völlig neu überarbeitete Auflage). Opladen: Leske.

Hopf, C. (2009). Qualitative Interviews. ein Überblick. In U. Flick, E. v. Kardorff & I. Steinke (Hrsg.), *Qualitative Forschung. Ein Handbuch* (Rororo,

55628 : Rowohlts Enzyklopädie, 6., durchgesehene und aktualisierte Auflage, S. 349-360). Reinbek bei Hamburg: Rowohlt Taschenbuch-Verlag.

Husserl, E. & Held, K. (2010). *Ausgewählte Texte* (Reclams Universal-Bibliothek, Nr. 8084, Nachdruck der durchgesehenen und bibliographisch ergänzten Ausgabe 1998). Stuttgart: Reclam.

Husserl, E. & Steiner, U. C. (1997). *Husserl. ausgewählt und vorgestellt von Uwe C. Steiner* (Philosophie jetzt!). München: Diederichs.

Husserl, E. & Ströker, E. (2009). *Ideen zu einer reinen Phänomenologie und phänomenologischen Philosophie. Allgemeine Einführung in die reine Phänomenologie* (Philosophische Bibliothek, Band 602). Hamburg: Meiner.

Hussy, W., Schreier, M. & Echterhoff, G. (2013). *Forschungsmethoden. in Psychologie und Sozialwissenschaften für Bachelor* (Springer-Lehrbuch, 2., überarbeitete Auflage). Berlin, Heidelberg: Imprint: Springer.

Ignatzi, H. (2014). *Häusliche Altenpflege zwischen Legalität und Illegalität. Dargestellt am Beispiel polnischer Arbeitskräfte in deutschen Privathaushalten* (Soziologie, Bd. 85). Berlin: LIT Verlag.

Jank, W. & Meyer, H. (2011). *Didaktische Modelle* (10. Auflage). Berlin: Cornelsen Scriptor.

Kahsnitz, D. (2008). Sozioökonomische Bildung. In R. Hedtke & B. Weber (Hrsg.), *Wörterbuch ökonomische Bildung* (S. 299-301). Schwalbach/Taunus: Wochenschau Verlag.

Kaiser, F.-J. & Kaminski, H. (2012). *Methodik des Ökonomieunterrichts. Grundlagen eines handlungsorientierten Lernkonzepts mit Beispielen* (UTB, 3475: Wirtschaftspädagogik, 4., vollständig überarbeitete Auflage). Bad Heilbrunn: Klinkhardt.

Kaminski, Hans, Hübinger, Bernd, Zedler, Reinhard et al. *Sozialwirtschaft stärken. Kerncurriculum Ökonomische Bildung* (Konrad-Adenauer-Stiftung e. V., Hrsg.). Zugriff am 22.08.2016. Verfügbar unter http://www.kas.de/wf/doc/kas_181-544-1-30.pdf?050113114102

Kaminski, H. & Eggert, K. (2008). *Konzeption für die ökonomische Bildung als Allgemeinbildung von der Primarstufe bis zur Sekundarstufe II* (Bundesverband deutscher Banken, Hrsg.). Zugriff am 22.08.2016. Verfügbar unter http://www.ioeb.de/sites/default/files/pdf/konzeption_fuer_die_oekonomische_Bildung.pdf

Kaminski, H. & Krol, G.-J. (2008). *Ökonomische Bildung. Legitimiert, etabliert, zukunftsfähig : Stand und Perspektiven*. Bad Heilbrunn: Klinkhardt.

Kelle, U. (2007). *Die Integration qualitativer und quantitativer Methoden in der empirischen Sozialforschung. Theoretische Grundlagen und methodologische Konzepte* (1. Aufl.). Wiesbaden: VS, Verlag für Sozialwissenschaften.

Kelle, U. & Kluge, S. (2008). *Vom Einzelfall zum Typus. Fallvergleich und Fallkontrastierung in der qualitativen Sozialforschung* (Qualitative Sozialforschung, 2., aktualisierte Auflage). Wiesbaden: VS Verlag für Sozialwissenschaften.

Kirk, J. & Miller, M. L. (1986). *Reliability and validity in qualitative research* (Qualitative research methods). Beverly Hills: Sage Publications.

Klafki, W. (2007). *Neue Studien zur Bildungstheorie und Didaktik. Zeitgemäße Allgemeinbildung und kritisch-konstruktive Didaktik* (Beltz Bibliothek, 6., neu ausgestattete Aufl.). a. Weinheim: Beltz.

Klafki, W. (2012). ökonomische Grundkategorien. In H. May & C. Wiepcke (Hrsg.), *Lexikon der ökonomischen Bildung* (8., völlig überarbeitete und erweiterte Auflage, S. 445). München: Oldenbourg Wissenschaftsverlag.

Klee, E. (1983). *„Euthanasie" im NS-Staat. Die „Vernichtung lebensunwerten Lebens"* (2. Auflage). Frankfurt/Main: Fischer.

Klieme, E. (2007). *Zur Entwicklung nationaler Bildungsstandards. Eine Expertise* (Bundesministerium für Bildung und Forschung, Hrsg.), Bonn. Zugriff am 22.08.2016. Verfügbar unter https://www.bmbf.de/pub/Bildungsforschung_Band_1.pdf

Kolhoff, L., Schwarz, G., Beck, R., Schellberg, K. & Wöhrle, A. (Hrsg.). (2002). *Finanzierung sozialer Einrichtungen und Dienste* (Schwerpunkt Management : professionelle Personalarbeit und Organisationsentwicklung). Augsburg: ZIEL.

(Landschaftsverband Rheinland, Hrsg.). (2015a). *Kosten- und Eigenbeteiligung,* Landschaftsverband Rheinland. Zugriff am 22.08.2016. Verfügbar unter http://www.lvr.de/de/nav_main/soziales_1/menschenmitbehinderung/wohnen/leistungenzumwohnen/kosteneigenbeteiligung/kosteneigenbeteiligung_1.jsp

Kraus, B. (2006). Lebenswelt und Lebensweltorientierung. Eine begriffliche Revision als Angebot an eine systemisch-konstruktivistische Sozialarbeitswissenschaft. *Zeitschrift für Systemische Therapie und Familientherapie* (Heft 37(2)), 116.

Kraus, B. (2013). *Erkennen und Entscheiden. Grundlagen und Konsequenzen eines erkenntnistheoretischen Konstruktivismus für die Soziale Arbeit* (1., neue Ausgabe). Weinheim, Bergstraße: Juventa.

Krell, G., Riedmüller, B., Sieben, B. & Vinz, D. (Hrsg.). (2007). *Diversity Studies. Grundlagen und disziplinäre Ansätze*. Frankfurt am Main: Campus.

Kruber, K.-P. (1995). Wirtschaftspolitisches Denken lernen an und in Modellen. In H.-J. Albers (Ed.), *Handlungsorientierung und ökonomische Bildung* (Wirtschafts- und berufspädagogische Schriften, Bd. 15, Bd. 15, pp. 93-116). Bergisch Gladbach: Hobein.

Kruber, K.-P. (Hrsg.). (1997). *Konzeptionelle Ansätze ökonomischer Bildung* (Wirtschafts- und berufspädagogische Schriften, Bd. 17). Bergisch Gladbach: Hobein.

Kruber, K.-P. (2008). Kategoriale Ökonomische Bildung. In R. Hedtke & B. Weber (Hrsg.), *Wörterbuch ökonomische Bildung* (S. 187-190). Schwalbach/Taunus: Wochenschau Verlag.

Kruse, J. (2014). *Qualitative Interviewforschung. Ein integrativer Ansatz* (Grundlagentexte Methoden). Weinheim: Beltz Juventa.

Kuhlmann, C. (2012). Der Begriff der Inklusion im Armuts- und Menschenrechtsdiskurs der Theorien Sozialer Arbeit. eine historisch-kritische Annäherung. In C. Kuhlmann, B. Benz & H.-J. Balz (Hrsg.), *Soziale Inklusion als Grundlage Sozialer Arbeit* (1., neue Ausgabe, S. 35-57). Wiesbaden: VS Verlag für Sozialwissenschaften.

Kuhn-Zuber, G. & Bohnert, C. (2014). *Recht in der Heilpädagogik und Heilerziehungspflege*. Freiburg im Breisgau: Lambertus.

Kultusministerkonferenz. (2017). *TIMSS*. Zugriff am 10.05.2017. Verfügbar unter https://www.kmk.org/themen/qualitaetssicherung-in-schulen/bildungsmonitoring/internationale-schulleistungsvergleiche/timss.html

Laireiter, A.-R. (2009). Soziales Netzwerk und soziale Unterstützung. In K. Lenz (Hrsg.), *Handbuch Persönliche Beziehungen* (Handbuch, 1. Auflage, S. 75-100). Weinheim, Bergstraße: Juventa.

Lamnek, S. (2010). *Qualitative Sozialforschung. Lehrbuch* (Lehrbuch, 5., überarbeitete Auflage). Weinheim: Beltz, PVU.

Landesregierung Nordrhein-Westfalen. Verordnung zur Änderung der Verordnung zur Ausführung des Bundessozialhilfegesetzes. AV-BSHG. *Gesetz- und Verordnungsblatt (GV. NRW.), Ausgabe 2003* (Nr. 29), 311-322.

Landesregierung Nordrhein-Westfalen. (2004). Gesetz zur Anpassung des Landesrechts an das Sozialgesetzbuch (SGB) Zwölftes Buch (XII) - Sozialhilfe. AG-SGB XII NRW.

Landschaftsverband Rheinland (Hrsg.). (2012). *Guter Plan - gute Hilfe. Infos zum Individuellen Hilfeplan für Menschen mit Behinderung im Rheinland*, Köln. Zugriff am 22.08.2016. Verfügbar unter http://publi.lvr.de/publi/PDF/633-Brosch%C3%BCre-Individueller-Hilfeplan.pdf

Landschaftsverband Rheinland. (2015b). IHP 3.1. Handbuch Individuelle Hilfeplanung 2015. Zugriff am 22.08.2016. Verfügbar unter http://www.lvr.de/media/wwwlvrde/soziales/menschenmitbehinderung/wohnen/dokumente_232/hilfeplan/Handbuch_Hilfeplanung.pdf

Landschaftsverband Rheinland, Landschaftsverband Westfalen-Lippe & Arbeitsgemeinschaft der Spitzenverbände der freien Wohlfahrtspflege des Landes Nordrhein-Westfalen, Lubek, U.; Kirsch, W. & Meiwes, A. (Mitarbeiter). (2011). *Zukunft der Eingliederungshilfe in NRW sichern.* Zugriff am 22.08.2016. Verfügbar unter http://publi.lvr.de/publi/PDF/633Brosch%C3%BCre-Individueller-Hilfeplan.pdf

Landschaftsverband Rheinland, Landschaftsverband Westfalten-Lippe & Arbeitsgemeinschaft der Spitzenverbände der freien Wohlfahrtspflege des Landes Nordrhein-Westfalen, Modelsberger, U.; Hoffmann-Badache, M.; Bauer, F.; Schäfer, W. & Becker, U. (Mitarbeiter). (2006). *Rahmenzielvereinbarung zwischen der Landesarbeitsgemeinschaft der Freien Wohlfahrtspflege und den Landschaftsverbänden zur Weiterentwicklung der Eingliederungshilfe unter fachlichen und finanziellen Aspekten.* Zugriff am 22.08.2016. Verfügbar unter http://www.lwl.org/spur-download/bewo/Rahmenzielvereinbarung.pdf

Lebenshilfe für Menschen mit geistiger Behinderung Bremen e. V. (2013). *Leichte Sprache. Die Bilder* (1. Auflage). Marburg: Lebenshilfe Verlag.

Lehner, M. (2009). *Allgemeine Didaktik. Eine Einführung* (UTB, Bd. 3245). Bern: Haupt.

Liedke, U. & Wagner, H. (Hrsg.). (2015). *Inklusion. Lehr- und Arbeitsbuch für Professionelles Handeln in Kirche und Gesellschaft:* Kohlhammer Verlag.

Liening, A. (2015). *Ökonomische Bildung. Grundlagen und neue synergetische Ansätze* (SpringerLink : Bücher, 1. Aufl. 2015). Wiesbaden: Gabler.

Luhmann, N. (1984). *Soziale Systeme* (Suhrkamp-Taschenbuch Wissenschaft, Bd. 666, 1. Auflage). Frankfurt am Main: Suhrkamp.

Luhmann, N. (1991). Die Form „Person". *Soziale Welt Nr. 2, S. 166-175, 42* (2), 166 bis 175.

Luhmann, N. (1997). *Die Gesellschaft der Gesellschaft* (Suhrkamp-Taschenbuch Wissenschaft, Bd. 1360, 1. Auflage). Frankfurt am Main: Suhrkamp.

Luhmann, N. (2009). *Soziologische Aufklärung 5: Konstruktivistische Perspektiven* (4. Auflage). Wiesbaden: VS, Verlag für Sozialwissenschaften.

Luhmann, N. (2011). *Einführung in die Systemtheorie* (Systemische Horizonte, 6. Auflage). Heidelberg: Auer.

Lüke, M. (2007). *Zwischen Tradition und Aufbruch. Deutschunterricht und Lesebuch im deutschen Kaiserreich* (Beiträge zur Geschichte des Deutschunterrichts, Band 60). Frankfurt am Main: Lang.

Markowitz, J. (1979). *Die soziale Situation. Entwurf e. Modells zur Analyse d. Verhältnisses zwischen personalen Systemen u. ihrer Umwelt* (1. Aufl.). Frankfurt am Main: Suhrkamp.

Maslow, A. H. (1981). *Motivation und Persönlichkeit* (Rororo Sachbuch, Bd. 7395). Reinbek bei Hamburg: Rororo Rowohlt Taschenbuch Verlag.

Maturana, H. R. & Varela, F. J. (1990). *Der Baum der Erkenntnis. Die biologischen Wurzeln des menschlichen Erkennens* (Goldmann, Bd. 11460, 1. Auflage) [München]: Goldmann.

May, H. (1978). *Arbeitslehre. Wirtschaftswissenschaftliche und wirtschaftsdidaktische Grundlagen* (UTB, Bd. 826). München, Basel: Ernst Reinhardt.

May, H. (Hrsg.). (2008). *Handbuch zur ökonomischen Bildung* (9. Auflage). München: Oldenbourg Wissenschaftsverlag.

May, H. (2010). *Didaktik der ökonomischen Bildung* (8., unveränderte Auflage). München: Oldenbourg Wissenschaftsverlag.

May, H. (2011). Ökonomische Bildung als Allgemeinbildung. *Aus Politik und Zeitgeschichte* (12), 3-9.

May, H. & Wiepcke, C. (Hrsg.). (2012). *Lexikon der ökonomischen Bildung* (8., völlig überarbeitete und erweiterte Auflage). München: Oldenbourg Wissenschaftsverlag.

Mayring, P. (1983). *Qualitative Inhaltsanalyse. Grundlagen und Techniken.* Weinheim: Beltz.

Mayring, P. (2002). *Einführung in die qualitative Sozialforschung. Eine Anleitung zu qualitativem Denken* (Beltz Studium, 5., neu ausgestattete Auflage). Weinheim: Beltz.

Mayring, P. (2009). Qualitative Inhaltsanalyse. In U. Flick, E. v. Kardorff & I. Steinke (Hrsg.), *Qualitative Forschung. Ein Handbuch* (Rororo, 55628 : Rowohlts Enzyklopädie, 6., durchgesehene und aktualisierte Auflage, S. 468-475). Reinbek bei Hamburg: Rowohlt Taschenbuch-Verlag.

Mayring, P. (2014). *Qualitative Content Analysis. Theoretical Foundation, Basic Procedures and Software Solution.* Klagenfurt: Beltz Verlag.

Mayring, P. (2015). *Qualitative Inhaltsanalyse. Grundlagen und Techniken* (12. überarbeitete Auflage). Weinheim und Basel: Beltz.

Mead, M. (1987). *Geschlecht und Temperament in drei primitiven Gesellschaften* (Dtv, 4034: Wissenschaft, ungekürzte Ausgabe, 7. Auflage). München: Deutscher Taschenbuch-Verlag.

Mensch zuerst - Netzwerk People First Deutschland e.V. *Mensch zuerst - Netzwerk People First Deutschland,* Mensch zuerst - Netzwerk People First Deutschland e.V. Zugriff am 20.01.2017. Verfügbar unter http://www.menschzuerst.de/pages/startseite/wer-sind-wir/grundsatz-programm.php#menschzuerst

Merten, R. & Scherr, A. (Hrsg.). (2004). *Inklusion und Exklusion in der sozialen Arbeit* (1. Auflage). Wiesbaden: VS, Verlag für Sozialwissenschaften.

Mey, G. & Mruck, K. (Hrsg.). (2010). *Handbuch Qualitative Forschung in der Psychologie* (1. Auflage). Wiesbaden: VS Verlag für Sozialwissenschaften.

Mey, G. & Mruck, K. (2014). *Qualitative Forschung. Analysen und Diskussionen.* 10 Jahre Berliner Methodentreffen. Wiesbaden: Springer VS.

Michels, C. (2011). *Ambulant Betreutes Wohnen für Menschen mit (geistiger) Behinderung. eine qualitative Pilotstudie zu Ressourcen, Kompetenzen und Fähigkeiten unter besonderer Berücksichtigung der Betroffenenperspektive* (Bd. 2011).

Mruck, K. & Mey, G. (2000). Qualitative Sozialforschung in Deutschland. *Forum Qualitative Sozialforschung* (Volume 1 (1), Art.4). Zugriff am 22.08.2016. Verfügbar unter http://nbn-resolving.de/urn:nbn:de:0114-fqs000148

Musenberg, O. (2016). Geistige Entwicklung. In I. Hedderich, J. Hollenweger, G. Biewer & R. Markowetz (Hrsg.), *Handbuch Inklusion und Sonderpädagogik* (utb-studie-e-book, Bd. 8643, S. 213-218). Bad Heilbrunn: Klinkhardt.

Neurath, O. (1981). *Gesammelte philosophische und methodologische Schriften.* Wien: Hölder-Pichler-Tempsky.

Nolda, S. (2008). *Einführung in die Theorie der Erwachsenenbildung* (Grundwissen Erziehungswissenschaft). Darmstadt: WGB (Wissenschaftliche Buchgesellschaft).

Nussbaum, M. C. (1999). *Gerechtigkeit oder Das gute Leben* (Gender studies, 1. Auflage). Frankfurt am Main: Suhrkamp.

Nussbaum, M. C. & Sen, A. (1993). *The quality of life* (WIDER studies in development economics). Oxford [England]: Clarendon Press; Oxford University Press.

Office of the United Nations. (2015). *Concluding observations on the initial report of Germany* (Office of the United Nations High Commissioner for Human Rights, Hrsg.) (CRPD/C/DEU/CO/1). Genf: Comitee on the Rights of Persons with Disabilities. Zugriff am 01.09.2016. Verfügbar unter http://www.institut-fuer-menschenrechte.de/fileadmin/user_upload/PDF-Dateien/UN-Dokumente/CRPD_Abschliessende_Bemerkungen_ueber_den_ersten_Staatenbericht_Deutschlands_ENTWURF.pdf

Opitz, S. (2007). Eine Typologie des Außen. Foucault als Theoretiker der Inklusion/Exklusion. In R. Anhorn, F. Bettinger & J. Stehr (Hrsg.), *Foucaults Machtanalytik und soziale Arbeit. Eine kritische Einführung und Bestandsauf-*

nahme (Lehrbuch, Band 1, 1. Auflage, 41 bis 57). Wiesbaden: VS, Verlag für Sozialwissenschaften.

Pestalozzi, J. H. (1845). *Die Abendstunde eines Einsiedlers*. Erlangen. Zugriff am 01.02.2017. Verfügbar unter http://www.mdz-nbn-resolving.de/urn/resolver.pl?urn=urn:nbn:de:bvb:12-bsb10763711-4

Pfaff, H. (2012). Wirtschaft und Analyse. Lebenslagen behinderter Menschen. Ergebnisse des Mikrozensus 2009. *Wirtschaft und Statistik* (3), 232-243.

Piorkowsky, M.-B. (1997). Haushaltsökonomie. In T. Kutsch, M.-B. Piorkowsky & M. Schätzke (Hrsg.), *Einführung in die Haushaltswissenschaft. Haushaltsökonomie, Haushaltssoziologie, Haushaltstechnik* (S. 1-158). Stuttgart: Ulmer.

Piorkowsky, M.-B. (2008). Alltags- und lebensökonomische Bildung. In R. Hedtke & B. Weber (Hrsg.), *Wörterbuch ökonomische Bildung* (S. 34-37). Schwalbach/Taunus: Wochenschau Verlag.

Piorkowsky, M.-B. (2011). *Alltags- und Lebensökonomie. Erweiterte mikroökonomische Grundlagen für finanzwirtschaftliche und sozioökonomisch-ökologische Basiskompetenzen*. Göttingen: V&R unipress.

Piorkowsky, M.-B. (2015). Alltag und Ökonomie. Eine neue Konzeption der ökonomischen Grundbildung. In M. Spieker (Hrsg.), *Ökonomische Bildung. Zwischen Pluralismus und Lobbyismus* (Tutzinger Schriften zur politischen Bildung, Bd. 8, S. 225). Schwalbach am Taunus: Wochenschau Verlag.

Piorkowsky, M.-B. & Buddensiek, M. (2014). Planspiel Dorf - Kinder entdecken die lokale Ökonomie. Alltags- und Lebensökonomie in der Primarstufe. In T. Retzmann (Hrsg.), *Ökonomische Allgemeinbildung in der Sekundarstufe I und Primarstufe. Konzepte, Analysen, Studien und empirische Befunde* (Didaktik der ökonomischen Bildung, S. 373-386). Schwalbach/Taunus: Wochenschau-Verl.

Piorkowsky, M.-B. & Münder, S. (2002). *Kursbuch zur Armutsprävention. ... und Milderung defizitärer Lebenslagen durch Stärkung von Haushalts- und Familienkompetenzen ;* (Konzepte und Modelle zur Armutsprävention, Kursbuch, 1. Auflage). Arbeitsmaterialien für die Vorbereitung und Durchführung von Kursen. Aachen.

Platte, A. (2012). Inklusive Bildung als internationale Leitidee und pädagogische Herausforderung. In C. Kuhlmann, B. Benz & H.-J. Balz (Hrsg.), *Soziale Inklusion als Grundlage Sozialer Arbeit* (1., neue Ausgabe, 141 bis 162). Wiesbaden: VS Verlag für Sozialwissenschaften.

Preissing, C. & Heller, E. (2014). *Qualität im Situationsansatz. Qualitätskriterien und Materialien für die Qualitätsentwicklung in Kindertageseinrichtungen; [mit CD-ROM]* (Frühe Kindheit : Qualitätsentwicklung, 3. Auflage). Berlin: Cornelsen.

Proske, R. (Hrsg.). (1974). *Psychologie, die uns angeht*. Berlin: Bertelsmann-Lexikon-Verlag.

Rammstedt, B. (2013). *Grundlegende Kompetenzen Erwachsener im internationalen Vergleich. Ergebnisse von PIAAC 2012*. Münster: Waxmann. Zugriff am 22.08.2016. Verfügbar unter http://www.gesis.org/fileadmin/piaac/Downloadbereich/PIAAC_Zusammenfassung.pdf

Rasmussen, T. (1996). *The ASTD trainer's sourcebook* (ASTD trainer's sourcebook series). New York: McGraw-Hill.

Rat der Europäischen Union. (2000). Richtlinie 2000/78/EG des Rates vom 27. November 2000 zur Festlegung eines allgemeinen Rahmens für die Verwirklichung der Gleichbehandlung in Beschäftigung und Beruf. *Amtsblatt der Europäischen Gemeinschaften*. Zugriff am 22.08.2016. Verfügbar unter http://eur-lex.europa.eu/legal-content/DE/TXT/PDF/?uri=CELEX:32000L0078

Rat für Sozial- und Wirtschaftsdaten. (2014). *Datenschutzrechtliche Anforderungen bei der Generierung und Archivierung qualitativer Interviewdaten. Erarbeitet und verfasst von der Arbeitsgruppe Datenschutz und qualitative Sozialforschung* (Nr. 238). Zugriff am 22.08.2015. Verfügbar unter http://www.ratswd.de/dl/RatSWD_WP_238.pdf

Ratz, C., Dworschak, W. & Gross, P. (2012). *Hilfebedarf im Ambulant Betreuten Wohnen. Ein Vergleich von H.M.B.-W. und ICF-BEST*. Abschlussbericht des Forschungsprojektes HAWO. Würzburg: Universität Würzburg. Zugriff am 22.08.2016. Verfügbar unter http://www.edu.lmu.de/gvp/forschung/forsch_projekte/abgeschlossene_forschungsproj/hilfebedarf/index.html

Reetz, L. (2008). Handlungskompetenz. In H. May (Hrsg.), *Lexikon der ökonomischen Bildung* (7. Aufl., S. 299). München: Oldenbourg Wissenschaftsverlag.

Regenbrecht, A. & Pöppel, K. G. (Hrsg.). (1995). *Erfahrung und schulisches Lernen. Zum Problem der Öffnung von Schule und Unterricht* (Münstersche Gespräche zu Themen der wissenschaftlichen Pädagogik, Heft 12). Münster: Aschendorff.

Reis, C. (1997). Handlungstheorie. In Deutscher Verein für öffentliche und private Fürsorge (Hrsg.), *Fachlexikon der sozialen Arbeit* (4., vollständig überarbeitete Auflage, S. 438). Stuttgart: W. Kohlhammer.

Remmele, B., Seeber, G., Speer, S. & Stoller, F. (2013a). Ansprüche und Grenzen von ökonomischer Grundbildung. In B. Weber, I. van Eik & P. Mayer (Hrsg.), *Ökonomische Grundbildung für Erwachsene. Ansprüche und Grenzen, Zielgruppen, Akteure und Angebote - Ergebnisse einer Forschungswerkstatt* (1. Auflage, S. 41-52). Bielefeld: Bertelsmann.

Remmele, B., Seeber, G., Speer, S. & Stoller, F. (2013b). *Ökonomische Grundbildung für Erwachsene. Ansprüche, Kompetenzen, Grenzen* (Wochenschau-Wissenschaft). Schwalbach/Taunus: Wochenschau Verlag.

Retzmann, T. (2011). Kompetenzen und Standards ökonomischer Bildung. In Bundeszentrale für politische Bildung (Hrsg.), *Ökonomische Bildung* (Aus Politik und Zeitgeschichte, Bd. 2011, 12/2011, S. 15-21). Bonn.

Retzmann, T., Seeber, G., Remmele, B. & Jongebloed, H.-C. (2010). *Entwicklung abschlussbezogener Bildungsstandards für die ökonomische Bildung an allen Formen der allgemein bildenden Schulen. Abschlussbericht an den Gemeinschaftsausschuss der deutschen gewerblichen Wirtschaft*, Essen. Zugriff am 22.08.2016. Verfügbar unter https://www.wida.wiwi.uni-due.de/fileadmin/fileupload/BWL-WIDA/Publikationen/Retzmann_ua2010_Gutachten.pdf

Rhein, R. (2013). Strukturlogische Aspekte der Didaktik der Erwachsenenbildung. In P. Gonon (Hrsg.), *Erwachsenengerechte Didaktik* (Report. Zeitschrift für Weiterbildungsforschung, Bd. 36, S. 11-21). Bielefeld: Bertelsmann. Zugriff am 22.08.2016. Verfügbar unter http://www.die-bonn.de/doks/report/2013-didaktik-01.pdf

Rittweger, S. (2013). Behindertenrecht und Behindertenpolitik in der Kommune. ein Blick in die Rechtsprechung. In U. Becker, E. Wacker & M. Banafsche

(Hrsg.), *Inklusion und Sozialraum. Behindertenrecht und Behindertenpolitik in der Kommune* (Studien aus dem Max-Planck-Institut für ausländisches und internationales Sozialrecht, Bd. 59, 1. Auflage, 135 bis 139). Baden-Baden: Nomos.

Roloff, E.-A. (1974). *Erziehung zur Politik : eine Einführung in die politische Didaktik. 2. Didaktische Beispielanalysen für die Sekundarstufe 1*. Göttingen: Schwarz.

Römisch, K. (2015) Vorwort. In K. Sonnenberg & A. Arlabosse (Hrsg.), *Soziale Inklusion und Lebenslange Bildung. Abschlussbericht des Forschungsprojektes* (45 Stück) (S. 7). Bochum.Evangelische Fachhochschule Rheinland-Westfalen-Lippe (Soziale Inklusion von Menschen mit mehrfachen Behinderungen Computergestützte Schreibwerkstatt als Teil Lebenslangen Lernens).

Schädler, J. (2002). *Paradigmenwechsel in der Behindertenhilfe unter Bedingungen institutioneller Beharrlichkeit. Strukturelle Voraussetzungen der Implementation Offener Hilfen für Menschen mit geistiger Behinderung*. Dissertation zur Erlangung des akademischen Grades eines Doktors der Philosophie. Zugriff am 22.08.2016. Verfügbar unter urn:nbn:de:hbz:467-39

Schäfers, M. (2008). *Lebensqualität aus Nutzersicht. Wie Menschen mit geistiger Behinderung ihre Lebenssituation beurteilen* (1. Auflage). Dissertation. Wiesbaden: VS, Verlag für Sozialwissenschaften.

Schäfers, M. (2013). Barrieren im Sozialraum - ein Kommentar. In U. Becker, E. Wacker & M. Banafsche (Hrsg.), *Inklusion und Sozialraum. Behindertenrecht und Behindertenpolitik in der Kommune* (Studien aus dem Max-Planck-Institut für ausländisches und internationales Sozialrecht, Bd. 59, 1. Auflage, 101 bis 105). Baden-Baden: Nomos.

Schaller, J. & Schemmel, H. (Hrsg.). (2013). *Ressourcen. Ein Hand- und Lesebuch zur psychotherapeutischen Arbeit* (2., vollständig überarbeitete und erweiterte Auflage). Tübingen: dgvt-Verlag.

Scherr, A. (2004). Exklusionsindividualität, Lebensführung und Soziale Arbeit. In R. Merten & A. Scherr (Hrsg.), *Inklusion und Exklusion in der sozialen Arbeit* (1. Auflage, 55 bis 74). Wiesbaden: VS, Verlag für Sozialwissenschaften.

Schlebrowski, D. (2009). *Starke Nutzer im Heim. Wirkung persönlicher Budgets auf soziale Dienstleistungen* (VS research : Gesundheitsförderung - Rehabilitation - Teilhabe, 1. Aufl.). Wiesbaden: VS, Verlag für Sozialwissenschaften.

Schlippe, A. v. & Schweitzer, J. (2003). *Lehrbuch der systemischen Therapie und Beratung* (9. Auflage). Göttingen: Vandenhoeck & Ruprecht.

Schlösser, H.-J. (2012). Standards der ökonomischen Bildung. In H. May & C. Wiepcke (Hrsg.), *Lexikon der ökonomischen Bildung* (8., völlig überarbeitete und erweiterte Auflage, 586 bis 588). München: Oldenbourg Wissenschaftsverlag.

Schlott, C. (2012). Förderung von Gesundheit und Bildung im Vorschulalter. Gesundheitskonzept des Kindergartens und Familienzentrums St. Barbara in Bochum-Wattenscheid. In C. Kuhlmann, B. Benz & H.-J. Balz (Hrsg.), *Soziale Inklusion als Grundlage Sozialer Arbeit* (1., neue Ausgabe, 249 bis 258). Wiesbaden: VS Verlag für Sozialwissenschaften.

Schmidt, B. & Bakarinow-Busse, K. (2012). Unabhängige Patientenberatung für schwer erreichbare Zielgruppen. In C. Kuhlmann, B. Benz & H.-J. Balz (Hrsg.), *Soziale Inklusion als Grundlage Sozialer Arbeit* (1., neue Ausgabe, 297 bis 303). Wiesbaden: VS Verlag für Sozialwissenschaften.

Schmiederer, R. (1977). *Politische Bildung im Interesse der Schüler* (Basistexte Bildung). Köln: Europäische Verlagsanstalt.

Schreier, M. (2010). Fallauswahl. In G. Mey & K. Mruck (Hrsg.), *Handbuch Qualitative Forschung in der Psychologie* (1. Auflage, S. 238-251). Wiesbaden: VS Verlag für Sozialwissenschaften.

Schreier, M. (2014). Varianten qualitativer Inhaltsanalyse. Ein Wegweiser im Dickicht der Begrifflichkeiten. *Forum Qualitative Sozialforschung, 15* (1). Zugriff am 22.08.2016. Verfügbar unter http://www.qualitative-research.net/index.php/fqs/rt/printerFriendly/2043/3635

Schulak, E.-M. (2000). Seher, Hofnarr, Versuchskaninchen. Kulturphilosophische Betrachtungen zum Phänomen Behinderung. *Zeitschrift für Philosophie,* 1. Zugriff am 22.08.2016. Verfügbar unter http://www.philosophische-praxis.at/seher.html

Schütz, A. & Luckmann, T. (1979). *Strukturen der Lebenswelt* (Suhrkamp Taschenbuch Wissenschaft, Bd. 284, 1. Aufl.). Frankfurt am Main: Suhrkamp.

Schütze, F. (1983). Biographieforschung und narratives Interview. *Neue Praxis, 13* (3), 283. Zugriff am 22.08.2016. Verfügbar unter http://www.ssoar.info/ssoar/bitstream/handle/document/5314/ssoar-np-1983-3-schutze-biographieforschung_und_narratives_interview.pdf?sequence=1

Schwing, R. & Fryszer, A. (2016). *Systemische Beratung und Familientherapie. Kurz, bündig, alltagstauglich* (5., unveränderte Auflage). Göttingen: Vandenhoeck et Ruprecht.

Schwohl, J. (2010). *Inklusion als Herausforderung schulischer Entwicklung. Wiedersprüche und Perspektiven eines erziehungswissenschaftlichen Diskurses* (Theorie bilden, Bd. 20). Bielefeld: Transcript.

Seeber, G. (2008). Theorien der ökonomischen Bildung. In R. Hedtke & B. Weber (Hrsg.), *Wörterbuch ökonomische Bildung* (S. 308-310). Schwalbach/Taunus: Wochenschau Verlag.

Seeber, G., Retzmann, T., Remmele, B. & Jongebloed, H.-C. (Hrsg.). (2012). *Bildungsstandards der ökonomischen Allgemeinbildung. Kompetenzmodell, Aufgaben, Handlungsempfehlungen* (Wochenschau Ökonomie). Schwalbach/Taunus: Wochenschau Verlag.

Seifert, M. (1997). *Wohnalltag von Erwachsenen mit schwerer geistiger Behinderung. Eine Studie zur Lebensqualität* (Berliner Beiträge zur Pädagogik und Andragogik von Menschen mit geistiger Behinderung, Band 4). Reutlingen: Diakonie-Verlag.

Seifert, M. (2010). *Kundenstudie. Bedarf an Dienstleistungen zur Unterstützung des Wohnens von Menschen mit Behinderung ; Abschlussbericht*. Berlin: Rhombos-Verlag.

Seifert, M. (2015). Inklusion als Perspektive des Zusammenlebens. In U. Liedke & H. Wagner (Hrsg.), *Inklusion. Lehr- und Arbeitsbuch für Professionelles Handeln in Kirche und Gesellschaft* (89 bis 105). Kohlhammer Verlag.

Sen, A. K. (2011). *Ökonomie für den Menschen. Wege zu Gerechtigkeit und Solidarität in der Marktwirtschaft* (Dtv-Taschenbücher, Bd. 36264, 5. Auflage). München: Deutscher Taschenbuch Verlag.

Shazer, S. de & Dolan, Y. M. (2016). *Mehr als ein Wunder. Lösungsfokussierte Kurzzeittherapie heute* (Systemische Therapie, 5. Auflage). Heidelberg: Carl-Auer Verlag GmbH.

Sickendiek, U., Engel, F. & Nestmann, F. (2002). *Beratung. Eine Einführung in sozialpädagogische und psychosoziale Beratungsansätze* (Grundlagentexte soziale Berufe, 2. Auflage). Weinheim [u.a.]: Juventa-Verlag.

Sonnenberg, K. & Arlabosse, A. (2015). *Soziale Inklusion und Lebenslange Bildung. Abschlussbericht des Forschungsprojektes*. Soziale Inklusion von Menschen mit mehrfachen Behinderungen Computergestützte Schreibwerkstatt als Teil Lebenslangen Lernens (45 Stück) (Sonnenberg, K. & Arlabosse, A., Hrsg.). Bochum: Evangelische Fachhochschule Rheinland-Westfalen-Lippe. Zugriff am 22.08.2016. Verfügbar unter http://www.evh-bochum.de/index.php/forschungsprojekte/articles/soziale-inklusion-von-menschen-mit-mehrfachen-behinderungen.html

Speck, O. (1999). *Menschen mit geistiger Behinderung und ihre Erziehung. Ein heilpädagogisches Lehrbuch* (9., überarbeitete Auflage). München: E. Reinhardt.

Springer-Gabler Verlag (Hrsg.). (2017). *Gabler Wirtschaftslexikon. Stichwort: Diversity Management*. Zugriff am 22.01.2017. Verfügbar unter http://wirtschaftslexikon.gabler.de/Archiv/1097117092/diversity-management-v1.html

Steinmann, B. (1997). Das Konzept ‚Qualifizierung für Lebenssituationen' im Rahmen der ökonomischen Bildung heute. neu. In K.-P. Kruber (Hrsg.), *Konzeptionelle Ansätze ökonomischer Bildung* (Wirtschafts- und berufspädagogische Schriften, Bd. 17, S. 1-22). Bergisch Gladbach: Hobein.

Steinmann, B. (2008). Lebenssituationsorientierte ökonomische Bildung. In R. Hedtke & B. Weber (Hrsg.), *Wörterbuch ökonomische Bildung* (S. 209-212). Schwalbach/Taunus: Wochenschau Verlag.

Stichweh, R. (2016). *Inklusion und Exklusion. Studien zur Gesellschaftstheorie* (Global studies & theory of society, Band 1, 2., erweiterte Auflage). Bielefeld: Transcript.

Tenfelde, W. & Schlömer, T. (2012a). Ökonomische Bildung. In H. May & C. Wiepcke (Hrsg.), *Lexikon der ökonomischen Bildung* (8., völlig überarbeitete und erweiterte Auflage, S. 440-443). München: Oldenbourg Wissenschaftsverlag.

Tenfelde, W. & Schlömer, T. (2012b). Wirtschaftsdidaktik. In H. May & C. Wiepcke (Hrsg.), *Lexikon der ökonomischen Bildung* (8., völlig überarbeitete und erweiterte Auflage, S. 710-713). München: Oldenbourg Wissenschaftsverlag.

Tesch-Römer, C., Salewski, C. & Schwarz, G. (1997). *Psychologie der Bewältigung*. Weinheim: Beltz.

Theunissen, G. (2003). *Erwachsenenbildung und Behinderung. Impulse für die Arbeit mit Menschen, die als lern- oder geistig behindert gelten* (Heilpädagogische Handlungsfelder in Schule und sozialer Arbeit). Bad Heilbrunn/Obb.: Klinkhardt.

Theunissen, G. (2013). *Empowerment und Inklusion behinderter Menschen. Eine Einführung in die Heilpädagogik und Soziale Arbeit* (3. aktualisierte Auflage). Freiburg im Breisgau: Lambertus.

Thiersch, H. (2014). *Lebensweltorientierte Soziale Arbeit. Aufgaben der Praxis im sozialen Wandel* (9. Aufl.). Weinheim und München: Beltz Juventa.

Thimm, W., Ferber, C. von, Schiller, B. & Wedekind, R. (1985). *Ein Leben so normal wie möglich führen… Zum Normalisierungskonzept in der Bundesrepublik Deutschland und in Dänemark;* (Grosse Schriftenreihe / Bundesvereinigung Lebenshilfe für Geistig Behinderte, Bd. 11). Empirische Untersuchung zum Normalisierungskonzept. Marburg/Lahn: Bundesvereinigung Lebenshilfe für Geistig Behinderte.

Thole, C. (2016). Inklusive ökonomische Bildung: eine Aporie? Reflexionen zum Verhältnis der Fachdidaktik Wirtschaftswissenschaften zu ihrem Fach. *Berufs- und Wirtschaftspädagogik - online* (30). Verfügbar unter http://www.bwpat.de/ausgabe/30

Thomas, R. R. (1996). *Redefining diversity.* New York [u.a.]: AMACOM.

Thöne-Geyer, B., Fleige, M., Kil, M., Manninen, J. & Sgier, I. (2015). *Der vielfältige und weite Nutzen von allgemeiner Erwachsenenbildung. Ergebnisse der europäischen Studie "Benefits of Lifelong Learning".* Zugriff am 22.08.2016. Verfügbar unter http://www.die-bonn.de/doks/benutzerforschung-01.pdf

Tippelt, R. (2011). *Handbuch Erwachsenenbildung/Weiterbildung* (5. Auflage). Opladen: Leske + Budrich.

Vereinte Nationen (Vereinte Nationen, Hrsg.). (2015). *Abschließende Bemerkungen über den ersten Staatenbericht Deutschlands. CRPD/C/DEU/CO/1.* Zugriff am 22.08.2016. Verfügbar unter http://www.institut-fuer-menschenrechte.de/fileadmin/user_upload/PDF-Dateien/UN-Dokumente/CRPD_Abschliessende_Bemerkungen_ueber_den_ersten_Staatenbericht_Deutschlands_ENTWURF.pdf

Von Schweitzer, R. von. (1991). *Einführung in die Wirtschaftslehre des privaten Haushalts*. Stuttgart: Eugen Ulmer.

Von Unger, H. (2014). *Partizipative Forschung. Einführung in die Forschungspraxis*. Wiesbaden: Springer VS.

Wacker, E. (2005). Selbst Teilhabe bestimmen? In E. Wacker, I. Bosse, T. Dittrich, U. Niehoff, M. Schäfers, G. Wansing et al. (Hrsg.), *Teilhabe. Wir wollen mehr als nur dabei sein* (Ein Fachbuch der Bundesvereinigung Lebenshilfe für Menschen mit Geistiger Behinderung e. V., 1. Auflage, S. 11-19). Marburg: Lebenshilfe-Verlag.

Wacker, E. (2008). Behinderung in der Gesellschaft. 50 Jahre im soziologischen Blick - vom Dialog zum Diskurs. *Geistige Behinderung* (47), 42 bis 61.

Wacker, E. (2013). Überall und nirgendwo. „Disability Mainstreaming" im kommunalen Lebensraum und Sozialraumorientierung als Transformationskonzept. In U. Becker, E. Wacker & M. Banafsche (Hrsg.), *Inklusion und Sozialraum. Behindertenrecht und Behindertenpolitik in der Kommune* (Studien aus dem Max-Planck-Institut für ausländisches und internationales Sozialrecht, Bd. 59, 1. Auflage, 25 bis 45). Baden-Baden: Nomos.

Wacker, E., Wansing, G. & Schäfers, M. (Hrsg.). (2009). *Personenbezogene Unterstützung und Lebensqualität. Teilhabe mit einem Persönlichen Budget* (2. Auflage). Wiesbaden: VS Verlag für Sozialwissenschaften.

Waldschmidt, A. (2007). Die Macht der Normalität. In R. Anhorn, F. Bettinger & J. Stehr (Hrsg.), *Foucaults Machtanalytik und soziale Arbeit. Eine kritische Einführung und Bestandsaufnahme* (Lehrbuch, Band 1, 1. Auflage, 119 bis 133). Wiesbaden: VS, Verlag für Sozialwissenschaften.

Waldschmidt, A. & Schneider, W. (Hrsg.). (2007). *Disability Studies, Kultursoziologie und Soziologie der Behinderung. Erkundungen in einem neuen Forschungsfeld* (Disability Studies, Körper - Macht - Differenz). Bielefeld: transcript Verlag.

Wang, C. & Burris, M. A. (1997). Photovoice: Concept, Methodology, and Use for Participatory Needs Assessment. *Health Education & Behavior, 24* (3), 369-387.

Wansing, G. (2005a). Die Gleichzeitigkeit des gesellschaftlichen „Drinnen und Draußen" von Menschen mit Behinderung. In E. Wacker, I. Bosse, T. Dittrich, U. Niehoff, M. Schäfers, G. Wansing et al. (Hrsg.), *Teilhabe. Wir wollen mehr als nur dabei sein* (Ein Fachbuch der Bundesvereinigung Lebenshilfe für Menschen mit Geistiger Behinderung e. V., 1. Auflage, S. 21-33). Marburg: Lebenshilfe-Verlag.

Wansing, G. (2005b). *Teilhabe an der Gesellschaft. Menschen mit Behinderung zwischen Inklusion und Exklusion* (1. Aufl.). Dissertation. Wiesbaden: VS Verlag für Sozialwissenschaften.

Weber, B. (2008). Handlungskompetenz. In R. Hedtke & B. Weber (Hrsg.), *Wörterbuch ökonomische Bildung* (S. 152-153). Schwalbach/Taunus: Wochenschau Verlag.

Weber, B., van Eik, I. & Mayer, P. (Hrsg.). (2013). *Ökonomische Grundbildung für Erwachsene. Ansprüche und Grenzen, Zielgruppen, Akteure und Angebote - Ergebnisse einer Forschungswerkstatt* (1. Auflage). Bielefeld: Bertelsmann.

Weisser, G. (1956). Wirtschaft. In W. Ziegenfuss (Hrsg.), *Handbuch der Soziologie* (S. 970-1098). Stuttgart: Enke.

Weitz, B. O. (Hrsg.). (2005). *Standards in der ökonomischen Bildung* (Wirtschafts- und berufspädagogische Schriften, Bd. 32). Bergisch Gladbach: Hobein.

Weitzig, S. & Wiepcke, C. (2017). Ansprüche an eine Ökonomische Bildung von Menschen mit geistiger Behinderung. konzeptionelle Überlegungen und empirische Exploration. In H. Arndt (Hrsg.), *Perspektiven der Ökonomischen Bildung. Disziplinäre und fächerübergreifende Konzepte, Zielsetzungen und Projekte* (Didaktik der ökonomischen Bildung, 221 bis 234). Flensburg.

Welz, F. (1996). *Kritik der Lebenswelt. Eine soziologische Auseinandersetzung mit Edmund Husserl und Alfred Schütz*. Wiesbaden: VS Verlag für Sozialwissenschaften; Imprint.

Wendt, P.-U. (2017). *Lehrbuch Methoden der Sozialen Arbeit* (Studienmodule Soziale Arbeit, 2., überarbeitete Auflage). Weinheim: Beltz Juventa.

Wiepcke, C. (2006). *Computergestützte Lernkonzepte und deren Evaluation in der Weiterbildung. Blended learning zur Förderung von Gender Mainstreaming* (Schriftenreihe Studien zur Erwachsenenbildung, Bd. 23). Hamburg: Kovač.

Wittpoth, J. (2001). Erwachsenenbildung und Zeitdiagnose. Theoriebeobachtungen. *Theorie und Praxis der Erwachsenenbildung.* Zugriff am 22.08.2016. Verfügbar unter http://www.die-bonn.de/doks/wittpoth0101.pdf

Wocken, H. (2014a). *Das Haus der inklusiven Schule. Baustellen - Baupläne - Bausteine* (Lebenswelten und Behinderung, Band 14, 5. Auflage). Hamburg: Feldhaus, Ed. Hamburger Buchwerkstatt.

Wocken, H. (2014b). *Zum Haus der inklusiven Schule. Ansichten - Zugänge - Wege* (Lebenswelten und Behinderung, Bd. 15, 2. Auflage, neue Ausgabe). Hamburg: Feldhaus.

Woelfel, O., Christoph, B., Kleinert, C. & Heineck, G. (2011). Grundkompetenzen von Erwachsenen: Gelernt ist gelernt? *IAB-Kurzbericht, 2011* (5), 1-8. Zugriff am 22.08.2016. Verfügbar unter http://doku.iab.de/kurzber/2001/kb0511.pdf

Wright, M. T. (Hrsg.). (2010). *Partizipative Qualitätsentwicklung in der Gesundheitsförderung und Prävention* (Prävention und Gesundheitsförderung, 1. Auflage). Bern: Huber.

Zapf, W. (1984). Welfare production: Public versus private. *Social Indicators Research, 14* (3), 263-274.

Zimmer, J. (Hrsg.). (1973). *Curriculumentwicklung im Vorschulbereich* (Erziehung in Wissenschaft und Praxis, Bd. 1). München: Piper.

Zurstrassen, B. & Fischer, A. (Hrsg.). (2014). *Sozioökonomische Bildung* (Schriftenreihe / Bundeszentrale für Politische Bildung, Bd. 1436). Bonn: Bundeszentrale für Politische Bildung.

Aus unserem Verlagsprogramm:

Katrin Reich
Berufliche Perspektiven von Autisten
Ein Balanceakt zwischen Anpassung und Abgrenzung
Hamburg 2018 / 270 Seiten / ISBN 978-3-8300-9891-1

Lulzim Dragidella
Einführung in die Soziale Arbeit
Hamburg 2018 / 182 Seiten / ISBN 978-3-8300-9835-5

Maria-Magdalena Loos
Im Spannungsfeld zwischen Förderung und Überforderung
Herausforderungen in der entwicklungsfördernden pädagogischen Arbeit mit jungen Müttern in der Kinder- und Jugendhilfe
Hamburg 2016 / 124 Seiten / ISBN 978-3-8300-9174-5

Melanie Pospischil (Hrsg.)
***All inclusive?* – Studien zu Inklusion und Hörschädigung in Bildung und Freizeit**
Hamburg 2016 / 234 Seiten / ISBN 978-3-8300-9063-2

Susanne Schwab / Petra Watko (Hrsg.)
Ausschnitte aus der Grazer Inklusionsforschung
Empirische Forschungsprojekte in der Inklusiven Pädagogik Band II
Hamburg 2015 / 172 Seiten / ISBN 978-3-8300-8545-4

Christian Christrup Kjeldsen
Capabilities and Special Needs
An Educational Foundation
Hamburg 2014 / 568 Seiten / ISBN 978-3-8300-7782-4

Alexander Knauf / Jörgen Schulze-Krüdener
Kompetenzen in der Sozialen Arbeit
Berufliche Anforderungen und Folgerungen für die Hochschulausbildung. Empirische Bilanzen für die Region Trier
Hamburg 2014 / 174 Seiten / ISBN 978-3-8300-7123-5

Anja Ehlers
Erziehungshilfen in Kooperation mit Schule
Von der Kooperation zur Integration?!
Hamburg 2013 / 270 Seiten / ISBN 978-3-8300-7218-8

Melanie Pospischil
Der „Bildungsartikel 24“ aus der Konvention über die Rechte von Menschen mit Behinderungen und seine Konsequenzen für die Beschulung Hörgeschädigter
Hamburg 2013 / 480 Seiten / ISBN 978-3-8300-7170-9

VERLAG DR. KOVAČ
FACHVERLAG FÜR WISSENSCHAFTLICHE LITERATUR

Postfach 570142 · 22770 Hamburg · www.verlagdrkovac.de · info@verlagdrkovac.de